# SAP® Cloud Platform

SAP PRESS ist eine gemeinschaftliche Initiative von SAP SE und der Rheinwerk Verlag GmbH. Ziel ist es, Anwendern qualifiziertes SAP-Wissen zur Verfügung zu stellen. SAP PRESS vereint das fachliche Know-how der SAP und die verlegerische Kompetenz von Rheinwerk. Die Bücher bieten Expertenwissen zu technischen wie auch zu betriebswirtschaftlichen SAP-Themen.

Martin Elsner, Glenn González, Mark Raben
SAP Leonardo: Konzepte, Technologien, Best Practices
360 Seiten, 2018, geb.
SAP PRESS, ISBN 978-3-8362-6414-3

Banner, Glebsattel, Herrmann, Labrache, Niermann
SAP Process Orchestration und SAP Cloud Platform Integration
578 Seiten, 2017, geb.
SAP PRESS, ISBN 978-3-8362-4481-7

Thomas Schneider, Werner Wolf
Erweiterungen für SAP S/4HANA
510 Seiten, 2018, geb.
SAP PRESS, ISBN 978-3-8362-6204-0

Densborn, Finkbohner, Freudenberg, Mathäß, Wagner
Migration nach SAP S/4HANA
623 Seiten, 2., aktualisierte und erweiterte Auflage 2018, geb.
SAP PRESS, ISBN 978-3-8362-6316-0

Aktuelle Angaben zum gesamten SAP PRESS-Programm finden Sie unter *www.sap-press.de*.

Holger Seubert

# SAP® Cloud Platform

Rheinwerk
Publishing

# Liebe Leserin, lieber Leser,

vielen Dank, dass Sie sich für ein Buch von SAP PRESS entschieden haben.

Digitale Transformation, Blockchain, SAP Cloud Platform, Internet of Things, Big Data und SAP Leonardo sind aktuell Schlagworte, die im SAP-Umfeld sehr häufig genannt werden. Häufig ist aber nicht ganz klar, was sich dahinter verbirgt und wie die Technologien miteinander agieren. In diesem Buch bahnt Holger Seubert einen Weg durch das Dickicht und stellt Ihnen insbesondere die Rolle der SAP Cloud Platform als Werkzeug für die digitale Transformation vor.

Er zeigt Ihnen, wie Sie die SAP Cloud Platform in den Kontext der Transformation einsortieren und wie Sie sie einrichten und administrieren. Weiter geht es dann mit der Integration von Prozessen und Daten, z. B. aus IoT- oder Big-Data-Lösungen, und der Bereitstellung von Services, z. B. für DevOps. Sie lernen auch, wie Sie eigene Anwendungen oder Erweiterungen auf der SAP Cloud Platform programmieren.

Wir freuen uns stets über Lob, aber auch über kritische Anmerkungen, die uns helfen, unsere Bücher zu verbessern. Scheuen Sie sich nicht, sich bei mir zu melden; Ihr Feedback ist jederzeit willkommen.

**Ihre Kerstin Billen**
Lektorat SAP PRESS


kerstin.billen@rheinwerk-verlag.de
www.rheinwerk-verlag.de
Rheinwerk Verlag · Rheinwerkallee 4 · 53227 Bonn

# Auf einen Blick

Wir hoffen, dass Sie Freude an diesem Buch haben und sich Ihre Erwartungen erfüllen. Ihre Anregungen und Kommentare sind uns jederzeit willkommen. Bitte bewerten Sie doch das Buch auf unserer Website unter **www.rheinwerk-verlag.de/feedback**.

An diesem Buch haben viele mitgewirkt, insbesondere:

**Lektorat** Kerstin Billen, Stefan Thißen
**Korrektorat** Petra Biedermann, Reken
**Herstellung** August Werner
**Typografie und Layout** Vera Brauner
**Einbandgestaltung** Nadine Kohl
**Coverbild** Shutterstock: 571930108 © ra2studio
**Satz** III-Satz, Husby
**Druck** Beltz Grafische Betriebe GmbH, Bad Langensalza

Dieses Buch wurde gesetzt aus der TheAntiquaB (9,35/13,7 pt) in FrameMaker. Gedruckt wurde es auf chlorfrei gebleichtem Offsetpapier (90 g/m²). Hergestellt in Deutschland.

Bibliografische Information der Deutschen Nationalbibliothek:
Die Deutsche Nationalbibliothek verzeichnet diese Publikation in der Deutschen Nationalbibliografie; detaillierte bibliografische Daten sind im Internet über *http://dnb.d-nb.de* abrufbar.

**ISBN 978-3-8362-6320-7**

1. Auflage 2018
© Rheinwerk Verlag, Bonn 2018

Informationen zu unserem Verlag und Kontaktmöglichkeiten finden Sie auf unserer Verlagswebsite **www.rheinwerk-verlag.de**. Dort können Sie sich auch umfassend über unser aktuelles Programm informieren und unsere Bücher und E-Books bestellen.

# Inhalt

# 3 Konzepte und Nutzen der SAP Cloud Platform 63

# 4 Die Rolle der SAP Cloud Platform im SAP-Ökosystem 119

# 5 Anwendungsbeispiele der SAP Cloud Platform 139

## TEIL II   SAP Cloud Platform in der Praxis

# 6   Administration und Konfiguration der SAP Cloud Platform

# 7   Integration und Zugriff auf Daten und Prozesse

# 8 Daten in der SAP Cloud Platform speichern 207

# 9 Native Cloud-Anwendungen und -Erweiterungen programmieren 227

# Einleitung

Das Internet hat auf fast jede Frage eine Antwort – sicherlich auch auf viele Ihrer Fragen zur SAP Cloud Platform. Auch mögen Sie vielleicht Zweifel haben, ob es sinnvoll ist, für eine Software wie die SAP Cloud Platform, die alle zwei Wochen aktualisiert wird, so etwas Statisches wie ein gedrucktes Buch zu lesen.

Doch gerade bei so einem dynamischen und sich schnell weiterentwickeln- **Motivation** den Produkt wie der SAP Cloud Platform ist ein Verständnis der grundlegenden Konzepte und Einsatzbereiche ein wichtiger Anker. Dieses Verständnis soll zu Ihrer Orientierung im gesamten Umfeld beitragen und wird Ihnen helfen, auch die beständig hinzukommenden neuen Services und Technologien der SAP Cloud Platform und verwandter Gebiete zu verorten und zu nutzen.

Dieses Buch richtet sich an IT-Führungskräfte und Entscheider, die den **Zielgruppen** Nutzen der SAP Cloud Platform für ihr Unternehmen prüfen. Außerdem spricht es IT- und Lösungsarchitekten sowie Entwickler an, die mithilfe der SAP Cloud Platform eigene Cloud-Anwendungen umsetzen möchten und Informationen benötigen, welche Services ihnen dazu zur Verfügung stehen und wie sie die Services kombiniert einsetzen. Darüber hinaus richtet sich das Buch an Berater und Partner, die ihren Kunden zukünftig Dienstleistungen oder Entwicklungen auf Basis der SAP Cloud Platform anbieten möchten.

## Inhalt

Was Sie in diesem Buch nicht finden werden, sind Schritt-für-Schritt-Tutorials. Dafür ist das Internet und die Entwickler-Community der SAP Cloud Platform besser geeignet. Auch ist dieses Buch kein Ersatz für die Produktdokumentation. Stattdessen erhalten Sie eine strukturierte Darstellung und Vermittlung der grundlegenden SAP-Cloud-Platform-Konzepte. Dazu gehören die Positionierung der Plattform am Markt, Nutzen und Einsatzgebiete sowie ein Überblick der unterschiedlichen Services der SAP Cloud Platform. Das Buch gliedert sich in zwei Teile.

**Teil I** besteht aus Kapitel 1 bis Kapitel 5; hier beschreibe ich grundlegende **Teil I** Konzepte sowie das Wirkungsfeld der SAP Cloud Platform. Mit der Digitalisierung hat das Tempo, in dem Änderungen auf den Markt kommen bzw. vom Markt angenommen werden, eine neue Dimension erreicht. Dies erfordert eine Neudimensionierung der IT-Landschaft. Mehr Daten, neue Erwartungen an das Benutzererlebnis, eine unüberschaubare Konkurrenz sowie die Globalisierung erhöhen den Druck auf IT-Organisationen.

Hierfür legt **Kapitel 1**, »Herausforderungen durch die Digitalisierung«, die Basis. Hier wird auch thematisiert, warum Cloud-Technologien und -Plattformen notwendig sind.

Darauf aufbauend argumentiert **Kapitel 2**, »Eine Cloud-Plattform als Antwort auf Herausforderungen der Digitalisierung«, warum Cloud-Computing für die Digitalisierung eine wichtige Rolle spielt. Dabei stelle ich das Konzept und die Vorteile von Cloud-Plattformen zunächst auf allgemeiner Ebene dar.

**Kapitel 3**, »Konzepte und Nutzen der SAP Cloud Platform«, führt die Gedanken aus Kapitel 1 und Kapitel 2 zusammen und bringt sie in den konkreten Kontext der SAP Cloud Platform. Hier beschreibe ich verschiedene technische Grundlagen der SAP Cloud Platform und gebe Ihnen einen ersten Überblick über die unterschiedlichen Services und deren Nutzen.

Darauf aufbauend konzentriert sich **Kapitel 4**, »Die Rolle der SAP Cloud Platform im SAP-Ökosystem«, auf Anwendungsszenarien im SAP-Umfeld. Dies umfasst grundlegende Konzepte und Einsatzgebiete rund um SAP-Standardanwendungen wie z. B. SAP S/4HANA. Anschließend erweitere ich in **Kapitel 5**, »Anwendungsbeispiele der SAP Cloud Platform«, den Blickwinkel und veranschauliche auf Basis von Architekturdiagrammen, wie Sie einzelne Services der Plattform kombinieren, um unterschiedliche Arten von Anwendungen zu implementieren.

**Teil II** Beginnend mit Kapitel 6 erläutere ich Ihnen im zweiten Teil des Buchs die verschiedenen Services der SAP Cloud Platform thematisch gruppiert. Den Einsatz der Services erkläre ich anhand von Architekturdiagrammen. So erhalten Sie in **Teil II** eine genaue Vorstellung davon, für welchen Zweck Sie die einzelnen Services nutzen.

Von grundlegender Bedeutung sind dabei die Strukturierung und Administration Ihres SAP-Cloud-Platform-Accounts, die ich in **Kapitel 6**, »Administration und Konfiguration der SAP Cloud Platform«, beschreibe.

Hybride Architekturen und die Einbettung vorhandener Prozesse und Daten in Cloud-Anwendungen spielen eine wichtige Rolle bei der Entwicklung Ihrer Cloud-Anwendungen. So beschreibt **Kapitel 7**, »Integration von Daten und Prozessen«, die wesentlichen Integrationsmöglichkeiten.

**Kapitel 8**, »Daten in der SAP Cloud Platform speichern«, geht dann auf die verschiedenen Services zur Speicherung und Verwaltung von Daten in der Cloud ein.

Darauf aufbauend zeigt Ihnen **Kapitel 9**, »Native Cloud-Anwendungen und -Erweiterungen programmieren«, welche Services Sie bei der Programmierung von Anwendungen nutzen können.

Auf die Gestaltung und Umsetzung eines modernen Software-Lebenszyklus für Ihre Anwendung geht **Kapitel 10**, »Services für DevOps«, ein.

**Kapitel 11**, »Sicherheit auf der SAP Cloud Platform«, schließt das Buch mit einem wichtigen Themenfeld ab und beschreibt, wie Sie Ihre Cloud-Anwendungen durch Authentifizierung und Autorisierung absichern.

Eine sequentielle Lesart der Kapitel bietet sich an, wobei dies insbesondere für die ersten drei Kapitel des Buchs gilt. Entwickler und IT-Architekten verschaffen sich mit Kapitel 5 einen schnellen Überblick. Liegt Ihr Schwerpunkt auf der Erweiterung von SAP-Lösungen, so können Sie auch zuerst Kapitel 4 lesen. Kapitel 3 bietet für Entscheider und IT-Manager einen schnellen und dennoch umfassenden Einstieg in die SAP Cloud Platform. Je nach Interessenschwerpunkt können Sie die Kapitel in Teil II des Buchs in beliebiger Reihenfolge lesen, wobei der Einstieg in Kapitel 6 zur Vermittlung einiger Grundlagen zu empfehlen ist. | **Reihenfolge**

Um die Themen bestmöglich zu vermitteln, verwende ich in diesem Buch nicht nur Beispiele und Abbildungen, sondern auch Kästen mit weiteren Informationen. Diese sind mit verschiedenen Icons markiert:

- Kästen mit diesem Icon geben Ihnen Empfehlungen zu Einstellungen oder Tipps aus der Berufspraxis. **[+]**

- Dieses Icon weist Sie auf zusätzliche Informationen hin. **[«]**

- Mit diesem Icon sind Warnhinweise und typische Fallen gekennzeichnet. **[!]**

TEIL I

# SAP Cloud Platform im Kontext der Digitalisierung

# Kapitel 1

# Herausforderungen durch die Digitalisierung

*Die Gesellschaft und Technologien verändern sich schneller als Unternehmen. Neue Anforderungen an das Benutzererlebnis und der Wandel vom Produkt zum Service erhöhen die Anforderungen an IT-Organisationen. Kunden erwarten Unternehmenssoftware mit der Geschwindigkeit von Startups.*

Alle reden darüber. Politiker, Berater, CEOs namhafter Unternehmen und die Medien. Eine eindeutige Definition des Begriffs *Digitalisierung* wird zunehmend schwieriger. Abbildung 1.1 zeigt eine Reihe von Technologien und gesellschaftlichen Auswirkungen, die mit Digitalisierung assoziiert werden. Dennoch haben viele das Gefühl, etwas unternehmen zu müssen. Es beginnt der Aktionismus. Manchmal erscheint die Digitalisierung wie das Damoklesschwert. Wer sie verschläft, ist bald ruiniert.

**Abbildung 1.1** Begriffswolke zur Digitalisierung

Ganz so dramatisch ist es zum Glück in den seltensten Fällen, auch wenn es sie z. B. mit Nokia, Kodak oder Quelle gibt. Der Markt hatte schon immer darwinistische Züge: Bessere Produkte von (neuen) Firmen gewinnen Marktanteile und lösen Bestehendes ab.

**Product Market Fit**  Im Produktmanagement spricht man vom *Product Market Fit* (PMF), den Fähigkeiten bzw. dem Reifegrad eines Produkts, mit dem es in einem definierten Marktsegment überlebt. Idealerweise soll das Produkt nicht nur überleben, sondern zunehmend Kunden begeistern und das Marktsegment dominieren. Wurde ein Marktsegment gewonnen, ist zu überlegen, welche angrenzenden Marktsegmente für das Produkt oder Produktvarianten interessant sind. So entstehen Global Player. Ein Beispiel ist Amazon. Gestartet im Jahr 1994 als reiner Online-Versandhandel, vermietet der Konzern heute über Amazon Web Services (AWS) Teile seiner für den Onlineshop benötigten globalen Rechenzentren und Dienste, auf denen weitere Dienste des digitalen Zeitalters, wie z. B. Netflix, Dropbox oder Foursquare, umgesetzt werden.

Wichtig ist: Die Entscheidung, welches Produkt gewinnt, treffen immer die Nutzer und Kunden – aus Sicht einer Produktstrategie ein wesentlicher Aspekt. Neben dem Markt und den Kundenbedürfnissen spielen bei der Entwicklung einer Produktstrategie die Produkteigenschaften und Unterscheidungsmerkmale sowie die Unternehmensziele eine entscheidende Rolle. Genau hier, bei der Produktstrategie, setzt der Hebel der Digitalisierung an und entfaltet einen hohen Wirkungsgrad über die Schnelligkeit, in der sich Technologien und die Gesellschaft (= Markt, Kundenbedürfnisse) ändern. Kommt ein Unternehmen mit seinen Angeboten nicht mit, nehmen andere seine Stelle ein.

**Dematerialisierung**  Auch der Besitz bzw. das Eigentum an einem Produkt sind nicht mehr so wichtig, wie sie einmal waren: Materielle Dinge verlieren an Bedeutung (*Dematerialisierung*). Der Zugang zu Services oder Daten, wie z. B. das Streaming von Inhalten wie Musik und Filmen, wird wichtiger. So stehen immer die aktuellsten Musiktitel oder die neuste Version der Software zur Verfügung, ohne Aufwände bei der Administration und Wartung.

Der Zugang ist dem Besitz in vielerlei Hinsicht so überlegen, dass er die Grenzen von bestehenden Märkten verschiebt und technologische Entwicklungen beeinflusst. Es findet ein Wandel vom Produkt zum Service statt. Letzteres hat seismische Auswirkungen: Bestehende Marktsegmente und Marktgrenzen verschieben sich, und das schneller und unkalkulierbarer als zuvor. Binnen kurzer Zeit hat ein neuer Service Millionen aktive Nutzer. Wie plant und stellt man die Infrastruktur dafür bereit?

Die Digitalisierung wirkt wie ein Katalysator; die Geschwindigkeit, mit der sich Kundenbedürfnisse weiterentwickeln und neue Technologien am Markt etablieren, nimmt zu. Das war nicht immer so. Als Thomas A. Edison 1882 die Glühbirne der Öffentlichkeit vorstellte, fand sie bereits Ende 1882 auch ihren Weg in 36 Berliner Straßenlampen. Die Wohnungen der Menschen erreichte die Glühbirne mit heutigen Maßstäben viel später: 1914 hatten rund 5 Prozent der Berliner Wohnungen elektrischen Strom. Elf Jahre später waren es 25 Prozent der Wohnungen und Ende der 1920er Jahre rund 50 Prozent (Quelle: DHM, siehe *http://s-prs.de/v632002*).

**Geschwindigkeit**

Die Geschwindigkeit, mit der heute neue Technologien die Gesellschaft durchdringen und diese verändern, hat deutlich zugenommen. Auch die Tiefe, mit der Technik unsere Gesellschaft durchdringt, nimmt zu: Sensoren und Chips verwachsen zunehmend mit unserer physischen Welt. Das bringt auch einige neue Spezies hervor: den *digitalen Zwilling*, zahlreiche Inkarnationen von Sprachassistenten, Wearables, viele smarte Dinge, die sich über das Internet unterhalten, und einiges mehr. So viel, dass die *künstliche Intelligenz* und *maschinelles Lernen* eine Renaissance erleben und als Schlüsseltechnologien in der zunehmenden Digitalisierung gesehen werden. Es zeichnet sich ein Wandel vom digitalen Unternehmen zu einem intelligenten Unternehmen ab.

Die technischen Möglichkeiten und Chancen der Digitalisierung sind vielfältig. So können Daten jeglicher Art gesammelt werden, schneller kombiniert und ausgewertet werden, um die Daten in noch genauere Vorhersagen oder Empfehlungen für die Therapie einer Krankheit umzuwandeln. Die Digitalisierung kann einen positiven Effekt auf die Kundenbindung und Kundenzufriedenheit, Innovationsfähigkeit und Differenzierung am Markt haben. Doch für diejenigen, die nicht gerade frisch von der Uni kommen und ein Startup gründen, ist der Ausgangspunkt für die Digitalisierung kein weißes Blatt Papier. Vielmehr sitzen viele vor einem ganzen Buch voll mit Seiten bestehender Prozesse, Systeme, Anwendungen und Produkte. Die Aufgabe besteht darin, das Buch fortzuschreiben und ein neues Kapitel zu beginnen, das die bisherige Erfolgsgeschichte des Unternehmens fortführt.

**Chancen**

Daher zählen das unternehmerische Weiterdenken (und nicht das Umdenken), der kulturelle Wandel und die Zusammenarbeit über Abteilungsgrenzen und Unternehmensgrenzen hinweg zu den größeren Herausforderungen der Digitalisierung. Gerade die Fähigkeit, für beide Seiten sinnvolle Partnerschaften mit Mitbewerbern einzugehen, ist ein Beispiel für Weiterdenken. Als 2015 der Microsoft-CEO Satya Nadella ein iPhone nutzte, um Outlook auf mobilen Endgeräten vorzustellen, war das Erstaunen groß. Der

**Kultureller Wandel**

vielleicht wichtigste Grund, ein Windows Phone zu verwenden, existierte nicht mehr. Doch Nadella dachte weiter und stellte nicht das Endgerät, sondern den Nutzer in das Zentrum der Produktstrategie. Kombiniert mit einer subskriptionsbasierten Lizenzierung von Microsoft Office 365 war dies der richtige Schritt, um mehr Nutzer zu erreichen. Das dem US-amerikanischen Ökonomen Peter Drucker (1909–2005) zugeschriebene Zitat »Culture eats strategy for breakfast« bringt es auf den Punkt: Egal, wie gut eine Unternehmensstrategie für die Digitalisierung definiert ist, wenn die Kultur eines Unternehmens ihr entgegensteht, scheitert die Strategie. Kultur ist meist etwas Nichtgreifbares und oftmals eher unkonkret. Sie beschreibt »nichtfunktionale« Aspekte, wie Werte, Einstellungen und den Umgang miteinander, setzt im Unternehmen damit die Rahmenbedingungen für den Umgang und das Arbeitsklima im Büro und lässt sich jeden Tag in Besprechungen erfahren.

**CDO**  Um die Digitalisierung im Unternehmen gesamtheitlich zu verankern und sie zum integralen Bestandteil der Firmenkultur zu machen, führen Unternehmen auf Vorstandsebene einen *Chief Digital Officer* (CDO) ein. Am Ende kommt es aber auch immer darauf an, wer die Digitalisierung tatsächlich umsetzt. Mit der Digitalisierung rückt bei jedem Unternehmen die Software mehr und mehr in den Kern des Produkts: um es intelligenter zu machen, näher am Kunden zu sein, oder um es in einen Service weiterzuentwickeln. Damit werden Entwickler und die IT immer wichtiger. Die IT ist das Rückgrat der Digitalisierung und muss sich für diese zentrale Aufgabe stärken. Es entstehen neue Anforderungen an die IT-Organisation, die Teams und die Infrastruktur.

[»]

### Einfluss der Digitalisierung auf den Markt

Zusammengefasst hier nochmals die wichtigsten Punkte zur Digitalisierung:

- Erreichbarkeit vieler potentieller Kunden führt zu einer schnelleren Akzeptanz von Services.
- Materielle Dinge und deren Besitz verlieren an Bedeutung. Der Zugang zu Services und Daten wird wichtiger (Mietmodell/Subskription).
- Bestehende Marktsegmente und Marktgrenzen verschieben sich schneller und unvorhergesehener.
- Der Wettbewerbsdruck ist hoch.
- Plattform-Ökonomie: Plattformen dienen als Grundlage, auf der Services angeboten werden (z. B. iOS, Android, AWS, Google).

## 1.1   Was bedeutet Digitalisierung für die IT?

Unabhängig davon, ob wir von einer zentralen IT-Abteilung eines Unternehmens oder den Softwareentwicklern und IT-Architekten in Fachabteilungen des Unternehmens sprechen, der Einfluss der Digitalisierung auf die Arbeitsweisen ist ähnlich.

Zum Erhalt der Wettbewerbsfähigkeit eines Unternehmens ist es wesentlich, Kernprozesse entlang der Wertschöpfungskette zu optimieren. Hierbei geht es um die Modernisierung bestehender Anwendungen und Infrastrukturen. Wesentlich ist aber auch, Marktlücken mit möglichst wenig Aufwand zu testen, den Kapitaleinsatz für neue Produkte oder Weiterentwicklungen zu priorisieren und auf Veränderungen im Markt oder der Kundenbedürfnisse schnell zu reagieren.

Durch die Notwendigkeit einer schnelleren Anpassbarkeit an sich ändernde Marktbedingungen und Anforderungen, sprunghafte Anstiege neuer Nutzer sowie dem Kundenwunsch nach ständigen, zeitnahen Weiterentwicklungen ist *Agilität* eine Eigenschaft, die sowohl organisatorisch als auch technisch in der IT umgesetzt wird. Organisatorisch durch die Einführung agiler Werte, Prinzipien und Methoden, die es ermöglichen, neue Teams innerhalb kürzester Zeit (über Abteilungsgrenzen hinweg) zu formen. Technisch mit Werkzeugen, die im gesamten Software-Lebenszyklus eingesetzt werden und darauf abzielen, schneller bessere Software unter enger Einbeziehung der Nutzer zu entwickeln und bereitzustellen. Dabei spielt das Vorgehensmodell des *Rapid Application Prototyping* eine zentrale Rolle, das mit einem *Minimum Viable Product* (MVP) möglichst schnell ein minimal überlebensfähiges Produkt auf den Markt bringt, das in kleinen iterativen Schritten auf Basis von Kundenfeedback weiterentwickelt wird (siehe Abbildung 1.2). Ziel ist es, mit möglichst wenig Aufwand Marktlücken und Nischen zu erforschen. Durch den Einsatz agiler Methoden und Konzepte, wie dem Minimum Viable Product, erreichen Entwicklungsteams eine höhere Flexibilität und die Fähigkeit, neue Kundenanforderungen schneller umzusetzen. Das Unternehmen ist in der Lage, mit minimalem Risiko Marktlücken zu erforschen.

*Agilität*

Um die Qualität und Robustheit der Software sicherzustellen, werden die Entwicklung und der Test eng miteinander verzahnt. Hier kommt *Continuous-Integration-(CI-)*Software zum Einsatz, mit dem Ziel, Software-Builds vollständig zu automatisieren. Statt eines Big Bangs sind viele kleine, iterative Schritte unter Einbeziehung der Kunden gewollt. Diese kleinen, wiederkehrenden Schritte müssen nicht nur von der Entwicklung geleistet werden, sondern auch bei der Auslieferung und Bereitstellung des Produkts möglich sein. Das birgt Konfliktpotential, da hier oftmals organisatorisch zwei unterschiedliche Teams ineinandergreifen: Die Entwickler möchten die Verbesserungen und neuen Funktionen schnellstmöglich den Kunden bereitstellen, während der IT-Betrieb in jeder Veränderung ein Ausfallrisiko des IT-Systems sieht.

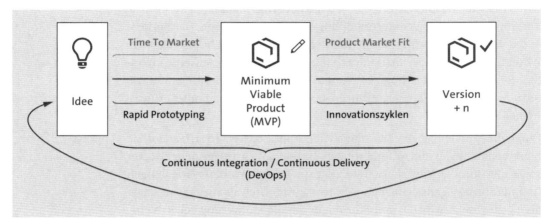

**Abbildung 1.2** Marktlücken mit dem Minimum Viable Product erforschen

**DevOps**   Mit *DevOps*, einem Kunstwort aus den Begriffen *Development* und *Operations*, wird dieser Konflikt gelöst, indem die agile Arbeitsweise aus der Softwareentwicklung den IT-Betrieb einschließt. Silos werden abgebaut. Mit DevOps kommt der IT-Betrieb, zum Beispiel aus der zentralen IT-Abteilung, mit den Softwareentwicklern der Fachabteilung in einer gemeinsamen, aufeinander abgestimmten Arbeitsweise zusammen. Werkzeuge für eine *Continuous Delivery* (CD, regelmäßige Auslieferung) ermöglichen dabei den erforderlichen hohen Grad an Automatisierung des Software-Deployment-Prozesses.

Während sich die Einführung von agilen Methoden eher in den einzelnen Entwicklungsteams abspielt, bedeutet DevOps einen Wandel in der Unternehmenskultur – einer Kultur, in der alle am Software-Lebenszyklus beteiligten Abteilungen gemeinsam an der Bereitstellung von Software für den Kunden arbeiten. Organisatorische Silos werden abgebaut.

**Time To Market**   Damit einhergehend werden oftmals neue, bereichsübergreifende Key-Performance-Indicators (KPI) definiert. Ein Beispiel ist *Time To Market* (TTM), worunter die Produkteinführungszeit verstanden wird (siehe Abbildung 1.2). Es ist die Zeit, die die Teams zum Erreichen des Product Market Fit benötige, und in der das Produkt Kosten und keinen Umsatz verursacht. Eine geringe Time To Market bedeutet nicht nur Kosteneinsparungen (= Ertragswachstum, *Bottom-Line-Growth*), sondern auch Wettbewerbsvorteile. Erste Anbieter am Markt können hohe Preise verlangen, die Early Adopter bereit sind, zu zahlen. Gleichzeitig wird die Marktposition gestärkt. Eine zu lange Time To Market kann problematisch werden, da Marktbegleiter mit ähnlichen Produkten bereits in den Markt eingestiegen sind, so dass geringere Preise erzielt werden oder das Produkt womöglich bereits veraltet ist.

Um die Time To Market von neuen Produkten oder Weiterentwicklungen zu reduzieren, wird die Softwareentwicklung aus der zentralen IT-Abteilung teilweise in die Fachabteilungen verlagert – eine Strategie, um steigenden Anfragen nach neuen Anwendungen, Funktionen und Änderungswünschen in bestehenden Lösungen zu begegnen. In diesem Zusammenhang ist der Begriff *Citizen Developer* entstanden, der Mitarbeiterinnen und Mitarbeiter beschreibt, die keine tieferen Programmierkenntnisse oder Wissen über Softwareentwicklung haben, aber trotzdem die Entwicklung neuer Anwendungen unterstützen. Idealerweise greifen Citizen Developer bei der Entwicklung neuer Anwendungen auf ein unternehmensweites Code-Repository zurück. Dabei nutzen sie *Low-Code-Entwicklungstools*, mit denen Anwendungen über visuelle, d. h. graphische Methoden erstellt werden, anstatt syntaktisch und semantisch korrekten Quellcode Zeile für Zeile selbst zu schreiben. Der Einsatz von Low-Code-Tools ist nicht neu, und die ersten Ansätze reichen in die 90er Jahre zurück. Doch erleben die Tools im Kontext der Digitalisierung neuen Aufschwung. Die Fachabteilungen sehen in der Digitalisierung Potential und nehmen die Umsetzung ihrer Ideen selbst in die Hand, da die zentrale IT-Abteilung eventuell mit der Modernisierung und dem Betrieb der Kernprozesse und Unternehmenssoftware ausgelastet ist. Auch ist es durch zahlreiche cloudbasierte Angebote (siehe Kapitel 2, »Eine Cloud-Plattform als Antwort auf Herausforderungen der Digitalisierung«) für Fachabteilungen so einfach wie nie, Technologien ohne direkte Einbeziehung der zentralen IT-Abteilung zu nutzen. Es entsteht eine *Schatten-IT*. Umso wichtiger ist es, dass zentrale IT-Abteilungen den Fachabteilungen eine geeignete Umgebung bereitstellen, mit denen diese ihre Ideen unter Einhaltung gewisser Grundregeln in das Unternehmen einbringen. Eine an die Digitalisierung angepasste Unternehmens-IT schafft den Spagat zwischen der traditionellen Wertschöpfung und der agilen Nutzung neuer Technologien für digitale Transformationen. Abbildung 1.3 skizziert eine moderne Unternehmens-IT.

**Citizen Developer**

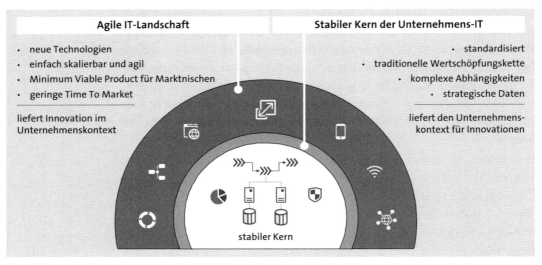

**Abbildung 1.3** Aufbau einer an die Digitalisierung angepassten Unternehmens-IT

**Neue Technologien ausprobieren**

Agilität bedeutet auch, dass Entwickler in der Lage sind, neue Technologien unkompliziert und explorativ mit wenig Aufwand und Investitionen im Unternehmenskontext auszuprobieren. Wie können Technologien wie Machine Learning, Blockchain oder Internet of Things (IoT) mit geringem zeitlichen Aufwand, ohne große finanzielle Investitionen und Änderungen der bestehenden Infrastruktur ausprobiert und genutzt werden? Wünschenswert ist eine zusätzliche agile IT-Landschaft, die immer die aktuellsten Technologien bereitstellt und zum Experimentieren und Bauen von MVPs einlädt (siehe Abbildung 1.3).

**Integration vorhandener Systeme**

Die Integration bestehender Systeme mit einer solchen agilen IT-Landschaft spielt ebenfalls eine wichtige Rolle, so dass die Experimente und MVPs auf Basis neuer Technologien nicht im luftleeren Raum passieren, sondern mit vorhandenen Produktdaten, Bestelldaten oder Kundeninformationen den notwendigen Bezug zum Unternehmen und zur bisherigen Wertschöpfungskette (Kernprozessen) haben. Und auch die Integration von Unternehmensdaten soll möglichst unkompliziert mit Hilfe bereitgestellter Adapter für gängige Unternehmenssoftware und Datenquellen sowie direkt nutzbaren Templates möglich sein. Es entstehen *hybride Softwarearchitekturen*, die Bestehendes aus der vorhandenen Infrastruktur mit Neuem aus der Cloud kombinieren. Moderne Unternehmenssoftware in der bestehenden IT-Landschaft bietet häufig definierte Schnittstellen, d. h. *Application Programming Interfaces* (API), um Daten von z. B. Produkten, Kunden oder Mitarbeitern auszulesen. Gerade die Möglichkeit, vorhandene IT-Systeme mit einer agilen IT-Landschaft zu verknüpfen, ist eine Schlüsselfunktion für bestehende Unternehmen und bedeutet, bisherige Investitionen in die Digitalisierung mit einzubringen. Insbesondere traditionelle Unternehmen haben hier vieles, was sie in die Waagschale werfen können. Je besser und breiter die Integration gelingt, desto größer ist die Wirkung von Digitalisierungsprojekten. Die Integration kann dabei prinzipiell auf zwei unterschiedliche Arten erfolgen: Einerseits über definierte Schnittstellen und APIs, die aus der agilen IT-Landschaft angesprochen werden, um zum Beispiel Produktinformationen aus einem ERP-System anzubinden. Andererseits können vorhandene Daten über eine Extraktion und optionale Transformation zur Nutzung innerhalb der agilen IT-Landschaft in Form einer Datenkopie bereitgestellt werden.

Auf der einen Seite der Integration steht die agile IT-Landschaft, auf der anderen Seite der solide Kern an Unternehmenssoftware, der über Jahre gewachsen und optimiert ist – das Herzstück der Unternehmens-IT. Hier laufen alle kritischen Prozesse des Wertschöpfungsprozesses. Hier liegt ein Großteil der strategischen Daten, die für Analysen und zur Lenkung des Unternehmens herangezogen werden. Ziel ist, den soliden Kern auch weiter zu stabilisieren und die zunehmende Geschwindigkeit, mit der sich Kundenanforderungen oder Marktparameter ändern, kontrolliert und dosiert auf ihn einwirken zu lassen. Das heißt nicht, dass der solide Kern einer Unternehmens-IT eine innovationsfreie Zone ist. Ganz im Gegenteil – Innovationen im soliden Kern haben oftmals eine große Wirkung, da sich Optimierungen auf das gesamte Unternehmen und dessen Kernprozesse auswirken, und sind daher von wohlüberlegter, strategischer Bedeutung. Agile Methoden und moderne Technologien finden auch hier ihren Einsatz – nur unter anderen Bedingungen: weniger explorativ und mit Netz und doppeltem Boden. Netz und doppelter Boden werden mit Standards und Normen realisiert; die Geschwindigkeit, mit der Änderungen umgesetzt werden, ist kleiner, da der doppelte Boden höhere Testaufwände und eine größere Komplexität durch Abhängigkeiten mitbringt. Das, was im stabilen Kern passiert, ist dadurch viel planbarer und abschätzbarer. Ganz im Gegensatz zu der agilen IT-Landschaft, wo sich z. B. notwendige Ressourcen durch mehr aktive Nutzer rasant vergrößern können. Durch mehr Benutzer entstehen mehr Daten, und es liegt eine generell höhere Systemlast auf allen Komponenten der Software.

**Solider Kern**

Daher sind eine bedarfsorientierte Skalierung und ein modularer Einsatz von Technologien in der agilen IT-Landschaft notwendig. Abhängig vom Software-Lebenszyklus oder von der aktuellen Nutzung der Technologien durch Ihre Anwender werden mehr oder weniger Ressourcen in Form von Rechenleistung oder Speicher bereitgestellt. Sofern Technologie am Markt

**Skalierbarkeit**

eingekauft wird, muss auch die Lizenzpolitik der genutzten Technologiebausteine eine solche Skalierbarkeit unterstützen. Ideen können so kostengünstig mit kleinen Proof-of-Concepts getestet werden (Minimum Viable Product) und mit steigender Nutzung und höherer Reife skalieren, ohne einen Wechsel der Infrastruktur durchzuführen. *Consumption-based Pricing* oder *Pay-As-You-Go* (PAYG) sind hier am Markt vorhandene Lizenzmodelle für skalierbare Technologiebausteine.

**Näher am Kunden**   Steigen die Nutzerzahlen einer Anwendung, erfüllt sie die Kundenerwartungen. Im Zeitalter der Digitalisierung zählen dazu z. B. eine orts- und geräteunabhängige Nutzung, eine einfache und intuitive Bedienoberfläche, Sprachsteuerung, ortsabhängige oder kontextbezogene Informationen, globale Verfügbarkeit und wenig Wartezeit bei der Benutzung. Die IT ist quasi immer beim Kunden dabei und erfordert ständige Einsatzbereitschaft. Digitalisierung bedeutet die Chance, näher am Nutzer und Kunden zu sein. Welchen weiteren Nutzen bringt die Digitalisierung dem Unternehmen?

## 1.2   Welchen Nutzen hat die Digitalisierung?

**Transformation**   Bei der Betrachtung des Nutzens der Digitalisierung kann im Wesentlichen zwischen der Verbesserung von Bestehendem und der Entwicklung von etwas Neuem unterschieden werden. Bei der Verbesserung geht es darum, Unternehmensprozesse oder Services in einem Silo des Unternehmens zu optimieren, d. h. Fehler zu reduzieren, Prozesse zu automatisieren, bestehende Kunden zufriedener zu machen und Aufwände zu reduzieren. Vorhandene Kosten sollen gesenkt werden (= Ertragswachstum, d. h. *Bottom-Line-Growth*). Hier findet eine *digitale Transformation* bestehender Prozesse statt.

**Disruption**   Bei der Entwicklung von etwas Neuem geht es darum, auch neue Kunden zu erreichen, ein neues Geschäftsmodell für einen bestehenden Markt umzusetzen oder in einem komplett neuen Markt Fuß zu fassen. Hier geht es um die Schaffung einer neuen Wertschöpfung, um neues Umsatzpotential (= Umsatzwachstum, d. h. *Top-Line-Growth*). Hier findet eine *Disruption* statt.

Oftmals entsteht das Neue aus der Optimierung und Fortführung des Bestehendem: Die Vergangenheit wird in die Zukunft überbrückt, so dass wir im Folgenden beide Aspekte betrachten. Ein dabei immer wiederkehrendes Muster ist der Abbau von technischen und organisatorischen Silos, d. h. die Schaffung größerer Transparenz über Systemgrenzen hinweg.

### 1.2.1 Bestehende Prozesse optimieren (Re-Imagine Work)

Die Umstellung papiergebundener Prozesse, wie z. B. die Verarbeitung von Rechnungen oder Urlaubsanträgen, auf digitale Verfahren ist oftmals naheliegend. Das Potential der Verbesserung liegt dabei nicht unbedingt bei der digitalen Erfassung der Daten, sondern vielmehr bei der Beseitigung vorhandener Medienbrüche. Ziel ist, sowohl die Effizienz als auch die Nutzbarkeit des bestehenden Prozesses durch digitale Möglichkeiten zu steigern. Motivation sind Kosteneinsparungen durch Abbau administrativer Prozesse, die Vermeidung von Fehlern und die Zufriedenheit der Nutzer. Abhängig davon, wie tief der analoge Prozess digitalisiert wird, ergeben sich auch Vorteile für Prozesse, die auf den bisher papiergebundenen Daten aufbauen (»Dominoeffekt«), so wie z. B. bei Shell Aviation (siehe *http://s-prs.de/v632001*).

Die Arbeit auf dem Vorfeld eines Flughafens ist historisch bedingt in vielen Bereichen papierbasiert und manuell. Das gilt auch für den Tankvorgang von Flugzeugen, bei dem die händisch ausgefüllten Papiere zur Dokumentation der Betankung später in ein zentrales IT-System überführt werden, aus dem beispielsweise die Rechnung an die betankte Fluggesellschaft erstellt wird. Dies ist ein klassischer Medienbruch.

**Beispiel: Vorfeld**

Naheliegend ist deshalb die Digitalisierung des Dokumentationsprozesses für die Betankung des Flugzeugs. Über eine mobile Anwendung sieht der Tankwart auf dem Vorfeld, welches Flugzeug mit wie viel Kerosin als Nächstes betankt werden soll (Darstellung der Aufträge). Am Flugzeug angekommen, wird die Betankung gestartet, und in der mobilen Anwendung werden notwendige Daten wie Standby-Time, Zeitpunkt, an dem die Betankung gestartet und beendet wurde, die abgegebene Menge Kerosin, Kommentare und eventuelle weitere erbrachte Dienstleistungen wie zum Beispiel eine aufwendigere »Over-the-Wing«-Betankung erfasst. Über Eingabehilfen und eine Überprüfung der erfassten Werte bei der Eingabe werden Datenfehler reduziert. Die Daten werden per Mobilfunk nach Abschluss des Tankvorgangs an ein zentrales System für die weitere Bearbeitung übermittelt.

Durch eine digitale Erfassung der Werte werden Fehler durch eine spätere Übertragung vom Papier in das zentrale System reduziert. Auch die administrative Arbeit, die Daten von den Papierbelegen in das zentrale IT-System zu übertragen, entfällt. Außerdem stehen die Daten deutlich früher im zentralen System für die weitere Verarbeitung bereit. So werden die Rechnungen schneller gestellt, und die Kunden von Shell Aviation haben über ein Self-Service-Portal direkt nach dem Tankvorgang Einsicht in die Details der Treibstofflieferung.

**Ergebnisse**   Der eigentliche Arbeitsprozess wird durch eine Digitalisierung bestehender Prozesse innerhalb eines Silos im Unternehmen nicht verändert. Vielmehr werden die Erfassung und Übermittlung von Daten digitalisiert, um die Nutzung zu vereinfachen und administrative Aufgaben (wie eine Übertragung der manuell erfassten Daten) zu vermeiden. Technologiekomponenten zur Umsetzung von intuitiven Benutzeroberflächen und mobilen Anwendungen kommen hierbei zum Einsatz. Auch ist eine Schnittstelle bzw. API im zentralen System erforderlich, um die nun digital erfassten Daten programmatisch zu übermitteln.

Eine höhere Automatisierung bietet Optimierungspotential für bestehende Geschäftsprozesse, indem die Notwendigkeit von nutzerbasierter Interaktion reduziert wird. Stattdessen ist der Prozess auf Basis einer genaueren Datenlage oder erweiterter Algorithmen in der Lage, Entscheidungen mit ausreichender Richtigkeit selbständig zu treffen. Durch eine »Dunkelverarbeitung« steigt die Kundenzufriedenheit, da Antworten und Ergebnisse schneller bereitstehen. Mechanische Aufgaben reduzieren sich für die Mitarbeiterinnen und Mitarbeiter, und es bleibt mehr Zeit für wesentlichere Tätigkeiten. Oft nimmt eine höhere Automatisierung die Rolle eines Assistenzsystems ein und ersetzt manuelle Interaktionen nicht vollständig.

### 1.2.2   Funktionale Erweiterung und Automatisierung bestehender Prozesse (Re-Imagine Processes)

Auch vorhandene Anwendungen oder Prozesse können durch Digitalisierung funktional erweitert und weiter automatisiert werden. So werden bestehende Prozesse durch neue Datenströme genauer justiert, um damit eine Kosteneinsparung zu erzielen. Zum Beispiel erfassen Sensoren kontinuierlich den Zustand maschineller Bauteile, um mit Hilfe statistischer Methoden eine vorausschauende Wartung der Maschinen zu ermöglichen. Ausfallzeiten der Maschinen werden minimiert, Wartungsarbeiten planbarer, und somit wird eine höhere Produktivität im Kundenservice erreicht. Sensoren, bzw. das Internet der Dinge, bieten Ansätze, bestehende Prozesse mit neuen Daten anzureichern und dadurch eine Optimierung auf Basis des zusätzlichen Datenstroms zu erzielen. Eingesetzte technische Komponenten sind das Internet der Dinge (d. h. Anbindung von Sensoren), die Analyse der Sensordaten sowie eine Integration von Daten aus vorhandenen IT-Systemen.

**Algorithmen**   Algorithmen, die auf Basis maschinellen Lernens mit unvorhersehbaren Eingabeparametern umgehen, helfen, vorhandene Prozesse oder Anwendungen intelligenter zu machen. So werden neuronale Netze für mehrdimensionale Zeitreihenprognosen genutzt, um beispielsweise den besten Preis für ein Produkt vorherzusagen. Oder es wird die Erstellung von Problemmeldungen durch maschinelles Lernen verbessert. Klassischerweise werden IT-Support-Tickets in einer bestimmten Servicekategorie erstellt. Handelt es sich um ein Problem mit einer Geschäftsanwendung, oder ist eine Hardware kaputt? Wenn ja, welche Art von Hardware? Nutzer blättern durch lange Auswahllisten möglicher Kategorien und sind häufig nicht sicher, welches die richtige Kategorie ist. Einfacher wäre die Möglichkeit einer Problembeschreibung in einem einzigen Eingabefeld mit einem natürlichsprachlichen Satz. Den Rest erledigt der Algorithmus. Wenn ein Nutzer die Meldung »Das Display meines S8 ist kaputt« eingibt, wird automatisch ein Ticket in der Kategorie »Mobilgerät« erstellt. Diese Magie kann aber nur dann funktionieren, wenn bereits Daten, z. B. aus den letzten Jahren, vorliegen, auf deren Basis der Algorithmus trainiert werden kann. Im Zentrum der Optimierungen vorhandener Prozesse steht auch die Kundenerfahrung. Ein anderes Beispiel ist die Nutzung öffentlicher Verkehrsmittel.

Bei Bahnreisen kann es zur Erreichung des Zielorts notwendig sein, an einem Bahnhof in einen anderen Zug umzusteigen. Trotz einer vorhandenen Sitzplatzreservierung weiß man beim Verlassen des Zugs nie, in welche Richtung man am gegenüberliegenden Bahnsteig laufen muss, um den Wagen mit dem reservierten Sitzplatz zu finden. Es wäre doch schön, wenn das in der App direkt angezeigt würde. Ein anderes Beispiel ist das Upgrade eines Tickets der 2. Klasse, das man wegen eines erhöhten Passagieraufkommens spontan am Bahnhof mit gesammelten Bonuspunkten in ein Ticket der 1. Klasse aufwerten möchte. Das ist nicht innerhalb der mobilen Anwendung möglich. Das Marketingsystem, das die Bonuspunkte verwaltet, ist nicht mit dem Vertriebssystem, das das Ticket upgraden kann, verbunden. Vorhandene Prozesse sind innerhalb ihres Silos oftmals schon recht optimiert und lassen sich nur weiter verbessern, wenn Datensilos abgebaut und somit Prozesse aus Kundensicht durchgängiger funktionieren.

**Weitere Beispiele**

Die Optimierung bestehender Prozesse ist oftmals ein Startpunkt für weitere Digitalisierungsprojekte. Innovationen werden auf existierenden Prozessen eines Silos aufgebaut, oder es werden digitale Barrieren zwischen unterschiedlichen Systemen abgebaut. Gerade durch die Einbindung neuer Daten, wie zum Beispiel von Sensoren oder durch Automatisierung, ergeben sich auch Möglichkeiten zur Entwicklung komplett neuer Services und Angebote.

### 1.2.3    Neue Services und Angebote entwickeln (Re-Imagine Business Models)

Einige Unternehmen starten ihre digitale Reise mit einer großen Herausforderung, so wie der Hamburger Hafen (HPA). Als Europas zweitgrößter

Containerhafen sucht der Hamburger Hafen nach Wegen, weiter zu wachsen, also noch mehr Container umschlagen zu können.

Naheliegend sind eine Vergrößerung des Hafengeländes und die Bereitstellung zusätzlicher Umschlagsplätze und Lagerbereiche. Genau hier liegt die Herausforderung. Eine Vergrößerung des Hafengeländes ist nicht möglich. Was bleibt, ist, die Nutzung der vorhandenen Infrastruktur auf dem Hafengelände zu optimieren. Wesentlich dabei ist die Steuerung des LKW-Verkehrs auf dem Gelände. Durch die Nutzung von Sensoren in den LKWs und Anhängern ist eine genaue Lagebestimmung der Fracht möglich. Für Waren mit sensitiver Kühlkette befinden sich zusätzliche Sensoren zur Übermittlung der Temperatur im Container, um entsprechende Prioritäten bei der Verladung zu beachten. Unter Berücksichtigung der aktuellen Verkehrssituation auf dem Hafengelände und zur Verfügung stehender Fahrtwege wird auf Basis von Simulationsläufen für jeden LKW die optimale Route zur Einhaltung der Verladepläne berechnet und an ein mobiles Gerät in der Fahrerkabine des LKW übermittelt. Ergebnis sind ein höherer Güterumschlag durch eine Reduktion von Fahrzeiten auf dem Hafengelände sowie eine optimierte Reihenfolge der Be- und Entladungsvorgänge.

Neben einer Steigerung des Umsatzes wie beim HPA bietet die Digitalisierung von bestehenden Prozessen Unternehmen die Chance, sich am Markt besser zu positionieren – über neue, personalisierte und kundenorientierte Angebote, die einfach zu nutzen sind. Hier stehen die Einbindung neuer Informationsquellen, wie z. B. von Sensoren, und deren Kombination mit vorhandenen Daten im Mittelpunkt, um eine komplett neue Kategorie von Anwendungen oder Services anzubieten. Diesen Weg geht z. B. ein Werkzeughersteller. Um die Kundenbindung und Zufriedenheit zu steigern, sucht der Hersteller nach neuen Dienstleistungen für seine Premiumprodukte. Ziel ist, nicht ausschließlich als reiner Werkzeughersteller wahrgenommen zu werden, sondern darüber hinaus Mehrwerte für den Kunden in Form von zusätzlichen Dienstleitungen anzubieten. Dazu werden die Maschinen mit Sensoren ausgestattet, um die Dauer der aktiven Nutzung oder den Zustand des Akkus zu erfassen. Per eingebautem GPS ist die genaue Positionsbestimmung des Werkzeugs möglich. Auf Basis der Daten über die Werkzeuge lässt sich eine Asset-Management-Lösung aufbauen, die den Kunden als zusätzlicher Service angeboten wird. So kann auf einer Großbaustelle genau über den Einsatzort und Lagerort von Werkzeugen informiert werden und ein rechtzeitiger Austausch bei erwarteten Problemen erfolgen. Über Geo-Fencing kann ein Alarm ausgelöst werden, wenn sich die Maschine an einem unvorhergesehenen Ort befindet oder gestohlen wurde.

Das Angebot neuer Dienstleistungen oder Services ist oftmals verbunden mit dem Aufbau einer neuen Plattform für Kunden, über die die Services genutzt werden. Dadurch werden bestehende Geschäftsmodelle geändert oder auch komplett neue Geschäftsmodelle geschaffen.

**Plattform**

**[1]**

**[«]**

---

**Eigenschaften von Services für den digitalen Markt**

Kurz zusammengefasst bieten die neuen Services folgende Vorteile:

- Nutzung digitaler Methoden zur Datenerfassung und Datenspeicherung
- Vernetzung mit der Umwelt zum Austausch von Daten
- zunehmende Einbindung von Daten in bestehende Prozesse
- kontextbezogenes, intelligentes und automatisiertes Verhalten
- intuitive Benutzeroberflächen (sprachgesteuert)
- ortsunabhängige, globale Nutzbarkeit und ständige Verfügbarkeit (ausfallsicher)
- Datenaustausch über Systemgrenzen und Prozessgrenzen (Silos) hinweg
- schnell skalierbar
- Lizenzierung durch Subskription/Mietmodell

---

## 1.2.4   Neue Geschäftsmodelle aufbauen

Beim Aufbau neuer Geschäftsmodelle durch Digitalisierung geht es oftmals darum, den Service statt das Produkt in den Mittelpunkt des Geschäftsmodells zu stellen. Bei den Automobilherstellern findet zum Beispiel ein Wandel vom traditionellen Produkt »Fahrzeug« zum Service »Mobilität« statt. Oder ein Kompressorenhersteller verkauft nicht mehr die Geräte selbst, sondern die komprimierte Luft an seine Kunden. Ein anderes Beispiel ist die niederländische Post: Um den Umsatz über neue Eingabequellen zu steigern, macht PostNL seine über die Jahre gewachsenen Adressinformationen und Sendungsverfolgung per APIs nutzbar. Registrierte Entwickler binden diese Funktionen in ihre eigenen Anwendungen und zahlen die Nutzung pro API-Aufruf.

Damit verbunden ist der Aufbau digitaler Ökosysteme, bei dem nicht allein die Unternehmen, sondern auch die Kunden Daten bereitstellen. Es findet ein Wandel vom passiv konsumierenden Kunden zum aktiv beitragenden Kunden statt. Es entstehen neue Formen der Wertschöpfung und neue Märkte. Auch Arbeitsprozesse verändern sich, in denen menschliche Tätigkeiten durch automatisierte Prozesse ergänzt werden. Künstliche Intelli-

**Wandel des Kunden**

genz bzw. maschinelles Lernen spielen hier eine Rolle. Die neuen Geschäftsmodelle sehen oftmals ein Mietmodell bzw. eine Subskription der Software und Services vor.

## 1.3   Digitalisierung: transformativ oder disruptiv?

Die Digitalisierung beeinflusst, wie schnell technologische Änderungen auf den Markt kommen bzw. vom Markt angenommen werden. Das Tempo, in dem Unternehmen ihre Marktposition ändern, ist höher geworden. Innerhalb weniger Monate entstehen neue Bedürfnisse, und Nutzer erwarten Unternehmenssoftware mit der Geschwindigkeit von Startups. Anwendungen sollen mobil nutzbar, ständig verfügbar, intuitiv zu bedienen, sprachgesteuert, kontextbezogen sein und automatisiert mit wenig Administration und Konfiguration. Das erfordert eine Neudimensionierung der IT-Landschaft: sowohl technisch als auch organisatorisch und kulturell. Heute gibt es keinen wichtigen Geschäftsprozess mehr, der ohne IT funktioniert. Deshalb gehören Firmen wie Apple, Alphabet oder Microsoft zu den wertvollsten Unternehmen am Markt (Quelle: *Forbes.com*).

Der Einfluss der Digitalisierung auf Geschäftsprozesse kann einerseits transformativ, andererseits auch disruptiv sein (siehe Tabelle 1.1). Allerdings sind die Geschäftsprozesse und Wertschöpfungsprozesse jedes Unternehmens ab einem bestimmten Punkt stets individuell. Jedes Unternehmen bringt eigene Geschäftsanforderungen und technologische Voraussetzungen mit. Diese Einzigartigkeit beeinflusst auch die Digitalisierung und trifft insbesondere auf disruptive Projekte zu. Eine digitale Transformation von Standardprozessen in den Bereichen Finanzen, Human Resources oder Einkauf kann bei vielen Kunden im Kern nahezu identisch ablaufen. Eine Weiterentwicklung des Geschäftsmodells und ein dafür notwendiger kultureller Wandel des Unternehmens sind viel individueller, so dass es für solche Projekte kein standardisiertes Modell gibt.

| | Digitale Transformation | Digitale Disruption |
|---|---|---|
| Was | <ul><li>Medienbrüche abbauen</li><li>Prozesse automatisieren/ intelligenter machen</li><li>Transformation innerhalb Abteilungs-/Anwendungssilos</li><li>bestehende Kunden adressieren</li></ul> | <ul><li>neue Services und Funktionen bereitstellen</li><li>über System- und Abteilungsgrenzen hinweg</li><li>neue Kunden</li><li>neue Märkte</li></ul> |
| Wie | <ul><li>neue Benutzeroberflächen</li><li>mobile Nutzung</li><li>Neue Datenströme, von z. B. Sensoren, nutzen (Internet der Dinge)</li><li>Schnittstellen und APIs</li></ul> | <ul><li>Prozesse/Arbeitsweisen ändern</li><li>Wandlung vom Produkt zum Service</li><li>Konnektivität</li><li>Hardware verhält sich wie Software</li><li>intelligentere Produkte</li><li>neue Datenströme mit vorhandenen Daten kombinieren (Big Data)</li></ul> |
| Warum | <ul><li>Fehler reduzieren</li><li>administrative Aufwände reduzieren</li><li>operative Verbesserungen</li><li>Effizienz und Nutzbarkeit bestehender Prozesse steigern</li><li>optimierte Datenverarbeitung</li><li>Zufriedenheit bestehender Kunden steigern</li><li>Ertragsgewinn (Bottom-Line-Growth)</li></ul> | <ul><li>Differenzierung am Markt</li><li>Wettbewerbsvorteile sichern</li><li>in neuen Märkten gewinnen</li><li>strategisch</li><li>Umsatzgewinn (Top-Line-Growth)</li></ul> |

**Tabelle 1.1** Eigenschaften transformativer und disruptiver IT-Projekte

# Kapitel 2

# Eine Cloud-Plattform als Antwort auf Herausforderungen der Digitalisierung

*Die Cloud ist mehr als ein Ort, an dem unbegrenzt IT-Ressourcen für den Betrieb von Anwendungen zur Verfügung stehen. Die Cloud beeinflusst auch, wie Anwendungen konzipiert und programmiert werden.*

Die Flexibilität von *Cloud-Computing* kombiniert mit den Vorteilen einer Plattform adressiert wesentliche Anforderungen, die die Digitalisierung an die IT-Infrastruktur stellt (siehe Kapitel 1, »Herausforderungen durch die Digitalisierung«). Cloud-Computing bietet die Möglichkeit, bestehende IT-Infrastrukturen und Anwendungslandschaften ohne den Kauf eigener Hardware und ohne zusätzlicher Betriebsaufwände bedarfsgerecht mit skalierbaren Lösungen und Technologien zu ergänzen.

*Plattformen* stellen Services bereit, mit denen Sie neue Anwendungen entwickeln, betreiben und Nutzern zugänglich machen können. Dazu unterstützen Plattformen unterschiedliche Programmiersprachen, liefern Werkzeuge, wie z. B. Editoren, Monitoring und Logging Frameworks, sowie SDKs zur Entwicklung von Anwendungen. Auch bieten Plattformen Unterstützung bei der Umsetzung des Software-Lebenszyklus und DevOps mit Möglichkeiten zur Versionskontrolle und CI/CD Tools. Wesentlich ist auch die Bereitstellung von modularen Services, wie beispielsweise eine intelligente Verwaltung großer Datenmengen, sowie die Integration bestehender Daten, maschinelles Lernen, Sicherheit, Analyse- und Internet-of-Things-Services, die bei der Programmierung neuer Anwendungen miteinander kombiniert werden, um komplexere Anforderungen zu realisieren (Baukastenprinzip).

**Plattformen**

Kombiniert man die funktionale Vielfalt einer Plattform mit der Flexibilität der Cloud zu einer *Cloud-Plattform*, ergibt sich ein Angebot, bei dem die bereitgestellten Technologien und Services stets aktuell sind, ohne Betriebsaufwände und ortsunabhängig nutzbar sind, bedarfsorientiert skaliert werden und einfach miteinander zu unternehmensrelevanten Cloud-Anwendungen kombiniert werden. Durch Cloud-Plattformen erhalten Unternehmen die notwendige IT-Agilität, um dem sich ändernden Konsumverhalten der Kunden sowie dem Wunsch nach stetigen Aktualisierungen bei

**Cloud-Plattform**

einer globalen, geräteunabhängigen Nutzung in einer Weise zu begegnen, die keine hohen Investitionsrisiken in Hardware, Software und Betrieb bedeutet.

Eine Cloud-Plattform, d. h., ein *Platform-as-a-Service*-Angebot (PaaS) ist eines von drei Servicemodellen, die in der Cloud verfügbar sind und das für die Umsetzung von Digitalisierungsprojekten eine grundlegende Komponente darstellt.

## 2.1   Cloud-Servicemodelle

Über Cloud-Computing wird IT-Infrastruktur, wie beispielsweise Speicher, Rechenleistung oder Anwendungssoftware, als Dienstleistung über das Internet bereitgestellt. Das Angebot der Cloud-Dienstleistungen wird nach dem *National Institute of Standards and Technology* (NIST) in drei unterschiedliche Kategorien gegliedert (2013, Quelle: Nist, *http://s-prs.de/v632003*):

- Infrastructure-as-a-Service (IaaS)

- Platform-as-a-Service (PaaS)

- Software-as-a-Service (SaaS)

Da die Kategorien aufeinander aufbauen, werden sie als *Cloud-Computing-Stack* bezeichnet. Mittlerweile existiert ein auf Containern basiertes viertes Servicemodell, das als *Container-as-a-Service* (CaaS) bezeichnet wird. Innerhalb des Cloud-Computing-Stacks steht CaaS zwischen IaaS und PaaS und wird entweder als Teilbereich von IaaS oder als Teilbereich von PaaS positioniert.

[»]

### Woher kommt die Cloud?

Die Grundidee des Cloud-Computings lässt sich mit der Energieversorgung vergleichen. Anstatt benötigte Energie lokal dort zu erzeugen, wo sie benötigt wird, wird sie zentral erzeugt und verteilt. Vorteile ergeben sich aus einer effizienteren und bedarfsgerechteren Bereitstellung, Nutzung und Abrechnung. In beiden Fällen, der Energie und dem Cloud-Computing, ist ein funktionierendes Netzwerk erforderlich. Eine fehlende Netzinfrastruktur führte dazu, dass Unternehmen viele Jahre ihre benötigte Rechenleistung lokal vorhalten mussten. Zwar war es seit den 1960er Jahren möglich, die damals eingesetzten Großrechner über einen Telefonanschluss zu verbinden, doch reichte die verfügbare Bandbreite nicht für komplexere Szenarien. Mit der Herstellung des ersten Lichtwellenleiters in den 1970er Jahren gelang es erstmals, digitale Signale nahezu verlustfrei über längere

Strecken zu transportieren. Eine kontinuierliche Weiterentwicklung der Glasfasertechnologie ermöglichte immer größere Datenraten und Entfernungen. Der rasante Ausbau des Internets begann und legte damit das Fundament für Cloud-Computing. Mit der Einführung des Konzepts der Mandantenfähigkeit (Multitenant-Architektur) Ende der 1990er Jahre gelang der Schritt, neben reinen Informationen auch Anwendungen über das Internet anzubieten, ohne dass unterschiedliche Nutzer (Mandanten) der gleichen Anwendung Einblicke in andere Daten und Informationen haben. In den folgenden Jahren boten immer mehr Anbieter Lösungen »as a Service« an und trafen den Nerv des Zitats von John Burdett Gage, Chief Researcher und Vice President of Science bei Sun (1984): »Das Netz ist der Computer.«

Abbildung 2.1 zeigt den Zusammenhang zwischen IaaS, PaaS, CaaS und SaaS. Speicher, Netzwerk und Rechenleistung werden über IaaS flexibel zur Verfügung gestellt.

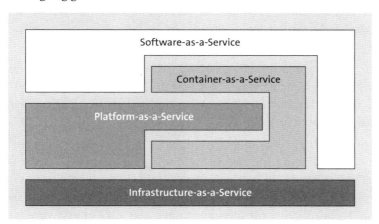

**Abbildung 2.1** Unterschiedliche Servicekategorien des Cloud-Stacks

SaaS-Lösungen können direkt auf IaaS bereitgestellt werden, indem der SaaS-Anbieter für die Lösung benötigte Infrastruktur über einen IaaS-Anbieter bezieht und notwendige Middleware, wie z. B. Anwendungsserver und Datenbanken, selbst installiert und betreibt. Ein PaaS-Angebot setzt direkt auf IaaS auf, kann ergänzend oder alternativ auch auf Basis von CaaS umgesetzt werden. Eigene SaaS-Lösungen lassen sich auf Basis von PaaS entwickeln und betreiben. Im Unterschied zu IaaS bietet PaaS weitere Technologiekomponenten wie Anwendungsserver und Datenbanken als Services, so dass sich der SaaS-Anbieter nicht um deren Installation und Betrieb kümmern muss. PaaS-Angebote können auch CaaS umfassen, so dass SaaS-Lösungen ebenfalls auf Basis der Containertechnologie bereitgestellt werden können.

### 2.1.1   Software-as-a-Service (SaaS)

Mit Software-as-a-Service (SaaS) werden Anwendungen für bestimme Aufgabenbereiche als Dienstleistung aus dem Internet genutzt. SaaS adressiert vorwiegend Fachabteilungen innerhalb von Unternehmen, wie zum Beispiel den Vertrieb und das Marketing mit einer Customer-Relationship-Management-Lösung (CRM) oder Human Resources (HR) für die Umsetzung personalbezogener Prozesse.

Anforderungen

Für die Nutzung der SaaS-Anwendung ist ein internetfähiges Gerät mit Webbrowser oder entsprechender (mobiler) Anwendung erforderlich, die auf dem Endgerät installiert ist. Üblicherweise wird für die Nutzung des SaaS-Angebots pro Nutzer monatlich eine Subskriptionsgebühr bezahlt. Die Nutzungsgebühr deckt neben den Nutzungsrechten gemäß definierter Service Level Agreements (SLA) auch die Administration und Wartung der Software, wie beispielsweise das Einspielen von Updates oder die Sicherung der Daten an.

Neben einem geringeren Investitionsrisiko profitieren Nutzer von einer beschleunigten Implementierung, höheren Mobilität und einem Softwarestand, der regelmäßig aktualisiert wird, um Fehler zu beseitigen oder neue Funktionen bereitzustellen.

Funktionsumfang

Der Funktionsumfang von SaaS-Anwendungen ist in der Regel stark standardisiert, so dass jedem Unternehmen grundlegend identische Funktionalität angeboten wird. Bis zu einem gewissen Punkt lassen sich SaaS-Anwendungen über Schnittstellen und Konfigurationsmöglichkeiten an unternehmensspezifische Anforderungen anpassen. Im Kontext von der SAP S/4HANA Cloud spricht man beispielsweise von einer sogenannten *in-app extension*, über die beispielsweise Benutzerschnittstellen, Spalten einer Datenbanktabelle, Berichte und Analysen über einen webbasierten Editor an unternehmensspezifische Anforderungen angepasst werden.

Um SaaS-Anwendungen zu betreiben oder funktional zu erweitern, stellen SaaS-Anbieter zusätzlich eine Platform-as-a-Service (PaaS) zur Verfügung. Im Falle von SAP S/4HANA Cloud spricht man bei einer funktionalen Erweiterung über eine PaaS von einer *side-by-side extension*.

Neben dem Betrieb auf PaaS werden SaaS-Lösungen auch auf Infrastructure-as-a-Service (IaaS) betrieben. Damit bildet SaaS die oberste Schicht im Cloud-Computing-Stack.

## 2.1.2 Platform-as-a-Service (PaaS)

Eine Platform-as-a-Service (PaaS) richtet sich primär an Entwickler, die SaaS-Anwendungen implementieren und bereitstellen. Eine PaaS dient daher einerseits als komplette Entwicklungsumgebung, mit der SaaS-Anwendungen implementiert werden, und andererseits als Laufzeitumgebung für den Betrieb von SaaS-Anwendungen. Dabei stellt die PaaS für die Entwicklung und den Betrieb von Anwendungen alle nötigen Technologiekomponenten über das Internet bereit, so dass sich Entwickler nicht um deren Installation, Betrieb, Wartung und die Anschaffung notwendiger Hardware kümmern müssen, sondern sich auf die Programmierung der Lösung konzentrieren können. Das Spektrum der zur Verfügung stehenden Services ist abhängig vom PaaS-Anbieter.

Die meisten PaaS-Angebote lassen keinen direkten Zugriff auf das dem Service zugrundeliegende Betriebssystem zu. Services werden ausschließlich über APIs angesprochen. Die Konfiguration der PaaS-Dienste erfolgt entweder über eine graphische Web-Oberfläche oder über eine API. Generell adressieren PaaS-Services den gesamten Software-Lebenszyklus beginnend mit dem Design, der Entwicklung, dem Test, der Auslieferung (Deployment) und dem Betrieb (Monitoring) der Cloud-Anwendung. Abhängig vom Anbieter ist ein Marktplatz der Teil der PaaS, mit dem Sie eigene, auf der Plattform entwickelte Anwendungen vermarkten. Der Marktplatz wird auch genutzt, um das Spektrum der verfügbaren Services über das Plattform-Ökosystem zu erweitern. *Eigenschaften*

Eine PaaS läuft auf einer virtualisierten Infrastruktur (IaaS) bestehend aus Speicher- und Netzwerkkomponenten sowie Rechenleistung, so dass die angebotenen Services abhängig von ihrer Nutzung durch SaaS-Anwendungen skalieren. Eine PaaS ist damit die mittlere Schicht im Cloud-Computing-Stack. Oftmals ist eine trennscharfe Abgrenzung vom PaaS- zu SaaS- oder IaaS-Angeboten schwierig, da viele PaaS-Anbieter auch die darunterliegende IaaS anbieten und somit mit der PaaS vermischen. Anders als bei IaaS-Angeboten muss sich der Nutzer eines PaaS-Dienstes nicht um das Betriebssystem und erforderliche Softwarekomponenten, wie z. B. Datenbanken, Anwendungsserver oder Middleware, kümmern. Um PaaS-Angebote von SaaS-Angeboten abzugrenzen, betrachtet man die Zielgruppe des Service. SaaS-Angebote richten sich in der Regel explizit an Anwender in Fachabteilungen (Business User) und laufen technisch auf einer PaaS oder auf IaaS-Diensten. PaaS-Angebote adressieren Entwickler, die neue Cloud-Anwendungen entwickeln und bereitstellen wollen. *Infrastruktur*

Da eine PaaS als Laufzeitumgebung und Entwicklungsumgebung eine zentrale Rolle im Cloud-Computing-Stack einnimmt, wird über die *Cloud* *Multi-Cloud*

*Foundry Foundation* die gleichnamige Cloud-Foundry-PaaS als Open-Source-PaaS entwickelt und definiert eine grundlegende, standardisierte Architektur für die Umsetzung einer PaaS. So wird über das *Cloud-Provider-Interface-Modell* (CPI) die einer Cloud Foundry PaaS zugrundeliegende Infrastruktur abstrahiert, was wiederum Voraussetzung für die *Multi-Cloud*-Fähigkeit der PaaS ist. Multi-Cloud-Fähigkeit bedeutet hier, dass die PaaS bei unterschiedlichen IaaS-Anbietern wie AWS, Azure, GCP und OpenStack, die eine unterschiedliche Infrastruktur haben, lauffähig ist. Auf Basis des CPI interagiert die Cloud Foundry PaaS mit der Infrastruktur, um benötigte Ressourcen, zum Beispiel über VMs, Container oder Speicher, für die PaaS-Dienste entsprechend bereitzustellen. *Cloud Foundry BOSH* übernimmt und automatisiert dabei das gesamte Management der Infrastruktur über verteilte Rechnerarchitekturen (siehe Abschnitt 2.3.2, »Cloud Foundry PaaS«).

Anbieter wie Pivotal, IBM oder SAP haben ihr PaaS-Angebot über das *Cloud Foundry PaaS Certification Program* zertifiziert und erfüllen die Kriterien des offenen PaaS-Standards. Ähnlich wie bei Linux gibt es damit auch kommerzielle Versionen der Cloud Foundry PaaS, die zusätzliche Funktionen, Services oder Bereitstellungsmodelle mitbringen (siehe Abschnitt 2.2, »Cloud-Bereitstellungsmodelle«).

### 2.1.3   Infrastructure-as-a-Service (IaaS)

Infrastructure-as-a-Service (IaaS) bildet die unterste Schicht des Cloud-Computing-Stacks, indem sie Rechnerinfrastruktur als Dienst anbietet. Je nach Bedarf lassen sich Rechenleistung (z. B. AWS EC2) und Speicher (z. B. AWS S3) nutzen, um beispielsweise Lastspitzen einer Anwendung abzufangen, ohne die maximale Rechenleistung konstant vorzuhalten. Mit IaaS gestalten Nutzer ihre eigene, cloudbasierte IT-Infrastruktur bestehend aus Rechnern, Speicher und Netzwerk und installieren und betreiben die benötigte Software und Anwendungen selbst.

IaaS-Anbieter   Gängige IaaS-Anbieter sind Amazon Web Service (AWS), Microsoft Azure (Azure) sowie die Google Cloud Platform (GCP). AWS, Azure und GCP bieten auch eigene PaaS-Angebote, agieren aber auch als IaaS-Provider für die Cloud Foundry PaaS, indem sie auf ihrer Infrastruktur die dafür notwendige Cloud Foundry BOSH CPI unterstützen.

[»]

### SAP HANA Enterprise Cloud

SAP bietet mit der *SAP HANA Enterprise Cloud* (auch: HEC) eine Cloud-Infrastruktur, die speziell für SAP-HANA-basierte Geschäftsanwendungen genutzt wird. Mit den *Application Managed Services* (AMS) steht in der SAP

2

HANA Enterprise Cloud ebenfalls ein Betriebs- und Wartungsangebot für die Geschäftsanwendungen zur Verfügung. Damit stellt die SAP HANA Enterprise Cloud ein IaaS-Angebot speziell für SAP-HANA-basierte Anwendungen, wie beispielsweise S/4HANA und BW/4HANA, dar, das mit Services zum Betrieb und zur Administration der Anwendungen kombiniert wird.

Abbildung 2.2 zeigt die unterschiedlichen Verantwortungsbereiche bei IaaS und PaaS. Während IaaS im Wesentlichen Netzwerk, Speicher und Server über eine Virtualisierung skalierbar anbietet, umfasst PaaS darüber hinaus eine Reihe von Middlewarekomponenten und Services, die für die Entwicklung von SaaS-Lösungen hilfreich sind.

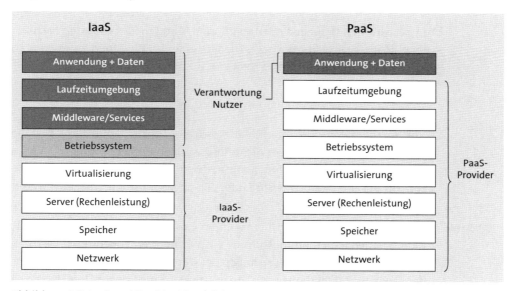

**Abbildung 2.2**  IaaS und PaaS im Vergleich

## 2.2   Cloud-Bereitstellungsmodelle

Die in Abschnitt 2.1 beschriebenen Cloud-Servicemodelle können vom Anbieter auf drei unterschiedliche Weisen bereitgestellt werden: in einer Public Cloud, einer Private Cloud oder einer Hybrid Cloud (Quelle: »SP800-145 The NIST Definition of Cloud Computing«, 2011).

### 2.2.1   Public Cloud

Cloud-Services, die aus der Public Cloud bereitgestellt werden, sind über das Internet der Allgemeinheit zugänglich. Die für unterschiedliche Nutzer bereitgestellten Services laufen in der Public Cloud auf gemeinsamer Hardware, d. h., ein Nutzer hat für seine Services keine dediziert zugewiesene Infrastruktur. Dennoch sind die zwischen unterschiedlichen Kunden geteilten Ressourcen abgeschirmt und getrennt (Mandantenfähigkeit). Generell betreiben Cloud-Service-Anbieter wie Amazon Web Services (AWS), Microsoft, Google und SAP die Rechenzentren für Public-Cloud-Angebote selbst. Die globale Abdeckung sowie die einzelnen Standorte der Rechenzentren variieren zwischen den Cloud-Providern.

**Vorteile**  Unternehmen möchten durch den Wechsel zu einer Public Cloud von höherer Kosteneffizienz, Sicherheit, Flexibilität und Zuverlässigkeit profitieren. Durch die Nutzung von Public-Cloud-Angeboten sollen Anforderungen schneller umgesetzt und Wachstumsziele erreicht werden.

In bestimmten Branchen oder regulierten Märkten ist es aus datenschutzrechtlichen Gründen untersagt, Dienste einer Public Cloud zu nutzen. In solchen Situationen können Private-Cloud-Angebote sinnvoll sein.

### 2.2.2   Private Cloud

Von einer Public Cloud unterscheidet sich eine Private Cloud darin, dass die angebotenen Cloud-Services nicht für die Allgemeinheit, sondern exklusiv für ein einzelnes Unternehmen zur Verfügung stehen, d. h., die Infrastruktur, auf der die Cloud-Dienste laufen, ist speziell für ein einzelnes Unternehmen eingerichtet.

**Vorteile**  Eine Private Cloud bietet Unternehmen ähnliche Vorteile wie eine Public Cloud, ist jedoch einem bestimmten Unternehmen zugeordnet. Dadurch kann die Cloud-Umgebung so angepasst werden, dass sie speziellen Anforderungen und Sicherheitsvorgaben entspricht. Eine Private Cloud lässt sich intern im unternehmenseigenen Rechenzentrum oder von einem Drittanbieter betreiben. So kann eine Private Cloud hinter der Firewall eines Unternehmens oder extern gehostet werden.

**Implementierung**  Hinsichtlich der technischen Implementierung unterscheiden sich Private Clouds prinzipiell nicht von Public Clouds. Auch eine Private Cloud wird oftmals mit Hilfe von Containern, Containerorchestrierung (siehe Abschnitt 2.3, »Native Cloud-Anwendungen«) oder Cloud Foundry realisiert und bietet dadurch die Vorteile der Public Cloud, wie eine schnelle Umsetzung neuer Anwendungen, Skalierbarkeit und Elastizität. Den Unternehmen bietet die Private Cloud jedoch mehr Kontrolle über die Ressourcen und Datenisolation. Im Vergleich zu Public-Cloud-Angeboten unterscheidet sich gerade bei PaaS oftmals das Service-Portfolio zwischen der Public-Cloud- und der Private-Cloud-Variante. Auch können sich die Release-Zyklen zum

Einspielen von Aktualisierungen in der Häufigkeit unterscheiden, so dass tendenziell die Public-Cloud-Services aktueller als die entsprechenden Private-Cloud-Services sind.

### 2.2.3   Hybrid Cloud

Bei einer Hybrid Cloud handelt es sich um eine Kombination aus Public-Cloud- und Private-Cloud-Diensten, die die Vorteile beider Bereitstellungsmodelle kombiniert. So kann beispielsweise eine Private Cloud durch die Integration und Nutzung von Public-Cloud-Services erweitert werden, um datenschutzkritische Anwendungen und Daten in der Private Cloud und bestimmte Angebote für ein anderes Nutzersegment öffentlich zu betreiben.

Der hybride Ansatz erlaubt es Unternehmen, von den Vorteilen wie beliebiger Skalierbarkeit und Kosteneffizienz einer Public Cloud zu profitieren, ohne geschäftskritische Daten und Anwendungen in eine gemeinsam mit anderen genutzte Infrastruktur zu legen. Da eine Hybrid Cloud sowohl Elemente einer Private Cloud als auch einer Public Cloud enthält, kann die Bereitstellung einer Hybrid Cloud von beiden Startpunkten erfolgen.

*Vorteile*

## 2.3   Native Cloud-Anwendungen

Anwendungen für die Cloud (d. h. Software-as-a-Service) bringen im Vergleich zu Anwendungen im eigenen Rechenzentrum (on premise) bestimmte Eigenschaften mit. Während sich für Anwendungen im eigenen Rechenzentrum die Cloud primär als Netzwerk verschiedener Ressourcen für den Datenaustausch darstellt oder ein Ort ist, an dem die On-Premise-Anwendung (kostengünstiger) betrieben wird (»lift-and-shift«), ist die Cloud für *native Cloud-Anwendungen* (NCA) eine Laufzeitumgebung.

Native Cloud-Anwendungen basieren auf einer losen Kopplung unterschiedlicher Cloud-Services und sind speziell für die skalierbare Architektur und die Modelle des Cloud-Computings konzipiert. Die Cloud ist für sie mehr als ein Ort, aus dem IT-Ressourcen je nach Bedarf konsumiert werden oder in den man aus Kostengründen On-Premise-Anwendungen verlagert. Für native Cloud-Anwendungen definiert die Cloud Rahmenbedingungen für die Architektur und Programmierung.

*Skalierbarkeit*

*Agilität* spielt bei der Programmierung von nativen Cloud-Anwendungen eine große Rolle. Dazu zählen zum Beispiel eine enge Zusammenarbeit zwischen Softwareentwicklern und dem IT-Betrieb über DevOps sowie eine kontinuierliche Bereitstellung neuer Anwendungsversionen über Continuous Delivery (siehe Kapitel 1, »Herausforderungen durch die Digitalisierung«). Damit eine Continuous Delivery (CD) der Anwendung funktioniert und Softwareteams zeitgleich an unterschiedlichen Komponenten der Anwendung arbeiten können, ist eine dafür geeignete Softwarearchitektur erforderlich.

**Microservices**   Das für native Cloud-Anwendungen verbreitetste Architekturmuster sind *Microservices*. Mit Microservices werden komplexe Anwendungen aus einer Vielzahl voneinander unabhängiger Services zusammengebaut. Jeder Microservice erledigt eine kleine, definierte Aufgabe und implementiert im Sinne eines *Bounded Contexts* genau eine einzige Geschäftsfunktion bzw. fachliche Anforderung. Das kann beispielsweise der Bestellvorgang eines Produkts, die Verwaltung von Nutzern oder die Suche nach Produkten sein. Abbildung 2.3 veranschaulicht, wie sich durch diesen fachlichen Schnitt kleine Teams bilden lassen, die die Umsetzung eines jeweiligen Microservice übernehmen. Dies fördert wiederum die Agilität im Team. Technik und Organisation greifen ineinander.

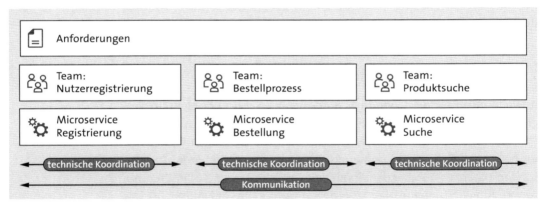

**Abbildung 2.3**  Microservices erhöhen die Agilität, indem sie technische Entscheidungen isolieren.

**Flexibilität**   Jeder Microservice einer Anwendung ist für sich isoliert, d. h. kann unabhängig von anderen Services in Produktion gebracht werden. Das erhöht den Automatisierungsgrad und ist Voraussetzung für eine *Continuous Delivery*. Microservices werden in einer frei wählbaren Programmiersprache oder unterschiedlichen Technologie-Stacks programmiert. Wie bei einem Mosaik aus vielen kleinen Steinchen werden Microservices über ihre Schnittstellen zu einer vollständigen Anwendung kombiniert. So ergibt sich ein modularer Aufbau der Anwendung. Die Einbindung von Microservices in den Quellcode erfolgt über definierte Schnittstellen (APIs). Damit Microservices ineinandergreifen, ist eine gute Kommunikation im gesamten Team erforderlich, so dass Klarheit über die Schnittstellen der Microservices besteht.

Die Schnittstellen verstecken die Implementierungsdetails des Service und werden über ein standardisiertes Format, wie die *OpenAPI-* Spezifikation, beschrieben.

**OpenAPI**

Um mit sich ändernden Anforderungen, wie zum Beispiel die Anzahl aktiver Nutzer, umgehen zu können, ist ein Microservice horizontal skalierbar. Die von der gesamten Anwendung unabhängige Bereitstellung (Deployment) und die horizontale Skalierung sind zwei wesentliche Eigenschaften, die eine microservice-basierte Anwendung von einer monolithischen Anwendung unterscheiden. Auch eine monolithische Anwendung kann modularisiert werden, indem einzelne Komponenten beispielsweise in Klassen, Packages oder **.jar**-Dateien organisiert werden. Aber für den Betrieb und die Bereitstellung bleibt die Anwendung ein Monolith, da sie nur als Ganzes in Produktion gehen kann.

### Container

Um Microservices unabhängig voneinander in Produktion zu bringen, muss jeder Microservice ein eigener Prozess sein oder sogar eine eigene virtuelle Maschine mit dem notwendigen Technologie-Stack inklusive Betriebssystem mitbringen. Das ist äußerst unhandlich und benötigt viele Hardwareressourcen. Aus diesem Grund hat sich die *Containervirtualisierung* weiterentwickelt, die seit 2013 mit Einführung der Software *Docker* verbreitet Anwendung findet. Docker hat Container überhaupt erst populär gemacht. Das Konzept existierte in der Linux-Welt schon länger. Eine Anwendung (oder ein Microservice) und alle zur Laufzeit notwendigen Ressourcen – wie z. B. Bibliotheken, Datenbanken oder statische (Bild-)Dateien und Konfigurationen – werden in ein Container-Image gepackt, so dass eine Anwendung oder ein Microservice konsistent auf unterschiedlichen Rechnern betrieben werden kann. Ein Container ist demnach eine portable Laufzeitumgebung inklusive entsprechender Anwendung. Ein Docker-Image bietet mit `docker push`, `docker commit` und weiteren Kommandos eine ähnliche Semantik wie ein *Git-Repository*, so dass Entwickler die Containertechnologie schnell in einen bestehenden Software-Lebenszyklus einbinden können. Ein Container enthält allerdings kein eigenes Betriebssystem. Deshalb benötigt er weniger Ressourcen als eine virtuelle Maschine. Container laufen demnach im Kontext eines Host-Betriebssystems. Wenn auch nicht so stark wie bei der Virtualisierung sind Container untereinander und auch vom Host-Betriebssystem abgeschottet. Abbildung 2.4 vergleicht den Betrieb von Anwendungen auf Servern, virtuellen Maschinen und Containern.

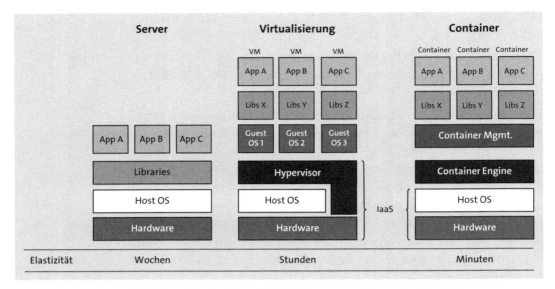

**Abbildung 2.4** Container, Virtualisierung und Server im Vergleich

Um die Anwendung zu starten, wird der entsprechende Container gestartet. Der Container ist eine Datei und kann dementsprechend leicht auf unterschiedlichen Systemen verteilt werden. Die Installation der Anwendung reduziert sich demnach auf den Kopiervorgang des entsprechenden Containers, die De-Installation auf das Löschen und ein Update der Anwendung auf das Überspielen der bestehenden Datei mit einem aktualisierten Container-Image.

**Cloud Native Computing Foundation**

Viele sehen in Containern eine logische Evolutionsstufe klassischer virtueller Maschinen. Unternehmen wie zum Beispiel Google, Amazon Web Services (AWS), Microsoft und SAP arbeiten in der *Cloud Native Computing Foundation* (CNCF), einer im Jahr 2015 gegründeten Linux Foundation, gemeinsam an der Standardisierung der Containertechnologie, mit einem Fokus auf deren Einsatz in Unternehmenssoftware.

**DevOps**

Auch wenn *DevOps* nicht an bestimmte Technologien gebunden ist, eignen sich Container gut für die Umsetzung von DevOps-Workflows. So lassen sich mit Containern konsistente Entwicklungs-, Test- und Produktivumgebungen realisieren, was die Zusammenarbeit zwischen unterschiedlichen Teams (z. B. Entwicklern, Testern und Administratoren) vereinfacht. Ebenso ist eine kontinuierliche Aktualisierung von Anwendungen einfach möglich. Mit einer Anwendung, deren Microservices jeweils in eigenen Containern laufen, können einzelne Microservices aktualisiert und mit einem Neustart des Containers aktiviert werden, ohne dass die gesamte Anwendung gestoppt wird.

Container unterstützen für die Programmierung von Microservices unter-schiedliche Frameworks und Technologie-Stacks und bieten daher die not-wendige Flexibilität für die Gestaltung von Anwendungen. Auch laufen Container auf unterschiedlichen Host-Betriebssystemen; ein Wechsel von z. B. Red Hat Linux zu Ubuntu (oder umgekehrt) ist möglich.

Offenheit

2

Besonders gut spielen Container ihre Vorteile in Cluster-Umgebungen aus, die als technische Grundlage von Cloud-Plattformen oder nativen Cloud-Anwendungen dienen. Gefragt ist ein Setup aus vielen Containern, die automatisch über diverse Rechner hinweg verteilt werden und die verfügbaren Ressourcen bestmöglich nutzen, um sich ändernden Lasten anzupassen. Werden auf Grund höherer Last zusätzliche Instanzen der Anwendung benötigt, wird ein neuer Container gestartet. Umgekehrt wer-den bei geringerer Last auf die Anwendung Container mit Anwendungs-instanzen gestoppt. Genau wie bei virtuellen Maschinen auch können der Betrieb und die Administration von Containern komplex werden, gerade wenn es um Hochverfügbarkeit und Redundanz sowie die Verteilung von Containern in größeren Infrastrukturen geht, um kritische Anwendungen mit vielen Nutzern zu ermöglichen.

Cluster

Um die Verwaltung einer größeren Anzahl von Containern zu verein-fachen und zu automatisieren, werden Werkzeuge wie *Kubernetes* (K8S), Docker Swarm, Cloud Foundry Diego oder Apache Mesos für eine *Cont-ainerorchestrierung* verwendet. Viel Beachtung findet Kubernetes, das 2015 von Google entwickelt und 2016 als Projekt an die Cloud Native Computing Foundation (CNCF) übergeben wurde. Mit Kubernetes werden container-basierte Anwendungen betrieben und skaliert. Es übernimmt damit die Aufgabe eines Steuermanns (was sich auch im Logo widerspiegelt) für das Rollout containerbasierter Anwendungen. Dazu fasst Kubernetes Con-tainer und ihre Konfiguration in *Deployments* zusammen.

Orchestrierung

Ein Deployment besitzt eine Konfiguration, in der unter anderem die mini-mal benötigten Ressourcen (z. B. Speicherbedarf oder Rechenleistung) und die Anzahl benötigter Containerinstanzen definiert werden. Kubernetes übernimmt die Überwachung der Containerinstanzen, d. h., fällt ein Con-tainer aus, startet Kubernetes automatisch einen neuen Container als Ersatz. Hardwareressourcen werden optimal genutzt, da Kubernetes die Deployments dort ausführt, wo entsprechende IT-Ressourcen zur Verfü-gung stehen. Da Container selbst zustandslos (*stateless*) sind, bietet Kuber-netes Schnittstellen zu Persistenztechnologien (*stateful data services*), wie z. B. Datenbanken. Damit werden weitere Workloads, wie beispielsweise Datenanalysen oder monolithische Anwendungen, mit Containern möglich.

Kubernetes

**Stateless vs. stateful**

Anwendungen oder Microservices werden als *stateless* bzw. zustandslos bezeichnet, wenn alle Aufrufe oder Anfragen als voneinander unabhängige Transaktionen verarbeitet werden, auch wenn diese von demselben Nutzer oder Microservice kommen. Eine Anfrage oder ein Aufruf hat keinen Bezug zu einer vorherigen Anfrage, es werden also keine Sitzungsinformationen gehalten oder ausgetauscht. Im Gegensatz dazu speichert eine *stateful* bzw. zustandshaltende Anwendung oder Microservice Informationen über den eigenen Zustand, die aus vorherigen Anfragen resultieren.

Abhängig von sich ändernden Lasten oder verfügbarer Rechenleistung skaliert Kubernetes automatisch Container und deren Anwendung, ohne dass die Anwendung dazu angepasst werden muss. Für den Nutzer der Anwendung ist das sogenannte *Autoscaling* völlig transparent.

Container-as-a-Service  Neben den drei von NIST standardisierten Cloud-Servicemodellen (siehe Abschnitt 2.2, »Cloud-Bereitstellungsmodelle«) existiert ein auf Containern basiertes viertes Servicemodell: *Container-as-a-Service*. Dabei werden die Container-Engine sowie eine entsprechende Orchestrierung und die darunterliegenden Rechnerressourcen als Service von einem Cloud-Anbieter bereitgestellt. So werden Container mit Hilfe von API-Aufrufen oder über eine Weboberfläche hochgeladen und mit dem CaaS-Angebot verwaltet und skaliert. AWS bietet zum Beispiel mit dem Amazon-EC2-Container-Service ein Container-Verwaltungssystem für Docker Container auf Amazon-EC2-Instanzen. Die Google Container Engine bietet vergleichbare Services. Der wesentliche Unterschied zwischen den CaaS-Angeboten unterschiedlicher Provider ist üblicherweise die Orchestrierungstechnologie für Container.

### 2.3.1    Twelve-Factor App

Microservices, Containervirtualisierung (auf Basis von z. B. Docker) und die Verwaltung von Containern (mit z. B. Kubernetes) stellen Grundlagen für native Cloud-Anwendungen dar. Doch was gibt es bei der Entwicklung nativer Cloud-Anwendungen zu beachten? Sie sollten leicht skalierbar, gut portierbar und schnell deploybar sein. Um dies zu gewährleisten, haben Entwickler der PaaS *Heroku*, einer der erster Cloud-Plattformen, das *Twelve-Factor App Manifest* (*12factor.net*) veröffentlicht. Das Manifest umfasst zwölf Empfehlungen, die als Leitfaden zur Entwicklung nativer Cloud-Anwendungen (Software-as-a-Service) genutzt werden. Die Empfehlungen sind grundsätzlich in allen Programmiersprachen anwendbar und unabhängig von der Laufzeitumgebung der Anwendung. So können Microservices, die in Containern laufen, beispielsweise anhand der zwölf Empfehlungen implementiert werden.

Die erste Empfehlung adressiert die Verwaltung des Quellcodes einer Anwendung bzw. ihrer Komponenten. Der Quellcode einer Anwendung soll zentral verwaltet werden (z. B. in Git), um allen Entwicklern jederzeit Zugriff auf die gleiche Version des Quellcodes zu gewährleisten.

**1. Codebase**

Die zweite Empfehlung beschreibt die Abhängigkeiten (*dependencies*), die die Anwendung zur Laufzeit zu Bibliotheken, zur Datenbank oder zu Bilddateien hat. Die Anwendung sollte sich nicht darauf verlassen, diese Abhängigkeiten auch tatsächlich in ihrer Laufzeitumgebung vorzufinden. Stattdessen wird empfohlen, alle notwendigen Abhängigkeiten explizit zu definieren und als Bestandteil der Anwendung auszuliefern. Viele Frameworks und Programmiersprachen bieten dazu die Möglichkeit, alle benötigten Bibliotheken mit entsprechender Version zentral zu beschreiben und während des Deployments automatisch aus einem zentralen Repository (z. B. aus dem Internet) herunterzuladen.

**2. Dependencies**

Die dritte Empfehlung beschreibt den Umgang mit Konfigurationsdaten der Anwendung. Mit Konfiguration sind alle Parameter einer Anwendung gemeint, die sich abhängig von der Laufzeitumgebung ändern. Im Gegensatz dazu ist der Quellcode einer Anwendung in jeder Laufzeitumgebung identisch. So sind beispielsweise die Codezeilen, die Daten aus einer Datenbank lesen, unabhängig von der Laufzeitumgebung, während sich die Verbindungsparameter zu der Datenbank zwischen einer Entwicklungs-, Test- und Produktionsumgebung ändern können. Ein anderes Beispiel ist, dass in einer Testumgebung ausgiebig Log-Informationen gesammelt werden sollen, was in einer Produktivumgebung zu viele Ressourcen verbrauchen würde. Alle Konfigurationsdaten sollen außerhalb des Quellcodes in separaten Dateien verwaltet werden und zur Laufzeit vom Quellcode gelesen werden. Für unterschiedliche Laufzeitumgebungen werden demnach auch unterschiedliche Konfigurationsdateien genutzt.

**3. Configuration**

Microservice-basierte Anwendungen koppeln über API-Endpunkte und Schnittstellen viele unterschiedliche Services, wie z. B. Datenbanken oder Message-Queues. Die eingebundenen Services, auch als *Backing-Services* bezeichnet, können dabei auf dem gleichen Rechner oder in anderen Rechenzentren laufen oder auch Teil einer anderen SaaS-Anwendung sein. Eine lose und damit leicht austauschbare Kopplung von Backing-Services bietet eine hohe Flexibilität beim Austausch einzelner Services. So lässt sich

**4. Backing-Services**

beispielsweise eine SAP-HANA-Instanz, die im eigenen Rechenzentrum läuft, durch eine Instanz der SAP Cloud Platform austauschen, ohne dass der Quellcode der Anwendung angepasst werden muss.

**5. Build, release, run**   Das Twelve-Factor App Manifest empfiehlt ebenso, die Delivery-Pipeline bestehend aus den Schritten *build*, *release* und *run* strikt einzuhalten. Im Build-Schritt wird aus dem Quellcode ein Paket bestehend aus Binaries und weiteren Dateien geformt. Im Release-Schritt wird das gebaute Paket gemeinsam mit einer Konfiguration (siehe dritte Empfehlung) in eine Laufzeitumgebung (z. B. einen Server) kopiert, um im Run-Schritt in der Laufzeitumgebung aktiviert zu werden. Die Idee hinter dieser Empfehlung ist für SAP-Landschaften nichts Neues: eine strikte Trennung von Entwicklungs- und Produktionsumgebungen. Die *Run-Stage*, also die Produktivumgebung, ist stabil, sicher und eindeutig hinsichtlich des Softwarestands. Hier haben Entwickler nichts zu suchen. Die *Build-Stage*, also die Entwicklungsumgebung, ist der Bereich, in dem die Entwickler ihrer Aufgabe nachkommen.

**6. Processes**   Native Cloud-Anwendungen laufen üblicherweise als Prozesse in mehreren Laufzeitumgebungen, wie virtuellen Maschinen, Containern oder Rechnern. Dadurch sind die Anwendungen weniger anfällig für Ausfälle und erreichen eine gute Skalierbarkeit. Es wird empfohlen, dass die einzelnen Anwendungsinstanzen (Prozesse) in den unterschiedlichen Laufzeitumgebungen zustandslos (stateless) sind. Das bedeutet, dass alle Zustandsinformationen einer Anwendung ausschließlich in gekoppelten Backing-Services (z. B. in einer Datenbank) oder im Shared Storage gespeichert werden und nicht innerhalb einzelner Anwendungsinstanzen (Prozesse). Dadurch wird die Anwendung stabiler, da beim Ausfall eines Service der gleiche Service auf einem anderen Rechner einspringen kann und die benötigte Historie (Zustände) aus dem gekoppelten Backing-Service bezieht.

**7. Port Binding**   Die Idee hinter Port-Binding ist, dass ausnahmslos alle Microservices und Backing-Services, inklusive der Anwendung, über definierte URLs/Ports erreichbar sind. Bei nativen Cloud-Anwendungen ist das sowieso der Fall. Damit können für eine Anwendung auch zwei API-Endpunkte mit unterschiedlichen Wegen durch das Netzwerk angeboten werden. Ein API-Endpunkt ist nur durch die Firewall und eine Authentication erreichbar, während ein anderer Endpunkt im internen Netz für eine etwas schnellere Kommunikation angeboten wird.

**8. Concurrency**   Eine native Cloud-Anwendung besteht aus vielen kleinen Microservices bzw. Prozessen, die bestimmte Aufgaben innerhalb der Anwendung übernehmen. So gibt es eine Reihe von Prozessen, die mit der Aktualisierung von Lagerbeständen befasst werden und Informationen von anderen Prozessen erhalten, die Bestellungen verarbeiten. Wieder andere Prozesse realisieren die Registrierung neuer Kunden. All diese Prozesse sollen einzeln und unabhängig voneinander laufen, sie können gestartet, beendet oder individuell skaliert werden. Die Skalierung erfolgt dabei über das Prozessmodell, d. h., durch die Bereitstellung von mehr Rechenleistung oder zusätzlichem Speicher können mehr Prozesse gleichzeitig laufen.

Wenn für die Anwendung eine Aktualisierung bereitgestellt wird, soll diese auch sofort zur Verfügung stehen und für die Kunden nutzbar sein, ohne dass die Anwendung zunächst 10 Sekunden heruntergefahren wird, um alle aktuellen Zustände und Informationen zu sichern und sie danach wieder mit einer Dauer von 10 Sekunden hochzufahren (Befüllen von Caches), bevor sie wieder genutzt werden kann. Eine native Cloud-Anwendung sollte alle notwendigen Informationen (Zustände) in performanten Backing-Services (Datenbank oder Caches) vorhalten, um nach einem Neustart einzelner Prozesse (z. B. durch eine Aktualisierung) wieder schnell einsatzbereit zu sein. Genauso sollte die Anwendung robust auf Abstürze, z. B. auf Grund von Hardware- oder Softwarefehlern, reagieren. Damit ist gemeint, dass die Anwendung nach einem Absturz direkt in einem definierten Zustand zurückkommt, ohne dass aufwendig Daten bereinigt werden müssen.

**9. Disposability**

Die Umgebungen für die Entwicklung, den Test und den produktiven Betrieb einer Anwendung sollen identisch sein. In allen Umgebungen werden identische Backing-Services, dieselben Versionen von eingebundenen Bibliotheken etc. verwendet. Damit reden alle am Software-Lebenszyklus beteiligten Parteien über das Gleiche, und phantomhafte Fehler, die nicht nachstellbar sind, sollen vermieden werden. Auch dies ist eine Voraussetzung für DevOps und eine agile Entwicklung und Bereitstellung von Anwendungen.

**10. Dev/Prod Parity**

Logs sind essentiell, um etwas über den Zustand der Anwendung zu erfahren: angefangen von Informationen über den erfolgreichen Start der Anwendung bis hin zu Fehlern in der Ausführung einzelner Funktionen. Daher wird empfohlen, Logs als *Event-Streams* zu behandeln und einen separaten Service für die Verwaltung und Auswertung von Logs zu nutzen. So ist das Logging nicht ausschließlich im laufenden Code verankert, was bei Fehlern im Quellcode auch zu Beschädigungen von Log-Dateien führen kann. Durch die Auslagerung in einen externen Service wird mehr Zuverlässigkeit beim Logging erreicht.

**11. Logs**

Produktive Anwendungen verlangen oftmals nach administrativen Tätigkeiten, um beispielsweise Informationen über das tatsächliche Verhalten

**12. Admin Processes**

der Anwendung zu sammeln. Diese Tätigkeiten sollten direkt in der produktiven Umgebung möglich sein, d. h., Funktionen für administrative Aufgaben sind Teil des Quellcodes und mit der Anwendung paketiert. Ein Zugriff außerhalb der Anwendung, beispielsweise über Terminals auf dem Betriebssystem, oder direkt in der Datenbank über entsprechende Datenbank-Werkzeuge ist zu vermeiden.

### 2.3.2   Cloud Foundry PaaS

Native Cloud-Anwendungen (SaaS) werden über IaaS-, PaaS- oder auch CaaS-Angebote bereitgestellt (siehe Abschnitt 2.2, »Cloud-Bereitstellungsmodelle«, und Abschnitt 2.3, »Native Cloud-Anwendungen«), wobei CaaS-Dienste auch als Teil von IaaS oder PaaS angeboten werden (siehe auch Abbildung 2.1).

Die Open-Source-Cloud-Plattform *Cloud Foundry* hat sich als ein Industriestandard für die Entwicklung, die Bereitstellung und den Betrieb von 12-Faktor-Anwendungen etabliert.

Multi-Cloud   Die Cloud Foundry PaaS kann dabei auf Hardware im eigenen Rechenzentrum oder auf IaaS-Ressourcen von beispielsweise Amazon Web Services, Google Cloud Platform, Microsoft Azure oder OpenStack (für z. B. ein On-Premise-Deployment) betrieben werden. So wird über das *Cloud-Provider-Interface*-Modell (CPI) die einer Cloud Foundry PaaS zugrundeliegende Infrastruktur abstrahiert, was Voraussetzung für die *Multi-Cloud*-Fähigkeit der PaaS ist. Multi-Cloud-Fähigkeit bedeutet hier, dass die Cloud-Foundry-basierte PaaS bei unterschiedlichen IaaS-Anbietern wie AWS, Azure, GCP und OpenStack, die eine unterschiedliche Infrastruktur haben, lauffähig ist. Auf Basis des CPI interagiert die Cloud Foundry PaaS mit der Infrastruktur, um benötigte Ressourcen, zum Beispiel über VMs, Container oder Speicher, für die PaaS-Dienste bereitzustellen. *Cloud Foundry BOSH* übernimmt und automatisiert dabei das gesamte Management der Infrastruktur über verteilte Rechnerarchitekturen.

Anbieter wie Pivotal, IBM oder SAP haben ihr PaaS-Angebot über das *Cloud Foundry PaaS Certification Program* zertifiziert und erfüllen die Kriterien des offenen PaaS-Standards. Ähnlich wie bei Linux gibt es damit auch kommerzielle Versionen der Cloud Foundry PaaS, die zusätzliche Funktionen, Services oder Bereitstellungsmodelle mitbringen. Die Offenheit und Erweiterbarkeit von Cloud Foundry verhindert, dass Nutzer von einem einzigen Framework, einem eingeschränkten Angebot von Cloud-Anwendungen oder einem einzigen Cloud-Anbieter abhängig sind.

[«]

**Hintergrund zu Cloud Foundry**

Cloud Foundry wurde 2011 vorgestellt und entspringt einer Arbeitsgruppe bei VMware (Project B29). Seit 2015 liegen der Quellcode sowie die Markenrechte von Cloud Foundry bei der Cloud Foundry Foundation, zu deren Platinmitgliedern Cisco, IBM und SAP gehören. Zu den Mitbewerbern von Cloud Foundry zählen die Plattform Heroku (Salesforce) und die von Red Hat entwickelte Plattform *OpenShift*.

12-Faktor-Anwendungen, die auf Cloud Foundry bereitgestellt werden, können in unterschiedlichen Sprachen programmiert werden. Unterstützt werden beispielsweise Java, Node.js, Python, Ruby, PHP, .NET und Go. Innerhalb der Cloud Foundry PaaS werden die Anwendungen auf skalierbaren Docker-Containern ausgeführt. Zur Programmierung der 12-Faktor-Anwendungen nutzen Entwickler den Editor ihrer Wahl und stellen die Anwendung über den Befehl cf push in der Cloudumgebung bereit. 12-Faktor-Anwendungen sind in der Regel zustandslos und speichern keine Daten für die nächste Sitzung. Sollen Zustände dauerhaft gespeichert werden, greift die 12-Faktor-Anwendung auf entsprechende Backing-Services zu, die ebenfalls Teil der Cloud Foundry PaaS sind.
Unterstützte<br>Sprachen

In Cloud Foundry werden diese Backing-Services über einen *Service Marketplace* angeboten. Gerade bei den kommerziellen Anbietern einer Cloud Foundry PaaS unterscheiden sich die angebotenen Services im Marktplatz. Gängig sind beispielsweise verschiedene Datenbankmanagementsysteme (z. B. PostgreSQL, MongoDB, Redis), Messaging-Komponenten (z. B. RabbitMQ) oder Logging- und Monitoringlösungen. Die Nutzung der Backing-Services aus dem Marktplatz erfolgt über die *Service Broker API*.
Marketplace

Damit die 12-Faktor-Anwendungen skalieren und ausfallsicher zur Verfügung stehen, muss Cloud Foundry einzelne Prozesse der Anwendung optimal auf mehrere Rechner verteilen. Das erfolgt über die folgenden drei Ebenen:
Prozesse verteilen

- **BOSH**
  BOSH erstellt und verwaltet virtuelle Maschinen (VM) auf Basis bereitgestellter, physischer Ressourcen (via IaaS oder on premise) und betreibt Cloud Foundry innerhalb der virtuellen Maschinen. Die Bereitstellung von Cloud Foundry wird in einer BOSH-Manifest-Datei definiert.

- **Cloud Controller**
  Der Cloud Foundry Cloud Controller übernimmt den Betrieb von 12-Faktor-Anwendungen und anderer Prozesse auf Basis der via BOSH bereit-

gestellten virtuellen Maschinen und kümmert sich ebenso um die Verwaltung des Lebenszyklus der Anwendungen.

- **Router**
  Sobald eine Anwendung in Cloud Foundry bereitgestellt wird, wird der gesamte externe System- und Anwendungsdatenverkehr über den Router gesteuert und verteilt. Der Router arbeitet in der Regel mit einem Load Balancer zusammen, um die Anfragen und Anwendungslast so effizient wie möglich zu verteilen. Dazu verwaltet der Router eine dynamische Routingtabelle für alle Anwendungen.

Abbildung 2.5 zeigt weitere Komponenten der Cloud-Foundry-Architektur.

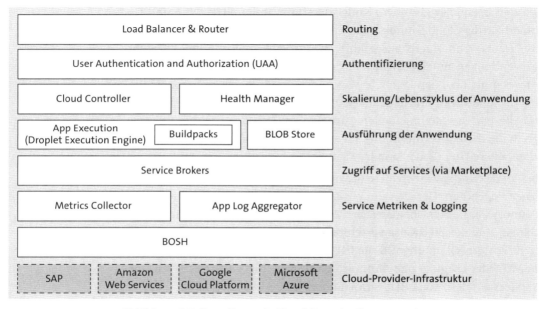

**Abbildung 2.5** Grundlegende Cloud-Foundry-Komponenten

UAA   Der *User Account and Authentication* (UAA) Server ist primär ein OAuth2-Provider zur Vergabe von Tokens für Anwendungen oder Services, wenn sie im Namen des Anwendungsnutzers agieren.

Droplet   Die *Droplet Execution Engine* (DEA) ist der Kern der Cloud-Foundry-Funktionalität. Ein *Droplet* ist die Einheit, in der Cloud Foundry Anwendungen ausführt. Sobald eine Anwendung an Cloud Foundry übergeben und mit Hilfe eines Buildpacks bereitgestellt wird, ist das Ergebnis ein Droplet. Droplets werden im BLOB-Speicher der Cloud-Foundry-Umgebung gespeichert. Sobald das Droplet fertig ist, muss es in einer geeigneten Laufzeitumgebung gehostet werden.

In Cloud Foundry wird diese Umgebung als *Warden-Container* bezeichnet. **Warden**
Warden isoliert dabei kurzlebige und ressourcengesteuerte Laufzeitumgebungen. Zur Ausführung der Cloud-Anwendung wählt die DEA ein entsprechendes Buildpack aus und verwendet es, um sowohl die Cloud-Anwendung bereitzustellen als auch die vollständige Verwaltung des Lebenszyklus der Anwendungsinstanz zu realisieren. Eine Anwendungsinstanz besteht aus einem Droplet- und einem Warden-Container. Die DEA sendet kontinuierlich den Status der Anwendungsinstanz an den Health Manager, der intern zwecks Steuerung der Anwendungsinstanz mit dem Cloud-Controller kommuniziert, der wiederum die DEA steuert.

Fast alle Cloud-Anwendungen nutzen Services wie z. B. eine Datenbank. Für **Service Broker**
den Zugriff auf weitere Services aus der Anwendung verwendet Cloud Foundry den *Service Broker*, über den Entwickler einen bestimmten Service bereitstellen und an eine Anwendung binden. Der Service Broker wird verwendet, um Abhängigkeiten zwischen der Anwendung und Services wie Datenbanken zu definieren. Dies ermöglicht eine lose Kopplung zwischen einer Anwendung und einem Service.

### 2.3.3    Serverless Computing (Function-as-a-Service)

Neben IaaS, CaaS, PaaS und SaaS beschreibt *Serverless Computing* und der damit verbundene *Function-as-a-Service* (FaaS) einen weiteren Evolutionsschritt im Cloud-Computing-Stack. Modularisierungskonzepte wie Microservices inklusiver minimalistischer Runtimes wie Spring Boot lassen die Umsetzung von Unternehmensanwendungen für die Cloud etwas einfacher werden.

Die Idee von Serverless Computing ist eine weitere Vereinfachung: Ent- **Vereinfachung**
wickler sollen sich ausschließlich um die Implementierung der fachlichen Anforderungen kümmern. Das Aufsetzen und Konfigurieren der Laufzeitumgebung soll komplett vermieden werden, egal, ob es sich um eine Server-Laufzeit (Anwendung, Datenbank) auf IaaS oder eine eingebettete Laufzeit eines Microservice auf einer PaaS oder CaaS handelt. Die Idee hinter Function-as-a-Service ist, dass Entwickler ausschließlich die fachliche Logik (Funktion) implementieren und diese in der Cloud ausführen.

Doch wo liegt der Unterschied zu PaaS? Bezogen auf die Laufzeitumgebung einer nativen Cloud-Anwendung oder eines Microservices wird diese von einer PaaS für die gesamte Dauer vom Start bis zum Herunterfahren der Anwendung zur Verfügung gestellt. Bei Function-as-a-Service sind die Laufzeitumgebungen deutlich kurzlebiger, da sie lediglich für die Dauer eines

Funktionsaufrufs existieren – für wenige Sekunden oder Millisekunden. Adrian Cockcroft, ehemals Cloud-Architekt bei Netflix und heute VP Cloud Architectures bei Amazon, schrieb dazu in einem seiner Tweets:

*If your PaaS can efficiently start instances in 20ms that run half a second, then call it serverless.*

**Runtime**  Die FaaS-Runtime skaliert automatisch mit steigender Last. Wird eine Funktion häufiger aufgerufen, werden automatisch entsprechend viele FaaS-Runtimes gestartet und nach Abarbeitung der Funktion wieder beendet. Die Nutzung von FaaS eignet sich somit insbesondere für Szenarien, in denen das Lastverhalten einzelner Business-Methoden extrem schwanken kann. Natürlich existieren im Hintergrund auch weiterhin physikalische und virtuelle Server sowie minimalistische Server-Runtimes zur Ausführung der Funktionen. Der Begriff »serverless« soll lediglich ausdrücken, dass sich Anwendungsentwickler um diese Server keinerlei Gedanken mehr machen müssen beziehungsweise keinerlei administrativen Aufwand mit ihnen haben (Quelle: *tinyurl.com/yacgmr3p*).

Abbildung 2.6 veranschaulicht die Granularität einer monolithischen Anwendung, einer microservice-basierten Anwendung und einer FaaS. Die individuell skalierbare Einheit hat bei FaaS die kleinste Fachlichkeit und damit die höchste Flexibilität, aber auch die größte Granularität.

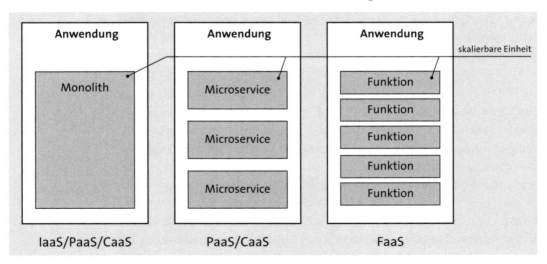

**Abbildung 2.6**  Die skalierbare Einheit bei FaaS ist die Funktion.

## 2.4   Vorteile einer Cloud-Plattform im Kontext der Digitalisierung

Damit Unternehmen mit kalkulierbarem Risiko neue Ideen auszuprobieren oder in bisher unbekannte Märkte einsteigen können, bieten Cloud-Plattformen einige Vorteile:

- eine flexible und bedarfsorientierte Nutzung mit der Möglichkeit, zu skalieren

- eine globale Verfügbarkeit der auf der Plattform bereitgestellten Anwendungen

- stets aktuelle und modulare Technologien, die leicht für Entwickler zugänglich sind

So fördern Cloud-Plattformen durch die Bereitstellung einer agilen IT-Landschaft Innovationen im Unternehmen. Cloud-Plattformen bieten eine technische Grundlage für agile IT-Landschaften und ergänzen vorhandene IT-Infrastrukturen mit Eigenschaften, die für die Umsetzung digitaler Transformationsprojekte hilfreich sind (siehe Kapitel 1, »Herausforderungen durch die Digitalisierung«). Sie bieten demnach alles, was für die Entwicklung von nativen Cloud-Anwendungen erforderlich ist, und ermöglichen Architekturen für einen optimalen Betrieb der Anwendungen in der Cloud.

### 2.4.1   Produktivität für Entwickler (Entwicklungsplattform)

Cloud-Plattformen richten sich in erster Linie an Entwickler. Für Entwickler sind Cloud-Plattformen einfach zugängliche Technologien, um deren Installation und Administration sie sich nicht kümmern müssen. Für eine möglichst einfache Nutzung der bereitgestellten Technologien bieten Cloud-Plattformen eine Reihe von Werkzeugen zur Programmierung und Bereitstellung von Anwendungen. In der Regel ist es möglich, bereits vorhandene Workflows, wie z. B. im Bereich DevOps, einzubeziehen. Das erhöht die Produktivität und Agilität für Entwicklungs-Teams. Auch durch ein aufeinander abgestimmtes Angebot an Services und eine damit verbundene einfache Kombination können sich Entwickler auf die Programmierung von Anwendungen konzentrieren. Cloud-Plattformen folgen offenen Standards und bieten zahlreiche alternative Programmiersprachen, Frameworks und Middlewarekomponenten an, so dass bisheriges Wissen direkt zur Anwendung kommt.

Schneller Einstieg

Damit senken Cloud-Plattformen die Hürden bei der Nutzung und bei Experimenten mit Technologiekomponenten, die für die Digitalisierung interessant sind, aber im Kontext der lokalen Infrastruktur ein zu hohes Investitionsrisiko bedeuten oder aufgrund anderer Prioritäten noch nicht zur Verfügung stehen. Cloud-Plattformen ergänzen vorhandene IT-Architekturen mit einer agilen IT, die sich durch Integrationsmöglichkeiten mit der vorhandenen Infrastruktur als Innovationszone um bestehende Systeme und Anwendungen legt. Durch regelmäßige, automatische Updates stehen die jeweils neusten Technologien bereit. Damit gelingt der Fokus auf Wesentliches: Cloud-Service-Provider betrieben die zugrundeliegende Infrastruktur und Services, so dass Unternehmen sich auf die Anwendungsentwicklung und Umsetzung digitaler Projekte konzentrieren können.

### 2.4.2   Skalierbarkeit der Anwendung (Laufzeitumgebung)

Denkt man an die Bereitstellung einer Anwendung in der Cloud, möchte man einerseits mit überschaubarem finanziellem Risiko Ideen ausprobieren. Andererseits möchte man aber auch in der Lage sein, bei Bedarf schnell zu skalieren, und mehr Kunden erreichen oder zeit- bzw. saisonal abhängig notwendige Ressourcen beziehen. Dank des nutzungsabhängigen Lizenzmodells werden nur die tatsächlich benötigten Ressourcen bezahlt. Das minimiert das Investitionsrisiko, und von einem kleinen Proof of Concept (PoC) bis zu einem schnellen Wachstum aktiver Nutzer ist alles möglich.

### 2.4.3   Nutzen für Ihre Kunden

Dank einer höheren Produktivität bei der Softwareentwicklung und einer gestiegenen Agilität bei der Bereitstellung von Anwendungen profitieren die Nutzer durch eine schnellere Implementierung ihrer Wünsche. Auch sind die auf der Cloud-Plattform bereitgestellten Anwendungen ortsunabhängig und bei vorhandener Internetverbindung von unterschiedlichen Geräten nutzbar. Da Cloud-Plattformen, und damit ihre Services und Anwendungen, global verfügbar sind, werden durch eine regionale Verfügbarkeit Netzwerklatenzen reduziert. Auch ist es einfacher, regionale Vorschriften und Bestimmungen zum Datenschutz zu erfüllen.

**[«]**

**Vorteile einer Cloud-Plattform**

Kurz zusammengefasst finden Sie hier nochmals die Vorteile einer Cloud-Plattform:

1. **Kosten**
   Es fallen keine Investitionskosten für den Kauf von Hardware und Software oder die Einrichtung und den Betrieb eigener Rechenzentren an. In der Unternehmensbilanz findet eine Verschiebung von CAPEX (*capital expenditures*), d. h. Investitionsausgaben, nach OPEX (*operational expenditures*), d. h. Ausgaben für den operativen Geschäftsbetrieb, statt.

2. **Elastizität**
   Cloud-Dienste werden in der Regel bedarfsorientiert bereitgestellt und können sich innerhalb kurzer Zeit an eine sich ändernde Last durch die automatische Skalierung von Rechenleistung, Speicherkapazität und Bandbreite anpassen.

3. **Agile IT-Infrastruktur für Kreativität**
   Insbesondere durch Platform-as-a-Service-Angebote entstehen in der IT neue Bereiche und Möglichkeiten zum Experimentieren (»Incubation-Zone«). Ohne Investitionen in eigene IT-Infrastruktur und das Risiko langfristiger Verträge können neue Anwendungen und Prozesse ausprobiert werden, um Marktnischen zu testen oder neue Geschäftsmodelle zu entwickeln. Der Zugang zu für Unternehmen neue Technologien wird einfacher.

4. **Globale und geräteunabhängige Verfügbarkeit**
   Cloud-Dienste stehen global an unterschiedlichen Standorten in identischer Funktion und Qualität zur Verfügung. Anwendungen aus der Cloud sind ortsunabhängig und oftmals geräteunabhängig nutzbar.

5. **Zuverlässigkeit und Sicherheit**
   Cloud-Dienste bieten definierte Service Level Agreements (SLA) und berücksichtigen Datensicherungen sowie Hochverfügbarkeit durch Redundanz. Cloud-Service-Provider sind auf einen sicheren Betrieb von IT-Infrastrukturen spezialisiert und halten die Technik und Organisation permanent auf dem neusten Stand, um auch gesetzliche Vorgaben und Standards zu erfüllen.

# Kapitel 3
# Konzepte und Nutzen der
# SAP Cloud Platform

*Mit der SAP Cloud Platform werden bestehende Geschäftsprozesse und Anwendungen in die Cloud integriert, um digitale Transformations- projekte mit vorhandenen Daten umzusetzen. Im Zentrum stehen hybride Architekturen. Lernen Sie in diesem Kapitel die grundlegenden Konzepte der SAP Cloud Platform kennen.*

Gestützt durch das Internet basieren heute zweifellos einige der erfolg- reichsten Geschäftsmodelle auf Plattformen. Plattformen sind die Grund- lage für agile und digitale Geschäftsmodelle und beeinflussen maßgeblich Unternehmensstrategien, wie die Wandlung von Produkten zu Services oder deren Ergänzung mit neuen digitalen Angeboten. Die bisherige Wert- schöpfungskette wird mit Plattformen an die digitalen Möglichkeiten ange- passt und erweitert. Im Zeitalter der Digitalisierung sichern Unternehmen ihren Wettbewerbsvorteil nicht allein durch Software und Anwendungen, sondern auch über die Fähigkeit, ihre Produkte mit neuen Services zu ver- binden, zu kombinieren und neu zusammenzustellen. Schlüsselfaktor ist die richtige Kombination von Technologien auf der richtigen Plattform, um die individuellen Geschäftsanforderungen umzusetzen.

Die *SAP Cloud Platform* ist eine Platform-as-a-Service (PaaS) für Unterneh- mensanwendungen (*Business PaaS*) und stellt Services und Funktionen bereit, mit denen bestehende Geschäftsanwendungen in der Cloud *inte- griert* werden, um sie funktional mit digitalen Geschäftsmodellen zu *erwei- tern* oder auf deren Basis komplett neue Anwendungen und Cloud-Services zu *entwickeln*. Ein zentraler Aspekt ist dabei die Erweiterung und Anpas- sung der vorhandenen Wertschöpfungskette an die digitalen Möglichkei- ten auf Basis hybrider Architekturen, die Funktionen der vorhandenen IT- Infrastruktur mit neuen Möglichkeiten der Cloud agil kombiniert. Der Be- trieb der SAP Cloud Platform wird von mehreren Cloud-Infrastrukturanbie- tern, wie z. B. SAP, Amazon Web Services (AWS), Google Cloud Platform (GCP) und Microsoft Azure, unterstützt und stellt grundlegende Technolo- gien für Digitalisierungsprojekte, wie das Internet der Dinge (IoT), maschi-

**Business PaaS**

nelles Lernen und Big Data, bereit. Mit der SAP Cloud Platform werden bestehende IT-Infrastrukturen flexibel mit einer agilen IT-Landschaft erweitert, um digitale Transformationsprojekte unter Berücksichtigung vorhandener Daten und Prozesse umzusetzen.

Die folgenden Abschnitte stellen grundlegende Konzepte der SAP Cloud Platform vor, die im zweiten Teil des Buchs (ab Kapitel 6, »Administration und Konfiguration der SAP Cloud Platform«) weiter vertieft werden.

## 3.1   Sicherheit

Cloud-Computing verändert die Rahmenbedingungen und Möglichkeiten für IT-Landschaften. Das gilt auch für die IT-Sicherheit und trifft insbesondere für Public-Cloud-Umgebungen zu, in denen unternehmenskritische Daten verwaltet und Anwendungen betrieben werden.

Einerseits ist der Betrieb der SAP Cloud Platform abzusichern, d. h., das Rechenzentrum, die Platform-Services selbst und die in der Public Cloud gespeicherten Daten und bereitgestellten Anwendungen müssen sicher vor unbefugten Zugriffen und Verlust sein. Auch wird erwartet, dass die Plattform grundlegende Services zur Entwicklung sicherer Cloud-Anwendungen bereitstellt. Dazu zählen Möglichkeiten einer Benutzerverwaltung sowie der Authentifizierung und Autorisierung von Nutzern einer Cloud-Anwendung. Ebenso ist die Einbindung in eine vorhandene Sicherheitsinfrastruktur erforderlich, um beispielsweise bereits definierte Nutzer und Rollen für Cloud-Anwendungen wiederzuverwenden. Single Sign-On, Social Sign-On und Self-Services, z. B. zur Passwortverwaltung und zum Anlegen neuer Nutzer, sind hilfreich. Die folgenden Kapitel beschreiben die Sicherheitskonzepte und Merkmale der SAP Cloud Platform.

### 3.1.1   Sicherer Betrieb in der Public Cloud

SAP-Rechenzentren  Die SAP Cloud Platform wird als Public-Cloud-Angebot (siehe Abschnitt 2.2, »Cloud-Bereitstellungsmodelle«) weltweit aus unterschiedlichen Rechenzentren bereitgestellt, die höchste Sicherheitsanforderungen erfüllen. Zur Nutzung der SAP-Cloud-Platform-Services wählen Sie entsprechende Rechenzentren, die dann Platform-Services für Sie bereitstellen, Daten Ihrer Cloud-Anwendungen speichern und Ihre Cloud-Anwendungen skalierbar hosten. Alle SAP-Rechenzentren sind eigenständige Gebäude mit hochverfügbarer Infrastruktur, Netzwerksicherheit und Vorkehrungen, um Bedrohungen abzuwehren. Dazu zählen der Einsatz von Kameras, Sensoren, Schleusen und biometrische Zugangskontrollsysteme. Hinzu kommen

Maßnahmen für eine dauerhafte Stromversorgung. Ein Indikator des Sicherheitsniveaus eines Rechenzentrums ist die Einstufung in sogenannte *Tiers* nach der Definition des American National Standards Institute (ANSI). So bietet ein Tier-4-Rechenzentrum eine Verfügbarkeit von mindestens 99,995 % und ein Tier-3-Rechenzentrum eine Verfügbarkeit von mindestens 99,982 %. SAP-Rechenzentren implementieren Anforderungen von Tier 3 und Tier 4 (siehe auch *http://s-prs.de/v632004*).

### Sicherheitszertifikate und Testate von SAP-Rechenzentren

Die von der SAP Cloud Platform genutzten SAP-Rechenzentren gewährleisten Sicherheit und Schutz der gespeicherten Daten und der betriebenen Cloud-Anwendungen. SAP stellt sicher, dass u. a. die folgenden Standards in jedem SAP-Rechenzentrum eingehalten werden:

- ISO 27001: Zertifikat für Informationssicherheits-Managementsysteme
- ISO 22301: betriebliches Kontinuitätsmanagement, um den kontinuierlichen Betrieb auch in kritischen Situationen sicherzustellen
- SOC 1/SSAE 16: Der SSAE 16 beziehungsweise SOC 1 (Service Organization Controls) ist ein Testat über die Kontrollmechanismen einer Service Organisation, die Auswirkungen auf die Finanzberichterstattung haben.
- SOC 2: SOC 2 befasst sich mit den Themen Integrität, Sicherheit, Verfügbarkeit, Vertraulichkeit und Datensicherheit.

Eine aktuelle Übersicht sowie die Zertifikate finden Sie im SAP Cloud Trust Center unter der URL *http://s-prs.de/v632005*.

Die genannten physischen Faktoren zur Gebäudesicherheit und zum Schutz der Infrastruktur werden durch organisatorische Maßnahmen, die den Betrieb sicherstellen, ergänzt. Deshalb bestehen SAP-Rechenzentren nicht nur aus möglichst robusten Gebäuden, die Server, Speicher, Verkabelungen und Anschlüsse an das Internet enthalten. Der TÜV, die KPMG und SAP überprüfen in regelmäßigen Abständen, ob die Technik und Infrastruktur einwandfrei funktionieren. Einmal pro Jahr führt SAP einen *Black-Building-Test* durch, der einen Stromausfall simuliert. Dazu wird die externe Stromversorgung gekappt, und die Notstromversorgung übernimmt die Arbeit. So wird geprüft, ob die Batterien den Stromausfall überbrücken und die Dieselaggregate automatisch anspringen, um eine längerfristige Stromversorgung zu übernehmen. Außerdem werden *Penetration-Tests* durch interne und externe ethische Hacker durchgeführt. Neben den erwähnten regelmäßig durchgeführten Kontrollen findet darüber hinaus eine ständige Kontrolle der Hardware und der betriebenen Software statt, und zwar durch aktives Monitoring und die Auswertung von Log-Dateien.

**SAP Cyber Security Analytics**  Zwecks kontinuierlicher Überwachung der Hardware und Software wird SAP HANA für ein schnelles und zeitnahes Monitoring von Log-Files eingesetzt. Dazu werden Log-Files der Infrastruktur (z. B. von Server, Netzwerk und Datenbanken) korreliert, um mittels In-Memory Computing, maschinellen Lernens und statistischen Methoden Probleme frühzeitig zu erkennen und darauf hinzuweisen.

**Cloud-Service-Status**  Aktuelle Statusinformationen zur Verfügbarkeit der Platform-Services sowie Informationen zu geplanten Wartungsfenstern werden nach Rechenzentren gruppiert sowohl im SAP Cloud Trust Center als auch auf der Internetsite *sapcp.statuspage.io* bereitgestellt.

**Netzwerksegmente**  Abbildung 3.1 zeigt die unterschiedlichen Netzwerksegmente, in denen Services und Anwendungen der SAP Cloud Platform bereitgestellt werden. Der Zugriff auf Ihre Cloud-Anwendung erfolgt über Load Balancer, die in einer Demilitarisierten Zone (DMZ) betrieben werden. Um Ihre Anwendung zu schützen, werden in der DMZ die Zugriffe zunächst analysiert. Über die Ausleitung in ein Cloud Scrubbing Center wird bösartiger Zugriff wie z. B. eine DDoS-Attacke herausgefiltert. An der Edge Firewall und Core Firewall werden über Stateful Traffic Inspection und Packet Inspection beispielsweise Cross-Site-Scripting und SQL-Injection-Angriffe erkannt und verhindert.

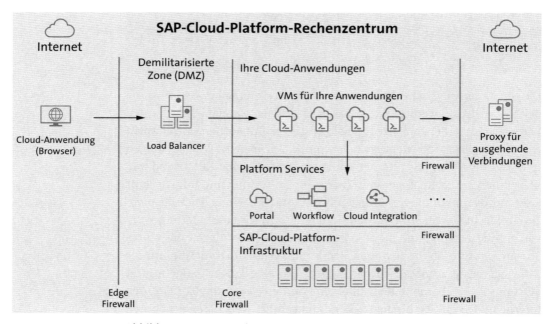

**Abbildung 3.1** Netzwerksegmente der SAP Cloud Platform

[«]

3

**Scrubbing Center**

Ein *Scrubbing Center* ist eine zentrale Datenbereinigungsstation, in der Datenverkehr analysiert und bösartiger Datenverkehr (z. B. DDoS, bekannte Schwachstellen und Exploits) entfernt wird. Scrubbing-Zentren werden häufig in großen Unternehmen wie ISP- und Cloud-Providern eingesetzt, da sie es häufig vorziehen, den Datenverkehr zu einer zentralisierten Datenbereinigungsstation außerhalb des regulären Zugriffspfads zu verlagern.

Daten und regelmäßig durchgeführte Backups befinden sich immer in der gleichen Rechtshoheit, auch wenn das Backup zur Sicherheit in ein anderes Cloud-Platform-Rechenzentrum kopiert wird. Abhängig vom genutzten SAP-Cloud-Platform-Service zur Speicherung von Daten (siehe Kapitel 8, »Daten in der SAP Cloud Platform speichern«) werden entweder komplette Backups des Datenbestands einmal pro Tag oder inkrementelle Backups des Datenbestands alle zwei Stunden durchgeführt. Ein Backup des Datenbank-Logs erfolgt mindestens alle 30 Minuten. Alle zwei Stunden wird die Backup-Datei in ein zweites Rechenzentrum (die zugeordnete *Secondary Site*) kopiert, in dem es 14 Tage vorgehalten wird, bevor es dauerhaft gelöscht wird. Im primären Rechenzentrum (*Primary Site*) werden die letzten beiden Backup-Dateien vorgehalten. Generell sind alle Datenbank-Backup-Dateien, Datenbank-Logs und Datenbanken über eine Hardwareverschlüsselung gesichert.

Die SAP Cloud Platform kann aus SAP-Rechenzentren wahlweise in einem *European Union (EU) Access Mode* genutzt werden. Damit erfolgt der Zugriff für den Betrieb, die Wartung und den Support ausschließlich aus Ländern des Europäischen Wirtschaftsraums (EWR; englisch: European Economic Area – EEA) inklusive der Schweiz. Dieser Zugriffsmodus steht sowohl Kunden innerhalb als auch Kunden außerhalb der Europäischen Union zur Verfügung.

Ein Hauptanliegen von Unternehmen, die ihre bestehende IT-Infrastruktur mit Public-Cloud-Umgebungen zur Erhöhung der Agilität erweitern, besteht darin, eine vollständige Kontrolle und Transparenz darüber zu behalten, wie und wo Daten auf Public-Cloud-Plattformen verwaltet und verarbeitet werden. Auch die Einhaltung gesetzlicher Vorgaben, wie z. B. die *General Data Protection Regulation* (GDPR, deutsch Datenschutzgrundverordnung, DSGVO) oder der *Federal Data Protection Act* (FDPA), spielen dabei eine Rolle. Die Europäische Union, Kanada, Russland, Saudi Arabien und viele weitere Länder führen ebenfalls neue Vorgaben zur Einhaltung des Datenschutzes ein. Damit sind Datenschutzgesetze häufig abhängig von der

*Daten-Backup*

*European Union Access Mode*

*SAP Data Custodian*

geographischen Region, in denen Daten gespeichert und verarbeitet werden. Die Entscheidung für eine Private-Cloud-Lösung (siehe Abschnitt 2.2, »Cloud-Bereitstellungsmodelle«) zur Erfüllung der Datenschutz- und Souveränitätsanforderungen kann jedoch mit hohen Kosten verbunden sein und den Cloud-Platform-Anbieter bei den Möglichkeiten des Betriebs sowie der Umsetzung von Disaster-Recovery und Hochverfügbarkeit einschränken.

[»]

### Data Custodian

*Data Custodians* sind für die Implementierung von Geschäftsregeln verantwortlich, die sich auf den Zugriff und den Schutz von Geschäftsdaten beziehen. Während ein Data Custodian aus technischer Sicht für die Datenbestände verantwortlich ist, übernimmt ein *Data Steward* die Verantwortung für die Daten aus fachlicher Sicht.

Abbildung 3.2 zeigt einen Screenshot der SaaS-Lösung *SAP Data Custodian* (*http://s-prs.de/v632006*). Sie ermöglicht es, die Flexibilität und Skalierbarkeit der Public Cloud mit der Transparenz und Kontrolle der Private Cloud zu kombinieren. Das Konzept und die Anwendung wurden entwickelt, um umfassende Transparenz beim Zugriff auf Daten in der Public Cloud zu bieten und damit eine bessere Kontrolle und Übersicht über den Speicherort und den Zugriff auf Daten zu ermöglichen. Das umfasst beispielsweise Informationen über einen Datenzugriff in Bezug auf die geographische Position und den Grund für den Zugriff.

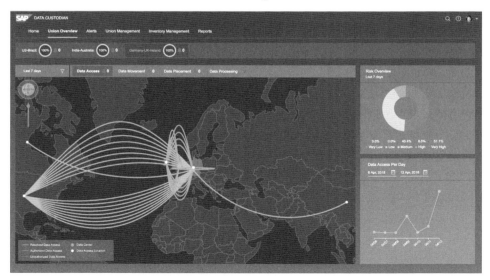

**Abbildung 3.2** Die SAP-Data-Custodian-Lösung bietet mehr Transparenz und Kontrolle über Ihre Daten in der Public Cloud.

Um für mehr Transparenz in der Cloud zu sorgen, wird der aktuelle Betriebszustand von SAP-Cloud-Lösungen auf der Website *SAP Cloud Trust Center* (*http://s-prs.de/v632005*) aktuell dargestellt, um die in der Cloud erforderlichen hohen Standards transparent zu dokumentieren. So weist die Seite die Einhaltung internationaler Standards, einschließlich der unterschiedlichen ISO-Normen, British Standards und branchenspezifischen oder regionalen Zertifikaten nach. Auch bietet die Website weitere Informationen zu den Themen Sicherheit und Datenschutz in der SAP Cloud.

**SAP Cloud Trust Center**

Über das *SAP Cloud Availability Center*, das Sie ebenfalls über das SAP Cloud Trust Center erreichen, greifen Sie auf Ihre personalisierte Sicht der geplanten Wartungsfenster sowie aktuelle und historische Daten zur Verfügbarkeit, Sicherheit und zum Datenschutz Ihrer im Unternehmen genutzten Cloud-Anwendungen und -Services zu.

**SAP Cloud Availability Center**

### 3.1.2   Sichere Cloud-Anwendungen entwickeln

Für die Entwicklung sicherer Cloud-Anwendungen bietet die SAP Cloud Platform eine Reihe von Services, die ich detailliert in Kapitel 11, »Sicherheit auf der SAP Cloud Platform«, vorstellen werde.

Dazu zählt *SAP Cloud Platform Identity Authentication*, die neben einer Nutzerverwaltung auch Authentifizierungsmechanismen (inklusive 2-Faktor-Authentifizierung und OAuth 2.0), Single-Sign-On-Funktionalität, Integration in vorhandene Sicherheitslösungen und Self-Service-Optionen bietet. Für die Authentifizierung und den Single Sign-On können entweder SAP Cloud Platform Identity Authentication oder ein bereits vorhandener *Identity Provider* (IdP) genutzt werden. Auch eine Authentifizierung über Social IdPs, wie Twitter, Facebook, Google und LinkedIn, wird unterstützt. Self-Services zum Zurücksetzten von vergessenen Passwörtern oder zur Registrierung neuer Nutzer stehen ebenfalls zur Verfügung. Damit bietet Ihnen Identity Authentication einerseits grundlegende Möglichkeiten zur Verwaltung und Authentifizierung von Nutzern, anderseits erlaubt der Service die Einbindung externer und interner Systeme.

**Nutzerverwaltung und Authentifizierung**

Für die Bereitstellung (Provisionierung) von bestehenden Identitäten aus einem vorhandenen (on premise) Quellsystemen – wie zum Beispiel einem lokalen Identity Directory, der Google G Suite, LDAP Server, SAP Application Server ABAP oder einem Microsoft Azure Active Directory – wird SAP Cloud Platform Identity Provisioning genutzt. Der Service automatisiert den Identitätslebenszyklus, indem digitale Identitäten und deren Berechtigungen aus heterogenen Quellsystemen für SAP-Cloud-Platform-Anwendungen

**Nutzen vorhandener Identitäten**

bereitgestellt werden. Neben einer Delegierung von Authentifizierungs-anfragen an einen vorhandenen IdP können somit bestehende Nutzer-informationen in der SAP Cloud Platform automatisiert und kontrolliert bereitgestellt werden.

**Anbinden bestehender IT-Systeme**

Da die Entwicklung hybrider Anwendungen, d. h. Cloud-Anwendungen, die Geschäftsprozesse aus existierenden IT-Systemen einbinden, ein gängiger Anwendungsfall ist, spielt auch eine sichere Verbindung der On-Premise-Landschaft mit der SAP Cloud Platform eine wichtige Rolle. Abschnitt 3.4, »Hybride Architekturen«, stellt den dafür entwickelten *SAP Cloud Connector* vor, den ich in Kapitel 7, »Integration und Zugriff auf Daten und Prozesse«, detaillierter beschreiben werde. Der SAP Cloud Connector wird in der bestehenden On-Premise-Infrastruktur installiert und sichert in der Funktion eines *Reverse Proxys* die gesamte Kommunikation zwischen der SAP Cloud Platform und bestehenden Systemen über ein virtuelles privates Kommunikationsnetz (VPN) ab. Darüber hinaus erlaubt der SAP Cloud Connector eine gezielte Freigabe bestehender IT-Systeme für den Zugriff aus der SAP Cloud Platform.

**Aufruf bestehender Geschäftsprozesse kontrollieren**

Der Zugriff auf bestehende Geschäftsprozesse kann weiterhin über das *API Management* der SAP Cloud Platform abgesichert werden, das ich in Abschnitt 3.7, »APIs und Business-Services«, und Kapitel 7 detaillierter erläutern werde. Mit dem API-Management wird der Aufruf bestehender Geschäftsprozesse über die entsprechenden Schnittstellen (z. B. OData oder REST) überwacht, um auffällige Zugriffsmuster, wie etwa ein überdurch-schnittlicher häufiger Aufruf pro Minute, zu unterbinden und zu protokol-lieren. Über die Erstellung, Verwaltung und den Austausch von *API Keys* kann zusätzlich der Aufruf von Funktionen in On-Premise-Systemen kont-rolliert werden.

**Business-Services**

Um sichere Cloud-Anwendungen zu entwickeln, stellt die SAP Cloud Plat-form ebenfalls entsprechende *Business-Services* zur Verfügung (siehe Ab-schnitt 3.7). Technisch betrachtet sind Business-Services als Microservice implementiert, werden also über eine RESTful-Schnittstelle aufgerufen, und implementieren domänenspezifische Funktionen, wie z. B. für häufig verwendete Sicherheitsfunktionen. So bietet beispielsweise Business-Ser-vice *Consent Repository* ein Framework, mit dem Sie die Zustimmung, Einwilligungsformulare und Einwilligungszwecke für die Verarbeitung per-sonenbezogener Daten erstellen und verwalten. Dies ist beispielsweise zur Einhaltung der GDPR wichtig, die die Verarbeitung, Speicherung, den Schutz und den Export (außerhalb der EU) personenbezogener Daten aller Personen innerhalb der EU regelt. Ein weiteres Beispiel ist der *Data Reten-*

*tion Manager*, der zur Erstellung und Verwaltung von Gründen der Datenerhebung sowie der entsprechenden Aufbewahrungspflichten der Daten dient.

Für die Implementierung microservice-basierter Anwendungen ist es notwendig, dass ein Microservice einen anderen Microservice aufruft. Dabei kann für den Aufruf eines anderen Microservice eine Authentifizierung erforderlich sein. Hierbei unterstützt Sie das *OAuth-2.0-Protokoll*. OAuth ist ein weitverbreitetes Sicherheitsprotokoll, das einem Microservice B erlaubt, Informationen von einem Microservice A abzurufen, ohne dass dem Microservice B Benutzername und Passwort zwecks Aufrufs preisgegeben werden. Der Nutzer kann damit einer Cloud-Anwendung erlauben, in seinem Namen einen Dienst (API) zu nutzen, ohne dass Benutzernamen und Passwörter ausgetauscht werden. Das Protokoll hat seine Ursprünge bei Twitter, Yahoo und Google und wird heute von vielen sozialen Netzwerkanbietern und Unternehmensnetzwerken verwendet. Es ermöglicht einer Cloud-Anwendung, eine Authentifizierung im Namen von Benutzern durchzuführen, ohne dass der Benutzer der Cloud-Anwendung explizit seine Anmeldeinformationen bekannt geben muss. Die SAP Cloud Platform bietet eine API für die Entwicklung von OAuth-geschützten Anwendungen.

**OAuth**

---

**OAuth 2.0**

Das erstmals 2007 veröffentliche OAuth-Protokoll wurde ursprünglich zur Authentifizierung für den Aufruf von Twitter-APIs genutzt. 2010 standardisierte die IETF OAuth Working Group das Protokoll OAuth 2.0, mit dem Ziel, Drittanbietern Zugriff auf Webressourcen (wie z. B. Microservices oder APIs) zu gewähren, ohne dass dazu eine Preisgabe von Nutzername und Passwort erforderlich ist. OAuth agiert dabei als Vermittler und stellt über ein Token im Namen des Benutzers den Zugriff auf Webressourcen bereit.

---

Bei der Entwicklung von skalierbaren und sicheren Cloud-Anwendungen nutzen je nach Ihren Anforderungen entsprechende Environments der SAP Cloud Platform.

## 3.2   Environments

In sogenannten *Environments* werden die Services der SAP Cloud Platform bereitgestellt und bilden die Umgebung, in der Sie eigene Cloud-Anwendungen entwickeln und betreiben. Die Definition von Environments hat ihren Ursprung im ersten Release der SAP Cloud Platform aus dem Mai 2012. Der Projektname der SAP Cloud Platform hieß damals *SAP NetWeaver Cloud* und trug den Codenamen *Neo*, der sich bis heute im Produkt gehalten hat und Namensgeber eines Environments ist. Mit der Weiterentwicklung der Plattform sind neue Environments hinzugekommen. Abhängig von den Anforderungen der eigenen Cloud-Anwendung wird ein entsprechendes Environment gewählt. SAP Cloud Platform Environments basieren auf offenen Standards, um eine möglichst einfache und nichtproprietäre Nutzung zu ermöglichen.

Accounts

Environments werden mit einen globalen SAP-Cloud-Platform-Account bereitgestellt (*Global Account*). Ein Global Account ist einem Kunden oder Partner zugeordnet. Der Account kann mehrere *Subaccounts* enthalten, die im Wesentlichen zur Strukturierung und Organisation von Platform-Servicekontingenten und Anwendungen dienen. Die Definition und Verwaltung von Subaccounts übernehmen SAP-Cloud-Platform-Administratoren, die wiederum Entwicklern Zugriff auf ein oder mehrere Subaccounts und deren Services geben. So können Sie eigene Cloud-Anwendungen entwickeln und bereitstellen. Administratoren können die verfügbaren, d. h. lizenzierten Kontingente (*Quotas*) der SAP Cloud Platform den verschiedenen Subaccounts zuweisen und sie zwischen Subaccounts je nach Bedarf verschieben.

SAP-Cloud-Platform-Landschaft

Abbildung 3.3 zeigt die hierarchische Struktur von Global Accounts und Subaccounts, mit der Sie eine *SAP Cloud Platform Landschaft* einrichten, so dass sie Ihre Unternehmensstruktur abbildet bzw. Ihren geschäftlichen Anforderungen entspricht. Wenn Sie z. B. unterschiedliche Umgebungen für Entwicklung, Tests und die produktive Verwendung von Cloud-Anwendungen einrichten möchten, können Sie für jedes dieser Szenarien in Ihrem Global Account einen entsprechenden Subaccount erstellen. Sie können auch Subaccounts für verschiedene Entwicklungsteams oder Abteilungen in Ihrem Unternehmen anlegen. Die Organisation der SAP-Cloud-Platform-Landschaft in Subaccounts ist wichtig in Bezug auf beispielsweise Sicherheit, Mitgliederverwaltung der Accounts, Datenverwaltung und Integration. Kapitel 6, »Administration und Konfiguration der SAP Cloud Platform«, beschreibt die Nutzung globaler Accounts und Subaccounts im Detail.

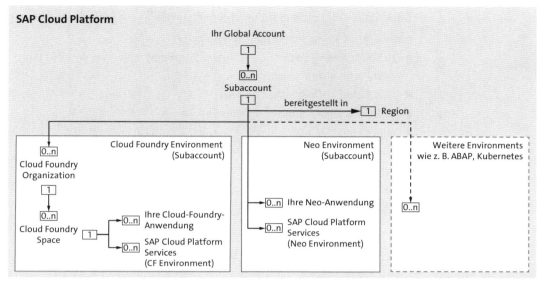

**Abbildung 3.3** Struktur von Global Account und Subaccounts

## 3.2.1   Neo Environment

Das *Neo Environment* der SAP Cloud Platform ermöglicht die Entwicklung und den Betrieb von Java-, HTML5- und SAP-HANA-Extended-Application-Services-Classic-Anwendungen (SAP HANA XSC). Für die Entwicklung stehen außerdem Tools und SDKs sowie Platform-Services zur Verfügung. Das Neo Environment wird ausschließlich in SAP-Rechenzentren angeboten.

Da eine Java-Anwendungs-Instanz im Neo Environment bis zu 16 GB Hauptspeicher nutzen kann, eignet sich das Environment besonders gut zur Umsetzung komplexerer, monolithischer Java-Anwendungen. Auch HTML5-Anwendungen können im Neo Environment entwickelt und betrieben werden. Eine Erweiterung von SAP-Lösungen sowie die Integration bestehender Daten und Prozesse ist bei der Entwicklung eigener Anwendungen und der Erweiterung vorhandener Geschäftsprozesse möglich. Wie in Abbildung 3.3 dargestellt, können Sie im Neo Environment mehrere Subaccounts erstellen. Sie nutzen die in der Neo-Umgebung zur Verfügung stehenden Platform-Services direkt in Ihren Unterkonten.

**Nutzen**

---

**Trial Account für Neo Environment**

Ein Trial-Account ermöglicht es Ihnen, die grundlegenden Funktionen des Neo Environment für eine unverbindliche und unbegrenzte Zeit zu testen.

**[«]**

Dabei gelten die folgenden Rahmenbedingungen:

- Es können keine Subaccounts erstellt werden.
- Es können keine zusätzlichen Nutzer (Member) dem Trial-Account hinzugefügt werden.
- 1 GB RAM für Cloud-Anwendungen
- 1 GB zur Speicherung unstrukturierter Daten
- eine SAP-HANA-MDC-Tenant-Datenbank mit 1 GB Speicher
- Mit dem SAP Cloud Connector kann der Zugriff auf maximal zwei On-Premise-Systeme definiert werden.
- kein Service Level Agreement bezüglich Verfügbarkeit der Platform-Services

### 3.2.2   Cloud Foundry Environment

Das Cloud Foundry Environment enthält die *Cloud Foundry Application Runtime*, die auf der von der Cloud Foundry Foundation verwalteten Open-Source-Anwendungsplattform basiert (siehe Abschnitt 2.3.2, »Cloud Foundry PaaS«) und eine Reihe von Programmiersprachen (wie z. B. Java, Node.js und Python) und die SAP HANA Extended Application Services Advanced unterstützt. Wie auch im Neo Environment, stehen Ihnen im Cloud Foundry Environment die SAP-Cloud-Platform-Services für die Entwicklung von Cloud-Anwendungen zur Verfügung.

**SAP HANA Extended Application Services Advanced**

Mit den SAP HANA Extended Application Services Advanced (XSA) bietet SAP HANA eine komplette Entwicklungs- und Laufzeitumgebung für Anwendungen, die ebenfalls auf dem Cloud-Foundry-Standard basiert. Somit können SAP-HANA-XSA-Anwendungen auch auf der SAP Cloud Platform bereitgestellt werden. Umgekehrt kann in der SAP Cloud Platform eine SAP-HANA-XSA-Anwendung programmiert werden, die beispielsweise auf einer SAP HANA on premise betrieben wird.

**Multi-Cloud**   Das Cloud Foundry Environment kann nicht nur aus SAP-Rechenzentren, sondern auch aus weiteren Rechenzentren wie z. B. von Amazon Web Services (AWS), Google (Google Cloud Platform) und Microsoft Azure genutzt werden (siehe Abschnitt 3.3, »Multi-Cloud«).

**Organization und Space**   Wie in Abbildung 3.3 dargestellt, erstellen Sie zwecks Strukturierung in Ihrem Cloud Foundry Environment ebenfalls mehrere Subaccounts. Mit der Definition eines Subaccounts wird automatisch eine *Cloud Foundry Organisation* erstellt. Innerhalb dieser Cloud Foundry Organisation definieren Sie wiederum mehrere *Cloud Foundry Spaces*. Auf diese Weise strukturieren Sie Ihre SAP-Cloud-Platform-Landschaft gemäß organisatorischer Anforderungen.

Besonders gut eignet sich das Cloud Foundry Environment zur Umsetzung nativer Cloud-Anwendungen, die Sie nach dem Twelve-Factor App Manifest entwickeln (siehe Abschnitt 2.3, »Native Cloud-Anwendungen«). Neben der Entwicklung neuer, skalierbarer Cloud-Anwendungen nutzen Sie das Cloud Foundry Environment auch für die Erweiterung von SAP-Anwendungen (siehe Kapitel 4, »Die Rolle der SAP Cloud Platform im SAP-Ökosystem«). In beiden Szenarien verwenden Sie vorhandene Daten und Prozesse aus beispielsweise einem SAP-S/4HANA-System (siehe Abschnitt 3.4, »Hybride Architekturen«).

Nutzen

Besonders Platform-Services, die einen Schwerpunkt auf Digitalisierungsprojekten haben (siehe Abschnitt 3.8, »SAP Leonardo: Technologien für die Digitalisierung«), wie beispielsweise Blockchain oder maschinelles Lernen, werden über das Cloud Foundry Environment bereitgestellt.

[«]

---

**Trial Account für Cloud Foundry Environment**

Mit einem Trial-Account können Sie die grundlegenden Funktionen des Cloud Foundry Environment 90 Tage lang testen. Dabei gelten die folgenden Rahmenbedingungen:

- Mehrere Subaccounts, Organizations und Spaces können erstellt werden
- Mehrere Nutzer (Member) können dem Trial-Account hinzugefügt werden.
- 1 GB RAM für Cloud-Anwendungen
- 2 GB Instance Memory für Cloud-Anwendungen
- Mit dem SAP Cloud Connector kann der Zugriff auf maximal zwei On-Premise-Systeme definiert werden.
- kein Service Level Agreement bezüglich Verfügbarkeit der Platform-Services

---

### 3.2.3   Kubernetes-Cluster-as-a-Service

Für die Entwicklung nativer Cloud-Anwendungen spielen containerbasierte Laufzeitumgebungen, wie z. B. Kubernetes (K8S), eine große Rolle. Das *Kubernetes Environment* der SAP Cloud Platform adressiert dabei die Herausforderung der Verwaltung und Erstellung von Kubernetes-Clustern durch ein einfaches, standardbasiertes Cluster-as-a-Service-Angebot, das auf unterschiedlichen Infrastrukturen betrieben werden kann.

**Projekt Gardener**

Der Cluster-as-a-Service wird als Open-Source-Projekt unter dem Namen *Gardener* entwickelt (*https://gardener.cloud*). Gardener konzentriert sich dabei auf die Bereitstellung und Verwaltung von Kubernetes-Clustern, in denen Sie unternehmensrelevante Anwendungen betreiben. Ihre Cluster administrieren Sie über ein zentrales Dashboard, über das Sie den Zustand einzelner Cluster einsehen und verwalten. Die erstellten Cluster sind in der Lage, Fehler selbständig zu korrigieren (*self-healing*), und können sich auch eigenständig aktualisieren (*auto-update*).

[»]

### Gardener

Mit Gardener erstellen, verwalten und orchestrieren Sie Kubernetes-Cluster auf verschiedenen Infrastrukturen, wie z. B. Amazon Web Services, Microsoft Azure, Google Cloud Platform und OpenStack. Gardener ist ein Open-Source-Projekt von SAP und wird als Service über die SAP Cloud Platform angeboten.

**Nutzen**

Sie verwenden den Kubernetes-Cluster-as-a-Service der SAP Cloud Platform, um containerbasierte, native Cloud-Anwendungen zu betreiben, die komplex und zustandsbehaftet (stateful) sind und gleichzeitig eine flexible, skalierbare Infrastruktur benötigen. Sowohl das Cloud Foundry Environment als auch das Kubernetes Environment sind für den Betrieb nativer Cloud-Anwendungen ausgelegt. Doch wann verwenden Sie welche Laufzeitumgebung? Voraussetzung für die Nutzung beider Laufzeitumgebungen ist, dass Sie Ihre Anwendung in kleinere, funktionale Teile gliedern.

**Wahl des Environments**

Das Cloud Foundry Environment eignet sich für die Implementierung *neuer,* nativer Cloud-Anwendungen, die viele funktionale Platform-Services sowie die unterstützten DevOps-Tools für die Entwicklung und das Deployment nutzen. Vergleichsweise sind auch die einzelnen MicroServices einer Cloud-Foundry-basierten Anwendung nicht sonderlich ressourcenintensiv.

Für die Umsetzung neuer oder für die Bereitstellung vorhandener Backing-Services, die wenige bis keine DevOps-Services der SAP Cloud Platform nutzen, verwenden Sie das Kubernetes Environment. Insbesondere Backing-Services, die Sie über einen direkten Zugriff auf die Infrastruktur skalieren wollen, eignen sich für eine Bereitstellung über das Kubernetes Environment. Auch vorhandene Anwendungen, die pro Microservice einen sehr hohen Ressourcenverbrauch haben, setzen Sie mit dem Kubernetes Environment um. Das können Stateful Anwendungen sein oder solche, die sich aus sehr vielen einzelnen Services zusammensetzen (*Service Mesh*). Abbildung 3.4 fasst die unterschiedlichen Einsatzgebiete der Laufzeitumge-

bungen für native Cloud-Anwendungen in der SAP Cloud Platform zusammen.

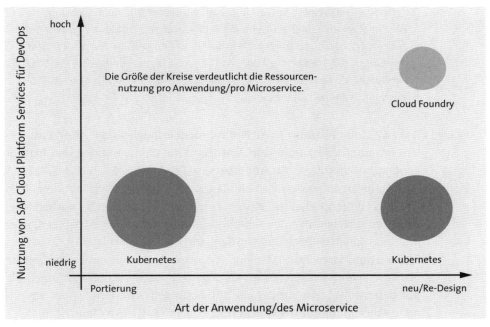

**Abbildung 3.4** Anwendungsfelder der SAP-Cloud-Platform-Laufzeit-
umgebungen für native Cloud-Anwendungen

### 3.2.4   ABAP Environment

Mit dem *SAP Cloud Platform ABAP Environment* schreiben und betreiben Sie
ABAP-Anwendungen in der Cloud. So nutzen Sie Ihre vorhandenen ABAP-
Kenntnisse und kombinieren sie mit den verschiedenen Services der SAP
Cloud Platform, um zum Beispiel Erweiterungen für Ihre SAP-S/4HANA-
Lösung umzusetzen. Die Erweiterungen laufen damit entkoppelt von Ihrem
Kernsystem in einer separaten Laufzeitumgebung und können unabhängig
skaliert und betrieben werden.

**ABAP**

Mit der ersten Version aus dem Jahr 1983 stand die Abkürzung ABAP für
»Allgemeiner Berichtsaufbereitungsprozessor«, da mit der Programmier-
sprache lediglich Auswertungen (Reports) umgesetzt werden konnten.
Änderungen an den Daten waren beispielsweise in dieser frühen Form der
Programmiersprache nicht möglich. Mit der funktionalen Weiterentwick-
lung von ABAP hat sich auch die Erläuterung der Abkürzung in »Advanced

Business Application Programming« geändert. Viele der SAP-Standard-anwendungen, wie z. B. SAP S/4HANA, basieren auf ABAP und werden auf dem SAP-NetWeaver-Anwendungsserver betrieben. Auch werden viele kundeneigenen Erweiterungen der Standardfunktionalität in ABAP programmiert. Die ursprüngliche Entwicklungsumgebung für die Programmierung mit ABAP ist die ABAP Workbench (Transaktion SE80). Seit 2012 können ABAP-Anwendungen auch mit den ABAP Development Tools (ADT) aus Eclipse entwickelt werden.

**Nutzen**  Das SAP Cloud Platform ABAP Environment ermöglicht der ABAP-Entwickler-Community einen direkten Einstieg in die Cloud. Kunden und Partner können Erweiterungen für ABAP-basierte Produkte wie z. B. SAP S/4HANA Cloud umsetzen sowie neue Cloud-Anwendungen entwickeln. Ebenfalls ist das SAP Cloud Platform ABAP Environment eine Option, vorhandene, ABAP-basierte, benutzerdefinierte Anwendungen (z. B. Erweiterungen) über die Cloud bereitzustellen und von den weiteren Diensten der SAP Cloud Platform zu profitieren. Das SAP Cloud Platform ABAP Environment nutzen Sie über die Eclipse-basierten Entwicklungswerkzeuge. Technisch können Sie mit dem ABAP Environment alle SAP-Lösungen erweitern, wobei der primäre Anwendungsfall die Erweiterung von SAP S/4HANA Cloud ist.

**Programmierung**  Das ABAP Environment unterstützt eine Teilmenge der ursprünglichen, für den On-Premise-Betrieb gedachten ABAP-Programmiersprache und ist für Cloud-Anwendungen optimiert. Der Sprachumfang wurde einerseits bereinigt, so dass veraltete Varianten einzelner Statements nicht mehr zur Verfügung stehen. Anderseits stehen Befehle, wie z. B. der Zugriff auf das Dateisystem, nicht zur Verfügung, da sie einen sicheren Betrieb in der Cloud gefährden könnten. Generell verwenden Sie ABAP in der SAP Cloud Platform, um REST-basierte Programmiermodelle wie Core-Data-Services (CDS) und SAP Fiori für die Nutzerschnittstelle zu nutzen.

Abhängig vom gewählten Environment betreiben Sie Ihre Cloud-Anwendungen weltweit in verschiedenen Rechenzentren. Dafür können Sie unterschiedliche IaaS-Provider auswählen.

## 3.3   Multi-Cloud

Flexibilität und Wahlmöglichkeiten spielen bei der Digitalisierung eine wichtige Rolle und unterstützen die Agilität bei der Umsetzung Ihrer Projekte. Mit der *Multi-Cloud*-Eigenschaft wird die SAP Cloud Platform aus Rechenzentren unterschiedlicher Infrastruktur-Betreiber (IaaS) bereitgestellt. Unterstützt werden beispielsweise Rechenzentren von SAP, Amazon Web Services (AWS), der Google Cloud Platform (GCP) und Microsoft Azure.

Damit können Sie den IaaS-Anbieter für die Bereitstellung der SAP Cloud Platform wählen, der am besten zur Strategie Ihres Unternehmens oder zu den geographischen und technischen Anforderungen der Cloud-Anwendungen passt. So besteht die Möglichkeit, die SAP Cloud Platform aus denselben Rechenzentren zu nutzen, die für den Betrieb von Geschäftsanwendungen oder die Verwaltung von Daten genutzt werden: Ihre Provider-Strategie der PaaS kann Ihrer Provider-Strategie für IaaS folgen. Gerade für Integrationsszenarien ergeben sich durch die lokale Nähe Vorteile bei der Laufzeit (*Data Locality*). Auch profitieren Nutzer der Cloud-Anwendungen von einer lokalen Nähe zu dem Rechenzentrum, aus dem die Daten und Anwendungen bereitgestellt werden.

**IaaS-Anbieter**

SAP subskribiert für die SAP Cloud Platform notwendige IaaS-Services (wie z. B. Speicher, Netzwerk und Rechenleistung) in ausgewählten Rechenzentren der Cloud-Provider und stellt die Platform-Services über einen SAP-eigenen Account bei den Cloud-Providern bereit. Eine aktuelle Übersicht aller unterstützen Cloud-Provider und Rechenzentren bietet die SAP-Cloud-Platform-Website (*cloudplatform.sap.com/cloudfoundry.html*).

Die Nutzung und Administration der Services erfolgt ausschließlich über das SAP Cloud Platform Cockpit (siehe Kapitel 6, »Administration und Konfiguration der SAP Cloud Platform«), so dass keine Cloud-Provider-spezifischen Werkzeuge oder Konsolen verwendet werden.

**SAP Cloud Platform Cockpit**

Zum Betrieb der SAP-Cloud-Platform-Services auf Infrastrukturen von AWS, GCP oder Microsoft Azure wird ein Vertrag über die Nutzung und den Support mit der SAP abgeschlossen. Ein zusätzlicher Vertrag mit den IaaS-Providern ist nicht erforderlich. SAP fungiert damit als alleiniger Ansprechpartner bei der Nutzung der SAP Cloud Platform.

## 3.4   Hybride Architekturen

Das reine Sammeln und Analysieren von z. B. Sensordaten bringt wenig, wenn die gewonnenen Erkenntnisse nicht in Bezug zu bestehenden Unternehmensprozessen gesetzt werden, um beispielsweise Bestellungen auszulösen oder Produktinformationen zu aktualisieren. Bei Digitalisierungsprojekten ist es wichtig, Prozesse und Daten der bestehenden Wertschöpfungskette möglichst einfach in Cloud-Anwendungen einzubinden.

In der Regel entstehen so *hybride Anwendungen*, die aus Komponenten (Prozessen) bestehen, die in der bestehenden IT-Infrastruktur implemen-

**Hybride Anwendungen**

tiert sind, und Komponenten, die in der Cloud implementiert sind. Je besser und einfacher die Integration gelingt, desto erfolgreicher werden Ihre Digitalisierungsprojekte und Cloud-Anwendungen.

**Verbindung vorhandener IT-Systemen**

Bei der SAP Cloud Platform erfolgt die grundlegende Verknüpfung der vorhandenen IT-Infrastruktur mit den Platform-Services über den SAP Cloud Platform Cloud Connector (im Folgenden Cloud Connector). Der Cloud Connector ist eine Softwarekomponente, die in der bestehenden IT-Landschaft installiert wird. Nach der Installation des Cloud Connectors sind zunächst keine internen Systeme aus der SAP Cloud Platform zugreifbar. Jedes System und jeder Service bzw. jede Ressource auf den vorhandenen Systemen muss explizit für einen Zugriff aus der SAP Cloud Platform freigegeben werden. Auch kann ein virtueller Host-Name und Port konfiguriert werden, unter der die internen Systeme in der Cloud-Plattform sichtbar sind. Damit wird eine Preisgabe von tatsächlichen Informationen über die IT-Infrastruktur vermieden. Da die Kommunikation ausgehend vom Cloud Connector zur SAP Cloud Platform erfolgt, entfällt eine Anpassung der Inbound-Ports Ihrer On-Premise-Firewall-Konfiguration. Abbildung 3.5 zeigt die grundlegenden Komponenten, mit denen Ihre bestehende Infrastruktur mit der SAP Cloud Platform integriert wird.

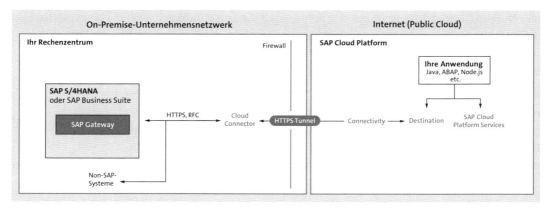

**Abbildung 3.5** Cloud Connector als Bindeglied zwischen bestehender IT-Landschaft und SAP Cloud Platform

**Transport Layer Security**

Die Kommunikation zwischen der SAP Cloud Platform und Systemen der lokalen Infrastruktur erfolgt über einen *Transport-Layer-Security*-(TLS-)Tunnel. Der Tunnel wird dabei vom Cloud Connector zur SAP Cloud Platform aufgebaut (nicht umgekehrt), so dass der Administrator des Cloud Connectors volle Kontrolle über den Zugriff auf Backend-Systeme behält. Die Verschlüsselung der Kommunikation erfolgt über X.509-Zertifikate. Optional können mit dem Cloud Connector auch die Cloud-Anwendungen einge-schränkt werden, die auf die On-Premise-Systeme zugreifen dürfen (*White-listing*).

Der Cloud Connector ist für den Betrieb von unternehmensrelevanten Cloud-Anwendungen konzipiert und stellt beispielsweise automatisch abgebrochene Verbindungen wieder her, bietet Audit-Logs für Netzwerk-verbindungen und aller Konfigurationsänderungen. Zur Erhöhung der Ausfallsicherheit installieren Sie wahlweise mehrere Cloud Connectors in einem High-Availability-(HA-)Setup.

**Hochverfügbarkeit**

## Vorteile des Cloud Connectors

Der Cloud Connector verbindet die bestehende IT-Landschaft mit den Möglichkeiten der SAP Cloud Platform und bietet die folgenden Vorteile:

- Die Firewall (bzw. *inbound ports*) der bestehenden IT-Infrastruktur muss für eine Kommunikation mit der SAP Cloud Platform nicht geöff-net werden.
- Neben dem HTTP Protokoll unterstützt der Cloud Connector weitere Protokolle wie z. B. RFC zum direkten Zugriff auf ABAP-Funktions-module.
- Nicht nur der Zugriff von Cloud-Anwendungen auf On-Premise-Sys-teme ist möglich, auch On-Premise-Systeme können über den Cloud Connector auf SAP-Cloud-Platform-Services zugreifen (über den so-genannten *Service Channel*). So kann beispielsweise ein On-Premise-Business-Intelligence-(BI-)Werkzeug auf Daten einer SAP HANA in der Cloud-Plattform zugreifen. Oder es können On-Premise-Werkzeuge wie z. B. der SAP Landscape Transformation Replication Server (SLT) zur Bewirtschaftung von SAP HANA in der Cloud-Plattform genutzt werden.
- Zwecks Authentifizierung und Autorisierung ermöglicht der Cloud Connector eine Delegation von Cloud-Nutzern zu On-Premise-Systemen.

Zusätzlich zu der technisch sicheren Kommunikation zwischen Cloud-Anwendungen mit Systemen der vorhandenen IT-Landschaft bietet die *SAP Cloud Platform Integration* vordefinierte Pakete und Templates, mit denen Sie bestehende Daten und Prozesse aus SAP-Systemen in Cloud-Anwendungen zur Verfügung stellen können. So können beispielsweise SAP-SaaS-Lösungen wie SAP S/4HANA Cloud, SAP C/4HANA (Service, Mar-keting, CRM), SAP SuccessFactors (HR) und SAP Fieldglass (Workforce Management) über vordefinierte Integrations-Pakete und sogenannten

**Daten- und Prozessintegration**

*Integration Flows* (iFlows) mit Daten versorgt werden. Dadurch werden Zeit, Kosten und Risiken bei der Integration vorhandener Daten und Prozesse minimiert. Anpassungen der Integration Flows zur Daten- und Prozessintegration sind über Eclipse und einen Web-Editor möglich. Alle verfügbaren Integrationspakete sind im *SAP API Business Hub* beschrieben (*api.sap.com*). Die Integration kann bidirektional erfolgen, so dass in der Cloud-Anwendung geänderte Daten wieder zurück in das On-Premise-Quellsystem geschrieben werden können. Neben einer Integration von On-Premise- und Cloud-Anwendungen nutzen Sie den Integration-Service für die Integration unterschiedlicher Cloud-Anwendungen sowie für die Anbindung von Geschäftspartnern.

B2B-Integration
Gerade die Business-to-Business-(B2B-)Integration basiert auf einer Vielzahl von Industriestandards (z. B. ASC X12, UN/EDIFACT und SAP IDoc), die für den elektronischen Austausch von Geschäftsdokumenten genutzt werden. Eine große Herausforderung für B2B-Anwendungen ist die Verbindung zu und Verwaltung von einer potenziell großen Anzahl von Geschäftspartnern mit unterschiedlichen Anforderungen und Austauschformaten. Eine Definition und Implementierung der erforderlichen Schnittstellen für den elektronischen Austausch von Geschäftsdokumenten erfordert daher einen hohen manuellen Aufwand.

Integration Content Advisor
Genau hier setzt der *Integration Content Advisor* (ICA) als Teil der SAP Cloud Platform Integration an. Er bietet zur Reduktion dieser Aufwände bei B2B-Szenarien eine cloud-basierte Design-Time-Lösung zur Erstellung von Integrationsinhalten basierend auf einer umfassenden Wissensbasis und maschinellem Lernen.

UI Integration
Neben der Daten- und Prozessintegration, bei der Daten oftmals physisch kopiert werden, gibt es speziell für die Entwicklung von Benutzerschnittstellen mit der *UI Integration* eine weitere Integrationsmöglichkeit.

In der SAP-Anwendungslandschaft hat sich das *Open-Data-Protokoll* (OData) als ein Standard für den Zugriff auf Daten aus Benutzeroberflächen etabliert. Daher spielt eine OData-basierte Integration insbesondere bei der Entwicklung von Benutzerschnittstellen, mit z. B. SAP Fiori und SAPUI5, eine wichtige Rolle (siehe Abschnitt 9.4, »Benutzeroberflächen«). Da über das OData-Protokoll sowohl lesend als auch schreibend auf die Daten in den Backend-Systemen zugegriffen wird, ist es nicht zwingend erforderlich die notwendigen Daten aus den Backend-Systemen in die SAP Cloud Platform zu kopieren. Dies ist ein wesentlicher Unterschied zu dem oben erwähnten Integration-Service. OData eignet sich daher besonders gut für die Entwicklung von Benutzeroberflächen.

[«]

> **OData**
>
> Das Open Data Protocol (OData) ist ein REST-basiertes Protokoll für einen lesenden und schreibenden Zugriff auf Daten (CRUD-Operationen). Das Protokoll wurde unter dem Open Specification Promise von Microsoft veröffentlicht und hat das Ziel, eine einheitliche Semantik für den Datenaustausch zwischen Anwendungskomponenten zur Verfügung zu stellen.

Um Daten und Prozesse aus bestehenden SAP-Systemen (wie der SAP Business Suite oder SAP S/4HANA) über das OData-Protokoll in Cloud-Anwendungen bereitzustellen, ist es erforderlich, OData-Services für z. B. BAPIs oder RFCs zu erstellen. Das Erstellen von OData-Services erfolgt im Backend-System mit der *Business Enablement Provisioning*-(IW_BEP-)Komponente der *SAP Gateway Foundation*. Mit Hilfe des *Service Builders* (Transaktion SEGW) werden OData-Modelle mit entsprechender Semantik (z. B. GET, PUT, POST etc.) definiert und über das *OData-Channel*-(ODC-)Protokoll bereitgestellt. Nach der Definition ist es erforderlich, den OData-Service zu veröffentlichen und den Zugriff über einen URI zu ermöglichen (REST). Auch wenn diese Aufgabe mit SAP Gateway (als Frontend-Server) möglich ist, bietet die SAP Cloud Platform mit dem *OData-Provisioning*-Service einen entsprechenden Cloud-Service zum Publizieren von OData-Schnittstellen, der ohne Administration und Wartung und regelmäßige Aktualisierungen genutzt werden kann (siehe Kapitel 7, »Integration und Zugriff auf Daten und Prozesse«). Der OData-Provisioning-Service ermöglicht eine Veröffentlichung und Administration von OData-Services. Änderungen oder Erweiterungen können nicht vorgenommen werden. Dies erfolgt über SAP Gateway.

**OData erstellen**

Auch die SAP Cloud Platform Integration bietet die Möglichkeit zur Erstellung, Nutzung und Veröffentlichung von OData-Services. Über einen Wizard werden OData-Services für SAP-Systeme und auch für Systeme von Drittherstellern erstellt. Während sich der OData-Provisioning-Service an Anwendungsentwickler richtet, ist der Integration-Service für Experten gedacht, die eine unternehmensweite Integration und Orchestrierung von Daten und Prozessen implementieren, die auch Nicht-SAP-Systeme umfassen.

Zur Kontrolle, Überwachung und Monetarisierung der Zugriffe aus Cloud-Anwendungen auf Geschäftsprozesse in bestehenden IT-Systemen wird in der SAP Cloud Platform der *API-Management-Service* verwendet. Durch die Generierung, Verwaltung und den Austausch von *API Keys* greifen nur registrierte Cloud-Anwendungen mit dem richtigen API Key auf einen bestehenden Geschäftsprozess zu. Darüber hinaus definieren Sie über *Policies* erlaubte Zugriffsmuster auf den vorhandenen Geschäftsprozess.

**Zugriffe auf OData absichern**

## 3.5   Technische Services

Die technischen Services bilden die Basis einer PaaS und zeichnen sich dadurch aus, dass sie gut und einfach kombinierbar sind. Sie werden eingesetzt, um komplexe Anwendungen ganzheitlich zu entwickeln. Der Schwerpunkt der SAP Cloud Platform liegt auf der Entwicklung und Erweiterung von Unternehmenssoftware, was auch den Fokus der angebotenen technischen Services beeinflusst. Dazu zählen ebenfalls der Support und der Bereitstellungszeitraum der Platform-Services (Long-Term Support).

Die technischen Services werden über die SAP Cloud Platform Environments (siehe Abschnitt 3.2, »Environments«) aus unterschiedlichen Rechenzentren bereitgestellt. Ziel ist eine möglichst einfache Nutzung, um den Entwicklungsprozess Ihrer Anwendungen zu beschleunigen. Alle technischen Services werden von der SAP betrieben und regelmäßig aktualisiert, so dass Sie sich auf die Nutzung der technischen Services zwecks Implementierung der Cloud-Anwendung konzentrieren.

Programmier-sprachen
Für die Implementierung eigener Anwendungen werden unterschiedliche Programmiersprachen und -modelle unterstützt (z. B. Java, ABAP oder Node.js). Für die Entwicklung der Anwendungen steht mit der SAP Web IDE eine cloud-basierte Entwicklungsumgebung zur Verfügung (siehe Kapitel 9, »Native Cloud-Anwendungen und -Erweiterungen programmieren«). Insbesondere für die Programmierung von ABAP-Anwendungen verwenden Sie Eclipse.

Persistenz
Neben der Möglichkeit, Cloud-Anwendungen in unterschiedlichen Programmiersprachen umzusetzen, bietet die SAP Cloud Platform eine Reihe von technischen Services zur Speicherung und Verwaltung Ihrer Daten. Neben Nicht-SQL-Datenbanken, wie z. B. Redis, werden relationale Datenbanken, wie etwa SAP HANA und PostgreSQL, für eine strukturierte Ablage angeboten. Unstrukturierte Daten können entweder in einem Content Repository (SAP-Cloud-Platform-Document-Service) oder dem Object-Store-Service abgelegt werden. Zur Arbeit mit großen Datenmengen mit ganz unterschiedlichen Strukturen wird mit den SAP-Cloud-Platform-Big-Data-Services (siehe Abschnitt 3.8.3, »Big Data«) ein *Hadoop Cluster* mit entsprechenden Werkzeugen als Service angeboten.

Geschäftsprozess-modellierung
Bei der Entwicklung von Unternehmensanwendungen spielen oftmals auch definierte Arbeitsabläufe und Prozesse eine Rolle. Um komplett neue Workflows zu entwickeln oder vorhandene Geschäftsprozesse aus SAP-Anwendungen (Cloud und on premise) zu automatisieren oder zu erweitern, wird *SAP Cloud Platform Workflow* genutzt. Von einfachen Genehmigungen bis hin zu Prozessen, die sich über verschiedene Abteilungen und

Anwendungen erstrecken, können alle Prozesse mit dem Workflow-Service erstellt, verwaltet und ausgeführt werden. Zur Workflow-Modellierung nach dem Business Process Model and Notation Standard (BPMN) wird als Web-Editor die SAP Web IDE verwendet. Auch stehen eine Reihe von Fiori-basierten Anwendungen für die direkte Nutzung des Service bereit, wie beispielsweise die My-Inbox-Anwendung, die direkt zur Bearbeitung von workflow-basierten Aufgaben und zur Dateneingabe und Freigabe von Workflows genutzt wird. Bei der Entwicklung eigener Anwendungen wird der Workflow-Service über APIs eingebunden. Zur Modellierung und Nutzung von Regelwerken wird der Service *SAP Cloud Platform Business Rules* genutzt. Entscheidungslogik aus den Fachbereichen wird in natürlicher Sprache z. B. in einem Entscheidungsbaum (Decision Tree) definiert. Für die Nutzung der Entscheidungslogik aus der eigenen Anwendung steht ebenfalls eine entsprechende API (REST) zur Verfügung.

Wenn Sie entkoppelte, event-basierte Architekturen über heterogene Landschaften bauen, übernimmt der Messaging-Service der SAP Cloud Platform die Kommunikation zwischen zwei oder mehreren Anwendungen bzw. Microservices. Gerade bei IoT-Szenarien und im Big-Data-Umfeld mit der Verarbeitung großer Datenmengen und wechselnder Last bieten die Messaging-Services Vorteile. So können beispielsweise Daten bei großer Last oder temporärem Ausfall der Anwendung gepuffert werden und gehen nicht verloren. Hierfür steht der Service *SAP Cloud Platform Enterprise Messaging* zur Verfügung, der auf einer Hardware-Appliance von Solace Systems basiert und eine Point-to-Point-Kommunikation sowie das *Publish-Subscribe*-Modell unterstützt.

**Messaging**

Bei der Point-to-Point-Kommunikation schickt eine Anwendung Nachrichten an eine definierte Queue. Genau eine empfangende Anwendung holt die Nachrichten dort ab. Die Nachrichten bleiben dabei so lange in der Queue erhalten, bis sie abgeholt wurden, und werden nach dem Prinzip *first in, first out* (FIFO) abgearbeitet.

Mit dem Publish-Subscribe-Modell sind die Queues thematisch organisiert. Eine Anwendung veröffentlicht Informationen zu einem bestimmten Thema in einer Queue. Beliebig viele andere Anwendungen können das Thema abonnieren, um die Informationen zu empfangen. Zusätzlich zum Enterprise-Messaging-Service steht *RabbitMQ* als Open-Source- und softwarebasierter Message-Broker für eine asynchrone Kommunikation zwischen Anwendungen zur Verfügung. Beide Broker arbeiten auf Basis des *Advanced Message Queuing Protokolls* (AMQP). AMQP ist ein binäres Netzwerkprotokoll, das unabhängig von Programmiersprachen ist und für eine effiziente Kommunikation zwischen Client und Message-Broker bzw. den

Austausch von Nachrichten zwischen unterschiedlichen Message-Brokern genutzt wird. Entwickler verwenden z. B. die Java Messaging Service (JMS) API, um Nachrichten zwischen Anwendungen auszutauschen.

Neben den technischen Services zur Implementierung von Anwendungslogik verwenden Sie die SAP Cloud Platform ebenso für die Umsetzung von Benutzerschnittstellen.

## 3.6   User Experience

Benutzerschnittstellen werden oftmals als »the face to digital« bezeichnet. Im Mittelpunkt steht dabei aber nicht allein die Schnittstelle der Anwendung zum Nutzer, sondern vielmehr das gesamte Nutzungserlebnis.

**Nutzungserlebnis**

Das Nutzungserlebnis umfasst dabei die komplette Bandbreite von Interaktionen, die Ihre Kunden mit Ihrem Unternehmen über digitale Berührungspunkte haben. Ein Schlüssel zu einer erfolgreichen digitalen Transformation liegt darin, den Wert digitaler Interaktionen und Erlebnisse zu maximieren. Ziel einer digitalen Transformation ist es demnach auch, eine bestehende Nutzererfahrung grundlegend zu verändern oder komplett neue Erfahrungen zu schaffen, die zuvor nicht praktikabel oder möglich waren. Beispiele sind kontextbezogene Informationen oder Assistenzsysteme, die abhängig vom Ort des Nutzers bei der aktuellen Tätigkeit unterstützen. Oder Nutzer führen eine Tätigkeit, die sie in Ihrer Anwendung auf dem Desktop begonnen haben, unterwegs auf einem mobilen Endgerät fort. Ein weiteres Beispiel ist die sprachbasierte Interaktion mit der Anwendung, entweder per Text- oder Spracheingabe. Für die Umsetzung solcher User Experience bietet die SAP Cloud Platform unterschiedliche Services.

**Portal**

Mit dem Service *SAP Cloud Platform Portal* stellen Sie Anwendungen und Daten sowohl von SAP als auch von Drittherstellern zentral und geräteunabhängig zur Verfügung. So realisieren Sie mit dem Portal-Service beispielsweise ein Self-Service-Portal mit rollenbasierter Navigation und Single Sign-On (SSO). Fachbereiche erstellen ihre eigene Homepage, die spezifische Transaktionen, Informationen oder Guidelines enthält. Auch externe Seiten, für z. B. Kunden, Partner oder Zulieferer, sowie ein unternehmensweites Portal zur Veröffentlichung von aktuellen Informationen oder einen zentralen Zugriff auf Anwendungen ist denkbar. Der SAP-Cloud-Platform-Portal-Service bietet speziell für die Integration von SAP SuccessFactors, SAP Concur, SAP C/4HANA, SAP S/4HANA und der SAP Business Suite vordefinierte Inhalte, so dass Sie Erweiterungsszenarien schnell umsetzen. Generell eignet sich ein Portal für einen geräteunabhängigen und kombinierten Zugriff auf *interne* und *externe* Informationen.

Zur Entwicklung und Bereitstellung mobiler Anwendungen für z. B. iOS oder Android verwenden Sie die *SAP-Cloud-Platform-Mobile-Services*. Auch können Sie bereits vorhandene mobile Anwendungen über den Service bereitstellen. Mit entsprechenden SDKs entwickeln Sie sowohl native als auch hybride Anwendungen, die auch offline arbeiten oder mittels Push Notification Ihre Nutzer auf besondere Ereignisse hinweisen. Auch werden Sie beim Support Ihrer mobilen Anwendungen durch Remote-Fehleranalysen, den Upload von Log-Dateien und Netzwerkanalysen unterstützt. Speziell für die Entwicklung nativer iOS- und Android-Anwendungen wurde gemeinsam mit Apple und Google ein entsprechendes SDK entwickelt, das die Designrichtlinien des jeweiligen Betriebssystems berücksichtigt und Ihnen SAP-Fiori-UI-Elemente sowie einen optimierten Zugriff auf SAP-Systeme direkt in der Programmiersprache des jeweiligen Betriebssystems bietet.

*Mobile Anwendungen*

Bevor Sie mit der Entwicklung einer Anwendung beginnen, machen Sie sich üblicherweise gemeinsam mit den Nutzern der Anwendung Gedanken über die Nutzerschnittstelle. Der Service *SAP Cloud Platform Build* unterstützt Sie als Entwickler und Designer bei der Gestaltung intuitiver Benutzeroberflächen. Mockups bzw. Skizzen der Oberfläche Ihrer Anwendung werden mit Build zu voll navigierbaren Prototypen, die Sie Ihren Nutzern aus der Fachabteilung zum Testen zur Verfügung stellen (siehe Abschnitt 9.1, »Entwicklungswerkzeuge«). So holen Sie sich frühzeitig Feedback zum Nutzungserlebnis Ihrer Anwendung ein und treten in direkten Dialog mit Ihren Nutzern.

*UI-Mockups*

*Conversational User Interfaces* (CUIs) sind ein nächster Schritt bei der Interaktion zwischen Nutzern und Ihrer Anwendung. Dabei geht es um eine möglichst natürlichsprachliche Schnittstelle, die es Anwendern erlaubt, mittels gesprochener oder geschriebener Sprache mit der Anwendung zu interagieren. Wir alle kennen diese Schnittstelle als Apple Siri, Amazon Alexa, Microsoft Cortana oder den Google Assistant. CUIs ermöglichen uns ein effizienteres, sprachgestütztes Anwendererlebnis, so dass wir uns nicht mehr mit einzelnen Apps auf den Mobilgeräten abmühen müssen. Im Kern der digitalen Assistenten steckt einerseits maschinelles Lernen und andererseits die natürlichsprachliche Verarbeitung (Natural Language Processing). Für die Implementierung von solchen *chatbot*-gestützten Anwendungen bietet die SAP Cloud Platform den *Conversational-AI*-Service.

*Digitaler Assistent und Bot*

*SAP CoPilot* ist ein Beispiel für einen digitalen Assistenten, der mit den Conversational-AI-Services der SAP Cloud Platform umgesetzt ist. Ziel von SAP CoPilot ist es, einerseits native Gerätefunktionen und andererseits auch die Verarbeitung natürlicher Sprache und maschinelles Lernen zu nutzen, um Anwender kontextbezogen bei den täglichen Aufgaben zu

*SAP CoPilot*

unterstützen. SAP CoPilot weiß genau, in welchem betriebswirtschaftlichen Kontext sich die Nutzer gerade befinden, und kann sie selbständig auf relevante Informationen aufmerksam machen oder sie als Assistenzsystem bei der Aufgabe von Bestellungen oder der Zusammenstellung von Vertriebsinformationen unterstützen.

## 3.7  APIs und Business-Services

Software und Plattformen, die keine Application Programming Interfaces (APIs) anbieten, werden von Entwicklern nicht wahrgenommen. Das Gleiche gilt für Unternehmen in der digitalen Welt: Services bzw. Leistungen des Unternehmens, die intern oder extern von Bedeutung sind, werden über APIs auf einer Unternehmensplattform angeboten. Für Unternehmen, die digitale Geschäftsmodelle aufbauen, sind APIs unumgänglich (API-First-Strategie). So erzielt beispielsweise die Reiseplattform Expedia nach den Autoren des Buchs *Die Plattform-Revolution im E-Commerce* von Sangeet Paul Choudary et al. (erschienen im MITP Verlag, 2017) ca. 90 % seines Umsatzes mit der Nutzung von APIs durch andere Unternehmen.

Der Aufbau solcher digitalen Geschäftsmodelle wird durch die SAP Cloud Platform unterstützt. Microservices, native Cloud-Anwendungen oder auch vorhandene Prozesse, die in der bestehenden IT-Infrastruktur (z. B. in SAP-Systemen) laufen, lassen sich über die SAP Cloud Platform als API exponieren und kommerzialisieren (*Pay-per-Use*). Realisiert wird dies mit Hilfe des Service *SAP Cloud Platform API Management*.

**Definition eigener APIs**  Mit dem API-Management-Service wird der komplette Lebenszyklus von APIs abgedeckt. Basierend auf offenen Standards, wie der OpenAPI-Spezifikation, werden APIs für den Zugriff auf bestehende Backend-Prozesse oder Microservices einer eigenen Cloud-Anwendung definiert. Der Zugriff auf bestehende Prozesse und Microservices erfolgt z. B. über OData, REST oder SOAP. Vor einer Veröffentlichung der API für Kunden oder für eine unternehmensweite Nutzung in einem zentralen API Hub werden Regeln (Policies) zwecks Absicherung der API-Aufrufe definiert. Zum Beispiel wird über Regeln festgelegt, dass eine API nicht mehr als fünfmal in der Sekunde aufrufbar ist, um zu hohe Last auf dem Prozess in der Backend-Infrastruktur zu vermeiden (Traffic Management).

**SAP Billing (SAP C/4HANA)**

Um für die Nutzung Ihrer APIs monatliche Rechnungen zu erstellen, nutzen Sie z. B. SAP Billing. So definieren Sie unterschiedliche Preismodelle, so dass die Häufigkeit der Nutzung Ihrer API den Preis bestimmt. Je häufiger die API aufgerufen wird, desto günstiger wird der API-Aufruf. Der API-Management-Service der SAP Cloud Platform ist mit SAP Billing integriert. So liefert der API-Management-Service die monatliche Metrik je Nutzer, und SAP Billing erstellt eine entsprechende Rechnung.

Nachdem die APIs in einem unternehmenseigenen Developer-API-Portal veröffentlicht wurden, können Ihre Entwickler die APIs in eigene Anwendungen einbinden. Entwicklungswerkzeuge der SAP Cloud Platform, wie z. B. die SAP Web IDE (siehe Abschnitt 9.1, »Entwicklungswerkzeuge«), bieten eine direkte Integration des API Hubs und damit einen Zugriff auf veröffentlichte APIs.

**API-Portal**

## OpenAPI-Spezifikation

Zur Beschreibung und Dokumentation von APIs nutzt die SAP Cloud Platform die OpenAPI-Spezifikation. Ende 2015 wurde die Open API Initiative (OAI) unter der Linux Foundation gegründet, um die ursprünglich von Wordnik entwickelte Swagger-Spezifikation (2010) zur Beschreibung und Definition von RESTful APIs weiter zu standardisieren. Die OpenAPI-Spezifikation ist semantisch identisch mit der Swagger-2.0-Spezifikation und zählt heute zu den meistgenutzten OpenSource-Frameworks zur Erstellung und Beschreibung von RESTful APIs. SAP ist neben vielen weiteren Firmen wie z. B. IBM, Google und Microsoft Mitglied der OpenAPI Initiative.

**[«]**

Sobald APIs aktiv genutzt werden, finden ein Monitoring, eine Überwachung der definierten Regeln (Policies), sowie eine Messung (Metering) der Anzahl von API-Aufrufen durch den API-Management-Service statt. Auf Basis dieser Messungen können Sie API-Aufrufe kommerzialisieren und als digitale Dienstleistung über einen API-Hub oder einen eigenen Marktplatz anbieten (Pay-per-Use-Modell).

**Monitoring der API-Nutzung**

Die Bereitstellung von APIs spielt aber nicht nur bei der Entwicklung eigener Cloud-Anwendungen eine Rolle. Durch die Bereitstellung von APIs unterscheiden sich Plattformen von Produkten – APIs machen eine Plattform erst zu einer Plattform. Das gilt auch für die SAP Cloud Platform: Services der Cloud-Plattform sind über APIs nutzbar und werden so wiederum in eigene Cloud-Anwendungen integriert. Ebenso erfolgt der Zugriff aus eigenen Cloud-Anwendungen auf SAP-Geschäftsanwendungen, wie z. B. SAP S/4HANA Cloud oder SAP SuccessFactors, ebenfalls über definierte APIs. Auch die Nutzung dieser Standard-APIs wird über den API-Management-Service kontrolliert.

APIs von
SAP-Lösungen

Abbildung 3.6 zeigt den *SAP API Business Hub* (*api.sap.com*), der alle SAP-
und SAP-Partner-APIs für einen Zugriff auf SAP-Lösungen katalogisiert.
Neben einer Suche und Dokumentation von APIs bietet der SAP Business
Hub ebenfalls die Möglichkeit, die APIs in einer integrierten Testumgebung
(Sandbox) kostenfrei auszuprobieren. Der webbasierte Zugriff erfolgt dabei
z. B. über OData, und die APIs werden über HTTP-Aktionen, wie POST, GET,
PUT oder DELETE, angesprochen.

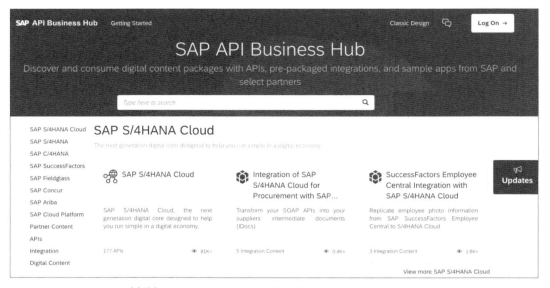

**Abbildung 3.6** Zentraler Katalog aller SAP- und Partner-APIs, Business-Services
und Integration-Packages

Während Zugriffe auf SAP-Lösungen, um beispielsweise Stammdaten anzu-
legen, zu löschen oder zu ändern, über APIs erfolgen, bieten die *Business-
Services* der SAP Cloud Platform semantische Microservices, die industrie-
spezifische oder fachabteilungsbezogene Logik in Form einer REST-Schnitt-
stelle anbieten. Industrie- und Fachabteilungslogik wird für Sie so über
Business-Services in Form von wiederverwendbaren Microservices nutzbar
und beschleunigt die Entwicklung Ihrer Cloud-Anwendungen. Beispielsweise nutzen Sie die Business-Services zur Berechnung von länderspezifi-
schen Steuern (Tax-Service), was bei der Verarbeitung von überregionalen
finanziellen Transaktionen erforderlich ist. Es steht auch ein Business-Ser-
vice zur Anonymisierung von Daten bereit, so dass diese ohne Verletzung
von Schutzbestimmungen für beispielsweise Analysen verarbeitet werden.
Für solche Analysen stehen wiederum mehrere prädiktive Algorithmen
(z. B. Clustering-Service, Forecast-Service, Outliers-Service) als REST-Schnitt-
stelle zur Verfügung.

Wie APIs auch sind Business-Services im SAP API Business Hub katalogisiert und können dort ebenfalls kostenfrei getestet werden. Ein geeigneter Quellcode zum Einbinden der Business-Services und APIs in die eigenen Cloud-Anwendungen kann im SAP API Business Hub für verschiedene Programmiersprachen generiert werden. Mit den Business-Services bewegt sich die SAP Cloud Platform im Cloud-Stack (IaaS, PaaS, SaaS) vertikal nach oben in Richtung SaaS.

Neben dem Zugriff auf SAP-Lösungen über APIs, die Bereitstellung von unternehmensrelevanten Microservices in Form von Business-Services sowie Möglichkeiten zur Veröffentlichung eigener APIs bietet die SAP Cloud Platform speziell für Digitalisierungsprojekte eine Reihe weiterer Platform-Services.

## 3.8   SAP Leonardo: Technologien für die Digitalisierung

Speziell für die Umsetzung von Digitalisierungsprojekten bietet SAP Leonardo eine Kombination von Methodik, Templates sowie technologischen Komponenten, die als Cloud-Services auf der SAP Cloud Platform bereitgestellt werden. So zum Beispiel Services rund um das Internet der Dinge, maschinelles Lernen und Blockchain, die in den folgenden Abschnitten näher beschrieben werden.

### 3.8.1   Blockchain-as-a-Service (BaaS)

Ursprünglich wurde Blockchain für Zahlungen mit der Digitalwährung Bitcoin entwickelt. Heute gibt es aber schon viele weitere Einsatzbereiche der *Blockchain*-Technologie. Blockchains gelten als extrem sicher und speichern beliebige Daten, wie z. B. Grundbucheinträge, Krankenakten oder Details zu durchgeführten Wartungsarbeiten an Maschinen. Einsatzmöglichkeiten finden sich daher in unterschiedlichen Branchen, wie beispielsweise der Logistik, der Produktion oder im öffentlichen Sektor. In der Logistik kann eine Blockchain beispielsweise zur Transparenz und Nachvollziehbarkeit einer Lieferkette beitragen. Im öffentlichen Sektor ergeben sich z. B. Anwendungsgebiete als Amtsregister oder bei Beschaffungsvorgängen.

Bei einer Blockchain werden alle Daten in einem dezentralen Peer-to-Peer-(P2P-)Netzwerk gespeichert, was auch als *Distributed-Ledger*-Technologie bezeichnet wird. Ein Distributed Ledger ist eine Transaktionsdatenbank, die über mehrere Computer und Standorte ohne zentrale Kontrolle verteilt und synchronisiert wird. Jeder Teilnehmer der Blockchain besitzt eine iden-

**Distributed Ledger**

tische Kopie der Datenbank. Sämtliche Änderungen und Ergänzungen im Datenbestand werden sofort automatisch in allen Kopien vorgenommen.

**Konsensprozess**  Wie auch bei anderen Datenbanken stellt eine Transaktion die Grundeinheit zum Speichern von Daten in der Blockchain dar. Ziel ist eine zuverlässige und manipulationssichere Dokumentation von Transaktionen. Anders als bei zentralen Datenbanken werden bei der Blockchain die Daten beim Speichern durch einen *Konsensprozess* der Teilnehmer validiert und verifiziert. Der Vorgang zum Finden eines solchen Konsenses wird auch als *Konsensmechanismus* bezeichnet. Der Konsensmechanismus ist abhängig davon, wie eine Blockchain umgesetzt ist (z. B. privat oder öffentlich), so dass sich unterschiedliche Mechanismen entwickelt haben (z. B. Proof of Work, Proof of State, Ripple Protocol Consensus Algorithm). Die mittels Konsens verifizierten und validierten Daten werden als »Block«-Sammlung gespeichert und chronologisch unveränderbar in einer »Chain« fortgeschrieben. Damit basiert die Blockchain-Technologie auf einer verketteten Blockstruktur, die linear wächst. Daten, die sich einmal in der Blockchain befinden, sind unveränderlich und können nicht mehr manipuliert und gelöscht werden. Die Erstellung von Blöcken und deren Verschlüsselung wird auch als *Mining* bezeichnet.

**Smart Contracts**  Neben der Speicherung von Daten können auf der Blockchain auch *Smart Contracts* ausgeführt werden. Smart Contracts sind sofort anwendbare Vereinbarungen und lösen automatisch Aktionen oder Geschäftsprozesse aus, sobald die entsprechenden Bedingungen erfüllt sind.

[»]

### Arten von Blockchains

Es werden vier unterschiedliche Möglichkeiten zur Umsetzung eines Blockchain-Netzwerks unterschieden:

1. *Konsortium-Blockchain*: In einer Konsortium-Blockchain wird der Konsensprozess von einer vorab ausgewählten Gruppe kontrolliert. Das Recht, die Blockchain zu lesen und Transaktionen auszuführen, kann jedem oder nur den Teilnehmern des Konsortiums gewährt werden. Diese Blockchains werden auch als *zugangsbeschränkte* Blockchains bezeichnet und sind das am meisten genutzte Modell für Unternehmen.

2. *Private Blockchain*: Eine private Blockchain wird von einer einzigen Organisation kontrolliert, die bestimmt, wer Informationen lesen, Transaktionen ausführen oder sich am Konsensprozess beteiligen darf. Da private Blockchains komplett zentralisiert sind, eignen sie sich eher für Entwicklungs- und Testumgebungen, nicht aber für den produktiven Einsatz.

3. *Halbprivate Blockchain*: Eine halbprivate Blockchain wird von einer einzigen Organisation betrieben, die Zugriffsrechte in Abhängigkeit von vorab festgelegten Kriterien vergibt. Diese Art von Blockchain findet ihren Einsatz im Business-to-Business-(B2B-)Bereich oder bei Behörden.

4. *Öffentliche Blockchain*: Eine öffentliche Blockchain kann von jedem gelesen und für Transaktionen genutzt werden. Auch am Konsensprozess kann sich jeder beteiligen, er ist frei von Zugangsbeschränkungen. Jede Transaktion ist öffentlich, wobei die Teilnehmer der Transaktionen anonym bleiben. Bitcoin und Ethereum sind bekannte Beispiele für Implementierungen einer Kryptowährung auf öffentlichen Blockchains.

**Nutzen**

Der Blockchain-Service der SAP Cloud Platform bietet Möglichkeiten zur Vereinfachung von komplexen Prozessen mit mehreren Beteiligten und für den Aufbau eines wechselseitigen Vertrauens. Der *SAP-Cloud-Platform-Blockchain-Service* unterstützt mehrere Blockchain-Technologien wie z. B. die *Hyperledger Fabric* mit Smart Contracts und die *MultiChain*-Technologie, die sich besonders für die Speicherung von Key-Value-Pairs eignet. Unabhängig von der eingesetzten Technologie wird die Blockchain in der Cloud-Plattform als Backing-Service angeboten (ähnlich wie eine Datenbank).

**Hyperledger Fabric**

Hyperledger Fabric ist ein Service der SAP Cloud Platform, der eine Open-Source-Implementierung eines Blockchain-Protokolls umsetzt. Hyperledger ist eine Open-Source-Kollaboration unter dem Dach der Linux Foundation, die die Entwicklung und Einführung von Blockchain-Technologien in verschiedenen Geschäftsprozessen gemeinsam mit anderen Unternehmen fördert. SAP hat sich der Hyperledger.org-Stiftung als Premium-Mitglied angeschlossen.

**MultiChain**

MultiChain ist ein weiteres Blockchain-Protokoll, das von der SAP Cloud Platform unterstützt wird. Mit dem Service SAP Cloud Platform MultiChain können Sie einzelne MultiChain-Knoten erstellen, löschen, überwachen und warten und sie mit einem Blockchain-Netzwerk von MultiChain-Knoten verbinden. Sie können Ihren Knoten entweder verwenden, um ein neues Blockchain-Netzwerk zu erstellen oder um einem vorhandenen Netzwerk beizutreten, unabhängig davon, ob die anderen Knoten in SAP Cloud Platform ausgeführt werden. Auf diese Weise hilft Ihnen der MultiChain-Service, Blockchain-Anwendungen schnell zu erstellen und bereitzustellen. MultiChain stellt eine Blockchain-Plattform für einfache Szenarien wie z. B. DocProof oder Use Cases für die Übertragung von Ressourcen dar.

[»]

**Hyperledger**

Hyperledger (*hyperledger.org*) ist eine Open-Source-Initiative zur Umsetzung eines offenen, standardisierten und auf Unternehmen abgestimmten Blockchain-Frameworks. Unter der Linux Foundation kooperieren mehrere Unternehmen wie IBM, Daimler und SAP bei Projekten wie der Hyperledger Fabric, die als Grundlage für die Entwicklung von Blockchain-Anwendungen dient und Komponenten für Konsensverfahren und der Umsetzung von Geschäftslogik über Chaincode (Smart Contracts) enthält.

Blockchain
Application
Enablement

Auf konzeptioneller Ebene unterstützen alle Blockchain-Technologien die gleichen Fähigkeiten. Anwendungen müssen jedoch an die verschiedenen Blockchain-Technologien angepasst werden, da sich spezifischer Blockchain-Protokolle in ihrer Nutzung unterscheiden. Um eine schnelle Nutzung von Blockchain-Funktionen in verschiedenen Anwendungen über eine beliebige Anzahl von Blockchain-Technologien zu ermöglichen, stellt die SAP Cloud Platform in Form des Service *Blockchain Application Enablement* eine Blockchain-Service-Schicht bereit, die Blockchain-Funktionen unabhängig von dem zugrundeliegenden Blockchain Protokoll bereitstellt. Dadurch können Cloud-Anwendungen unabhängig von der Blockchain-Technologie entwickelt und genutzt werden. Das erhöht die Flexibilität bei der Bereitstellung der blockchain-basierten Cloud-Anwendung. Ein Beispiel für einen solchen technologieunabhängigen Service ist der Timestamp-Service, der eine API zum Lesen und Schreiben von Zeitstempeln bietet.

[»]

**Vorteile der Blockchain-Technologie**

Mit der Blockchain-Technologie werden transaktionale Daten manipulationssicher in einem dezentralen Netzwerk gespeichert. Das bietet die folgenden Vorteile:

- Weniger Intermediäre: Eine Blockchain ist ein Punkt-zu-Punkt-(Peer-to-Peer-)Netzwerk, das den Bedarf an vertrauenswürdigen Vermittlern wie Anwälten, Banken oder Maklern verringert.
- Prozessoptimierung: Blockchains beschleunigen die Prozessausführung in Szenarien mit mehreren Beteiligten.
- Sicherheit: Durch die Verteilung und Verschlüsselung der Daten sind Blockchains schwer zu manipulieren.
- Transparenz: In Blockchains können Informationen von allen autorisierten Teilnehmern eingesehen, aber nicht geändert werden.

■ Automatisierung: Blockchains sind programmierbar, so dass Aktionen automatisch ausgelöst werden, sobald bestimmte Voraussetzungen erfüllt sind (Smart Contracts, Chaincode).

### 3.8.2    Maschinelles Lernen

Bis vor wenigen Jahren waren selbstlernende Programme ausschließlich Thema für Universitäten, Forschungseinrichtungen und wenige Technologieunternehmen. Heute wird maschinelles Lernen (ML) zunehmend auch in Unternehmensanwendungen eingesetzt, um Prozesse zu automatisieren, dabei eine höhere Genauigkeit zu erreichen und die Software intelligenter und damit auch besser nutzbar zu machen.

Maschinelles Lernen ist prinzipiell keine neue Technologie, sondern wird schon eine Weile genutzt, wie z. B. bei der *Optical Character Recognition* (OCR). Eine der ersten und immer noch sehr weit verbreiteten ML-Anwendungen reicht zurück in die 1990er Jahre: der Spamfilter.

**Definition**

Technologische Weiterentwicklungen wie Multi-Core-Architekturen, Graphical Processing Units (GPU) und In-Memory-Datenbanken wie SAP HANA machen maschinelles Lernen auch für den Unternehmensbereich attraktiv. Ein weiterer Faktor ist die zunehmende Verfügbarkeit großer Mengen an Daten, die für das Training der ML-Modelle benötigt werden. Auch liegt eine große Menge an Unternehmensdaten innerhalb von SAP-Systemen, die sich zum Training von ML-Modellen eignen.

Mit Hilfe von maschinellem Lernen wird die Logik einer Anwendung nicht Zeile für Zeile ausprogrammiert. Stattdessen wird die Anwendung mit Beispieldaten programmiert. Ein wichtiger Bestandteil des maschinellen Lernens ist daher die Trainings- bzw. Lernphase des Algorithmus, in der Muster und Gesetzmäßigkeiten in den Lerndaten erkannt und verallgemeinert werden. Es wird Wissen aufgebaut. Auf Basis von antrainiertem Wissen und Erfahrung findet die Software Lösungen und Antworten auf bisher unbekannte Probleme und Fragen. Das führt zu dem Effekt, dass Software in gewisser Weise eigenständig agiert. Daher sind künstliche Intelligenz und maschinelles Lernen eng miteinander verzahnt. Beim maschinellen Lernen spricht man in der Regel nicht von einem Algorithmus, sondern von einem Modell, das mit Daten trainiert wird. Für verschiedene Anwendungsfälle können Sie Modelle mit unterschiedlichen Methoden erstellen, wie z. B. *neuronalen Netzen*. Zur Implementierung des Modells nutzen Sie Technologien und Frameworks, wie beispielsweise *TensorFlow*. Anders als bei der klassischen Programmierung formulieren Sie die Entscheidungslogik nicht explizit Zeile für Zeile (if … then … else), sondern programmieren das Modell, d. h. das neuronale Netz, mit Beispieldaten. Die Modelle basieren dabei auf mathematischen und statistischen Methoden und können entweder überwacht (*Supervised Learning*), unüberwacht (*Unsupervised Learning*) oder mit *Reinforcement Learning* trainiert werden. Eine weitere Eigenschaft zur Klassifikation von ML-Systemen ist Batch-Learning oder Online-Learning, also die Fähigkeit, inkrementell aus einem (kontinuierlichen) Datenstrom zu lernen.

[»]

### TensorFlow

TensorFlow (*tensorflow.org*) ist eine Open-Source-Bibliothek für numerische Berechnungen auf Basis sogenannter *Data Flow Graphs*. Die Knoten des mit TensorFlow beschriebenen Graphen repräsentieren mathematische Operationen, und die Kanten zwischen den Knoten sind mehrdimensionale Matrizen (sogenannte *Tensors*), über die die Knoten miteinander kommunizieren. Die Berechnungen der Graphen können äußerst flexibel auf mehrere CPUs oder GPUs verteilt werden. TensorFlow wurde ursprünglich von Google entwickelt und 2015 veröffentlicht und zählt zu den heute weit verbreiteten Frameworks für maschinelles Lernen. Sowohl SAP HANA 2.0 (ab SP2) als auch die SAP Cloud Platform unterstützen TensorFlow.

Beispiele  So hilft *SAP Resume Matching* (als Teil der SAP-Fieldglass-SaaS-Anwendung für Workforce Management) mit maschinellem Lernen bei einer Erstbeurteilung von Bewerbern und vereinfacht den Personalreferenten die Identifizierung von Kandidaten, deren Fähigkeiten und Ausbildung am besten zu einer ausgeschriebenen Stelle passen. Ziel ist, die Wahrscheinlichkeit einer vorurteilsfreien Beurteilung und einer schnellen Bearbeitung der Bewerbung zu erhöhen.

Im Service und Kundendialog finden immer mehr Chatbots Anwendung, und mit *SAP Service Ticketing* werden eingehende Support-Anfragen automatisch klassifiziert, um sie an die richtigen Sachbearbeiter weiterzuleiten. Kundenservice-Center können so Probleme schneller lösen, um dem immer stärker zunehmenden Eingang digitaler Serviceanfragen gerecht zu werden. Auch werden kontextbezogene Lösungsvorschläge zu einer Support-Anfrage gemacht und erhöhen somit die Self-Service-Möglichkeiten. Ein weiteres Beispiel ist die *SAP Cash Application* (Add-on zu SAP S/4HANA), mit der Sie den Forderungsabgleich, d. h. den manuellen Abgleich von Kundenzahlungen mit offenen Forderungen, automatisieren. Die genannten Beispiele zählen zu den ersten ML-basierten Anwendungen, die das SAP-Portfolio erweitert haben. Technisch sind die Anwendungen auf der SAP Cloud Platform umgesetzt.

Trotz vorhandener Bibliotheken, Algorithmen und Frameworks bleibt zu klären, wie der Bezug zu unternehmensrelevanten Prozessen und Transaktionen realisiert wird. Wie verbessern Sie die vorhandene Wertschöpfungskette und Geschäftsprozesse mit maschinellem Lernen? Hier setzt die *SAP Leonardo Machine Learning Foundation* als Platform-Service der SAP Cloud Platform an. Durch eine einfache, cloud-basierte Nutzung, eine enge Integration in SAP Unternehmenssoftware und die Offenheit, verschiedene ML-Technologien einzubinden, werden bestehende Geschäftsprozesse mit maschinellem Lernen über die SAP Cloud Platform erweitert. Der Einstieg in maschinelles Lernen gelingt auf der SAP Cloud Platform über verschiedene Möglichkeiten.

**SAP Leonardo Machine Learning Foundation**

Der einfachste Einstieg gelingt über bereits trainierte Modelle, die Sie als REST-Service aufrufen. Bei den ML-basierten Services (REST) wird zwischen Business-Services (siehe Abschnitt 3.7) und technischen Services (siehe Abschnitt 3.5) unterschieden. Sowohl die Business-Services als auch die technischen Services sind im SAP API Business Hub (*api.sap.com*) katalogisiert und können dort kostenfrei ausprobiert werden. Ein Beispiel für einen ML-Business-Service ist der *Ticket-Intelligence-Service*, der Kundenanfragen einer entsprechenden Kategorie zuweist. Mit den technischen Services erkennen Sie beispielsweise Objekte in Bilddateien, Produkte auf Bildern, die Sprache oder Themen in Texten oder Zeitreihenwechselpunkte in Sensordaten.

**Business-Services und Technische Services**

Die bereits publizierten ML-Modelle und die entsprechenden Services können durch die Bereitstellung eigener Daten ganz spezifisch an die Anwendungsfälle in Ihrem Unternehmen angepasst werden. Dazu laden Sie ein eigenes Trainings-Set an Daten in die SAP Cloud Platform und führen ein neues Training des bestehenden Modells durch (eine sogenannte *Inferenz*). Nachdem Sie das neu trainierte Modell verifiziert haben, stellen Sie es auf der SAP Cloud Platform bereit und rufen den vorhandenen REST-Service mit dem neu trainierten Modell auf.

**Standardmodelle neu trainieren**

Im Weiteren besteht die Möglichkeit, ein eigenes und bereits trainiertes Modell als Service auf der Cloud-Plattform bereitzustellen (*Bring-Your-Own-Model*). So erstellen Sie beispielsweise mit TensorFlow lokal ein Modell, trainieren es in einer entsprechenden Infrastruktur und stellen es dann zwecks Nutzung als Service auf der SAP Cloud Platform bereit.

**Eigenes Modell als Service bereitstellen**

Die SAP Cloud Platform bietet auch eine Infrastruktur zum Trainieren eigener Modelle (*Train-Your-Own-Model*). Das außerhalb der SAP Cloud Platform entwickelte Model wird gemeinsam mit den vorbereiteten Trainingsdaten und dem Trainings-Script in der SAP Cloud Platform gespeichert. Nach erfolgreicher Validierung des Modells publizieren Sie es als Service auf der

**Eigenes Modell trainieren**

SAP Cloud Platform, so dass Ihre Cloud-Anwendungen über REST darauf zugreifen können. Generell hängt die Qualität einer auf maschinellem Lernen basierenden Software stark von der Qualität und Aussagekraft der Beispieldaten und dem Training des Modells ab (z. B. die Gewichtung eines neuronalen Netzes). Die richtige Lernphase ist daher ein wesentlicher Bestandteil der Programmierung.

[»]

### Merkmale der SAP Leonardo Machine Learning Foundation

Zu den wichtigsten Eigenschaften der SAP Leonardo Machine Learning Foundation zählen die folgenden:

- zentrale Infrastruktur für die Bereitstellung und den Zugriff auf Services, die auf maschinellem Lernen basieren
- Bereitstellung bereits trainierter Modelle als Business-Services (erneutes Training mit eigenen Daten ist zur Verbesserung der Ergebnisse möglich)
- Bereitstellung grundlegender ML-Modelle und statistischer Algorithmen für z. B. die Text- und Bilderkennung
- Bereitstellung einer Datenverwaltungskomponente zum Speichern und Abrufen von Beispieldaten zum Training der Modelle
- Bereitstellung eines Modell-Repositorys zum Speichern und Abrufen von ML-Modellen, die über eine Trainingsinfrastruktur abgeleitet wurden. Das Model-Repository verwaltet die Versionen von Modellen, deren Metadaten sowie den Lebenszyklus.

Die Verwaltung und Nutzung großer Datenmengen spielt bei maschinellem Lernen insbesondere beim Training der Modelle eine Rolle. Die SAP Cloud Platform bietet dafür allgemein die Big-Data-Services.

### 3.8.3   Big Data

Ganz sicher ist man sich nicht, aber der Begriff *Big Data* hat wohl seinen Ursprung Mitte der 90er Jahre und wurde von Mitarbeitern der damaligen High-Tech-Firma Silicon Graphics (SGI) geprägt. Er bezeichnete große Mengen an Daten, die mit vorhandenen Technologien nicht mehr verarbeitet werden konnten. 2001 prägte Gartner über die *3 Vs* den Begriff Big Data letztendlich so, wie wir ihn heute überwiegend verstehen: High Volume, High Velocity und High Variety von Daten. Mit Big Data werden also Datenmengen bezeichnet, die zu groß, zu komplex, zu schnelllebig oder zu schwach strukturiert sind, um sie mit herkömmlichen Datenbanksystemen zu verwalten und auszuwerten.

Berechnungen des Faktors, mit dem die Datenmengen jährlich wachsen, gibt es viele, und alle sind sich einig, dass sich die Daten exponentiell vermehren. Beeinflusst wird dies vor allem durch die zunehmende Digitalisierung (siehe Kapitel 1, »Herausforderungen durch die Digitalisierung«), d. h. durch die maschinelle und automatisierte Erzeugung von Daten. Im Kontext der Digitalisierung steht Big Data auch für die breite Sammlung, Analyse und Vermarktung von Daten aus unterschiedlichsten Quellen in einem *Data Lake*, wobei die Analyse und Informationsgewinnung die wesentliche Motivation von Big Data sind. Dahinter verbergen sich Maßnahmen, in den Datenmengen unbekannte Korrelationen und versteckte Muster für die Gewinnung neuer Erkenntnisse und Wettbewerbsvorteile zu finden, z. B. über das Kaufverhalten von Kunden, potenzieller Interessen oder Risiken (Trendforschung, Marktforschung, Prognosen).

**Nutzen**

**3**

[«]

---

**Einsatzbereiche von Big Data**

Durch die Verknüpfung großer Datenmengen und deren statistische Auswertungen lassen sich neue Erkenntnisse gewinnen:

- bessere und schnellere Marktforschung, um beispielsweise neue Geschäftsfelder zu identifizieren
- Fabriksteuerung, Produktionsplanung und vorausschauende Wartung im Kontext von Industrie 4.0
- Direktmarketing mit einer persönlichen Ansprache von Kunden (z. B. durch angepasste und individuelle Onlinewerbung)
- Erkennung von Unregelmäßigkeiten in Finanztransaktionen
- Risikobewertung und Anpassung von Versicherungsbeiträgen
- Erkennen von Zusammenhängen in der medizinischen Diagnostik

---

Dazu werden zunächst zusammenhangslose Daten aus unterschiedlichsten Quellen korreliert, wie z. B. Internet-Clickstreams, Social-Media-Aktivitäten, Informationen von Sensoren oder Log-Dateien von Webservern. Die richtige Korrelation dieser Daten ist nicht trivial. *Data Scientists* übernehmen die Aufgabe, in den zunächst zusammenhangslosen Daten Muster und relevante Erkenntnisse zu finden.

Zur Speicherung und Verarbeitung von Big Data werden quelloffene Werkzeuge wie *NoSQL*-Datenbanken (z. B. Google BigTable, Cassandra oder Graphen-Datenbanken), Apache *Hadoop* und *Spark* verwendet, wobei sich Hadoop in Kombination mit weiteren Tools und Frameworks, wie etwa Spark, durchgesetzt hat.

**Hadoop**

Die Idee von Hadoop basiert im Wesentlichen auf zwei Veröffentlichungen von Google. Ein Artikel über das »Google File System« (2003) und ein weiterer Artikel von Google über »MapReduce – Simplified Data Processing on Large Clusters« (2004) legen die technischen Grundlagen für Hadoop. Die erste Version von Hadoop stand 2006 zur Verfügung. Damals wie heute läuft Hadoop auf einem Verbund (Cluster) von Rechnern mit gängiger Hardware. Dass Rechner ausfallen können, ist eine grundlegende Annahme bei Hadoop und wesentlicher Bestandteil des Designs und der Konzeption der unterschiedlichen Module, die für die Speicherung, Datenverarbeitung und Analyse verwendet werden. Wenn Sie große Datenmengen speichern, sind die Verwaltung der zur Verfügung stehenden Ressourcen sowie die Bereitstellung von Frameworks zur Bearbeitung und Analyse der Daten notwendig, auf deren Basis Sie dann eigene Programme implementieren. Abbildung 3.7 zeigt die wesentlichen Bestandteile einer typischen Hadoop-Implementierung.

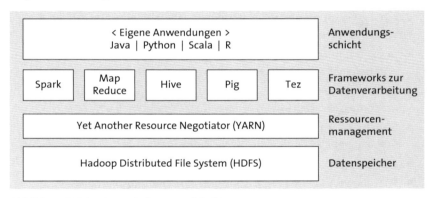

**Abbildung 3.7** Hadoop-Referenzarchitektur

**Hadoop Distributed File System (HDFS)**   Die Kernfunktionalität zur Speicherung großer, unstrukturierter Datenmengen in Hadoop ist das hochverfügbare *Hadoop Distributed File System* (HDFS). Das HDFS erstreckt sich über mehrere Rechner (Knoten), die in einem Cluster zusammengeschlossen sind, und speichert die Daten verteilt in dem lokalen Dateisystem der Rechner. Zur Speicherung werden die Dateien in kleinere Datenblöcke mit fester Länge zerlegt und redundant auf den Knoten im Cluster-Verbund verteilt. Im Cluster wird zwischen *Master*- und *Slave*-Knoten unterschieden, wobei der Master-Knoten auch als *Name-Node* bezeichnet wird. Der Master-Knoten bearbeitete eingehende Datenanfragen und organisiert die Ablage der Dateien in den Slave-Knoten.

Die Verwaltung der Ressourcen eines Clusters zur Bearbeitung von Anfragen, z. B. aus Anwendungen, übernimmt die Komponente *Yet Another*

*Resource Negotiator* (YARN). Sie wurde mit Hadoop 2 eingeführt. YARN ermöglicht die Ausführung unterschiedlicher Frameworks zur Verarbeitung von Daten, die in HDFS gespeichert sind, wie beispielsweise mit Spark.

Einer der Hauptkritikpunkte von Hadoop war die durch *MapReduce* geprägte (nichtinteraktive) Batch-Verarbeitung. Im Mai 2014 wurde daher Version 1.0 von Apache Spark veröffentlicht und führte die Möglichkeit ein, Daten im HDFS dynamisch und interaktiv abzufragen. Dazu setzt Spark auf eine In-Memory-Verarbeitung der Daten im Arbeitsspeicher der Cluster-Knoten. Im Vergleich zu MapReduce schafft das enorme Verbesserungen bei der Verarbeitungsgeschwindigkeit, da der MapReduce-Algorithmus ein Problem in Einzelteile zerlegt und auf mehrere Server zwecks paralleler Verarbeitung ablegt, um dann die Ergebnisse wieder zusammenzuführen. Seit Version 1.3 (Februar 2015) ist auch die *Machine Learning Library* (MLib) Bestandteil von Spark und bietet eine Sammlung intelligenter Algorithmen, die es beispielsweise dem Streamingdienst Spotify ermöglichen, den Musikgeschmack von Nutzern nach nur drei Klicks in der Anwendung vorherzusagen.

*Spark*

In der SAP Cloud Platform werden HDFS, Spark und eine Reihe weiterer Werkzeuge aus dem Hadoop-Ökosystem mit den *SAP-Cloud-Platform-Big-Data-Services* als cloud-basierter und skalierbarer Dienst angeboten. Mit Hilfe von YARN sind dabei unterschiedliche Kategorien (sogenannte *Job Queues*) für die Verarbeitung von produktiven, interaktiven (d. h. explorativen) und wissenschaftlichen Abfragen vorkonfiguriert. Der maximal konfigurierte Ressourcenverbrauch der Kategorien wird von YARN überwacht und garantiert eine optimale Nutzung der verfügbaren Rechenleistung über unterschiedliche Arten von Anfragen, Nutzern und Anwendungen.

*SAP-Cloud-Platform-Big-Data-Services*

### 3.8.4    Internet der Dinge

Der Begriff »Internet of Things« wurde erstmalig 1999 von Kevin Ashton (britischer Technologiepionier) verwendet und bezeichnet eine Kommunikation mit verschiedensten, physischen Gegenständen (*things*). Um Informationen auch untereinander auszutauschen, kommunizieren die Gegenstände über das Internet der Dinge auch direkt miteinander.

Technisch ermöglicht das Internet der Dinge relevante Daten, wie z. B. Zustandsinformationen einer Maschine oder eines Objekts, aus der realen (analogen) Welt zu erfassen und für eine digitale Verarbeitung verfügbar zu machen. Dafür wird ein virtuelles Abbild des physischen Objekts erstellt, das als *Digital Twin* bezeichnet wird. Der digitale Zwilling repräsentiert dabei sich zeitlich verändernde Informationen, wie beispielsweise den

*Digital Twin*

aktuellen Standort, die Abnutzung, die aktuelle Nutzung oder den momentanen Energieverbrauch. Damit ist eine Datenerfassung in Echtzeit von Objekten möglich, die eine Rolle innerhalb Ihrer betrieblichen Prozesse spielen. Neben einer Erfassung von sensorischen Daten zur Überwachung und Verwaltung von »Dingen« sind auch eine Kommunikation und Steuerung der physischen Objekte über den digitalen Zwilling möglich. Die Fähigkeiten der Geräte können so erweitert werden, dass auch eine dezentrale Informationsverarbeitung und Entscheidungsfindung möglich ist (z. B. durch maschinelles Lernen). In diesem Fall kann die Entscheidung, einen Geschäftsprozess zu starten oder zu beenden, direkt von Geräten getroffen und ausgeführt werden.

Anwendungs-
gebiete

Anwendungsgebiete für IoT sind beispielsweise die Steigerung der Kundenzufriedenheit, die Qualitätsverbesserung von Produkten, die Kostensenkung oder die Unterstützung neuer, datengetriebener Geschäftsmodelle. Auch Beispiele, bei denen eine Echtzeiterfassung von Daten innerhalb betrieblicher Prozesse eine Rolle spielt, gibt es viele, etwa bei der vorausschauenden Wartung (*Predictive Maintenance*) von Maschinen. Ist die Funktion einer Maschine, z. B. in der Produktion, gestört, verlieren Unternehmen Geld und wertvolle Zeit. Das Gleiche gilt, wenn sich Unternehmen an feste Wartungsintervalle der Maschinen halten, selbst wenn eigentlich keine Wartung notwendig wäre. Durch die Analyse von Sensordaten der Maschinen kann auf Basis statistischer Methoden mit gewissen Wahrscheinlichkeiten vorhergesagt werden, wann ein Defekt eintritt und die Maschine gewartet werden muss. Dies reduziert die Ausfallzeit der Maschine, erweitert Wartungszyklen und senkt letztendlich Kosten.

Ein weiterer Anwendungsfall ist die *selbstoptimierende Produktion*. Um die Qualität des Produkts zu verbessern und die Effizienz in der Produktion, z. B. durch Vermeidung von Abfall, zu steigern, nutzen vernetzte Fabriken und Produktionshallen das Internet der Dinge, um den gesamten Produktionsprozess zu überwachen und zu optimieren.

Auch bei einer *automatischen Bestandsverwaltung* unterstützt IoT Sie mit besseren Einblicken in Lagerbestände und Lieferketten (Supply Chain). Zur Optimierung von Lieferketten können intelligente Produkte eingesetzt werden, die sich am Warenausgang und am Wareneingang automatisch identifizieren (z. B. durch RFID). Ohne eine manuelle Dateneingabe sind so die aktuellen Bestände entlang der Lieferkette einsehbar, was eine Grundlage für eine bessere Planung ist (Forecasting und Replenishment).

Zusätzlich zur Überwachung von Lagerbeständen und Sendungen wird IoT zum *Flotten-Management* verwendet. Mit aktuellen Informationen zum

Standort, zur Nutzung und zum Zustand der gesamten Flotte können War-
tungs- und Verwaltungskosten gesenkt werden. Als Beispiel sind hier auch
die Carsharing-Angebote zu nennen.

Allgemein wird das Internet der Dinge auch dazu genutzt, Objekte intelligenter zu machen (*Smart Objects*). Während alle bisher genannten Beispiele
überwiegend auf eine Prozessoptimierung und Kostensenkung (Bottom-
Line-Growth) abzielen, lassen sich auf Basis intelligenter Objekte komplett
neue Geschäftsbereiche und Angebote aufbauen und sind Grundlage für
eine Wandlung vom Produkt zum Service (siehe Abschnitt 1.1, »Was bedeutet Digitalisierung für die IT?«). So werden beispielsweise Autos mit
Hilfe neuer Sensortypen, drahtloser Konnektivität und Steuereinheiten
im Fahrzeug immer intelligenter und bieten unterschiedliche Level des
autonomen Fahrens, erweiterte Sicherheitsfunktionen, verbesserte Navigation und verschiedene Komfortmöglichkeiten als zusätzliche Online-
Services.

Doch die gesamte Erfassung und Analyse von Sensordaten, nicht vorher-    **Architektur**
sagbare Lastspitzen sowie die Kommunikation unterschiedlichster Geräte
birgt eine gewisse Komplexität und erfordert eine robuste Architektur.
Abbildung 3.8 zeigt typische Komponenten einer IoT-Architektur.

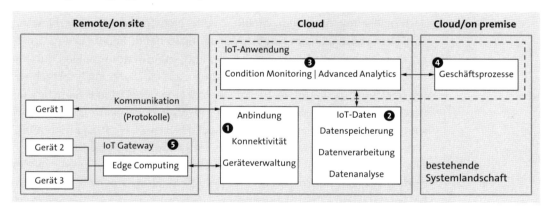

**Abbildung 3.8**  Komponenten einer IoT-Architektur

Die Verbindung zu den Objekten sowie deren Verwaltung ist der erste
Schritt ❶. Dabei spielen Schnittstellen und Protokolle generell eine große
Rolle, da sie oftmals geräteabhängig und daher vielseitig sind. Unterschied-
liche Geräte werden über ihr jeweils spezifisches Protokoll angesprochen.
Neben der Protokollvielfalt sind auch die Verwaltung und Administration
von (insbesondere vielen) Geräten eine Herausforderung. Der Kern einer
IoT-Lösung setzt sich oftmals auf Grund der guten Skalierbarkeit aus zen-

tralen, cloud-basierten Komponenten zur Speicherung, Verarbeitung und Analyse der Sensordaten zusammen ❷. IoT-Anwendungen werden demnach auch oftmals in der Cloud als Software-as-a-Service umgesetzt. So können Anwendungen implementiert werden, die mittels Datenverarbeitung und Analyse eine Zustandskontrolle (*Condition Monitoring*) der angeschlossenen Geräte realisieren und aktuelle Informationen zu der momentanen Nutzung der Geräte in einem Dashboard anzeigen ❸. Ergänzt man die Zustandskontrolle mit erweiterten Datenanalysen (*Advanced Analytics*), wie beispielsweise statistischen Methoden, lassen sich Szenarien zur vorausschauenden Wartung (Predictive Maintenance) umsetzen ❸. Mit den Analyseergebnissen lassen sich wiederum Geschäftsprozesse steuern, wie z. B. die Bestellung von Ersatzteilen oder das Anlegen eines Serviceauftrags zur Steigerung der *operativen Effizienz* ❹.

**Edge Computing**

Oftmals haben die Endpunkte, d. h. die Sensoren und Geräte, einer IoT-Architektur nicht die technischen Möglichkeiten, alle erfassten Daten sicher und kontinuierlich an die zentrale Komponente zur Speicherung und weiteren Verarbeitung zu senden. Oder die Sensoren produzieren in einem kurzen Zeitintervall so viele Daten, dass diese nicht an eine zentrale Komponente (in der Cloud) weitergeleitet werden können. Diese Situation tritt z. B. dann ein, wenn die Sensoren über ein *Low Energy Protocol* kommunizieren, um Batterieleistung zu sparen, mobile Geräte nicht immer eine Verbindung zum Netzwerk haben oder die zur Verfügung stehende Bandbreite zur Übermittlung der Daten nicht ausreicht. In manchen Anwendungsfällen müssen die Geräte auch selbständig Entscheidungen auf Basis von Analyseergebnissen der Sensordaten treffen. Da dauert es zu lange, die Daten erst an die zentrale Komponente zu schicken und auf Anweisungen zu warten. Ein Beispiel sind autonom fahrende Autos. Hier findet das *Edge Computing* als Architekturkonzept für das Internet der Dinge Verwendung ❺. Beim Edge Computing wird eine dezentrale Datenverarbeitung am Rand (*edge*) des Netzwerks ermöglicht, um Sensordaten zu verarbeiten, zu speichern und für eine Entscheidungsfindung zu analysieren. Edge Computing, auch als *Fog Computing* bezeichnet, findet auf einer speziellen Hardware statt, die als *IoT Gateway* bezeichnet wird und physisch nahe bei den Sensoren steht (oder Teil des Sensors ist). Auch bei IoT Gateways, oft Linux-basierte Systeme, kommen Containertechnologien und eine microservice-basierte Architektur für eine flexible und skalierbare Verarbeitung von Sensordaten zum Einsatz (siehe Abschnitt 2.3, »Native Cloud-Anwendungen«). Daher wird Edge Computing auch als *Cloudlet* bezeichnet.

**SAP Leonardo Internet of Things**

Die auf der SAP Cloud Platform angebotenen Internet-of-Things-Services werden unter dem Begriff *SAP Leonardo Internet of Things* zusammengefasst. Abbildung 3.9 zeigt die Komponenten zur Umsetzung einer IoT-Architektur auf Basis der SAP Cloud Platform.

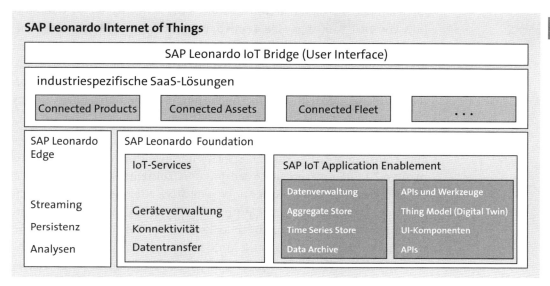

**Abbildung 3.9**  Das Portfolio von SAP Leonardo Internet of Things

Die Services zur Kommunikation und Verwaltung von Geräten werden als *SAP Cloud Platform Internet of Things* bezeichnet. Die Services zur Speicherung von Sensordaten und zur Entwicklung eigener IoT-Anwendungen auf Basis eines digitalen Zwillings werden als *SAP IoT Application Enablement* bezeichnet. Der Begriff *SAP Leonardo IoT Foundation* fasst alle grundlegenden technischen Services zur Kommunikation, Datenspeicherung und Entwicklung von Anwendungen zusammen. Edge Computing ist mit *SAP Leonardo IoT Edge* möglich. Bis auf die Edge-Komponente sind alle IoT-Services auf der SAP Cloud Platform umgesetzt. Auf Basis dieses technischen Fundaments stehen auf der SAP Cloud Platform auch branchenspezifische IoT-Lösungen als Software-as-a-Service bereit. Dazu zählen beispielsweise *Connected Fleet, Connected Assets* und *Connected Products.*

Für die bidirektionale Kommunikation mit Geräten und Sensoren wird eine Vielzahl von Protokollen unterstützt (z. B. HTTP, MQTT, CoAP, SNMP, ModBus, Sigfox, XMPP, LoRa, NB-IoT und OPC-US). Neben einer sicheren Verbindung zu den Sensoren ermöglichen die Services von SAP Cloud Platform Internet of Things ebenfalls das komplette Lifecycle-Management der Geräte, von einer automatischen und zertifikatbasierten Registrierung (*On-Boarding*) bis zur Außerbetriebnahme der Geräte (*Decommissioning*).

**Anbindung von Geräten**

Für die dezentrale Anbindung und lokale Datenverarbeitung am Rand des IoT-Netzwerks wird die Komponente SAP Leonardo IoT Edge verwendet, die nicht auf der SAP Cloud Platform, sondern auf zertifizierten IoT Gateways (z. B. von Dell, Samsung, HPE, Lenovo und Eurotech) und Sensoren installiert wird. Damit lassen sich IoT-Protokolle normalisieren, Entscheidungen und Aktionen direkt am Gerät treffen und die Sensordaten vorverarbeiten. So kann beispielsweise direkt am Gerät entscheiden werden, welche Daten relevant sind und an die SAP-IoT-Application-Enablement-Services zwecks Speicherung weitergeleitet werden.

**Datenverwaltung**   Für die Sensordaten ist in den SAP-IoT-Application-Enablement-Services eine transparente, dynamische Speicherung realisiert. Für einen performanten Zugriff auf aggregierte Sensordaten (Zeitreihen) über SQL werden die Daten in einem *Time Series Aggregate Store* oder *Hot-Storage*-Bereich gespeichert. Technisch wird hierfür eine SAP-HANA-Datenbank verwendet. Sobald neue Daten eingefügt oder bestehende Daten geändert werden, werden die Aggregate (z. B. MIN, MAX, AVG) automatisch für einen definierten Zeitraum berechnet und vorgehalten. Die Aggregate können dabei über unterschiedliche Zeitintervalle gebildet werden (z. B. alle 2 Minuten oder eine Woche). Über den Time Series Aggregate Store realisieren Sie die meisten Analysen und Visualisierungen, z. B. mit einem Echtzeit-Dashboard. Üblicherweise werden Sensordaten mehrere Stunden oder wenige Wochen im Hot-Storage-Bereich vorgehalten. Danach werden die Daten in den *Time Series Store* bzw. *Warm-Storage*-Bereich überführt, in dem die Daten mehrere Monate für historische Analysen zur Verfügung stehen. Im Time Series Store sind die Sensordaten nicht aggregiert. Für eine Langzeitspeicherung über mehrere Jahre werden die Sensordaten (nicht aggregiert) in einen *Time Series Cold Store* bzw. *Cold-Storage*-Bereich bewegt und werden auf Grund der höheren Abfragezeit nur noch selten abgefragt. Über eine *Retention Period* kann konfiguriert werden, wie lange die Daten im Time Series Store verbleiben, bevor sie archiviert werden. Die Verwaltung des mehrschichtigen Speicherkonzepts ist Teil des Service und muss nicht selbst implementiert werden. Der Zugriff auf den Time Series Store erfolgt über eine RESTful API. Ein direkter Zugriff auf z. B. die dem Time Series Aggregate Store zugrundeliegende SAP HANA über SQL ist nicht möglich.

**Stammdaten**   Neben den sich kontinuierlich aktualisierenden Sensordaten werden auch Stammdaten (Master Data), wie etwa Informationen zu dem stationären Ort oder Dokumente, gespeichert. Die Stammdaten eines Geräts können dabei aus einem SAP-System kommen. Alle Daten, Statusinformationen und Eigenschaften eines physischen Objekts werden in einem *Thing Model* strukturiert und abgebildet.

Mit dem Thing Model wird der digitale Zwilling eines physischen Objekts, wie beispielsweise einem Greifarm, als *Thing Type* mit all seinen Eigenschaften (Position, angewendete Kraft etc.) definiert. Es können unterschiedliche Instanzen (*Thing Instances*) des modellierten Things erstellt werden (z. B. mehrere Greifarme). Auch lassen sich Hierarchien von Dingen modellieren, um beispielsweise einen Roboter bestehend aus zwei Greifarmen zu beschreiben. Beim Überschreiten definierter Schwellwerte oder einer bestimmten Kombination von Eigenschaften des Things (d. h. Messwerten der Sensoren) können mit den Event-Services Nachrichten ausgelöst werden, um auf kritische Situationen hinzuweisen. So ist das Thing ein digitales Abbild eines realen, physischen Objekts, dessen Eigenschaften durch entsprechende Sensoren am physischen Objekt in die digitale Welt überführt werden.

**Thing Model**

Die Entwicklung eigener IoT-Anwendungen, z. B. für das Condition Monitoring, wird mit Templates und Wizards in der SAP Web IDE realisiert. Eine Kommunikation und Steuerung vorhandener Geschäftsprozesse in SAP-Systemen erfolgt über die SAP Cloud Platform Integration (siehe Abschnitt 3.4, »Hybride Architekturen«). Auch können vorhandene Stammdaten (Master Data) über die Integration-Services in die IoT-Anwendung integriert werden.

## 3.9   Entwicklerproduktivität

Softwareentwickler lösen Probleme und spielen bei der Gestaltung der digitalen Transformation eine entscheidende Rolle. Für Entwickler spielen einerseits die technischen Möglichkeiten und das Angebot an nutzbaren Services und Tools eine Rolle. Anderseits ist die Zeit, die zur Problemlösung benötigt wird, ein wesentlicher Aspekt. Für die Bewertung der Produktivität sind daher auch die Einfachheit, mit der die Plattform genutzt wird, und die Integration unterschiedlicher Services, die komplexere Probleme lösen sollen, ein wichtiger Faktor. Für Entwickler sind auch das schnelle Finden von Informationen und Hilfestellungen, ein einfacher Einstieg in die unterschiedlichen Services der Plattform sowie die Verfügbarkeit von *Integrated Development Environments* (IDE) und *Software Development Kits* (SDKs) und APIs relevant. Sie wollen bestmöglich bei der Konzeption, der Entwicklung, der Wartung und dem Betrieb der Cloud-Anwendung unterstützt werden. Allerdings gibt es nicht den *einen* Typ von Entwickler – der technische Hintergrund und die Erwartungen decken ein breites Spektrum ab. Prinzipiell lassen sich drei unterschiedliche Typen (Personas) von Entwicklern beschreiben: der *Citizen-Developer,* der *Low-Code-Entwickler* und der *Core-Entwickler.*

Citizen-Developer

Der *Citizen-Developer* ist kein ausgebildeter Programmierer. Er schreibt Anwendungen mit der Unterstützung von graphischen Editoren, die auf vordefinierte, unternehmensweite Funktionsbausteine zurückgreifen. Dabei handelt es sich um einfache, leichtgewichtige Anwendungen ohne komplexe Geschäftslogik, die z. B. sehr spezifische Probleme einer Fachabteilung lösen. Ein Beispiel ist die Kombination von Vertriebs- und Marketing-Daten aus unterschiedlichen Quellen und einer intuitiven Darstellung auf einer Karte, die über eine mobile Anwendung aufgerufen wird.

So richtet sich der *SAP-Build*-Service der SAP Cloud Platform an Citizen-Developer und ermöglicht auf Basis von Mockups und Wireframes die Erstellung von voll navigierbare Prototypen, die den Nutzern für ein erstes Feedback zur Verfügung stehen. Die Anwender haben die Möglichkeit, anonymes verbales und nichtverbales Feedback (in Form von Symbolen) zu vergeben. Der Feedback-Survey zeichnet auch Mausklicks auf. So können Sie nachvollziehen, wie Nutzer in der Anwendung navigieren, und wo möglicherweise ein Navigationselement fehlt.

In einem nächsten Schritt lassen sich die Mockups zu einem Prototyp mit realistischen SAPUI5-Komponenten weiterentwickeln. Haben die Prototypen den gewünschten Reifegrad erreicht, werden sie mit SAP Build zu einer voll funktionalen Anwendung weiterentwickelt, und zwar ohne eine Zeile Quellcode zu schreiben. Die fertige Cloud-Anwendung wird auf der SAP Cloud Platform bereitgestellt.

Speziell für die Entwicklung mobiler iOS-Anwendungen bieten die SAP-Cloud-Platform-Mobile-Services für Citizen-Developer *SAP Mobile Cards* (ehemals »SAP Content to Go«), mit denen mobile Micro-Apps ohne Programmierung erstellt werden. Grundlage dafür sind vorhandene Fiori-Anwendungen im SAP Fiori Launchpad. In der SAP Fiori Cloud oder dem On-Premise-Fiori-Frontend-Server müssen Sie für die Nutzung von SAP Mobile Cards ein entsprechendes Plug-in installieren. Nach der Installation können Nutzer, z. B. aus der Fachabteilung, die Inhalte vorhandener Fiori-Apps auf ihren mobilen iOS-Endgeräten in Form von Karten (ähnlich dem »Wallet«) mitnehmen. Auch Genehmigungsprozesse können damit abgebildet werden. Abbildung 3.10 zeigt die für die Nutzung erforderliche (kostenfreie) iOS-App aus dem Apple App Store.

**Abbildung 3.10** iOS-Anwendung SAP Mobile Cards für Fiori-Anwendungs-Inhalte

Während Unternehmen in die Digitalisierung ihrer internen Betriebsabläufe investieren, wächst die Nachfrage aus den Fachabteilungen nach neuen und innovativen Anwendungen deutlich schneller als die entsprechende Bereitstellungskapazität von IT-Organisationen. Gartner prognostiziert, dass bis 2020 mindestens 50 % aller neuen Geschäftsanwendungen mit hochproduktiven Toolsets erstellt werden. Für eine schnelle Entwicklung komplexerer Anwendungen wird der Service *SAP Rapid Application Development by Mendix* verwendet. Ziel des Service ist es, Low-Code-Entwicklern zu ermöglichen, benutzerdefinierte Anwendungen auf der SAP Cloud Platform viel schneller zu erstellen als über herkömmliche Entwicklungsansätze. Speziell für die Integration von SAP-Lösungen werden eigene Konnektoren bereitgestellt. Ebenso stehen Fiori-UI-Elemente zur Entwicklung von Benutzeroberflächen sowie weitere Services der SAP Cloud Platform zur Verfügung.

**Low-Code-Entwickler**

Für die Entwicklung mobiler Anwendungen nutzen Sie das *Mobile Development Kit* als Plug-in für die SAP Web IDE. Das Plug-in stellt zusätzliche Wizards, UI-Elemente für mobile Anwendungen sowie App-Templates und Codebausteine bereit, mit denen Sie schnell native mobile Anwendungen erstellen können. Die Anwendungen kommunizieren über OData mit den SAP-Backend-Systemen. Die gesamte Kommunikation und andere Funktionen (wie z. B. eine Offlinefähigkeit, Push-Notifications) werden von SAP-Cloud-Platform-Mobile-Services bereitgestellt.

Beide Werkzeuge richten sich an Low-Code-Entwickler, die einen Großteil der Anwendung mit graphischen Editoren umsetzen, aber bei Bedarf einige wenige Zeilen Quellcode schreiben oder umfangreichere Parameteranpassungen durchführen.

**Core-Entwickler**  Professionelle Entwickler nutzen für die Programmierung von Cloud-Anwendungen entweder ihren Lieblingseditor oder die in Abbildung 3.11 dargestellte *SAP Web IDE*, die unterschiedliche Services der SAP Cloud Platform direkt integriert und über diverse Wizards und Templates einen schnellen Start in die Umsetzung eigener Cloud-Anwendungen ermöglicht. Die SAP Web IDE ermöglicht die Programmierung von SaaS-Anwendungen inklusive Fiori-Benutzeroberfläche, Geschäftslogik in Java oder Node.js und Datenbankobjekte zur Speicherung von Informationen in z. B. SAP HANA.

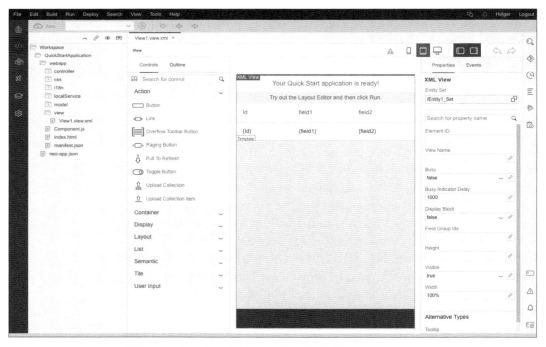

**Abbildung 3.11** Oberfläche der SAP Web IDE

Neben der Entwicklung komplett neuer SaaS-Anwendungen verwenden Sie die SAP Web IDE auch zur Erweiterung von z. B. SAP-S/4HANA- oder Standard-Fiori-Anwendungen. Für die Anpassung der Fiori-Anwendungen wird entweder ein Code-Editor oder ein graphischer Layout-Editor genutzt. Auch können komplett neue Fiori-Anwendungen mittels SAPUI5 und JavaScript unter Einhaltung der SAP-Fiori-Design-Richtlinien entwickelt werden. Zur Umsetzung von Dashboards und analytischer Anwendungen für IoT- oder Big-Data-Szenarien sind die SAP-IoT-Application-Enablement-Services mit dem Thing Model integriert. Auch ein Zugriff auf den SAP API Business Hub zur Einbindung von Geschäftsdaten aus SAP-Systemen ist möglich. Hybride mobile Anwendungen werden in der SAP Web IDE mit Apache Cordova implementiert. Zum Testen der Anwendungen wird eine Application Preview genutzt, die unterschiedliche Bildschirmgrößen (mobiler Geräte) und Sprachen berücksichtigt. Auch können Testdaten (Mock Data) für einen Test generiert werden.

Neben den Werkzeugen für Entwicklung, Test und Bereitstellung von Cloud-Anwendungen stehen speziell für die Erweiterung von SAP S/4HANA, die Entwicklung nativer iOS-Anwendungen und die Entwicklung eigener, cloudbasierter Services entsprechende Software Development Kits zur Verfügung. **SDKs**

Mit dem *SAP S/4HANA Cloud SDK* lässt sich die Entwicklung von S/4HANA-Erweiterungen mit Java und Node.js effizient und unter Einhaltung von Qualitätsstandards bei der Softwareentwicklung und -bereitstellung realisieren. Es bietet Funktionen zum nativen Zugriff auf das virtuelle Datenmodell von SAP S/4HANA und auf APIs sowie eine Verbindung zu mehreren Mandanten zu SAP S/4HANA, so dass Sie sich bei der Entwicklung der Geschäftslogik keine Gedanken über die Details der Authentifizierung und Verbindungen für unterschiedliche Mandanten machen müssen. Auch wird das lokale Testen der Erweiterung in der Entwicklungsumgebung durch realistische Mockup-Daten unterstützt, so dass die Anwendung für kleinere funktionale Tests nicht auf der SAP Cloud Platform stehen und eine Verbindung zum Backend-System aufbauen muss. Das SDK wird auch von SAP zur Entwicklung von Cloud-Anwendungen wie SAP RealSpend, SAP Financial Statement Insights und SAP Cloud for Real Estate verwendet.

Das SAP S/4HANA Cloud SDK setzt auf den Funktionen des *SAP Cloud Platform SDK für Service-Entwicklung* auf, das unterschiedliche Bibliotheken und Tools (z. B. für die Generierung von OData-Services) bereitstellt. Das SDK kann bei der Entwicklung von beispielsweise Java- und Node.js-Anwendungen im Cloud Foundry Environment verwendet werden. Das SDK vereinfacht die Erstellung und Nutzung von RESTful-Services basierend auf dem OData-v4-Protokoll. Die Implementierung der unterschiedlichen OData-Service-Operationen zum Erstellen, Lesen und Ändern von Daten können mit dem SDK mit wenigen Zeilen Quellcode definiert und generiert werden. Das SDK nutzt dazu die *Apache-Olingo*-Bibliothek, zu deren Entwicklung SAP maßgeblich beigetragen hat. Die Nutzung der OData-Services und Core-Data-Services (CDS), das Metamodell zum Zugriff auf SAP-Objekte, wird ebenfalls durch das SDK erleichtert. Das SDK eignet sich allgemein für die Entwicklung von Erweiterungen für SAP-Lösungen und kann mit einer beliebten IDE verwendet werden.

Tabelle 3.1 fasst die unterschiedlichen Entwicklungswerkzeuge der SAP Cloud Platform zusammen.

| Anwendungsfall | Core-Entwickler | Low-Code-Entwickler | Citizen-Developer |
|---|---|---|---|
| <ul><li>Applikations-logik</li><li>UI</li><li>Datenbank</li></ul> | <ul><li>SAP Web IDE</li><li>Eclipse</li><li>SDKs</li></ul> | <ul><li>SAP Rapid Application Development by Mendix</li></ul> | |
| <ul><li>mobile App</li></ul> | <ul><li>SDK für iOS</li><li>SDK für Android</li></ul> | <ul><li>SAP Mobile Development Kit</li><li>SAP Mobile Cards</li><li>SAP Rapid Application Development by Mendix</li></ul> | |
| <ul><li>UI-Proto-typen</li></ul> | <ul><li>SAP Build</li></ul> | | |

**Tabelle 3.1** Für unterschiedliche Fähigkeiten und Anwendungsszenarien stehen unterschiedliche Werkzeuge zur Verfügung.

SAP-APIs   Für alle Entwicklertypen relevant sind die APIs für den Zugriff auf SAP-Lösungen sowie die Business-Services zur Umsetzung unternehmensrelevanter Prozesse. Sowohl die APIs als auch die Business-Services sind im SAP API Business Hub katalogisiert, und Entwickler können die Services und APIs in der Sandbox-Laufzeitumgebung direkt ausprobieren. Auch die Generierung von Code-Snippets zum Aufruf der APIs und Business-Services wird für unterschiedliche Programmiersprachen unterstützt und kann mit Kopieren-und-Einfügen in das eigene Programm übernommen werden.

Übersetzungen   Für eine gute User Experience werden Benutzeroberflächen in der Sprache der Anwender zur Verfügung gestellt. Dazu hat sich das Konzept der i18n-Dateien durchgesetzt, bei dem für jede Sprache die entsprechenden Texte der Benutzeroberfläche in einer eigenen Datei abgelegt werden (z. B. **i18n_de_de.properties**). Für eine automatische Übersetzung einer bestehenden i18n-Datei in andere Sprachen bietet die SAP Cloud Platform den Service *SAP Translation Hub*. Als Eingabe nutzt der Service eine **i18n.properties**-Datei in einer Sprache und erstellt entsprechende Dateien für die ausgewählten Zielsprachen. Für die Übersetzung greift der Service auf ein Verzeichnis von Begriffen und Terminologien zurück, das SAP seit über 40 Jahren in der Entwicklung internationaler Software aufgebaut hat. Außerdem wird maschinelles Lernen zur Übersetzung nicht bekannter Begriffe verwendet.

Zur Produktivität von Entwicklern zählen ebenso verständliche Tutorials, Beschreibungen und Dokumentationen sowie eine aktive Community, die bei der Beantwortung von Fragen hilft. Über *developer.sap.com* erfolgt der zentrale Einstieg in alle Materialien, die Enzwicklern helfen, eigene Anwendungen auf der SAP Cloud Platform zu realisieren. Neben Blogs über die aktuellsten Neuigkeiten und Schritt-für-Schritt-Tutorials zur Erklärung der Technologie werden alle Themen rund um die SAP Cloud Platform für Entwickler aufbereitet und dargestellt.

*Tutorials & Community*

## 3.10   Abrechnungsmodelle

Neben einer kostenfreien Nutzungsmöglichkeit für Testzwecke setzen Entwickler bei der Implementierung produktiver Cloud-Anwendungen lizenzierte Platform-Services ein. Services der SAP Cloud Platform können auf zwei unterschiedliche Arten lizenziert werden. Im Subskriptionsmodell (*subscription-based*) werden ausschließlich die Services lizenziert, die für die Umsetzung bereits definierter Szenarien benötigt werden. Alternativ können die Services nutzungsabhängig lizenziert werden (*consumption-based*). In diesem Fall dürfen alle Platform-Services verwendet werden, und es wird für die tatsächliche Nutzung der Services mit *Cloud Credits* bezahlt.

### 3.10.1   Nutzungsabhängige Lizenzierung mit Cloud Credits

Ein Vorteil von Cloud-Computing ist die Elastizität, mit der sich die Laufzeitumgebung an sich ändernde Rahmenbedingungen wie z. B. mehr oder weniger aktive Nutzer anpasst. Technisch wird diese Elastizität bei der Implementierung der nativen Cloud-Anwendung beispielsweise über eine microservice-basierte Architektur und die Beachtung des Twelve-Factor App Manifests sichergestellt (siehe Abschnitt 2.3, »Native Cloud-Anwendungen«). Die SAP Cloud Platform stellt die Skalierbarkeit der notwendigen Ressourcen in der Laufzeitumgebung der Anwendung über Cloud Foundry und Container (Kubernetes) sicher.

Die kommerzielle Flexibilität wird durch eine nutzungsabhängige Lizenzierung der Services ergänzt, die pro Monat erfolgt. Damit werden nur die tatsächlich in dem Monat genutzten Ressourcen und Services in Rechnung gestellt. Die nutzungsabhängige Lizenzierung wird über *Cloud Credits* abgebildet, eine virtuelle Währung, mit der die Verwendung der Services bezahlt wird. Das Prinzip ähnelt dem einer Prepaid-Karte für z. B. ein Mobiltelefon.

*Kommerzielle Flexibilität*

Eine nutzungsabhängige Lizenzierung über Cloud Credits erhöht die Agilität und bietet sich an, wenn im Vorhinein nicht fest definiert ist, welche

Anwendungsszenarien auf der SAP Cloud Platform umgesetzt werden und welche Services in welcher Menge für die Umsetzung benötigt werden. Auch bietet eine nutzungsabhängige Lizenzierung größere Transparenz über eine Unterauslastung oder Überlastung von Services, und es besteht über Self-Services mehr Kontrolle darüber, welche Services genutzt werden und welche nicht.

Service Marketplace    Ihr SAP Cloud Platform Operations Team kann mit *Quota Plans* definieren, welche Anwendungen und Entwicklerteams welche Services verwenden dürfen. Abbildung 3.12 zeigt den *Service Marketplace*, aus dem die Entwicklerteams auf Basis der zugewiesenen Quota Plans Cloud-Platform-Services für die Entwicklung ihrer Anwendungen nutzen.

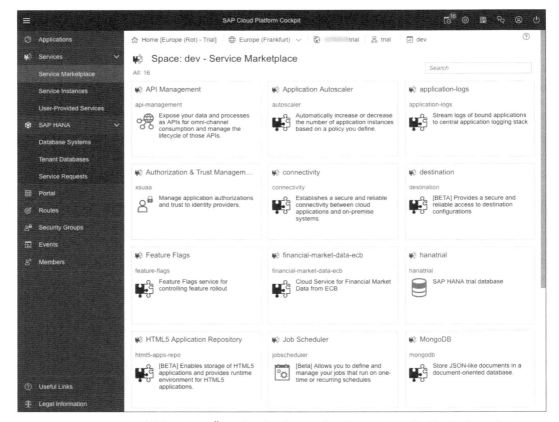

**Abbildung 3.12** Über den Service Marketplace nutzen Sie die Platform-Services.

Cost Estimator    Um vor einer Lizenzierung die voraussichtlichen Kosten für die Nutzung von SAP-Cloud-Platform-Services abzuschätzen, wird auf der Landing-Page (*cloudplatform.sap.com*) ein entsprechender Kostenrechner angeboten. Der in Abbildung 3.13 dargestellte *Cost Estimator* funktioniert dabei wie ein

Warenkorb. Sie wählen die relevanten Platform-Services aus einem Katalog aller Services aus und sehen eine Kostenabschätzung. Sollten funktionale Abhängigkeiten zwischen Services bestehen, werden sie im Cost Estimator berücksichtigt.

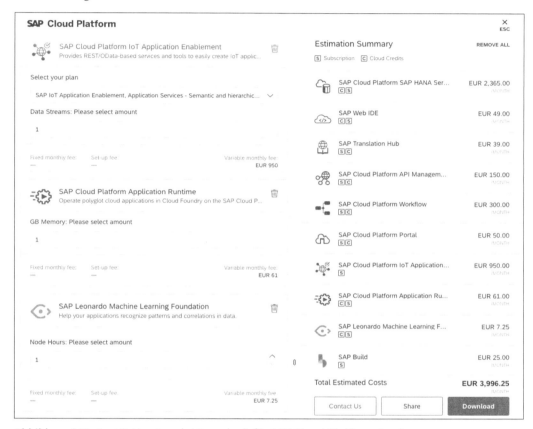

**Abbildung 3.13**  Cost Estimator als Warenkorb für SAP-Cloud-Platform-Services

### 3.10.2   Subskription

Bei der Subskription von Services wird ein fester, monatlicher Betrag für die Nutzung von zuvor definierten Services gezahlt. Wenn zusätzliche Services benötigt werden oder die Metrik vorhandener Services angepasst werden muss, sind Änderungen an dem vorhandenen Subskriptionsvertrag erforderlich.

Mit einer Subskription sind die monatlichen Kosten der SAP Cloud Platform exakt bekannt. Diese Form der Lizenzierung bietet sich an, wenn die erforderlichen Services innerhalb des Subskriptionszeitraums bekannt und fix sind und keine maßgebliche variable Nutzung der Services erwartet wird.

### 3.10.3   SAP App Center

Das *SAP App Center* (*www.sapappcenter.com*) ist ein digitaler Marktplatz, über den Unternehmenskunden Lösungen von SAP-Partnern finden, ausprobieren, kaufen und verwalten können. Für Partner ist das SAP App Center der Ort, an dem sie ihre Produkte zur Erweiterung und Ergänzung von SAP-Lösungen veröffentlichen und verkaufen. Auch Rechnungen werden hier generiert und Zahlungen verarbeitet. Zu den im SAP App Center angebotenen Lösungen zählen auch SaaS-Anwendungen und Erweiterungen von SAP-Lösungen auf Basis der SAP Cloud Platform. Abbildung 3.14 zeigt den Einstieg in das SAP App Center mit unterschiedlichen Filtermöglichkeiten zum Finden von geeigneten Lösungen nach SAP-Produkt, Fachabteilung oder genutzter Technologie (wie z. B. der SAP Cloud Platform). Wählen Sie eine Lösung aus, erhalten Sie allgemeine Informationen und oftmals auch die Möglichkeit, kostenfrei zu testen.

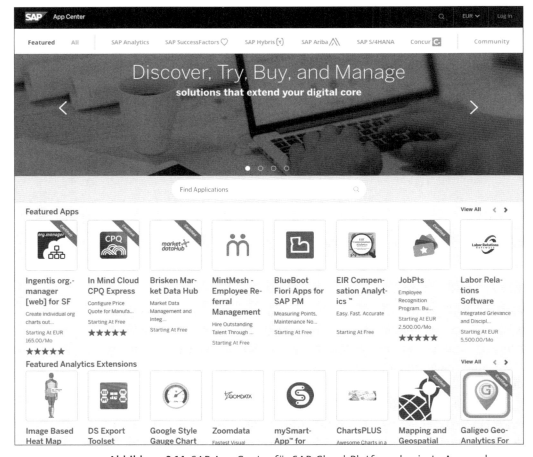

**Abbildung 3.14** SAP App Center für SAP-Cloud-Platform-basierte Anwendungen

Um ein Produkt in das SAP App Center aufzunehmen, können sich Partner für unterschiedliche SAP-Partnerprogramme anmelden. So stellt z. B. das *SAP-PartnerEdge*-Programm (*www.sapadpc.com*) diverse Tools und Ressourcen bereit, die Partner bei der Entwicklung und dem Verkauf von auf der SAP Cloud Platform basierten Anwendungen unterstützen.

**SAP PartnerEdge**

Wenn ein Partner-Angebot in das SAP App Center aufgenommen wurde, basiert das Geschäftsmodell, wie bei vielen anderen App-Marktplätzen, auf einer Umsatzbeteiligung.

# Kapitel 4
# Die Rolle der SAP Cloud Platform im SAP-Ökosystem

*Mit der SAP Cloud Platform realisieren Sie neue Anwendungen und Erweiterungen, die die Standardfunktionen von SAP-Lösungen ergänzen. Damit nimmt die SAP Cloud Platform eine zentrale Rolle in der SAP-Anwendungslandschaft ein.*

Im SAP-Ökosystem ist die SAP Cloud Platform ein PaaS-Angebot. Sie ist eine skalierbare und agile Schicht, die aus aktuellen Technologien in Form von Services, Laufzeitumgebungen und fertigen Lösungen besteht, und insbesondere für Ihre Digitalisierungsprojekte relevant sind. SAP Cloud Platform legt sich um Ihre bestehenden IT-Systeme und SAP-Lösungen des Unternehmens und integriert diese in eine agile Schicht. Abbildung 4.1 zeigt, dass Sie Digitalisierungsprojekte aus zwei unterschiedlichen Richtungen beginnen können.

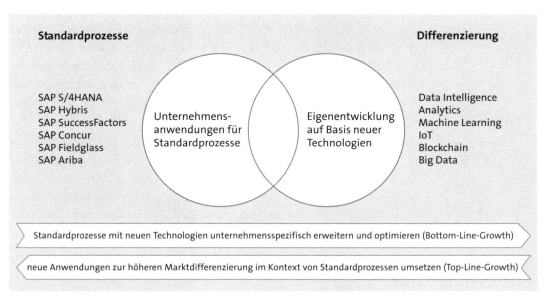

**Abbildung 4.1** Für Ihre Digitalisierungsprojekte gibt es zwei Startpunkte.

Ist Ihr Ziel die Optimierung von bestehenden Prozessen in SAP-Anwendungen, z. B. für eine Erhöhung der operativen Effizienz oder der Profitabilität, dann liegt der Startpunkt Ihres Digitalisierungsprojekts bei Ihren SAP-Unternehmensanwendungen. Um ein Umsatzwachstum durch neue, differenzierende Angebote zu erreichen, starten Sie mit komplett neuen Anwendungen und neuer Technologie, die aber durchaus in Bezug zu bestehenden Prozessen in SAP-Anwendungen stehen. Abhängig von Ihrer Zielsetzung wird die SAP Cloud Platform unterschiedlich im SAP-Ökosystem eingesetzt.

**Erweiterungs-plattform**  So ist die SAP Cloud Platform eine *Erweiterungsplattform* für die von SAP-Lösungen im Standard bereitgestellten Funktionen und Eigenschaften. Die SAP-Standardprozesse lassen sich um Ihre unternehmensspezifische Anforderungen erweitern und optimieren. Dafür liefert die SAP Cloud Platform alle notwendigen Werkzeuge und aktuelle Technologien.

**Entwicklungs-plattform**  Die SAP Cloud Platform ist ebenfalls eine *Entwicklungs- und Laufzeitumgebung* für die Umsetzung und Bereitstellung komplett neuer, cloud-basierter Anwendungen. Diese neuen Anwendungen dienen einer höheren Differenzierung am Markt oder bieten z. B. internen Nutzern neue Möglichkeiten, ihrer Tätigkeit, beispielsweise im Vertrieb oder Service, nachzukommen.

**Technologie-lieferant**  Um die beiden in Abbildung 4.1 dargestellten Herangehensweisen einer digitalen Transformation zu realisieren, liefert die SAP Cloud Platform für das gesamte SAP-Ökosystem aktuelle Technologiebausteine, wie z. B. Blockchain und maschinelles Lernen, in Form von leicht nutzbaren Cloud-Services, die Sie als Ergänzung zu Ihren Unternehmensanwendungen und zur Entwicklung neuer Anwendungen verwenden. Damit übernimmt die SAP Cloud Platform ebenfalls die Rolle eines *Technologielieferanten*, der sich an den Bedürfnissen am Markt orientiert.

**Anwendungs-plattform**  Darüber hinaus nutzen SAP-Partner und SAP selbst die SAP Cloud Platform als *Anwendungsplattform*, um eigene SaaS-Angebote wie z. B. *SAP Analytics Cloud*, den *SAP Digital Boardroom* oder IoT-, machine-learning- und blockchain-bezogene Erweiterungen für die SAP-Standardanwendungen anzubieten. Damit ist die SAP Cloud Platform auch eine wesentliche technische Säule für SAP und SAP-Partner.

Tabelle 4.1 fasst die verschiedenen möglichen Rollen der SAP Cloud Platform zusammen.

| Die Rolle für SAP-Standardanwendungen | Die Rolle für Eigenentwicklungen | Generelle Rolle |
|---|---|---|
| ■ Erweiterungs-plattform | ■ Entwicklungs-plattform | ■ Integrations-plattform |
| ■ Anwendungs-plattform für SaaS-Lösungen von Partnern und SAP | ■ globale und skalier-bare Laufzeitumge-bung für eigene Anwendungen | ■ Technologielieferant |
| | ■ Plattform für neue Geschäftsmodelle | ■ Entwicklungs-umgebung |

**Tabelle 4.1** Rollen der SAP Cloud Platform

Unabhängig von den jeweiligen Anwendungsszenarien bietet die SAP Cloud Platform speziell im SAP-Ökosystem den folgenden Nutzen: **Nutzen**

- **Sichere Anbindung bestehender Lösungen**
  - Über den SAP Cloud Platform Cloud Connector stellen Sie eine sichere Verbindung zu Ihrer bestehenden On-Premise-Infrastruktur her und legen die Grundlage für hybride Architekturen.
  - Nutzerinformationen werden bei Bedarf aus der Cloud-Anwendung an das SAP-System weitergereicht, um Anfragen an On-Premise-Daten im entsprechenden Nutzerkontext zu realisieren (Principal Propagation).
  - Vorhandene User Stores können eingebunden und wiederverwendet oder neue User Stores aufgebaut werden.
- **Unternehmenskontext**
  - Business-Services liefern domänenspezifische Funktionen für Ihre eigenen Entwicklungen, z. B. in den Bereichen Finanzen und Sicherheit.
  - Anpassbare, domänenspezifische SaaS-Lösungen dienen als Startpunkt für Ihre eigenen Projekte.
  - Erfüllen Sie länderspezifische Vorgaben zur Bereitstellung von elektronischen Dokumenten an z. B. Steuerbehörden.
  - Nutzen Sie über 650 vordefinierte Integrationspakete für die Umsetzung hybrider Architekturen.
  - Erstellen Sie Formate für den Datenaustausch mit Geschäftspartnern (B2B) basierend auf einer Bibliothek von Industriestandards.

- **Entwicklung**
  - Entwickeln Sie cloud-provider-unabhängige Anwendungen basierend auf der Multi-Cloud-Fähigkeit und der Abstraktion provider-spezifischer Technologien wie z. B. ObjectStore, Blockchain oder Kubernetes.
  - Integrierte Entwicklungswerkzeuge bieten einen durchgängigen Zugriff auf die Platform-Services und unterstützen mit Wizards und Templates.
  - Nutzen Sie die SAP Cloud Platform SDKs für die Entwicklung von Cloud- oder mobilen Anwendungen.
  - Application-Enablement-Services für z. B. Blockchain und IoT unterstützen Sie bei der Implementierung eigener Anwendungen.
- **Application Lifecycle (DevOps)**
  - Verwenden Sie Ihre vorhandene CI/CD-Infrastruktur, oder nutzen Sie die Services der Platform zum Aufbau neuer Pipelines.
  - Bilden Sie mehrstufige Landschaften ab, und verschieben Sie Anwendungsartefakte mit dem cloud-basierten Transport-Service.
  - Oder transportieren Sie hybride Anwendungen durchgängig mit CTS+.
  - Überwachen Sie hybride Anwendungen mit dem SAP Solution Manager von Ende zu Ende.

## 4.1   SAP-Standardanwendungen erweitern

Die Services der SAP Cloud Platform können Sie auf unterschiedliche Arten einsetzen. Am vielleicht offensichtlichsten ist eine Kombination mit Ihren bestehenden SAP-Lösungen.

Motivation Über eine skalierbare, cloud-basierte IT-Infrastruktur erweitern und optimieren Sie mit der SAP Cloud Platform die im Standard ausgelieferten Funktionen und Geschäftsprozesse der SAP-Lösungen. So ergänzen Sie Standard- und Ihre bestehende Prozesse agil und explorativ, ohne dass Sie die Prozesse direkt in den Standardanwendungen modifizieren oder neue Hardware und Software im eigenen Rechenzentrum benötigen. Startpunkt der Nutzung der SAP Cloud Platform sind somit Verbesserungspotentiale in Ihren vorhandenen Unternehmensanwendungen und Prozessen. Zielsetzung ist dabei eher die Erreichung einer höheren Profitabilität (Bottom-Line-Growth) und weniger eine erhöhte Differenzierung am Markt durch z. B. neue Angebote.

Klassisches Erweiterungskonzept Doch warum nutzen Sie die SAP Cloud Platform für eine unternehmensspezifische Anpassung Ihrer SAP-Lösungen? Die meisten SAP-Lösungen, wie beispielsweise SAP S/4HANA und SAP SuccessFactors, können Sie ja auch direkt funktional an Ihre Anforderungen anpassen und mit eigenen Funktionen ergänzen. Dabei verwenden Sie beispielsweise Objekte der SAP-Anwendung ohne Einschränkungen, oder Sie fügen neue Daten direkt in die Datenbank der Anwendung ein. Sollen allerdings Produktaktualisierungen der SAP-Geschäftsanwendungen installiert werden, bedeuten eigene funktionale Anpassungen, die Sie direkt in der SAP-Geschäftsanwendung vorgenommen haben, höhere Testaufwände, längere Projektlaufzeiten für das Einspielen der Aktualisierung und entsprechend höhere Kosten. Durch eine direkte Nutzung z. B. der SAP-Anwendungsobjekte entsteht eine sehr enge Kopplung zwischen der Standardfunktionalität und den Erweiterungen. Ihre eigene Modifikation kann somit das Innovationspotential der SAP-Anwendung reduzieren, indem es äußerst aufwendig ist, eine Produktaktualisierung einzuspielen. Diese klassische Form der Erweiterung funktioniert insbesondere für On-Premise-Installationen der SAP-Geschäftsanwendungen.

Eine starke Modifikation der Standardanwendung eignet sich aber nicht für eine Bereitstellung aus der Cloud. Wird die SAP-Geschäftsanwendung aus der Cloud genutzt, müssen die regelmäßigen Aktualisierungen der Anwendung ausgeführt werden können, ohne dass jedes Mal die kundeneigenen Erweiterungen angepasst werden müssen. Das Einspielen einer neuen Produktversion darf keine Seiteneffekte auf die von Ihnen vorgenommenen Erweiterungen haben und muss mit minimalen, automatisierbaren Testaufwänden realisierbar sein. Dies erfordert eine klare Trennung von SAP-Standardobjekten in der Anwendung und Objekten, die von Kunden oder Partnern im Rahmen einer Erweiterung definiert werden.

**Paradigmenwechsel**

Abbildung 4.2 zeigt, wie sich aus diesem Grund das Paradigma zur Erweiterung von SAP-Anwendungen zwecks Umsetzung unternehmensspezifischer Anforderungen geändert hat.

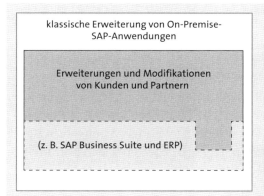
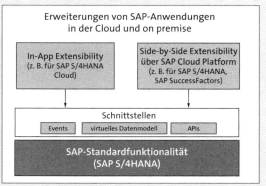

**Abbildung 4.2** Erweiterungskonzepte für SAP-Anwendungen

Stabile
Schnittstellen

Eine Erweiterung und Anpassung für Cloud-Deployments von SAP-Anwendungen, wie z. B. SAP S/4HANA Cloud, und auch für On-Premise-Deployments erfolgt ausschließlich über stabile Schnittstellen. Dies sind z. B. APIs, Events und ein virtuelles Datenmodell, das die tatsächlichen, physischen Tabellenstrukturen abstrahiert und nach außen stabil hält. Insbesondere Erweiterungen, die für ein Cloud-Deployment entwickelt werden, greifen über diese Schnittstellen auf SAP-Objekte und Geschäftsprozesse der Standardanwendung zu. Dabei gibt es zwei Arten, eine SAP-Anwendung über die bereitgestellten Schnittstellen zu erweitern: einerseits die *In-App Extensibility* und andererseits die *Side-by-Side Extensibility*. Die Side-by-Side Extensibility realisieren Sie über die SAP Cloud Platform, während Sie die In-App Extensibility direkt in der entsprechenden SAP-Geschäftsanwendung nutzen.

In-App Extensibility

Erweiterungen mit der In-App Extensibility setzen Sie direkt in der SAP-Geschäftsanwendung um. Über entsprechende Editoren passen Sie z. B. Geschäftsobjekte, Tabellen und Benutzeroberflächen an. Sogar eine einfache Programmierung, die nativ als Teil der angepassten Anwendung ausgeführt wird, ist möglich.

Side-by-Side
Extensibility

Die SAP Cloud Platform ermöglicht es Kunden und Partnern, lose gekoppelte Erweiterungsanwendungen und Prozessoptimierungen zu entwickeln und zu betreiben, um die Standardfunktionen von SAP-Lösungen bedarfsgerecht anzupassen (Side-by-Side Extensibility). So lassen sich z. B. zusätzliche Arbeitsabläufe oder funktionale Module für vorhandene SAP-Lösungen implementieren. Der Zugriff auf die erweiterten SAP-Standardfunktionen erfolgt über APIs, so dass die Erweiterungsanwendungen von der eigentlichen SAP-Lösung entkoppelt sind und in einer eigenen Laufzeitumgebung betrieben werden.

Beide Erweiterungsansätze, In-App und Side-by-Side, sind miteinander kombinierbar. So definieren Sie beispielsweise über die In-App Extensibility einen eigenen OData-Service, den Sie in der SAP Cloud Platform (Side-by-Side Extensibility) wiederum einbinden.

Integration

Für SAP-Lösungen stehen über die SAP-Cloud-Platform-Integration-Services (siehe Kapitel 7, »Integration und Zugriff auf Daten und Prozesse«) sofort einsetzbare Integrationsbausteine zur Verfügung, mit denen Sie die zu erweiternde SAP-Geschäftsanwendung mit der SAP Cloud Platform verknüpfen.

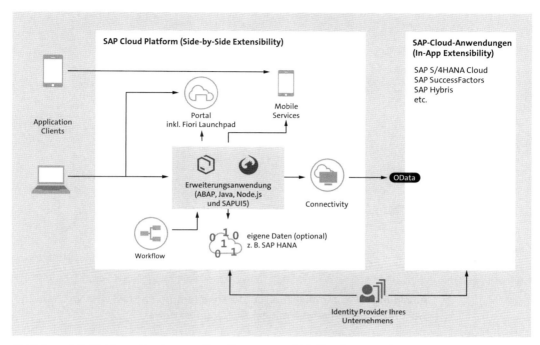

**Abbildung 4.3** Platform-Services zur Erweiterung von SAP-Cloud-Anwendungen

Als Kunde einer SAP-Anwendung können Sie auch Erweiterungsanwendungen zertifizierter SAP-Partner nutzen. Je nach dem Bereitstellungsmodell der Partnererweiterung benötigen Sie möglicherweise zusätzliche SAP-Cloud-Platform-Services für die Ausführung der Erweiterung in Ihrem SAP-Cloud-Platform-Account, oder Sie nutzen die Erweiterung als SaaS für eine monatliche Gebühr direkt vom Partner.

**Erweiterungen von SAP-Partnern**

### 4.1.1   SAP S/4HANA erweitern

Die SAP Cloud Platform bietet unterschiedliche Szenarien zur Erweiterung von SAP S/4HANA. Diese Erweiterungen von SAP S/4HANA sind dabei unabhängig vom Bereitstellungsmodell und daher sowohl für ein On-Premise- als auch für ein Cloud-Deployment anwendbar. Abbildung 4.4 zeigt, dass bei der Erweiterung von SAP S/4HANA Cloud die Kommunikation zwischen Standardfunktionen und eigenen Erweiterungen in der SAP Cloud Platform über HTTPS erfolgt. Zur Erweiterung von On-Premise-Installationen wird der SAP Cloud Connector verwendet, um auf Prozesse in On-Premise-Systemen aus der SAP Cloud Platform zuzugreifen. Tabelle 4.2 führt verschiedene Erweiterungsszenarien auf, die auch miteinander kombinierbar sind.

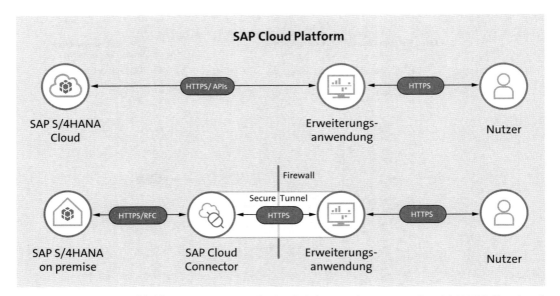

**Abbildung 4.4** Kommunikation bei der Erweiterung von SAP S/4HANA Cloud und SAP S/4HANA On-Premise mit der SAP Cloud Platform

| Erweiterungsszenario | beispielhafte Platform-Services |
|---|---|
| ▪ User Experience | ▪ SAP Fiori<br>▪ Mobile-Services<br>▪ Portal-Service<br>▪ OData Provisioning |
| ▪ Prozesserweiterung<br>▪ funktionale Erweiterung | ▪ ABAP, Java, Node.js<br>▪ Workflow-Service<br>▪ Machine Learning<br>▪ Blockchain<br>▪ IoT |
| ▪ analytische Erweiterung | ▪ Datenintegration<br>▪ SAP HANA<br>▪ Predictive Service<br>▪ SAP Fiori, SAPUI5 |

**Tabelle 4.2** Erweiterungsszenarien

### User Experience

Ihre bestehenden, selbstentwickelten Erweiterungen (*SAP-Z-Programme*) können Sie bereits durch eine intuitiver zu bedienende Oberfläche optimieren. Auch die »Verlängerung« eines bestehenden Prozesses auf ein mobiles Endgerät hilft dabei, Medienbrüche zu vermeiden und so den vorhandenen Prozess durch Abbau manueller Back-Office-Tätigkeiten (z. B. das Übertragen mobil erfasster Informationen in das SAP-System) zu verbessern. Die Verbesserung der User Experience ist daher oftmals ein Startpunkt, der meist zuerst bei der Optimierung bestehender Prozesse in Erwägung gezogen wird.

*SAP Fiori* vereinfacht als rollenbasierte, intuitive und geräteunabhängige Benutzerschnittstelle die Nutzung von SAP-Anwendungen und ist die zentrale UI-Strategie für alle SAP-Produkte. Zahlreiche SAP-Fiori-Anwendungen (analytische, transaktionale oder Scorecards) werden für unterschiedliche Aufgaben und Nutzergruppen im Standard von z. B. der SAP Business Suite und SAP S/4HANA ausgeliefert. Auch auf mobilen Endgeräten wird das SAP-Fiori-Design-Prinzip bei der Entwicklung eigener nativer Apps mit dem *SAP Cloud Platform SDK for iOS* und dem *SAP Cloud Platform SDK for Android* bereitgestellt.

**SAP Fiori**

---

**SAP Fiori**

Seit der Einführung im Jahr 2013 ist SAP Fiori die zentrale und einheitliche UI-Strategie für alle SAP-Produkte und konnte für sein innovatives Design den Red Dot Design Award gewinnen. Technisch werden für die Entwicklung der Fiori-Oberflächen das SAPUI5-Framework (auf der Basis von HTML5 und JavaScript) und zur Kommunikation das OData-Protokoll verwendet. SAP Fiori ist kein Programm, das Sie auf einem Endgerät installieren. Die Apps laufen in jedem HTML5-kompatiblen Browser.

---

Die von SAP im Standard ausgelieferten Fiori-Anwendungen können einerseits on premise in der bestehenden IT-Infrastruktur installiert und betrieben werden. Andererseits können Sie mit dem Service *SAP Fiori Cloud* die Standard-Apps auch aus der Cloud nutzen. Mit dem Cloud-Service reduziert sich das notwendige Setup in der bestehenden Infrastruktur sowie auch die Projektlaufzeiten für eine Einführung von SAP Fiori. Der Service SAP Fiori Cloud umfasst die gesamte notwendige Frontend-Systemlinie für eine Nutzung von SAP Fiori, bestehend aus SAP Gateway, dem SAP-UI-Add-on für SAP NetWeaver sowie der Installation der SAP-Fiori-Anwendungen. Eine Übersicht, welche SAP-Fiori-Anwendungen aus der Cloud für die SAP Business Suite und SAP S/4HANA zur Verfügung stehen, liefert die *SAP Fiori app reference library (fioriappslibrary.hana.ondemand.com)*.

**SAP Fiori Cloud**

Unabhängig vom Bereitstellungsmodell von SAP Fiori wird die SAP Cloud Platform zur Anpassung aller SAP-Fiori-Standardanwendungen genutzt. Sowohl für die Entwicklung eigener Fiori-Anwendungen als auch für die

**SAP-Fiori-Standard-anwendungen anpassen**

Anpassung der im Standard ausgeliefertem SAP-Fiori-Anwendungen verwenden Sie die SAP Web IDE als Entwicklungswerkzeug (siehe Kapitel 9, »Native Cloud-Anwendungen und -Erweiterungen programmieren«). Die SAP Web IDE bietet für die Anpassung von Standardanwendungen einen eigenen Projekttyp (»Extension Project«) sowie spezielle Werkzeuge und Editoren für eine einfache Anpassung.

[+]

**SAP Fiori Cloud Trial**

Mit der kostenfreien SAP Fiori Cloud Trial (*www.sapfioritrial.com*) können Sie einige SAP-Fiori-Anwendungen ausprobieren und die Erweiterung von Standard-Fiori-Anwendungen mit der SAP Web IDE testen.

Neue Fiori-Anwendung entwickeln

Neben der Anpassung von Standard-SAP-Fiori-Anwendungen verwenden Sie die SAP Cloud Platform auch zur Entwicklung eigener SAP-Fiori-Anwendungen, wie in Abbildung 4.5 dargestellt. Die Daten (d. h. das Model) werden über einen OData-Service eingebunden, der beispielsweise über SAP Gateway für SAP-Geschäftsprozesse oder ABAP-Anwendungen bereitgestellt wird.

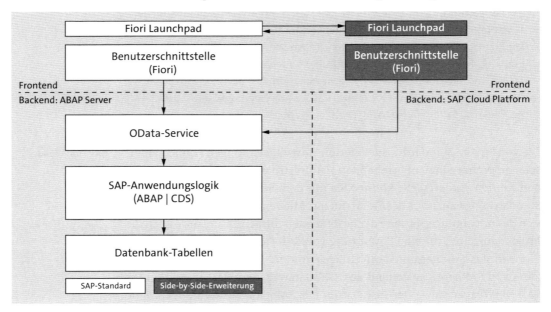

**Abbildung 4.5** Neue SAP-Fiori-Anwendung als Erweiterung für bestehende SAP-Anwendungslogik

Templates

Für die Entwicklung neuer Fiori-Anwendungen stehen Anwendungs-Templates (z. B. Master-Detail) zur Verfügung, die Sie als Startpunkt für eine neue Anwendung nutzen und weiter anpassen können. Die neu entwickelte Fiori-Anwendung stellen Sie entweder in einem SAPUI5 ABAP Repository on premise, als eigene Anwendung auf der SAP Cloud Platform oder im SAP Fiori Launchpad bereit, das Sie auch als Service auf der SAP Cloud Platform nutzen können.

So kann speziell bei der Entwicklung von SAP-Fiori-Anwendungen die SAP Cloud Platform als reine Entwicklungs- und Testumgebung verwendet werden. Nachdem die SAP-Fiori-Anwendung in der SAP Cloud Platform entworfen (mit dem SAP-Build-Service), entwickelt (mit der SAP Web IDE, siehe Kapitel 9, »Native Cloud-Anwendungen und -Erweiterungen programmieren«) und erfolgreich getestet wurde, kann die Bereitstellung in einem On-Premise-System über das lokale ABAP Repository erfolgen.

Neben einer reinen Erweiterung mit neuen SAP-Fiori-Benutzerschnittstellen können Sie die SAP Cloud Platform ebenfalls für die Umsetzung funktionaler Erweiterungen nutzen, die neben einer Benutzeroberfläche neue Anwendungslogik und optional eine Speicherung von Daten in der SAP Cloud Platform bieten.

### Funktionale Erweiterungen durch Cloud-Anwendungen mit eigenem User Interface

Bei der funktionalen Erweiterung von SAP-Lösungen sind der Kreativität wenig Grenzen gesetzt, und SDKs sowie die zahlreichen Platform-Services und Business-Services der SAP Cloud Platform unterstützen Sie dabei.

Mit den unterschiedlichen Services der SAP Cloud Platform erweitern Sie die Standardfunktionalität von SAP-Anwendungen um unternehmensspezifische Anforderungen. Neben den im vorherigen Abschnitt beschriebenen Erweiterungen zur Verbesserung der Nutzbarkeit des Geschäftsprozesses geht es bei den funktionalen Erweiterungen darum, Standardanwendungen oder Prozesse unternehmensspezifisch auszuprägen und zu optimieren, indem neue Prozessschritte eingeführt oder die bestehende Standardfunktionalität durch eine Eigenentwicklung ergänzt wird. Auch eine neuartige Kombination von Standardprozessen ist möglich oder Anwendungsfälle, bei denen Daten in der SAP Cloud Platform gesammelt und analysiert werden, um dann entsprechende Geschäftsprozesse (z. B. einen Bestellvorgang) anzustoßen. So kombinieren Sie beispielsweise Produktdaten und Kundendaten oder Prozesse aus SAP S/4HANA mit externen Informationen, wie z. B. Wetterdaten oder Finanzmarktdaten, und visualisieren dies beispielsweise auf einer Karte. Denkbar sind auch Anwendungen, die auf bestimmte Änderungen von Geschäftsobjekten (z. B. neue Bestellung angelegt) in SAP

S/4HANA reagieren (»subscribe«), um beispielsweise beim Anlegen eines neuen Kunden weitere Informationen, wie die Kreditwürdigkeit, über einen Web-Service zu ergänzen.

**Standardprozesse erweitern oder ersetzten**

Wie in Abbildung 4.6 dargestellt, programmieren Sie Erweiterungen in Form neuer Cloud-Anwendungen auf der SAP Cloud Platform, um z. B. Daten aus SAP S/4HANA mit externen Datenquellen neuartig zu kombinieren. Im Vordergrund steht dabei auch eine Stabilisierung des SAP-S/4HANA-Systems, d. h., alle Erweiterungen werden ausschließlich in der SAP Cloud Platform durchgeführt, und der Zugriff auf SAP S/4HANA erfolgt über APIs.

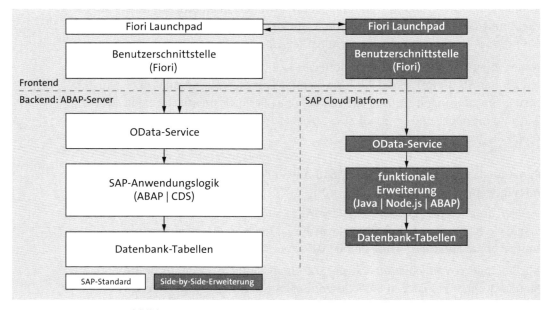

**Abbildung 4.6** Unternehmensspezifische Anpassungen von Standardfunktionen als neue Cloud-Anwendungen realisieren

### Funktionale Erweiterung als Microservice

**Neue Funktionen für Standardprozesse**

Abbildung 4.7 zeigt eine weitere Möglichkeit zur Erweiterung von SAP-S/4HANA-Standardfunktionen mit der SAP Cloud Platform. Hier werden keine neuen Cloud-Anwendungen mit eigner Benutzerschnittstelle umgesetzt, sondern Microservices gebaut, die in die Standardprozesse als neuer Funktionsblock oder Prozessschritt eingefügt werden. Der Aufruf des Microservice auf der SAP Cloud Platform erfolgt über eine entsprechende API über eine In-App Extension. Das kann beispielsweise das Drucken von Formularen mit Adobe Forms, das Versenden von E-Mails, die Analyse eines Texts oder die Nutzung von Machine Learning in einem bestehenden Geschäftsprozess sein.

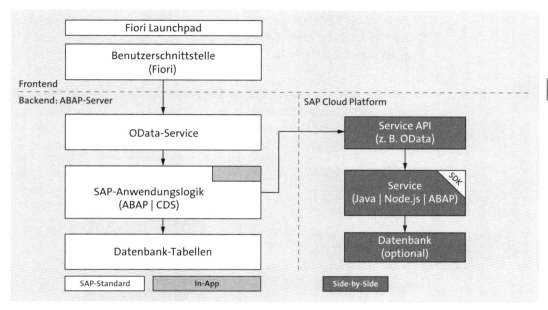

**Abbildung 4.7**  Standardprozesse mit spezifischen Funktionen über Microservices erweitern

### Analytische Erweiterungen

Sollen gewisse Unternehmensdaten aus einem SAP-S/4HANA-System mit Daten aus anderen Quellen kombiniert und analysiert werden, können Sie auf der SAP Cloud Platform einen entsprechenden *Data Mart* erstellen und die Daten mit Hilfe statistischer und prädiktiver Algorithmen analysieren. Die Anzeige der Analyseergebnisse erfolgt in einer Fiori-Nutzerschnittstelle.

Data Mart

---

**Data Mart**

Ein Data Mart ist eine Kopie eines vorhandenen Teildatenbestands, der für bestimmte fachliche Auswertungen erstellt wird. Auf der SAP Cloud Platform können Sie einen Data Mart aus Daten Ihrer SAP-Systeme erstellen und diese ebenfalls mit Daten aus externen Datenquellen (z. B. aus dem Internet oder anderen Cloud-Anwendungen) für analytische Zwecke anreichern. Die Daten aus SAP S/4HANA werden entweder mit den SAP-Cloud-Platform-Integration-Services in die SAP Cloud Platform kopiert, oder mit Hilfe von beispielsweise SAP Landscape Transformation (SLT) über einen SAP Cloud Connector Service Channel in eine SAP-HANA-Datenbank in der SAP Cloud Platform kopiert. Daten aus anderen Quellen (z. B. Twitter oder SalesForce) lassen sich ebenfalls über die SAP-Cloud-Platform-Integration-Services integrieren. Alternativ nutzen Sie die SAP HANA Smart Data Integration (SDI). Auch eine Anbindung der SAP-Cloud-Platform-Big-Data-Services ist denkbar, um Ergebnisse aus der Analyse sehr großer Mengen unterschiedlicher Daten (z. B. Fitness-Tracker-Daten) einzubeziehen.

Für die Analyse verwenden Sie die Predictive Analysis Library (PAL) mit über 80 statistischen Algorithmen der SAP HANA oder die Predictive Services der SAP Cloud Platform. Abbildung 4.8 zeigt, wie Sie z. B. Daten von SAP S/4HANA und anderen (Big-Data-)Quellen korrelieren und analysieren.

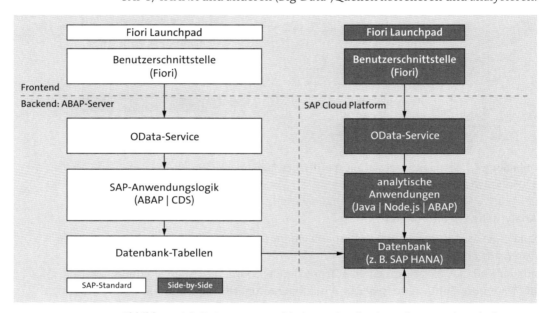

**Abbildung 4.8** Daten aus verschiedenen Quellen korrelieren und analysieren

### Entwicklungswerkzeuge

Eclipse und SAP Web IDE

Die funktionale Erweiterung programmieren Sie beispielsweise in Eclipse oder der SAP Web IDE. Eclipse wird für die Programmierung mit ABAP genutzt, mit der SAP Web IDE programmieren Sie Ihre Erweiterungen mit Java oder Node.js und greifen aus Ihrer Anwendung auf die Platform-Services wie z. B. den Workflow-Service, die Machine-Learning-Services oder die Big-Data-Services zu. Unterstützt werden Sie bei der Programmierung durch das *SAP Cloud Platform SDK for service development* und das *SAP S/4HANA SDK* (siehe Kapitel 9, »Native Cloud-Anwendungen und -Erweiterungen programmieren«).

SDKs

Das SAP Cloud Platform SDK for service development ermöglicht eine einfache Bereitstellung von RESTful-Services basierend auf dem OData-Protokoll, wobei die unterschiedlichen OData-Service-Operationen (CRUD, Funktionen, Aktionen) mit wenigen Zeilen Quellcode implementiert werden. Das SDK setzt auf *Apache Olingo* auf, an dem SAP ebenfalls aktiv mitwirkt. Auch für die Nutzung von vorhandenen OData-Services, z. B. von SAP S/4HANA, oder Core-Data-Services (CDS) ist das SDK gedacht.

Das SAP S/4HANA Cloud SDK reduziert Aufwände bei der Programmierung von Erweiterungen für SAP S/4HANA, indem es alle dafür notwendigen Bibliotheken und Projekt-Templates bereitstellt. So ermöglicht das SDK die Verbindung zu SAP S/4HANA über die SAP Cloud Platform und die Kommunikation mit SAP S/4HANA über das Odata-Protokoll. Auch bietet das SDK ein virtuelles Datenmodell für SAP S/4HANA, was das lokale Testen von Erweiterungen ermöglicht und ein Deployment der Erweiterung auf der SAP Cloud Platform für Testzwecke nicht unbedingt erforderlich macht.

Eine mobile Nutzung von SAP-S/4HANA-Prozessen und -Daten auf Apple-iOS-Geräten oder Android-Geräten realisieren Sie mit dem *SAP Cloud Platform SDK for iOS* und dem *SAP Cloud Platform SDK for Android*. Die SDKs ermöglichen eine spezifische Programmierung von iOS- und Android-Anwendungen unter Nutzung von z. B. SAP Fiori für ein einheitliches Nutzererlebnis.

### 4.1.2   SAP-Cloud-Anwendungen erweitern

Auch für SAP-Cloud-Anwendungen (SaaS) verwenden Sie die SAP Cloud Platform zur Erweiterung der Standardfunktionalität. Dabei gelten diejenigen Erweiterungskonzepte, die ich in Abschnitt 4.1.1, »SAP S/4HANA erweitern«, für SAP S/4HANA beschrieben habe. Wie SAP S/4HANA sind auch die SAP-Cloud-Anwendungen, wie z. B. SAP SuccessFactors oder SAP C/4HANA, über eine In-App Extensibility konfigurierbar, um die Anwendung in gewissem Maße an die Anforderungen Ihres Unternehmens anzupassen. Für z. B. SAP SuccessFactors werden die In-App-Erweiterungen mit dem *Extension Center* umgesetzt.

Sie können die Side-by-Side Extensibility der SAP Cloud Platform auch für die Erweiterung von SAP-Cloud-Anwendungen nutzen. Möglich sind alle denkbaren Kombinationen von SAP-Cloud-Platform-Services, wie z. B. die Implementierung von neuer Funktionalität in Java und die Kombination mit *SAP Jam* als Kollaborations-Service. Auch analytische Szenarien sind denkbar, bei denen (Teil-)Daten aus unterschiedlichen Systemen und Lösungen in der SAP Cloud Platform kombiniert und zur Gewinnung neuer Zusammenhänge analysiert und dargestellt werden.

*Erweiterungs-szenarien*

Die Benutzeroberfläche einer Erweiterung wird in der Regel mit Hilfe von SAPUI5 implementiert, um eine durchgängige Nutzererfahrung zu erreichen. Auch der SAP-Cloud-Platform-Portal-Service findet oftmals Anwendung. Die Portal-Sites werden dabei mit einer entsprechenden Vorlage verwendet, um auch hier ein durchgängiges Erscheinungsbild der Erweiterung und der Standardanwendung zu erreichen.

**Vordefinierte Integration**

Die Side-by-Side Extensibility von SAP-Cloud-Anwendungen mit der SAP Cloud Platform ist durch eine vordefinierte Integration optimiert, so dass einige der notwendigen Konfigurationsschritte automatisiert ausgeführt werden. Abbildung 4.9 veranschaulicht die unterschiedlichen Ebenen, in denen die SAP-Cloud-Anwendung und die SAP Cloud Platform für eine Side-by-Side Extensibility vorkonfiguriert sind. So findet beispielsweise eine automatische Verbindung (On-Boarding) der zu erweiternden SAP-Cloud-Lösung mit der SAP Cloud Platform statt, und die von der Cloud-Lösung verwendeten Authentifizierungs- und Autorisierungsfunktionen werden direkt von der SAP Cloud Platform genutzt, um beispielsweise Single Sign-On und eine Principal Propagation zu ermöglichen. Ebenso werden die Benutzeroberflächen der Standardanwendung und der Erweiterungen harmonisiert, so dass Erweiterungsanwendungen so aussehen wie die Standardmodule.

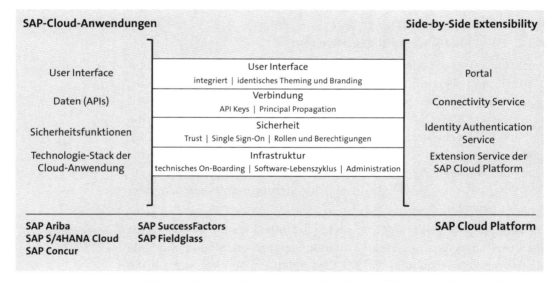

**Abbildung 4.9** Vordefinierte Integration für eine Side-by-Side Extensibility

Oft wird die auf der SAP Cloud Platform implementierte und bereitgestellte Erweiterung über eine Kachel oder einen Navigationslink direkt in die SAP-Standardanwendung eingebettet, so dass die Nutzer transparent von der Standardanwendung auf die Erweiterungsanwendung zugreifen, obwohl die Erweiterung in einer anderen Laufzeitumgebung bereitgestellt ist. Dieser Aufruf erfolgt in der Regel über eine In-App-Erweiterung der SAP-Standardlösung.

## 4.2   Neue Anwendungen entwickeln und betreiben

Auch neue Anwendungen mit dem Ziel einer höheren Marktdifferenzierung durch neue oder ergänzende Angebote setzen Sie auf der SAP Cloud Platform um. Oftmals ist es sinnvoll und notwendig, die neuen Anwendungen mit existierenden Prozessen und Daten zu kombinieren. Die Vorteile von Cloud und Plattform habe ich in diesem Kontext in Kapitel 2, »Eine Cloud-Plattform als Antwort auf Herausforderungen der Digitalisierung«, dargestellt.

**Zulieferbetrieb**

Nehmen wir als Beispiel einen Zulieferer von Verschleißteilen. Die industriellen Maschinen werden wiederum von einem Hersteller gebaut und an die Kunden verkauft. Der Hersteller setzt auf unterschiedliche Zulieferer für gleiche Bauteile der Maschine, um Abhängigkeiten zu reduzieren. Der Zulieferer verkauft seine Teile zwar auch direkt als Ersatzteile an Kunden, sieht beim Kunden aber einen hohen Wettbewerb und einen geringen direkten Zugang, da die Wartung oft vom Hersteller direkt übernommen wird.

Der Zulieferer möchte sich besser aufstellen, um für die Endkunden, die sein Bauteil verwenden, relevanter zu werden. So könnte der Zulieferer seine Bauteile mit einem QR-Code ausliefern und gleichzeitig über die SAP Cloud Platform eine mobile Anwendung bereitstellen, mit der Kunden den QR-Code scannen, um weitere Details zu dem Maschinenteil zu erhalten. Diese Details werden in einem bestehenden SAP-System verwaltet, das an die SAP Cloud Platform angebunden wird. Zusätzlich könnte die Anwendung den Lebenszyklus des Bauteils verwalten und so eine digitale Wartungsakte, Handbücher und Betriebsinformationen als zusätzlichen Service anbieten. Ist eine Wartung oder Aufbereitung des Bauteils notwendig, beauftragt der Kunde dies über die App, und ein entsprechender Auftrag wird im SAP-System des Zulieferers angelegt. Bei diesem Ansatz liegt der Schwerpunkt auf der Erzielung eines Umsatzwachstums durch verbesserten Service oder neue bzw. ergänzende Angebote (Top-Line-Growth), die aber auch wieder einen Bezug zu den bestehenden Unternehmensanwendungen haben.

Die SAP Cloud Platform unterstützt Sie bei einer softwarebasierten Differenzierung und bringt neue Anwendungen in den Kontext bestehender Unternehmensprozesse und der vorhandenen Wertschöpfungskette Ihres Unternehmens.

**Entwicklungs-**
**umgebung**
Für die Entwicklung der neuen Anwendungen liefert die SAP Cloud eine Auswahl an unterschiedlichen Technologien zur Speicherung von Daten, zur Entwicklung von Anwendungslogik und zur Umsetzung einer kundenorientierten Benutzererfahrung. Der Fokus der Entwicklungsumgebung liegt bei der Entwicklung hybrider Anwendungen, also Anwendungen, die (funktionale) Komponenten aus der existierenden On-Premise-IT-Infrastruktur (z. B. SAP-Geschäftsprozesse) mit neuen Technologien, die in der Cloud bereitgestellt werden, kombinieren. Hybride Anwendungen haben zusätzliche Anforderungen im Bereich Lifecycle-Management, Betrieb (Monitoring, Fehleranalyse) und Integration, die über entsprechende Services der SAP Cloud Platform adressiert werden.

Die Anwendungen werden agil entwickelt und sollten innerhalb weniger Wochen als Minimum Viable Product (MVP) am Markt getestet werden können. Die Entwicklung der Cloud-Anwendungen wird mit verschiedenen SDKs und Tools unterstützt.

**Laufzeitumgebung**
Neben ihrer Rolle als Entwicklungsplattform durch die Bereitstellung unterschiedlicher Platform-Services ist die SAP Cloud Platform eine global verfügbare und skalierbare Laufzeitumgebung für native Cloud-Anwendungen in unterschiedlichen Environments.

**Plattform-**
**Ökonomie**
Neben einer reinen Bereitstellung bietet sich auch eine Kommerzialisierung eigener APIs, Microservices oder Cloud-Anwendungen über die SAP Cloud Platform und damit der Aufbau eines neuen Geschäftsmodells an. So werden mit dem API Management nicht nur die Abfrage von REST-Schnittstellen über API Key zusätzlich kontrolliert, sondern es werden auch die Aufrufe der APIs protokolliert und nachvollzogen. Dieses Monitoring dient als Grundlage zur Monetarisierung von API-Aufrufen. So veröffentlicht die niederländische Post beispielsweise einen Webservice zur Adressvalidierung und protokolliert den Aufruf des Service von zuvor registrierten Nutzern. Am Monatsende wird den Nutzern entsprechend der Anzahl der API-Aufrufe eine Rechnung gestellt. Die Veröffentlichung und teilweise Implementierung der AP, sowie deren Management erfolgt über die SAP Cloud Platform. Für die Rechnungsstellung wird SAP Billing and Revenue Innovation Management genutzt, das nahtlos auf die vom API-Management-Service der SAP Cloud Platform protokollierten API-Aufrufe eine Rechnung an den entsprechenden Entwickler stellt.

## 4.3   Lösungsplattform und Basis für SAP Leonardo

Auch für die Bereitstellung neuer SaaS-Anwendungen aus dem SAP-Portfolio oder Anwendungen von SAP-Partnern, die über das SAP App Center erhältlich sind, wird die SAP Cloud Platform genutzt, so beispielsweise für *SAP Analytics Cloud* und den *SAP Digital Boardroom*.

Beide Lösungen sind Teil des SAP-Analytics-Portfolios. SAP Analytics Cloud macht speziell Endanwendern in den Fachbereichen schnell und unkompliziert umfassende Planungs- und Analysefunktionen zugänglich. Der SAP Digital Boardroom basiert auf der SAP Analytics Cloud und führt die Daten einzelner Geschäftsbereiche aus SAP S/4HANA und der SAP Cloud Platform in einer zentralen Informationsquelle zusammen. So hat die Geschäftsleitung die maßgeblichen Kennzahlen stets im Blick und kann den Wandel zum digitalen Unternehmen vorantreiben.

**SaaS für Fachbereiche**

Auch branchenspezifische Lösungen, die das Internet der Dinge nutzen, sind auf der SAP Cloud Platform umgesetzt. So z. B. die Anwendung *SAP Connected Agriculture*, die branchenspezifische Prozesse in der Landwirtschaft unterstützt und über IoT landwirtschaftliche Maschinen und Drohnen für die Sammlung von Daten anbindet, um Erträge und die Bewirtschaftung des Landes zu optimieren.

Ein anderes Beispiel ist die Cloud-Anwendung *SAP Connected Goods*, mit der Sie den Betrieb von Massenmarktgeräten, wie z. B. Kühlern, Verkaufsautomaten oder Elektrowerkzeugen, durch Fernüberwachung, -verwaltung und -steuerung maximieren.

**Funktionale Ergänzungen der SAP-Lösungen**

Diese Standardanwendungen unterstützen Sie bei der Umsetzung von Digitalisierungsprojekten und können ebenfalls an unternehmensbezogene Anforderungen angepasst werden. So wird beispielsweise die Anwendung SAP Connected Goods auch für die Verwaltung und bedarfsbezogene Leerung von Glascontainern eingesetzt. Die meisten Lösungen aus dem Bereich SAP Connected basieren technisch auf dem SAP-IoT-Application-Enablement-Service (siehe Kapitel 2, »Eine Cloud-Plattform als Antwort auf Herausforderungen der Digitalisierung«) und sind damit ebenfalls Teil von SAP Leonardo.

Die SAP Cloud Platform und SAP Leonardo sind wie Yin und Yang. Ein wesentlicher Teil des SAP-Leonardo-Portfolios wird auf der SAP Cloud Platform zur Verfügung gestellt. SAP Leonardo konzentriert sich dabei auf neue Technologien wie z. B. Machine Learning, IoT und Blockchain und setzt diese in den Kontext eines industrie- oder branchenspezifischen Digitalisierungsprojekts. Doch prägt die Technologie nur die eine Seite von SAP

**SAP Leonardo**

Leonardo. Teil von SAP Leonardo ist auch die Methodik, das systematische Vorgehen und das Industriewissen, das in Design-Thinking-Workshops, die Umsetzung von Prototypen sowie die Erstellung von Business Cases einfließt. SAP Leonardo ist somit durch die systematische Kombination von Technologie, methodischem Vorgehen und Industriewissen geprägt.

# Kapitel 5
# Anwendungsbeispiele der SAP Cloud Platform

*Anhand von funktionalen Architekturdiagrammen beschreibt dieses Kapitel, wie Sie die Services der SAP Cloud Platform kombinieren, um verschiedene Anwendungstypen und Szenarien zu implementieren.*

Die SAP Cloud Platform bietet unterschiedliche Services, die Sie zur Implementierung Ihrer Cloud-Anwendung oder zur Erweiterung bestehender SAP-Lösungen verwenden. Gruppieren lassen sich die Services in verschiedene funktionale Bereiche, die in Tabelle 5.1 dargestellt werden.

| Funktionaler Bereich | Beschreibung |
| --- | --- |
| Analytics | ■ Analysieren Sie Daten in Ihrer Anwendung mit unterschiedlichen Data-Mining- und Predictive-Analysis-Algorithmen.<br>■ Nutzen Sie die SAP-HANA-Database-as-a-Service (DBaaS), um Anwendungen mit operativem Reporting zu implementieren.<br>■ Analysieren und reagieren Sie auf kontinuierliche Datenströme (Event-Daten) in Echtzeit. |
| Blockchain | ■ Erstellen Sie Blockchain Nodes, und verbinden Sie die Nodes zu einem Netzwerk.<br>■ Speichern und verwalten Sie Daten Ihrer Anwendung in einer Blockchain. |
| Business-Services | Nutzen Sie in Ihrer Anwendung domänenspezifische Business-Services für z. B. Steuerberechnungen, Übersetzungen oder die Datenbereinigung. |
| Data und Document Management | Abhängig von Ihren Anforderungen nutzen Sie unterschiedliche Services zur Verwaltung und Speicherung Ihrer Anwendungsdaten. |
| Developer Experience und DevOps | ■ Die SAP Cloud Platform bietet Werkzeuge für die Entwicklung und Bereitstellung Ihrer Anwendung.<br>■ Verwalten Sie den Software-Lebenszyklus Ihrer Anwendung. |
| Integration | ■ Implementieren Sie hybride Anwendungen mit bestehenden Daten und Prozessen.<br>■ Profitieren Sie von vordefinierten Integrationsbausteinen und Adaptern für die Integration unterschiedlicher Standardlösungen. |

**Tabelle 5.1** Funktionale Bereiche der SAP-Cloud-Platform-Services

| Funktionaler Bereich | Beschreibung |
|---|---|
| Internet of Things | ■ Verarbeiten Sie Daten von Sensoren in Ihrer Anwendung.<br>■ Erstellen und verwenden Sie einen digitalen Zwilling. |
| Machine Learning | ■ Nutzen Sie vordefinierte Machine-Learning-Algorithmen in Ihrer Anwendung.<br>■ Stellen Sie eigene Modelle bereit, und verwalten Sie ihren Lebenszyklus. |
| Mobile | ■ Implementieren Sie hybride und native mobile Anwendungen.<br>■ Spezielle SDKs für iOS und Android unterstützen Sie bei der Umsetzung.<br>■ Nutzen Sie z. B. Push-Notifications und Offline-Fähigkeiten. |
| Runtime & Containers | ■ Programmieren Sie Ihre native Cloud-Anwendung in einer Sprache Ihrer Wahl.<br>■ Stellen Sie Ihre Anwendung in unterschiedlichen Laufzeitumgebungen bereit. |
| User Management | ■ Authentifizieren Sie Nutzer Ihrer Anwendung.<br>■ Binden Sie bestehende Infrastruktur-Komponenten und digitale Identitäten ein.<br>■ Realisieren Sie Single Sign-On. |
| User Experience | ■ Erstellen Sie intuitiv zu bedienende Oberflächen für Ihre Anwendung.<br>■ Binden Sie die Nutzer beim Design der Oberfläche ein |

**Tabelle 5.1** Funktionale Bereiche der SAP-Cloud-Platform-Services (Forts.)

Die folgenden Abschnitte zeigen Ihnen, wie Sie die verschiedenen Services der Platform kombinieren, um unterschiedliche Anforderungen zu realisieren. Wir beginnen dabei mit den grundlegenden Schritten, die Sie für fast alle Anwendungsszenarien benötigen.

## 5.1   Grundlegendes Setup

Die folgenden Abschnitte beschreiben grundlegende Konzepte, die Sie insbesondere bei der Implementierung hybrider Anwendungen mit der SAP Cloud Platform umsetzen. Die Zielsetzung ist, bestehende Lösungen, Daten und Prozesse mit den Services der SAP Cloud Platform zu kombinieren, um entweder neue, differenzierende Anwendungen zu bauen oder bestehende Geschäftsprozesse weiter zu optimieren. Zu Ihren ersten Schritten mit der SAP Cloud Platform zählt auch die Erarbeitung eines Konzepts, wie Sie Ihren Account so strukturieren, um organisatorische Anforderungen bestmöglich abzubilden. Informationen dazu finden Sie in Kapitel 6, »Administration und Konfiguration der SAP Cloud Platform«.

Wie in Abbildung 5.1 dargestellt, werden bestehende Geschäftsprozesse und Daten innerhalb Ihrer existierenden IT-Infrastruktur abgebildet, die beispielsweise in Ihrem Rechenzentrum ❶ oder bei einem Provider betrieben wird.

**Ausgangssituation**

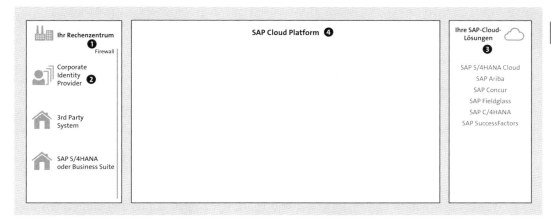

**Abbildung 5.1** SAP Cloud Platform im Kontext Ihrer bestehenden Lösungen

Ein Großteil Ihrer Unternehmensprozesse realisieren Sie über SAP S/4HANA oder mit der SAP Business Suite. Auch ergänzen Produkte anderer Hersteller Ihre Lösungslandschaft. Zu Ihrer Landschaft gehört auch eine Anwendung zur Verwaltung von Nutzern und zur Verifizierung digitaler Identitäten, um den Zugriff auf Ihre Geschäftsanwendungen zu kontrollieren. Ein Identity Provider ❷ speichert dabei Nutzerinformationen und übernimmt eine Authentifizierung auf Basis von z. B. Nutzername und Passwort. Auch bilden Sie fachabteilungsspezifische Anforderungen durch den Einsatz von Cloud-Anwendungen (SaaS) ❸ ab. Beispiele dafür aus dem SAP-Portfolio sind SAP C/4HANA oder SAP SuccessFactors. In den folgenden Abschnitten lernen Sie mögliche Anwendungsszenarien der SAP Cloud Platform ❹ mit bestehenden Anwendungen, Daten und Prozessen kennen.

### 5.1.1   Auf vorhandene Daten und Prozesse zugreifen

Da Ihre native Cloud-Anwendung nicht abgekapselt, sondern im Kontext bestehender Daten und Unternehmensprozesse arbeiten soll, ermöglichen Sie eine sichere Kommunikation zwischen Ihrer bestehenden IT-Infrastruktur und der SAP Cloud Platform. Abbildung 5.2 veranschaulicht die SAP-Cloud-Platform-Services, die Sie für den Zugriff auf vorhandene Daten und Prozesse in Ihrer IT-Infrastruktur verwenden.

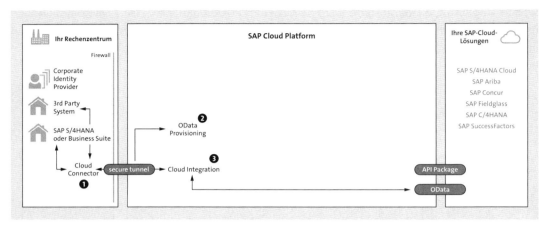

**Abbildung 5.2** Schema zur Integration bestehender Daten und Prozesse in die SAP Cloud Platform

**Zugriff auf vorhandene Systeme**

Für einen sicheren und kontrollierten Zugriff auf bestehende Daten und Geschäftsprozesse installieren Sie den *SAP Cloud Platform Cloud Connector* ❶ (siehe auch Abschnitt 7.2, »SAP Cloud Platform Connectivity und Cloud Connector«) innerhalb Ihres Rechenzentrums. Auf Basis der sicheren Kommunikation, die über den Cloud Connector realisiert wird, haben Sie abhängig von Ihren Anwendungsszenarien zwei grundsätzliche Möglichkeiten, auf die Daten und Prozesse bestehender Systeme zuzugreifen.

**OData-Services**

Implementieren Sie beispielsweise eine Cloud-Anwendung, um die User Experience einer bestehenden Anwendung, die innerhalb Ihres Rechenzentrums läuft, zu verbessern, kommuniziert die Cloud-Anwendung über das Odata-Protokoll mit der bestehenden Applikationslogik. Daten werden in diesem Szenario nicht in der SAP Cloud Platform gespeichert, sondern verbleiben in der bestehenden Datenbank in Ihrem Rechenzentrum. Die Integration bestehender Daten und Prozesse erfolgt dabei ausschließlich über APIs. Das heißt, Teilmengen der Daten, die in der Nutzeroberfläche angezeigt werden, verlassen über das Odata-Protokoll Ihr Rechenzentrum und werden temporär in Laufzeitobjekten Ihrer Anwendung (Parameter) zwecks Anzeige in der Nutzeroberfläche gehalten.

Eigene OData-Services definieren Sie über SAP Gateway. Um aus einer Cloud-Anwendung die OData-Schnittstelle zu verwenden, stellen Sie die mittels SAP Gateway definierte OData-Schnittstelle mit dem *OData-Provisioning-Service* ❷ der SAP Cloud Platform bereit (siehe Abschnitt 7.4, »SAP Cloud Platform OData Provisioning«).

**API Packages**

Für den Zugriff auf SAP-Cloud-Anwendungen, wie z. B. SAP Concur, SAP SuccessFactors, SAP S/4HANA Finance oder SAP S/4HANA Cloud, nutzen Sie API-Packages. Die REST-basierten APIs sind im SAP API Business Hub (*api.sap.com*) dokumentiert und können über den API Business Hub ebenfalls getestet werden.

Besteht die Notwendigkeit Daten, aus Ihrer bestehenden Infrastruktur in die Cloud zu kopieren, verwenden Sie den *SAP-Cloud-Platform-Integration-Service* ❸ (siehe Abschnitt 7.4, »SAP Cloud Platform OData Provisioning«). Für den Austausch von Daten zwischen SAP-Anwendungen nutzen Sie vordefinierte Integrationsbausteine (*Digital Content Package*) für eine On-Premise-zu-Cloud-Integration und eine Cloud-zu-Cloud-Integration. Darüber hinaus implementieren Sie eigene Integrationsanforderungen mit Hilfe des Integration-Service.

*Daten und Prozesse integrieren*

Möchten Sie für die Integration von Daten nicht auf einen Service der SAP Cloud Platform zurückgreifen, können Sie auch ein ETL-Tool innerhalb Ihres Rechenzentrums, wie beispielsweise den SAP Landscape Transformation Replication Server (SLT), nutzen, um Daten über den Cloud Connector im SAP-HANA-Service der SAP Cloud Platform zu speichern.

## 5.1.2 Entwicklung Ihrer Cloud-Anwendung

Haben Sie den benötigten Zugriff auf bestehende Daten und Prozesse realisiert, programmieren Sie die Anwendungslogik und Nutzeroberfläche Ihrer Cloud-Anwendung. Abbildung 5.3 zeigt, wie Sie Ihre native Cloud-Anwendung mit einer Programmiersprache Ihrer Wahl ❶ umsetzen (siehe Abschnitt 9.3, »Programmiersprachen«). Unterstützt werden Sie dabei durch Entwicklungs-Tools, SDKs und *DevOps*-Funktionalitäten ❷, die für Sie als Service auf der SAP Cloud Platform bereitstehen.

Das Datenmodell für eine SAP-HANA-basierte Persistenz, die Anwendungslogik und auch das User Interface implementieren Sie beispielsweise mit der *SAP Web IDE* (siehe Abschnitt 9.1, »Entwicklungswerkzeuge«). Dabei greifen Sie auf verfügbare SDKs, wie das *SAP S/4HANA Cloud SDK* für die Entwicklung von Erweiterungen für Ihr SAP-S/4HANA-System, zurück (siehe Abschnitt 9.2, »Unterstützung durch Software Development Kits«). Prototypen für Ihre Benutzerschnittstelle sowie Nutzerumfragen realisieren Sie mit dem *Build-Service* der SAP Cloud Platform.

*Entwicklungstools*

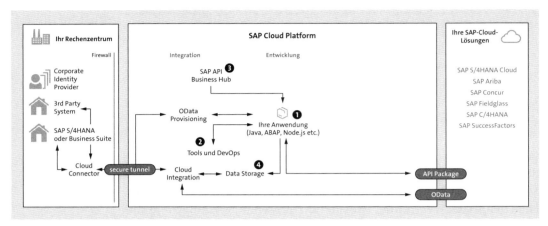

**Abbildung 5.3** Cloud-Anwendungen entwickeln, die auf vorhandene Unternehmensdaten zugreifen und bestehende Prozesse integrieren

APIs nutzen

Der *SAP API Business Hub* ❸ unterstützt Sie bei der Nutzung von APIs für den Zugriff auf SAP-Lösungen sowie bei der Einbindung von Business-Services in Ihren Quellcode. Aus der SAP Web IDE greifen Sie auch direkt auf die APIs des SAP Business Hubs zu, um so mit der Implementierung von Anwendungen zu beginnen, auch wenn die Verbindung zu einem SAP-S/4HANA-System in Ihrer Landschaft noch nicht konfiguriert ist. Neben der Möglichkeit, die APIs zu testen, generieren Sie im SAP API Business Hub entsprechende Code-Snippets für den Aufruf der API und übernehmen die Code-Snippets in Ihre Anwendung.

Daten speichern

Benötigt Ihre Cloud-Anwendung, z. B. für die Verwaltung von Nutzereingaben, eine dauerhafte Speicherung von Daten, greifen Sie auf ein Angebot von unterschiedlichen Services ❹ zur Speicherung und Verarbeitung verschieden strukturierter Daten zu (siehe Kapitel 8, »Daten in der SAP Cloud Platform speichern«).

### 5.1.3   Authentifizierung von Nutzern

Nur zuvor registrierte Anwendungsnutzer oder solche, die z. B. über eine gültige Identität innerhalb Ihres Unternehmens verfügen, sollen Zugriff auf Ihre Cloud-Anwendung haben. Darüber hinaus haben die Anwendungsnutzer, abhängig von Attributen der Nutzeridentität, Zugriff auf bestimmte Funktionen und Daten. Für die Authentifizierung von Anwendern und eine rollenbasierte Autorisierung bietet die SAP Cloud Platform unterschiedliche Ansätze (siehe Kapitel 11, »Sicherheit auf der SAP Cloud Platform«).

Abbildung 5.4 zeigt den *Identity-Authentication-Service* und den *Identity-Provisioning-Service*, mit denen Sie die Authentifizierung und Verwaltung digitaler Identitäten realisieren.

Nutzer verifizieren

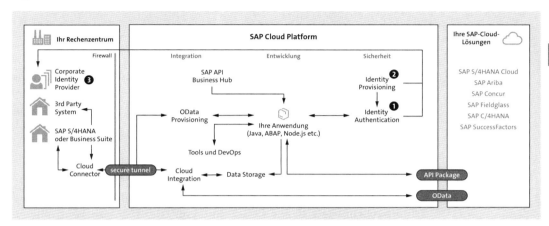

**Abbildung 5.4**  Authentifizierung der Nutzer der Cloud-Anwendung

Den Identity-Authentication-Service ❶ nutzen Sie beispielsweise für die Registrierung neuer Nutzer sowie deren Authentifizierung anhand eines Nutzernamens und Passworts, die der Service nach erfolgreicher Registrierung in einer eigenen Nutzerdatenbank (User Store) speichert. Auch die Authentifizierung der Nutzer mit einem bestehenden Social-Media-Account ist möglich. Möchten Sie eine in Ihrem Unternehmen bereits vorhandene Nutzerdatenbank für die Authentifizierung oder auch Single-Sign-On-Szenarien implementieren, so integrieren Sie entweder die vorhandene Nutzerdatenbank im Identity-Authentication-Service oder delegieren die Authentifizierungsanfrage an Ihren bestehenden Identity Provider ❸ (siehe Kapitel 11, »Sicherheit auf der SAP Cloud Platform«).

Den Lebenszyklus von digitalen Identitäten und deren Autorisierung innerhalb Ihrer Cloud-Anwendung steuern Sie mit dem *Identity-Provisioning-Service* ❷. Der Service unterstützt das On-Boarding neuer Nutzer mit entsprechenden Berechtigungen (*Authorizations*), eine Änderung bestehender Berechtigungen, z. B. auf Grund eines Wechsels innerhalb des Unternehmens, sowie ein Off-Boarding, wenn der Nutzer die Firma verlässt. Der Service liest die Nutzerattribute vorhandener Identitäten, beispielsweise aus einem Microsoft Active Directory, und provisioniert die Identitäten im Identity-Authentication-Service. Bei der Provisionierung der Identitäten werden die von Ihnen definierten Regeln angewendet, die z. B. zusätzliche Attribute, die für die Autorisation innerhalb Ihrer Cloud-

Lebenszyklus digitaler Identitäten

Anwendung benötigt werden, in den vorhandenen Identitäten ergänzen. Damit kann sich der Nutzer mit seiner digitalen Identität direkt bei Ihrer Anwendung authentifizieren.

## 5.2   Erweitertes Setup

Nach dem in Abschnitt 5.1 beschriebenen grundlegenden Setup bietet die SAP Cloud Platform weitere Services, um beispielsweise die Integration bestehender Daten und Prozesse sowie die Entwicklung Ihrer Cloud-Anwendungen weiter zu unterstützen.

### 5.2.1   Kontrolliert auf bestehende Daten und Prozesse zugreifen

API Management    Um den Zugriff auf Ihre vorhandenen Daten und Prozesse über APIs und Schnittstellen, wie z. B. das OData-Protokoll oder REST, zu kontrollieren und zu protokollieren, nutzen Sie den *API-Management-Service* der SAP Cloud Platform (siehe Abschnitt 7.5, »API Management«).

Abbildung 5.5 zeigt, wie sich der API-Management-Service ❶ als ein Gateway zwischen die Cloud-Anwendung und die APIs und Schnittstellen Ihrer vorhandenen Systeme legt. In seiner Funktion als Gateway wendet der Service Regeln beim API-Aufruf an. So stellen Sie beispielsweise sicher, dass eine API nicht mehr als 50 Mal innerhalb einer Sekunde aufgerufen werden kann. Damit Sie aus Ihrer Cloud-Anwendung eine API, beispielsweise zum Auslesen von Buchungsinformationen aus Ihrem SAP-System, aufrufen können, registrieren Sie sich als Entwickler zunächst am API-Management-Service. Nach erfolgreicher Authentifizierung am Service laden Sie für die verfügbaren APIs einen entsprechenden Key (*API Key*) herunter, den Sie Ihrer Anwendung beim Aufruf der API mitgeben. Dadurch ist Ihre Anwendung eindeutig identifizierbar, und die Aufrufe der API werden anhand des API Keys nutzerbezogen protokolliert.

Den API-Management-Service verwenden Sie aber nicht nur für den Zugriff auf SAP-Systeme innerhalb Ihrer bestehenden Infrastruktur. Auch Microservices, die Sie auf der SAP Cloud Platform betreiben, oder allgemein jeden beliebigen REST-Endpunkt auch außerhalb der SAP Cloud Platform verwalten Sie mit dem API-Management-Service. Die APIs stellen Sie unternehmensweit über ein zentrales *API-Portal* zur Verfügung, in dem Sie die APIs gemäß dem *OpenAPI*-Standard für alle Entwickler Ihres Unternehmens einheitlich dokumentieren.

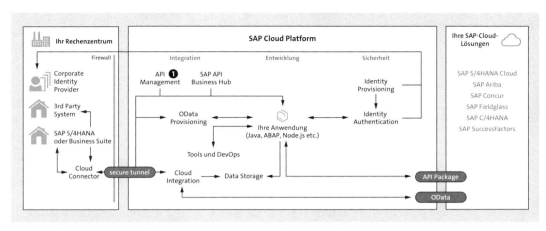

**Abbildung 5.5** API-Management-Service für den kompletten Lebenszyklus von APIs

Der API-Management-Service ist auch ein wesentlicher Baustein zur Umsetzung neuer Geschäftsmodelle, die auf der Kommerzialisierung von API-Aufrufen basieren. So geben Sie Kunden über APIs kontrolliert Zugriff auf bestimmte Funktionen, wie beispielsweise eine Adressprüfung oder Bonitätsprüfung, die Sie auf Basis Ihres bestehenden Datenbestands umsetzen. Je nach Häufigkeit der API-Aufrufe definieren Sie ein Abrechnungsmodell und stellen die Nutzung Ihrer API dem Kunden in Rechnung (siehe Abschnitt 5.3.5, »Eigene APIs kommerzialisieren«).

**Monetarisierung**

### 5.2.2   Weitere Platform-Services bei der Anwendungsentwicklung nutzen

Abbildung 5.6 zeigt weitere Platform-Services, die Sie abhängig von Ihren Anforderungen für die Entwicklung Ihrer Anwendung nutzen.

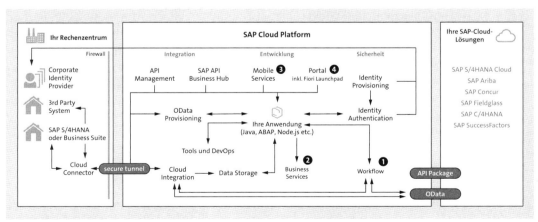

**Abbildung 5.6** Weitere Services der SAP Cloud Platform für die Entwicklung

Workflow

Benötigen Sie innerhalb Ihrer Anwendungslogik die Möglichkeit, Prozessschritte und Arbeitsabläufe zu realisieren, nutzen Sie den *Workflow-Service* ❶. Mit einem graphischen Editor modellieren Sie die Arbeitsabläufe mit der *Business Process Modelling Language* (BMPL). In Ihrer Anwendung legen Sie über die REST API des Workflow-Service neue Aufgaben an, die zum Beispiel einen bestehenden Geschäftsprozess ausführen oder eine Nutzerinteraktion erfordern. Den Workflow-Service nutzen Sie auch für die Erweiterung von SAP-Cloud-Lösungen, wie z. B. SAP SuccessFactors.

Business-Services

Um domänenspezifische Funktionen, wie die Steuerberechnung für unterschiedliche Länder, oder ein Consent Management zur gesetzeskonformen Speicherung und Nutzung von Kundendaten zu nutzen, greifen Sie auf entsprechende *Business-Services* ❷ der SAP Cloud Platform zurück. Wie auch die APIs und der Integration Content sind die Business-Services im SAP API Business Hub dokumentiert.

Mobile
Anwendungen

Für die Gestaltung der User Experience Ihrer Anwendung nutzen Sie die *Mobile Services* ❸, mit denen Sie sowohl hybride als auch native mobile Anwendungen implementieren, die auf bestehende Unternehmensdaten und Prozesse zugreifen. Die Mobile-Services bieten beispielsweise eine Offlinefähigkeit für mobile Anwendungen sowie die Bereitstellung von Push-Notifications auf den mobilen Endgeräten. Speziell entwickelte SDKs für Apple iOS und Google Android unterstützen Sie bei der Implementierung von nativen Unternehmensanwendungen, die direkt auf dem mobilen Endgerät installiert werden und z. B. auf Kundendaten oder Produktinformationen aus SAP-Systemen zugreifen. Mit dem Ziel einer höheren Performance und besserer Geräteintegration stellen Ihnen die SDKs beispielsweise eine Verbindung zu SAP-Systemen sowie SAP Fiori zur Verfügung.

Portal

Geschäftspartner oder Kunden greifen auf von Ihnen bereitgestellte Daten und Services über den *Portal-Service* ❹ zu. Auf frei gestaltbaren Portalseiten platzieren Sie Widgets, deren Funktionen Sie als Anwendung auf der SAP Cloud Platform umsetzen. Auch können Sie externe Inhalte einbinden und so einen zentralen Einstieg in alle benötigten Funktionen und Informationen schaffen. Teil des Portal-Service ist auch das *SAP Fiori Launchpad*, mit dem Sie Fiori-Anwendungen, die Sie auf der SAP Cloud Platform entwickeln, bereitstellen.

## 5.3   Anwendungsszenarien

Um Ihre Anforderungen und Szenarien auf der SAP Cloud Platform umzusetzen, kombinieren Sie mehrere Services entsprechend miteinander. Die folgenden Abschnitte beschreiben Anwendungsbeispiele, zeigen das Zusammenspiel unterschiedlicher Services der SAP Cloud Platform und vertiefen ebenfalls die in Kapitel 4 vorgestellten Einsatzszenarien der SAP Cloud Platform im SAP-Ökosystem.

### 5.3.1   User Experience für einen vorhandenen Geschäftsprozess verbessern

Mit den Services der SAP Cloud Platform optimieren Sie die Nutzerschnittstelle für bestehende Geschäftsprozesse, die innerhalb von SAP S/4HANA oder anderen SAP-Lösungen umgesetzt sind. Haben Sie beispielsweise die Funktionen eines Standardprozesses erweitert oder einen komplett eigenen Geschäftsprozess implementiert, entwickeln Sie mit der SAP Cloud Platform entsprechende *SAP-Fiori-* bzw. *SAPUI5*-Benutzerschnittstellen. Auch für die Anpassung der im Standard ausgelieferten SAP-Fiori-Anwendungen nutzen Sie die SAP Cloud Platform.

**SAP Fiori**

Ziel der mit SAP Fiori gestalteten Oberfläche ist es, die Nutzbarkeit Ihres Geschäftsprozesses intuitiver zu gestalten oder erweiterte Funktionen anzubieten. Dazu gehört auch die Möglichkeit, den Prozess von einem mobilen Endgerät zu verwenden. Abbildung 5.7 zeigt grundlegende Services, die Sie für die Entwicklung einer UX-Erweiterung für einen bestehenden Prozess verwenden.

**Zielsetzung**

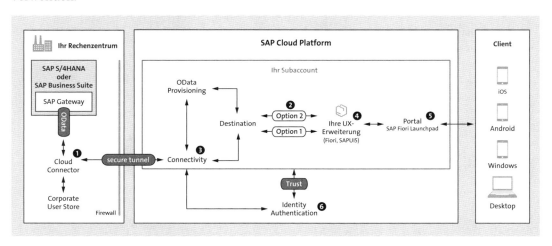

**Abbildung 5.7** Erweitern oder Implementieren von SAP-Fiori-Benutzeroberflächen mit der SAP Cloud Platform

Ihre Fiori-Anwendung (UX-Erweiterung) greift dabei auf Daten und Prozesse zurück, die Sie in SAP S/4HANA oder der SAP Business Suite nutzen.

**OData-Service**

Über den SAP Cloud Connector ❶ konfigurieren Sie einen sicheren Zugriff auf das SAP-S/4HANA- oder SAP-Business-Suite-System in Ihrer bestehenden Infrastruktur, für das Sie eine UX-Erweiterung umsetzen. Für den SAP-Prozess implementieren Sie gemäß der funktionalen Anforderung entsprechende *OData-Services* mit SAP Gateway. Das können z. B. Services für die Abfrage von Artikeldetails, Bestandsinformationen zu Artikeln, deren Lieferzeit oder der Preis sein. Es gibt zwei Optionen:

- Publizieren Sie die OData-Services über SAP Gateway (Option 1).
- Nutzen Sie den *OData-Provisioning-Service* ❷ (Option 2) der SAP Cloud Platform (siehe Abschnitt 7.4, »SAP Cloud Platform OData Provisioning«).

**Destination**  Mit dem Connectivity-Service ❸ konfigurieren Sie eine *Destination* für den Aufruf der OData-Services. Die fertige Fiori-Anwendung ❹ stellen Sie über das SAP Fiori Launchpad, als Teil des Portal-Service ❺, über die SAP Cloud Platform bereit.

**Authentifizierung**  Mit dem *Identity-Authentication-Service* ❻ authentifizieren Sie die Nutzer und reichen z. B. über ein SAML-2.0-Token oder eine Principal Propagation die Nutzerinformation an Ihr SAP-S/4HANA- oder SAP-Business-Suite-System weiter.

Die Nutzer greifen über unterschiedliche Endgeräte auf Ihre UX-Erweiterung zu. Abhängig von dem verwendeten Gerät passt sich die Nutzeroberfläche automatisch an die vorhandenen Möglichkeiten an.

**Entwicklungs-prozess**  Abbildung 5.8 stellt das Zusammenspiel der Services dar, die Sie zur Entwicklung einer UX-Erweiterung verwenden.

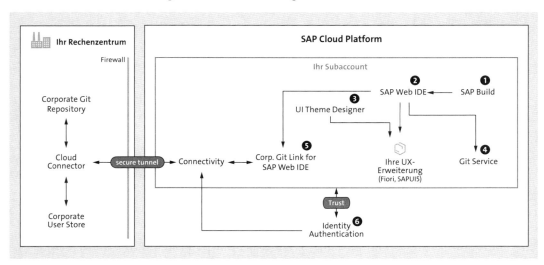

**Abbildung 5.8**  Werkzeuge der SAP Cloud Platform zur Entwicklung einer UX-Erweiterung.

Die neue Fiori- bzw. SAPUI5-Benutzeroberfläche gestalten und testen Sie zunächst mit dem Service *SAP Build* ❶ (siehe Abschnitt 9.1.2, »SAP Build«). Die mit der Fachabteilung abgestimmte Oberfläche implementieren Sie dann mit der *SAP Web IDE* ❷ (siehe Abschnitt 9.1.1, »SAP Web IDE«). Farben, Fonts und Logos Ihrer SAP-Fiori-Anwendung gestalten Sie mit dem Service *UI Theme Designer* ❸. Zur Verwaltung des Quellcodes nutzen Sie beispielsweise den *Git-Service* ❹ der SAP Cloud Platform oder ein eigenes Git-Repository innerhalb Ihrer Infrastruktur. Der Zugriff auf ein bestehendes Git-Repository in Ihrer Unternehmenslandschaft erfolgt über den Service *Corporate Git Link* ❺ und eine entsprechende Destination in der SAP Cloud Platform. Der Cloud Connector realisiert die HTTPS-basierte Kommunikation.

Entwickler, die die SAP Web IDE nutzen, authentifizieren sich am *Identity-Authentication-Service* ❻, der Ihren lokalen User Store einbezieht. Alternativ provisionieren Sie vorhandene Nutzer aus Ihrem lokalen User Store mit den Identity-Provisioning-Service in den Identity-Authentication-Service.

---

**Deployment-Optionen Ihrer UX-Erweiterung**

Die mit der SAP Web IDE entwickelte UX-Erweiterung können Sie auf drei Arten bereitstellen:

- als HTML5-Anwendung in einem Subaccount
- über das SAP Fiori Launchpad des Portal-Service
- auf dem ABAP Repository in Ihrem Unternehmensnetzwerk

**[«]**

---

### 5.3.2   Funktionale Erweiterung für einen vorhandenen Geschäftsprozess

Abbildung 5.9 zeigt wesentliche Services, die Sie zur Umsetzung einer funktionalen Erweiterung für einen vorhandenen Geschäftsprozess innerhalb Ihrer SAP-Lösung verwenden.

Für die funktionale Erweiterung eines bestehenden Geschäftsprozesses innerhalb einer SAP-Standardanwendung stellen Sie zunächst über den *Cloud Connector* ❶ eine sichere Verbindung zwischen dem Standardprozess und den SAP-Cloud-Platform-Services her. Je nachdem, wie Sie aus der cloud-basierten, funktionalen Erweiterung den Standardprozess einbinden, greifen Sie entweder über das *OData-Protokoll* ❷ (über HTTPS)- oder einen vorhandenen ABAP-Funktionsbaustein ❸ (über RFC) zu. Zur Umsetzung beispielsweise von analytischen Anforderungen replizieren Sie Daten ❹ aus Ihrem SAP-System in den SAP-HANA-Service der SAP Cloud Platform.

**Geschäftsprozess aufrufen**

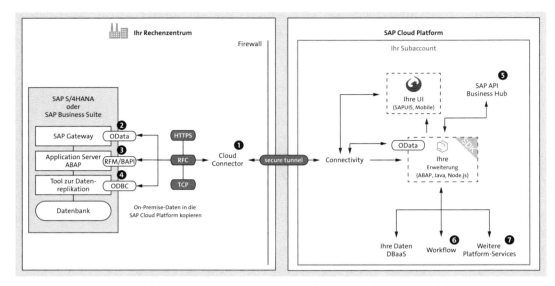

**Abbildung 5.9** Erweitern Sie die Funktion bestehender Geschäftsprozesse.

Erweiterungen
programmieren

Die funktionale Erweiterung programmieren Sie mit einer Sprache Ihrer
Wahl, z. B. ABAP, Java oder Node.js. Für Java nutzen Sie dabei das *SAP
S/4HANA Cloud SDK* für die Implementierung von funktionalen Erweiterungen für SAP S/4HANA. Das *SAP Cloud Platform SDK for Service Development*
unterstützt Sie beispielsweise bei der Generierung von OData-Schnittstellen
für Ihre in der Cloud programmierten Microservices. Die generierten OData-
Schnittstellen nutzen Sie dann wiederum bei der Implementierung der Nutzeroberfläche mit SAP Fiori.

Neben den SDKs unterstützt Sie auch der *SAP API Business Hub* ❺ bei der
Programmierung. Greifen Sie über APIs auf Daten oder Funktionen Ihres
SAP-S/4HANA-Systems zu, binden Sie diesen Zugriff über den SAP API Busi-
ness Hub in Ihre Anwendung ein.

Darüber hinaus stehen Ihnen weitere Services der SAP Cloud Platform ❼
bei der Umsetzung der funktionalen Anforderungen Ihrer Erweiterung zur
Verfügung. So nutzen Sie beispielsweise den *Workflow-Service* ❻, um Ar-
beitsschritte und Prozessschritte in Ihrer Erweiterung zu implementieren.

### 5.3.3   Analytische Anwendungen

Für die Umsetzung analytischer Anwendungen auf der SAP Cloud Platform
ist eine Speicherung der zu analysierenden Daten in der SAP Cloud Platform
empfehlenswert. Besonders gut eignet sich dazu der SAP-HANA-Service, da

die SAP-HANA-Plattform neben der Möglichkeit zur Speicherung unterschiedlicher Datentypen auch einige integrierte Funktionskomponenten zur Analyse der Daten mitbringt. Abbildung 5.10 zeigt, wie Sie Anwendungen implementieren, die Ihre Daten zur Informationsgewinnung analysieren.

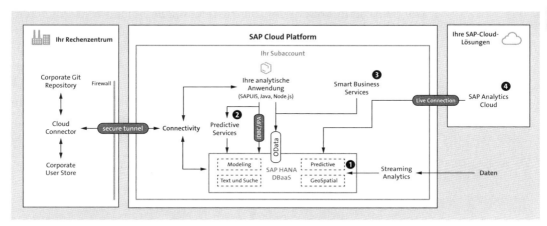

**Abbildung 5.10**  Anwendungen zur Informationsgewinnung implementieren

So nutzen Sie die Fähigkeiten der SAP-HANA-In-Memory-Datenbank, um Ihre transaktional verarbeiteten Daten auch direkt zu analysieren. Mit über 90 integrierten Algorithmen der *Predictive Analysis Library* ❶ (PAL) gelingen Ihnen die Umsetzung von Data-Mining-Anforderungen und prädiktive Analysen auf dem Datenbestand.

Besonders einfach realisieren Sie die prädiktiven Analysen mit dem *Predictive Service* ❷ der SAP Cloud Platform, der Ihnen durch Data Sampling die Generierung eines erforderlichen Modells abnimmt. So unterstützt Sie der Service beispielsweise bei der *Classification* und dem *Scoring* von Daten, wenn Sie das Kaufverhalten oder die Kündigungswahrscheinlichkeit von Kunden ermitteln. Über *Regression*-Algorithmen finden Sie beispielsweise einen angemessenen Preis für ein Produkt oder einen Service. Zeitreihen analysieren Sie mit einem *Time Series Forecasting*, um beispielsweise das Verhalten einer Maschine oder den erwarteten Umsatz im nächsten Monat zu ermitteln. Ihre Kunden segmentieren Sie mit *Clustering*-Algorithmen in zusammengehörige Gruppen, und *Recommendation*-Algorithmen ermitteln, was z. B. ein interessantes Angebot für bestehende Kunden ist oder welche Aktionen Sie als Nächstes ausführen könnten.

**Predictive Service**

Die Predictive-Service-Algorithmen rufen Sie aus Ihrer Anwendung über REST auf. Die Algorithmen der SAP HANA Predictive Analysis Library (PAL)

**Zugriff**

können Sie aus Ihrer Anwendung beispielsweise über JDBC aufrufen. Für den Zugriff auf die SAP-HANA-Daten und -Funktionen nutzen Sie ebenfalls das Odata-Protokoll. Neben einem JDBC-basierten Zugriff auf SAP HANA verwenden Sie auch die Java Persistence API (JPA).

**Benutzeroberfläche** Für die Darstellung der Datenanalysen programmieren Sie eine eigene SAPUI5-basierte Anwendung, die Sie über die SAP Cloud Platform bereitstellen. Der *Smart-Business-Service* ❸ ist eine Ergänzung zum SAP-Cloud-Platform-Portal-Service und liefert vordefinierte SAP Fiori Tiles, die Sie zur Darstellung Ihrer Daten nutzen. Die SAP-Fiori-Darstellungen des Smart-Business-Service sind für Ihre Anforderungen konfigurierbar. Mit *SAP Analytics Cloud* ❹ als SaaS-Lösung konzipieren Sie Reports und führen Planungen und Prognosen auch unter Einbeziehung anderer Datenquellen durch. Ein Zugriff auf SAP HANA in der SAP Cloud Platform ist auch mit SAP Analytics Cloud direkt möglich.

### 5.3.4   IoT-Anwendungen

Um Maschinen und Sensordaten in der SAP Cloud Platform zu verarbeiten, nutzen Sie den SAP-Cloud-Platform-Service *Internet of Things*. Abbildung 5.11 veranschaulicht die grundlegenden Services, die Sie zur Implementierung einer IoT-Anwendung nutzen.

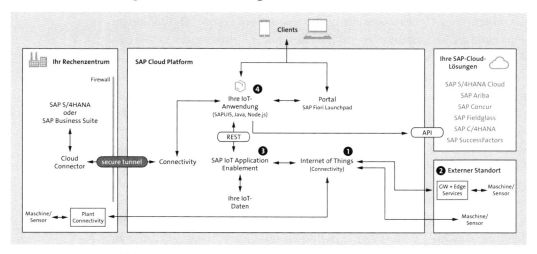

**Abbildung 5.11** Services zur Implementierung einer IoT-Anwendung

Mit dem Internet-of-Things-Service ❶ verwalten Sie einerseits Sensoren und Geräte und lesen andererseits Messwerte der Sensoren über unterschiedliche Protokolle aus. Neben einer direkten Anbindung der Sensoren an die SAP Cloud Platform nutzen Sie *Gateways* ❷ innerhalb Ihrer Infrastruktur, um mittels *Edge Processing* bereits vor einer Weiterleitung der Sensordaten an die SAP Cloud Platform die Daten zu analysieren und zu filtern. Auch für z. B. externe Standorte, die schlecht an das Internet angebunden sind, reduzieren Sie die zu übermittelnde Datenmenge durch ein Edge Processing.

Die Speicherung der Sensorwerte erfolgt im *IoT-Application-Enablement-Service* ❸. Je nach Alter der Sensorwerte wird bei der Speicherung zwischen einem Hot, Warm und Cold Medium mit entsprechend unterschiedlicher Speichertechnologie unterschieden. Mit dem IoT-Application-Enablement-Service modellieren Sie ebenfalls einen *digitalen Zwilling* Ihrer Maschine und greifen auf die Informationen des digitalen Zwillings über eine REST API aus Ihrer IoT-Anwendung ❹ zu. Die IoT-Anwendung implementieren Sie mit der SAP Web IDE, die Sie mit entsprechenden Wizards und Templates unterstützt.

Eigenschaften und Attributwerte des digitalen Zwillings kommen einerseits von Sensoren, die Sie über die IoT-Services anbinden. Anderseits nutzen Sie den Cloud Connector oder auch APIs zu den SAP-Cloud-Lösungen, um dem digitalen Zwilling weitere Attribute und Eigenschaften zuzuordnen, die nicht über Sensoren gewonnen werden. Das können beispielsweise Stammdaten wie Wartungsinformationen sein.

### SAP Plant Connectivity (PCo)

Mit *SAP Plant Connectivity* integrieren Sie Daten von Datenquellen auf Ihrem Shop Floor, wie z. B. Prozessleitsysteme oder Maschinen, mit der SAP Cloud Platform. Für den Datenaustausch werden unterschiedliche Protokolle, wie beispielsweise OPC, Modbus und IP21, unterstützt. SAP Plant Connectivity ist eine Windows-basierte Anwendung, die auf dem .NET Framework aufbaut. Für die Verarbeitung von Nachrichten wird die Microsoft Message Queue (MSMQ) verwendet.

### 5.3.5   Eigene APIs kommerzialisieren

Über die SAP Cloud Platform kommerzialisieren Sie den Zugriff auf Ihre Daten und Services und schaffen so neue Geschäftsmodelle auf Basis von APIs. Ein dafür zentraler Service ist das *SAP Cloud Platform API Management*. Abbildung 5.12 zeigt ein Beispiel, bei dem Sie unterschiedliche Microservices ❶ auf der SAP Cloud Platform bereitstellen. Die Microservices integrieren Daten und Informationen aus Ihrer On-Premise-Umgebung und rufen auch Funktionen auf, die Sie in der On-Premise-Landschaft implementiert haben.

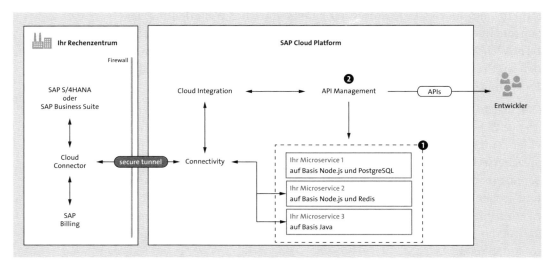

**Abbildung 5.12** Kommerzialisierung der Services auf der SAP Cloud Platform mit APIs

Über den API-Management-Service ❷ definieren Sie APIs für den Aufruf der Microservices. Mehrere Microservices lassen sich dabei in einer API zusammenfassen. So definieren Sie mit dem Service eine API, die z. B. die die Prüfung der Kreditwürdigkeit von Personen auf Basis ihrer vorhandenen Daten als Service anbietet.

Die Kommerzialisierung der API erfolgt auf Basis der Häufigkeit, mit der die API von einem Kunden (Nutzer) aufgerufen wird. Der API-Management-Service übernimmt dabei die Protokollierung der API-Aufrufe pro registriertem Nutzer und erstellt pro Monat entsprechende Rechnungsinformationen. Die Rechnungsstellung erfolgt mit einem Billing-Service, wie z. B. *SAP Billing* bzw. *SAP Billing and Revenue Innovation Management*.

TEIL II

# SAP Cloud Platform in der Praxis

# Kapitel 6

# Administration und Konfiguration der SAP Cloud Platform

*Erfahren Sie in diesem Kapitel, wie Sie Organisations- und Projektstrukturen Ihres Unternehmens für die Entwicklung und den Betrieb von Cloud-Anwendungen abbilden, die Nutzung der Plattformressourcen überwachen und Nutzer verwalten.*

Services und Ressourcen der SAP Cloud Platform werden Ihnen bzw. Ihrem Unternehmen über einen *Global Account* zugänglich gemacht. Abhängig von den vertraglich lizenzierten Services oder der Anzahl erworbener *Cloud Credits* (siehe Abschnitt 3.10, »Abrechnungsmodelle«) nutzen Sie die Plattform-Ressourcen und Services im Kontext eines Global Accounts. Auch stellen Sie Ihre eigenen Cloud-Anwendungen innerhalb eines Global Accounts bereit. **Account**

> ### Public Cloud und Private Cloud
> Wird Ihr SAP-Cloud-Platform-Account über ein Public Cloud Deployment Model bereitgestellt, ist nicht ausgeschlossen, dass sich Global Accounts unterschiedlicher Unternehmen dieselbe Hardware teilen, obwohl die Accounts logisch und sicherheitstechnisch voneinander getrennt sind. Im Gegensatz dazu wird bei einem Private Cloud Deployment der SAP Cloud Platform Ihr Global Account auf dedizierter Hardware bereitgestellt.

**[«]**

Bei der Administration und Konfiguration der SAP Cloud Platform geht es im Wesentlichen darum, Ihren Global Account gemäß den Projektanforderungen Ihres Unternehmens zu strukturieren und die vorhandenen Plattform-Ressourcen Ihren Projekten und Anwendungen bereitzustellen. Auch die Administration der Nutzer – wie z. B. Entwicklern, die auf der SAP Cloud Platform Anwendungen umsetzen – sowie die Bereitstellung und Überwachung von Anwendungen gehören zu den administrativen Aufgaben. Zu den Konfigurationsaufgaben zählen beispielsweise die Definition des Zugriffs auf vorhandene Systeme über *Destinations* (siehe Abschnitt 7.2, »SAP Cloud Platform Connectivity und Cloud Connector«) oder die Einrich- **Aufgaben** tung eines *Identity Providers* für die Authentifizierung von Nutzern (siehe Kapitel 11, »Sicherheit auf der SAP Cloud Platform«). Da alle Services der SAP Cloud Platform für Sie bereitgestellt werden, entfallen Installations- oder Betriebsaufgaben. Dies ist Teil des Service, so dass Sie sich auf die Konfiguration gemäß Ihren Anforderungen oder Organisationsstrukturen konzentrieren.

**SAP Cloud Platform Cockpit**
Alle Konfigurationen und administrativen Aufgaben erledigen Sie über das webbasierte *SAP Cloud Platform Cockpit*. Alternativ dazu können Sie die SAP Cloud Platform über ein *Command-Line Interface* konfigurieren und administrieren.

> [»]
>
> **Command-Line Interface zur Administration**
>
> Neben dem SAP Cloud Platform Cockpit als webbasierte Administrationsoberfläche nutzen Sie zur Konfiguration und Administration z. B. den SAP Cloud Platform Console Client für das Neo Environment und das Cloud Foundry Command-Line Interface (CLI) für das Cloud Foundry Environment.

Das SAP Cloud Platform Cockpit ist der zentrale Einstieg in die SAP Cloud Platform und bietet Zugriff auf eine Reihe von Funktionen zum Konfigurieren und Verwalten von Anwendungen, Services und Accounteigenschaften. Sie verwenden das Cockpit, um Ressourcen, einzelne Services, die Verbindung zu anderen Systemen und Sicherheitseinstellungen der Plattform zu verwalten, Anwendungen zu überwachen und deren Lebenszyklus zu steuern. Auch die Entwickler, die Anwendungen auf der SAP Cloud Platform mit Hilfe der bereitgestellten Services umsetzen, greifen auf die SAP-Cloud-Platform-Services über das Platform Cockpit zu.

> [»]
>
> **SAP-ID-Service**
>
> Bei der Anmeldung im SAP Cloud Platform Cockpit werden die Nutzer standardmäßig beim SAP-ID-Service (*https://accounts.sap.com*) authentifiziert. Bei der Lizenzierung von Services oder der Registrierung für einen Trial Account wird Ihr Nutzer automatisch dem SAP-ID-Service hinzugefügt. Der SAP-ID-Service ist der von SAP bereitgestellte Service SAP Cloud Platform Identity Authentication. Alternativ können Sie für die Authentifizierung der Plattformnutzer auch Ihren eigenen Identity Provider oder einen eigenen Identity-Provider-Service der SAP Cloud Platform nutzen.

Nach erfolgreicher Anmeldung am SAP Cloud Platform Cockpit sehen Sie den in Abbildung 6.1 gezeigten **Home**-Screen. Basierend auf Ihren SAP-

Cloud-Platform-Verträgen, die Sie mit SAP abgeschlossen haben, werden hier ein oder mehrere Global Accounts angezeigt. Ein Vertrag entspricht dabei einem Global Account. In Abbildung 6.1 sehen Sie den **Home**-Screen eines Nutzers, der mehreren Global Accounts zugewiesen ist. Pro Global Account werden die Anzahl der vorhandenen Subaccounts sowie die Anzahl der unterschiedlichen geographischen Regionen der Subaccounts angezeigt ❶. Über die Navigationsleiste ❷ des **Home**-Screens gelangen Sie zu einer Übersicht der geographischen Regionen, in denen Rechenzentren die SAP-Cloud-Platform-Services bereitstellen. Auch ein Servicekatalog, der alle verfügbaren Services der Plattform beschreibt, ist aufrufbar.

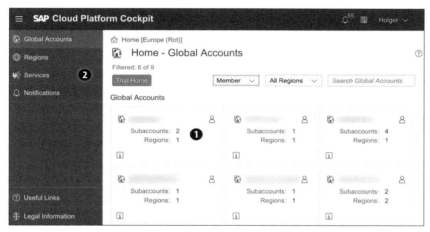

**Abbildung 6.1** SAP Cloud Platform Cockpit als zentraler Einstieg zur Administration, Konfiguration und Nutzung der SAP Cloud Platform

Haben Sie im **Home**-Screen einen Global Account ausgewählt, können Sie weitere accountspezifische Konfigurationen durchführen. So greifen Sie, wie in Abbildung 6.2 dargestellt, über die Navigationsleiste ❷ auf zusätzliche Informationen Ihres Global Accounts zu, wie z. B. den **Entitlements**, d. h. den verfügbaren Ressourcen (siehe Abschnitt 6.2, »Ressourcenverbrauch und Servicekontingente definieren«). Auch fügen Sie über den Menüpunkt **Members** neue Plattformnutzer als Administratoren zu Ihrem Global Account hinzu (siehe Abschnitt 6.4, »Benutzerkonten«). Zur Abbildung von Projekt- und Unternehmensstrukturen unterteilen Sie einen Global Account in mehrere Subaccounts.

So legen Sie für die weitere Strukturierung und Organisation der Plattformressourcen, der Cloud-Anwendungen und -Entwickler über **New Subaccount** ❶ weitere Unterkonten innerhalb Ihres Global Accounts an (siehe

Abschnitt 6.1, »Ihre Accountstruktur definieren«). Alle Entwicklungen oder Bereitstellungen von Cloud-Anwendungen erfolgen in Subaccounts, so dass Sie als Administrator den Entwicklern und Testern Zugang zu entsprechenden Subaccounts gewähren.

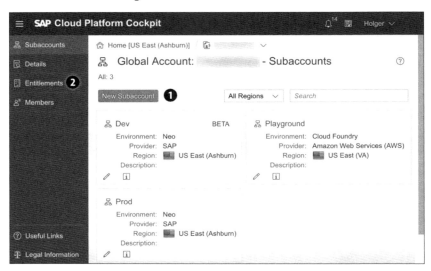

**Abbildung 6.2** Subaccounts

[»]

> **Support**
>
> Treten während der Nutzung der SAP Cloud Platform technische Probleme auf, haben Sie die Möglichkeit, den Status der SAP Cloud Platform innerhalb der unterstützten Regionen und einzelner Services unter der URL *https://sapcp.statuspage.io/* zu überprüfen.
>
> Genauere Informationen zu der Ursache, den Auswirkungen und den umgesetzten Lösungsmaßnahmen finden Sie in den SAP Cloud Platform Root Cause Analyses (RCAs) unter der URL *http://s-prs.de/v632007*.
>
> Um Probleme (*Incidents*) zu melden, öffnen Sie über das SAP ONE Support Launchpad eine entsprechende Meldung. Dabei stellen Sie weitere Details zu dem aufgetretenen Problem sowie zum betroffenen SAP-Cloud-Platform-Account bereit.

## 6.1   Ihre Accountstruktur definieren

Bei der Nutzung der SAP Cloud Platform wird zwischen zwei unterschiedlichen Arten von Global Accounts unterschieden. Für die Entwicklung und

Bereitstellung von produktiven Anwendungen verwenden Sie einen kostenpflichtigen Global Account (*Unternehmenskonto*).

Ein Unternehmenskonto ist einem Unternehmen (Kunden) oder Partner zugeordnet und enthält die kommerziell erworbenen Berechtigungen für die Nutzung von Plattformressourcen und -services. Abhängig von der Größe des Unternehmens oder seiner Struktur und Organisation kann ein Kunde mehrere Unternehmenskonten (Global Accounts) besitzen.

Unternehmens-konto

Um die Services der SAP Cloud Platform kostenfrei zu testen, nutzen Sie einen Trial Account (*Testkonto*), für den Sie sich unter der URL *cloudplatform.sap.com* registrieren. Testkonten sind für den persönlichen Test und nicht für produktive Anwendungen oder die Entwicklung in Teams gedacht und erlauben demnach eine eingeschränkte Nutzung der Plattformressourcen und -services.

Testkonto

Abhängig von Ihrem Anwendungsfall starten Sie die Nutzung der SAP-Cloud-Platform-Services entweder über ein kostenloses Testkonto oder ein kostenpflichtiges Unternehmenskonto. Beide Accounttypen unterscheiden sich in den Möglichkeiten der Administration und Konfiguration. In den folgenden Abschnitten konzentrieren wir uns auf die Administration eines Unternehmenskontos.

Um beispielsweise als zentrale IT-Organisation Ihres Unternehmens die verfügbaren SAP-Cloud-Platform-Ressourcen unterschiedlichen Projekten zuzuordnen oder mehrstufige Landschaften, bestehend aus Entwicklungs-, Test- und Produktivumgebungen, zu ermöglichen, erstellen Sie als Administrator innerhalb eines Global Accounts mehrere *Subaccounts* (Unterkonten). Jeder Subaccount hat dabei die folgenden Eigenschaften:

Subaccounts

- über Entitlements zugewiesene Servicekontingente (*Quotas*) aus dem zugehörigen Global Account
- Nutzer (*Member*), die innerhalb des Subaccounts als Administrator oder Entwickler arbeiten (abhängig von der zugewiesenen Rolle)
- Cloud-Anwendungen, die innerhalb des Subaccounts bereitgestellt werden und das zugewiesene Servicekontingent nutzen
- Daten- die in den Data-Management-Services des Subbacounts von den Anwendungen gespeichert werden
- Konfigurationen zu den bereitgestellten Anwendungen, wie z. B. Destinations für den Zugriff auf On-Premise- oder Cloud-Systeme

Abbildung 6.3 zeigt, wie Sie mit der hierarchischen Strukturierungsmöglichkeit von Unternehmenskonten durch Unterkonten ein Kontomodell definieren, das zu Ihren Geschäfts- und Entwicklungsanforderungen passt.

Accountstruktur

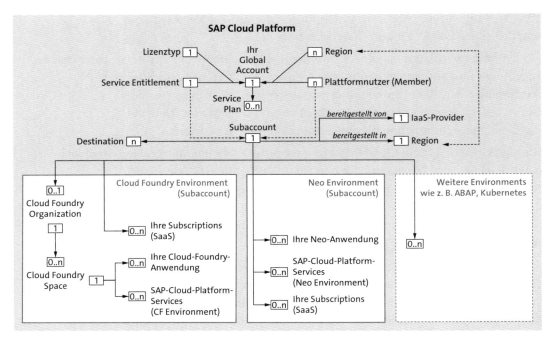

**Abbildung 6.3** Mit Subaccounts Ihre Unternehmens- und Projektstruktur definieren

Als Unternehmen können Sie mehrere SAP-Cloud-Platform-Verträge zur Lizenzierung der Services abschließen und demnach mehrere Global Accounts haben. Jedem Global Account ist dabei je ein entsprechender Lizenztyp (subscription- oder consumption-basierte Lizenzierung) zugeordnet, aus dem sich die Service-Entitlements für die Nutzung der SAP Cloud Platform ergeben. Plattformnutzer (Member) mit der Rolle eines Administrators konfigurieren und verwalten den Global Account und legen ein oder mehrere Subaccounts an. So nutzen verschiedene Entwicklungsteams oder Abteilungen Ihres Unternehmens entsprechend zugeordnete Plattformressourcen in einem eigenen Subaccount. Unterkonten eines Unternehmenskontos sind unabhängig voneinander. Die Isolierung der Subaccounts ist für Sicherheit, Nutzerverwaltung, Datenverwaltung, Datenmigration und Integration entscheidend. Auch wählen Sie beim Anlegen eines neuen Unterkontos ein entsprechendes Environment aus (z. B. Neo oder Cloud Foundry). In einem Cloud Foundry Environment haben Sie eine zusätzliche Strukturierungsmöglichkeit über *Spaces*. In einem Space entwickeln Sie mit den Platform-Services Ihre Cloud-Anwendung und stellen diese dann auch über einen Space bereit.

Darüber hinaus wird jedes Unterkonto in einer bestimmten geographischen Region und von einem definierten IaaS-Provider bereitgestellt. Jede Region repräsentiert den Standort eines Rechenzentrums, d. h. den physischen Ort (z. B. Europa, US-Ost), an dem Ihre Anwendungen, Daten oder Dienste bereitgestellt werden. Die Ihrem Unterkonto zugewiesene Region muss nicht direkt Ihrem eigenen Standort entsprechen. Sie könnten zum Beispiel in Europa ansässig sein, aber Ihr Unterkonto in den Vereinigten Staaten betreiben. Abhängig von dem verwendeten SAP Cloud Platform Environment (z. B. Cloud Foundry oder Neo) können Sie Anwendungen in verschiedenen Regionen bereitstellen. Alle Rechenzentren, in denen das Neo Environment verfügbar ist, werden ausschließlich von SAP betrieben, während Rechenzentren, in denen das Cloud Foundry Environment verfügbar ist, von SAP und auch von anderen Rechenzentrumsanbietern wie beispielsweise AWS, Microsoft, Google oder IBM Cloud bereitgestellt werden. Um eine Anwendung in mehreren Regionen zur Verfügung zu stellen, führen Sie das Deployment der Anwendung separat in jedem Subaccount aus, den Sie in einer entsprechenden Region erstellt haben. Das Laufzeitverhalten (wie z. B. die Antwortzeit bzw. Latenz) Ihrer Cloud-Anwendungen kann optimiert werden, indem Sie für die Bereitstellung der Anwendung eine Region in der Nähe der Anwendungsnutzer wählen.

**Regionen**

Abbildung 6.4 zeigt ein Beispiel für die Strukturierung eines Global Accounts in die drei Subaccounts DEV, TEST und PROD. Auf jeden Subaccount dürfen unterschiedliche Plattformnutzer zugreifen. So ist es denkbar, dass auf den Subaccount TEST primär Tester und auf den Subaccount PROD nur bestimmte Entwickler und Administratoren zugreifen dürfen. Auch in den Konfigurationen unterscheiden sich die Subaccounts. Bei einer hybriden Anwendung binden Sie im Subaccount PROD über entsprechende Destinations Ihre produktiven On-Premise-Systeme ein. Aus den Subaccounts DEV und TEST greifen Sie auf die entsprechenden Entwicklungssysteme in Ihrer On-Premise-Landschaft zu. Auch die Anwendungen innerhalb der Subaccounts haben unterschiedliche Versionsstände. Zwischen unterschiedlichen Subaccounts transportieren Sie Anwendungen über den *SAP-Cloud-Platform-Transport-Service* oder das Enhanced Change and Transport System (CTS+; siehe Kapitel 10, »Services für DevOps«).

**Beispiel**

Eine weitere Möglichkeit zur Strukturierung Ihrer Accounts zeigt Abbildung 6.5. Auch in diesem Beispiel wird über entsprechende Subaccounts eine dreistufige Landschaft realisiert. Neben den Subaccounts DEV und TEST gibt es einen PROVISIONING-Subaccount für die produktive Bereitstellung von Anwendungen.

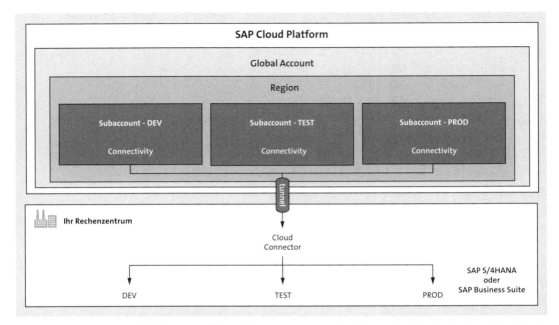

**Abbildung 6.4** Über Subaccounts setzen Sie eine dreistufige Systemlandschaft auf.

Subscriptions | Zusätzlich gibt es einen weiteren Subaccount CONSUMPTION, über den die Nutzer auf die Anwendungen über *Subscriptions* (siehe Abschnitt 6.5, »Business Application Subscriptions«) zugreifen, die im PROVISIONING-Subaccount bereitgestellt werden. Durch diesen Ansatz können Sie eine Anwendung für unterschiedliche Nutzergruppen zentral bereitstellen, die sich beispielsweise durch ihre Organisationseinheiten unterscheiden. Durch die Subscription können Sie dann auf spezifische Konfigurationsanforderungen der Organisationseinheiten eingehen. So kann zum Beispiel pro Organisationseinheit ein eigenes SAP Fiori Launchpad implementiert und die Anwendung über eine eigene URL eingebunden werden. Auch konfigurieren Sie die Zugriffe auf On-Premise-Systeme individuell für jede Organisationseinheit. Aktualisieren Sie beispielsweise die Anwendung *AppIT1*, müssen Sie das nicht für jede Organisationseinheit ausführen, sondern Sie aktualisieren zentral genau einmal, und durch die Subscription nutzen die unterschiedlichen Organisationseinheiten automatisch die aktuelle Version der Anwendung. Es ist zu beachten, dass die Daten der Anwendung im PROVISIONING-Subaccount gespeichert werden und nicht etwa im CONSUMPTION-Subaccount.

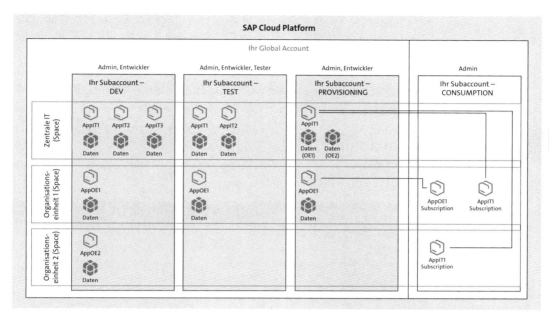

**Abbildung 6.5** Bereitstellung der Anwendungen über Subscriptions in einem separaten Subaccount

## 6.2   Ressourcenverbrauch und Servicekontingente definieren

Wenn Sie ein SAP-Cloud-Platform-Unternehmenskonto nutzen, stehen Ihren Anwendungen, abhängig vom Lizenztyp des Global Accounts (Subscription oder Consumption), bestimmte Ressourcenkontingente der Services, wie z. B. die Menge an nutzbarem Speicher, zur Verfügung.

Die Nutzungsrechte und die Ressourcenkontingente der unterschiedlichen SAP-Cloud-Platform-Services werden Ihrem Global Account mit einem abgeschlossenen Vertrag über *Entitlements* zugeordnet. Ein Entitlement ist damit Ihr vertraglich vereinbartes Nutzungsrecht eines Service der SAP Cloud Platform. Als autorisierter Administrator eines Unternehmenskontos (Global Account) weisen Sie einzelnen Unterkonten entsprechende Entitlements zu. Die Zuweisung der Entitlements zu Subaccounts erfolgt über *Service Plans*. Für einen Service kann es unterschiedliche Service Plans geben. Ein Service Plan ist demnach eine Variante eines Service, oft ausgedrückt in Größen und Funktionen. Zum Beispiel kann eine Datenbank mit verschiedenen Speicherkapazitäten den Subaccounts zugewiesen werden, wie beispielsweise klein, mittel und groß. Die unterschiedlichen Speicherkapazitäten werden über entsprechende Service Plans abgebildet. So gibt es

**Entitlements**

beispielsweise für den SAP-HANA-Service die Service Plans »Standard Edition« und »Enterprise Edition« geben, die sich durch die Nutzbarkeit der unterschiedlichen SAP-HANA-Funktionen unterscheiden und abhängig vom gespeicherten Datenvolumen berechnet werden. Die Details zu den Service Plans sind beispielsweise auf der SAP Cloud Platform Landing Page (*cloud-platform.sap.com*) im Bereich **Capabilities** beschrieben.

Zuordnung von Service Plans

Abbildung 6.6 zeigt ein Beispiel für die Zuordnung von Entitlements der SAP-Cloud-Platform-Services zu den vorhandenen Subaccounts Ihres Global Accounts. Für den SAP-HANA-Service werden die beiden Servicepläne »Standard« und »Enterprise« angeboten.

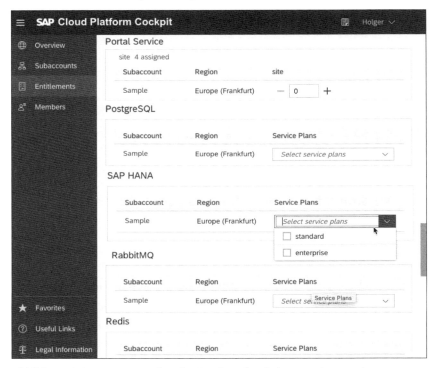

**Abbildung 6.6** Nutzungsrechte der Services den Subaccounts zuweisen

Bei Unternehmenskonten mit dem abonnementbasierten kommerziellen Modell (Subskription) hängt die maximale Anzahl verfügbarer Zuweisungen eines Service Plans von den erworbenen Subscriptions ab.

Bei Unternehmenskonten mit dem verbrauchsabhängigen kommerziellen Modell (*Cloud Credits*) gibt es keine Begrenzung für die Anzahl der Service-Plan-Zuweisungen, die Sie einem Unterkonto hinzufügen können. Je mehr Service Plans Sie zur Nutzung zuweisen, desto schneller verbrauchen Sie potentiell die verfügbaren Cloud Credits.

Innerhalb von Subaccounts, die Sie im Cloud Foundry Environment angelegt haben, verteilen Sie die über Entitlements zugeordneten Nutzungsrechte wiederum über *Quota Plans* an die einzelnen Spaces. Ein Quota Plan
definiert dabei die maximal zulässige Nutzung eines Service gemäß der
Metrik, mit dem die Servicenutzung bemessen wird (z. B. Speichervolumen
oder Anzahl der Nutzer).

**Quota Plans**

Abbildung 6.7 zeigt die Definition eines Quota Plans. Die vom Administrator des Unternehmenskontos zugewiesenen Entitlements des Subaccounts
(*Organization*) werden bei der Definition eines neuen Quota Plans angezeigt ❶ (**Org. Quota**) und stellen damit die maximale Parametergröße dar.

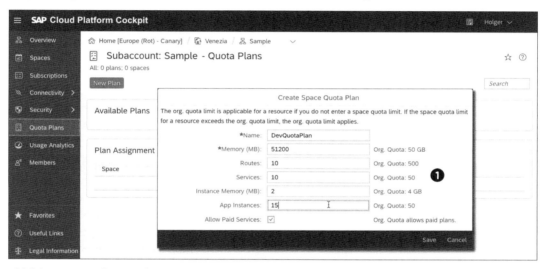

**Abbildung 6.7** Definition des Quota Plans

Definieren Sie für Spaces eigene Quota Plans, um die Nutzung von Ressourcen und Services zu kontrollieren Ein Quota Plan definiert das obere Ver-
brauchslimit für alle Ressourcen in einem Space, z. B. Speicher, Route,
Services, Instanzenspeicher und Anwendungsinstanzen. Als Administrator
können Sie in einer Cloud-Foundry-Organisation (Subaccount) Quota Plans
für Spaces erstellen, bearbeiten oder zuweisen. Sie können beliebig viele
Quota Plans in einem Subaccount (Organisation) definieren, aber Sie können einem Space jeweils nur einen Quota Plan zuweisen. Sie können auch
festlegen, ob ein Space kostenpflichtige SAP-Cloud-Platform-Services nutzen
darf.

Das Zuweisen eines Quota Plans zu einem Space ist optional. Ein Space ohne
zugewiesenen Quota Plan teilt die im Subaccount (Organisation) definierten
Verbrauchslimits mit anderen in dem Subaccount definierten Spaces.

## 6.3   Monitoring des Ressourcenverbrauchs und der genutzten Servicekontingente

Metering

Als Member (z. B. Entwickler) eines Subaccounts nutzen Sie die Platform-Service-Entitlements für die Entwicklung und Bereitstellung Ihrer Cloud-Anwendungen. Sobald Sie einen Service innerhalb eines Subaccounts bzw. eines Space über den Service Marketplace instanziieren, startet das *Metering* der Servicenutzung, um sicherzustellen, dass der Service im Rahmen der verfügbaren Entitlements verwendet wird. Bei einer auf Cloud Credits basierten Lizenzierung werden darüber hinaus Credits entsprechend der Servicenutzung vom globalen Cloud-Credits-Kontingent abgezogen. Löschen oder deaktivieren Sie eine Serviceinstanz, wird auch die Nutzung des Service nicht mehr protokolliert, und es werden keine Cloud Credits von Ihrem Kontingent abgezogen.

Global Account

Abbildung 6.8 zeigt, wie Sie im Kontext Ihres Global Accounts eine Übersicht der monatlich genutzten Servicekontingente erhalten. Auch die monatlich genutzten Kontingente pro Subaccount und pro Service werden dargestellt. Für eine externe Verarbeitung oder Verteilung im Team können Sie die Nutzungsdaten auch als Excel-Datei exportieren.

Der Bereich **Global Account Overview** ❶ zeigt den zeitlichen Verlauf der Service-Plan-Nutzung eines ausgewählten Services (z. B. MongoDB) im Kontext des Unternehmenskontos, also aller Subaccounts, an. Das Diagramm stellt die monatliche Nutzung des ausgewählten Services innerhalb des Global Accounts gemäß dem zugewiesenen Service-Plan im ausgewählten Zeitraum dar. So sehen Sie beispielsweise für einen Zeitraum von 6 Monaten die Nutzung des MongoDB-Service mit den zwei verfügbaren Serviceplänen »Small« und »X-Small«. Für den aktuellen Monat (in der Abbildung der Monat Juni) wird eine Schätzung der voraussichtlichen Servicenutzung angezeigt. Im Beispiel wird geschätzt, dass eine zusätzliche MongoDB-Service-Instanz mit dem Service-Plan »Small« in einem der Subaccounts instanziiert wird.

[»]

**Regionale Preisunterschiede der Services**

Im Cloud Foundry Environment haben einige Servicepläne abhängig von der Region unterschiedliche Preise. Die Verwendung eines Service Plans in mehreren Regionen mit unterschiedlichen Preisen wird als separate Positionen in der Übersicht angezeigt.

Die **Service Usage** ❷ zeigt die Nutzung von Serviceplänen pro Service im ausgewählten Zeitraum für Ihre Unterkonten an. Der Bereich **Subaccount Usage** ❸ zeigt die Nutzung von Serviceplänen pro Subaccount im ausgewählten Zeitraum für die Services an.

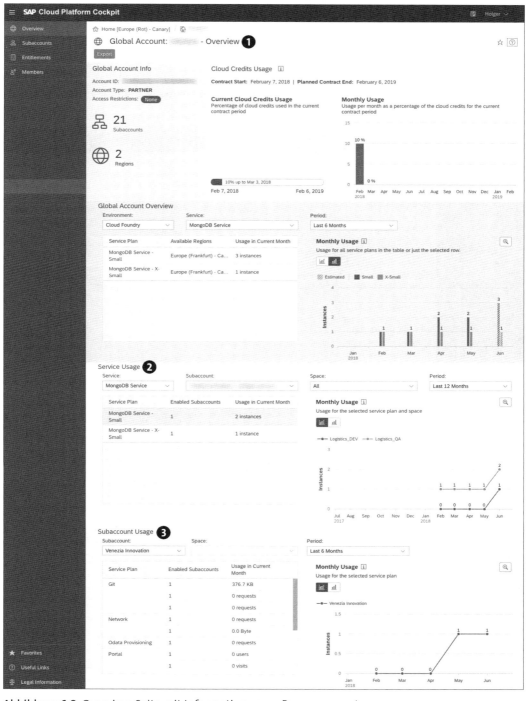

**Abbildung 6.8** Overview-Seite mit Informationen zur Ressourcennutzung innerhalb des Unternehmenskontos

Subaccount

Neben der Darstellung der Servicenutzung auf der Ebene eines Global Accounts haben Sie auch auf der Ebene Ihrer Subaccounts eine Darstellung der entsprechenden Nutzungsstatistiken. Abbildung 6.9 zeigt die Servicenutzung für einen einzelnen Subaccount. Auch hier wählen Sie den Service und Zeitraum ❶, den Sie betrachten möchten. Zusätzlich sehen Sie auf Subaccount-Ebene die zugewiesenen Service-Entitlements mit den verfügbaren Service Plans ❷.

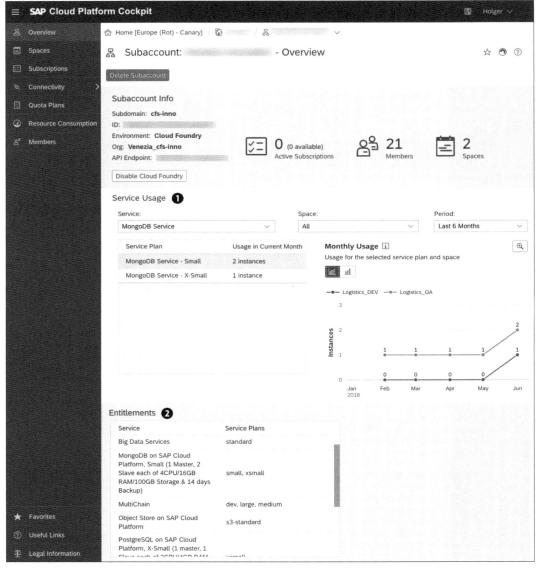

**Abbildung 6.9** Die Übersichtsseite eines Subbacounts zeigt die Nutzung der Services sowie zugewiesene Entitlements und Service Plans.

## 6.4   Benutzerkonten

Über Benutzerkonten regeln Sie den Zugriff auf die SAP Cloud Platform sowie die Nutzungsmöglichkeit der bereitgestellten Services.

Bei der Nutzung der SAP Cloud Platform wird zwischen einem *Plattformnutzer* und einem *Anwendungsnutzer* unterschieden. Anwendungsnutzer kommen beispielsweise aus Fachabteilungen oder sind Kunden oder Partner Ihres Unternehmens und verwenden die auf der SAP Cloud Platform bereitgestellten Cloud-Anwendungen. Im Gegensatz dazu ist ein Plattformnutzer beispielsweise ein Mitarbeiter Ihrer IT-Organisation, der die Services der SAP Cloud Platform verwaltet. Auch Partner oder Mitarbeiter aus Entwicklungsabteilungen sind Plattformnutzer, die Anwendungen auf der SAP Cloud Platform entwickeln und bereitstellen. Sowohl die Authentifizierung als auch die Verwaltung der Nutzer unterscheidet zwischen Plattform- und Anwendungsnutzern. Während Sie die Anwendungsnutzer über einen Identity Provider (z. B. den Identity-Authentication-Service) verwalten und authentifizieren, verwalten Sie die Plattformnutzer über das SAP Cloud Platform Cockpit. Plattformnutzer werden auch als *Member* (eines Subaccounts) bezeichnet.

**Nutzertypen**

Je nach Aufgabengebiet weisen Sie den Plattformnutzern eine entsprechende *Platform Role* zu, die die erforderlichen Berechtigungen für z. B. die Administration, die Entwicklung von Anwendungen oder Supportaufgaben mitbringt. So verwaltet ein Plattformnutzer beispielsweise in der Rolle eines Administrators die Services, Ressourcen und weitere Plattformnutzer (Member) des SAP-Cloud-Platform-Accounts. In der Rolle eines Entwicklers nutzt der Plattformnutzer die unterschiedlichen Services zur Entwicklung und Bereitstellung von Cloud-Anwendungen. Neben den vordefinierten Platform Roles haben Sie die Möglichkeit, eigene Rollen mit entsprechenden SAP-Cloud-Platform-Berechtigungen zu definieren und diese den Plattformnutzern von Subaccounts zuzuweisen. Abbildung 6.10 zeigt den Wizard zur Definition einer neuen Platform Role. Durch die Zuweisung von *Scopes* vergeben Sie Nutzungsprivilegien auf der SAP Cloud Platform an die neu definierte Rolle.

**Platform Roles**

**[«]**

### SAP Cloud Platform Roles

Berechtigungen innerhalb der SAP Cloud Platform vergeben Sie über Platform Roles. Standardmäßig sind die folgenden Rollen vordefiniert, die Sie beim Anlegen von neuen Plattformnutzern (Members) diesen entsprechend zuweisen:

- **Administrator**: Als Administrator verwalten Sie weitere Plattformnutzer (Members) von Subaccounts, legen neue Subaccounts an, verwalten Servicekontingente über Entitlements und Quota Plans und definieren Sicherheitseinstellungen. Darüber hinaus verfügen Administratoren über alle Berechtigungen der Developer-Rolle mit Ausnahme der Debug-Berechtigung.

- **Developer**: In dieser Rolle unterstützen Sie typische Entwicklungsaufgaben, wie z. B. das Bereitstellen, Starten, Stoppen und Debuggen von Cloud-Anwendungen.

- **Support User:** Mit dieser Rolle können Sie auf die Metadaten, Konfigurationseinstellungen und Protokolldateien eines Subaccounts zugreifen, um bei Problemen eine Fehleranalyse durchzuführen.

- **Application User Admin:** Die Rolle ermöglicht Ihnen, Benutzerrechte für den Zugriff auf Cloud-Anwendungen zu verwalten. So weisen Sie Anwendungsnutzer direkt den Rollen für die Anwendung zu. Alternativ können Sie sie den entsprechenden Gruppen zuweisen, die den Rollen der Anwendung zugeordnet sind.

- **Cloud Connector Admin:** Ermöglicht Ihnen, eine sichere Verbindung über den Cloud Connector von lokalen Netzwerken zu Ihren SAP-Cloud-Platform-Subaccounts zu öffnen.

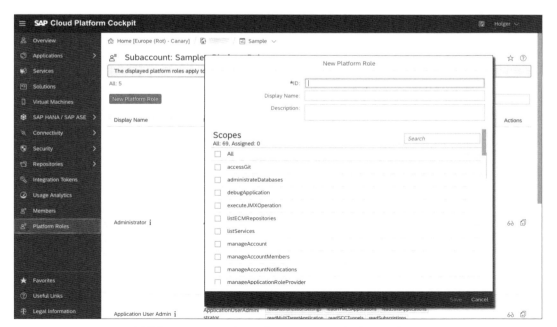

**Abbildung 6.10**  Bei der Definition neuer Platform Roles weisen Sie die Privilegien über Scopes zu.

Bei der Anmeldung am SAP Cloud Platform Cockpit werden Plattformnutzer wie z. B. Administratoren oder Entwickler standardmäßig über einen Benutzernamen und ein Passwort über den SAP-ID-Service authentifiziert. Auch eigene Identitätsmanagementsysteme können für die Authentifizierung der Plattformnutzer integriert werden (siehe Kapitel 11, »Sicherheit auf der SAP Cloud Platform«).

Ein Plattformnutzer kann einem oder mehreren Global Accounts, Subaccounts und Cloud Foundry Spaces zugewiesen werden. Sobald Sie sich am SAP Cloud Platform Cockpit anmelden, sehen Sie im **Home**-Screen eine Übersicht aller Global Accounts, auf die Sie mit entsprechenden Berechtigungen zugreifen.

**Berechtigungen**

## 6.5    Business Application Subscriptions

Wollen Sie eine Cloud-Anwendung unterschiedlichen Abteilungen innerhalb oder außerhalb Ihres Unternehmens zugänglich machen, können Sie die Anwendung zentral in einem eigenen Subaccount bereitstellen. Die Anwendung wird zentral administriert und teilt sich identische Konfigurationseinstellungen, wie z. B. den Zugriff auf On-Premise-Systeme. Sie wird über eine einzige URL aufgerufen bzw. in ein SAP Fiori Launchpad oder Portal eingebunden. Bei dieser Art der Bereitstellung unterscheiden Sie nicht zwischen unterschiedlichen Mandanten und entsprechenden Konfigurationsanforderungen der Mandanten.

Bei einer unternehmensweiten Bereitstellung von Cloud-Anwendungen kann es aber aus organisatorischen Gründen erforderlich sein, die Anwendung individuell für unterschiedliche Abteilungen nutzbar zu machen. Ein Grund ist z. B. die administrative Trennung von Subaccounts der zentralen IT-Organisation und Subaccounts für die entsprechenden Abteilungen. Es kann auch sein, dass verschiedene Abteilungen zwar die gleiche Anwendung nutzen, aber unterschiedliche Konfigurationsanforderungen für z. B. den Zugriff auf On-Premise- oder Cloud-Systeme haben. Aus administrativer Sicht sollte die Bereitstellung der Anwendung dennoch zentral und nicht mehrfach in unterschiedlichen Subaccounts erfolgen, um bei einer Aktualisierung der Anwendung dies nicht in jedem einzelnen Subaccount separat durchzuführen.

**Mandanten-fähigkeit**

Auch für die Nutzung und Bereitstellung von SAP-Partneranwendungen ist es notwendig, hierfür innerhalb Ihres SAP-Cloud-Platform-Accounts die Einbindung der Anwendung unter Berücksichtigung unternehmensspezifischer Konfigurationen zu ermöglichen, ohne dass der Partner notwendigerweise administrativen Zugriff auf Ihren Account hat.

**Subscriptions**    Für solche Szenarien bietet die SAP Cloud Platform über *Subscriptions* eine mandantenfähige Funktionalität, die es Ihnen ermöglicht, eine Cloud-Anwendung für mehrere unterschiedliche Nutzergruppen (wie z. B. Abteilungen oder Kunden) zu implementieren und zu betreiben sowie eine kundenspezifische Konfiguration, insbesondere für die Anbindung von bestehenden Systemen (on premise oder Cloud), zu ermöglichen. Über Subscriptions aktualisieren Sie als Anbieter die Cloud-Anwendung zentral für alle Nutzergruppen in einem *Provider-Subaccount*, anstatt die neue Version für jede Nutzergruppe bzw. unterschiedliche Abteilungen einzeln einzuspielen. Dennoch ist es möglich, anwendungsspezifische Konfigurationen, wie beispielsweise die Verbindung zu On-Premise- oder Cloud-Systemen im *Consumer-Subaccount*, individuell für jede Nutzergruppe einzeln vorzunehmen. Auch der Aufruf Ihrer Cloud-Anwendung erfolgt über eine benutzerspezifische URL, so dass die Anwendung in ein entsprechendes SAP Fiori Launchpad oder Portal der jeweiligen Nutzergruppe eingebunden werden kann. In Abbildung 6.4 sehen Sie den Zusammenhang zwischen Provider-Subaccounts und Consumer-Subaccounts. Zu beachten ist, dass eine Datenspeicherung im Provider-Subaccount erfolgt. Über Subscriptions bilden Sie einerseits organisatorische Anforderung ab und ermöglichen andererseits die Nutzung von Partner-Anwendungen in Ihrem Account.

# Kapitel 7
# Integration und Zugriff auf Daten und Prozesse

*Für digitale Transformationsprojekte, die oftmals auf einer hybriden Architektur basieren, sind die Integration bestehender Daten und der Zugriff auf vorhandene Prozesse ein Schlüsselfaktor.*

Wie in Kapitel 1, »Herausforderungen durch die Digitalisierung«, beschrieben, geht es bei vielen Digitalisierungsprojekten um eine Kombination neuer, bisher noch nicht verwendetet Technologien mit bestehenden Prozessen und Daten. Zum Beispiel sollen auf Basis gemessener Sensorwerte bestimmte Geschäftsprozesse, wie etwa ein Serviceauftrag oder eine Bestellung, gesteuert werden. Oder es sollen die in der bestehenden Infrastruktur gespeicherten Bestellungen und Produktinformationen in einer neuen Cloud-Anwendung für Kunden eingebunden werden. Es ist wichtig, die vorhandenen Investitionen in Anwendungen und Unternehmensprozesse wiederzuverwenden.

Neben dem Zugriff auf Geschäftsprozesse und der Nutzung vorhandener Daten spielt auch die Integration von Partnern, anderen Unternehmen (Business-to-Business, B2B) und Behörden bei der Umsetzung unternehmensbezogener Cloud-Anwendungen eine Rolle. Mit dem Internet der Dinge haben Sie ebenso die Notwendigkeit, Daten von physischen Objekten über Sensoren für die transaktionale und analytische Verarbeitung und für die Erstellung eines digitalen Zwillings zu integrieren.

*Integrationsdomänen*

Um diesen wachsenden Integrationsanforderungen gerecht zu werden, deckt die SAP Cloud Platform prozess-, daten-, benutzer- und IoT-bezogene Integrationsszenarien ab. Ziel ist es dabei, die Implementierungsaufwände durch die Bereitstellung von vordefinierten Integrationsbausteinen für unterschiedliche Szenarien zu minimieren und vorhandene Investitionen in Geschäftsprozesse und Daten bestmöglich in Digitalisierungsprojekte mitzunehmen. So spielen bei Integrationsszenarien mit der SAP Cloud Platform insbesondere On-Premise-zu-Cloud, Cloud-zu-Cloud sowie die Einbindung von Geschäftspartnern eine Rolle.

[»]

**SAP Integration Solution Advisor Method (ISA-M)**

Die unterschiedlichen Integrationsdomänen und Integrationsszenarien werden über Blueprints durch die *SAP Integration Solution Advisor Method* (ISA-M) formal beschrieben, um Integrationsarchitekten bei der Konzeption einer Integrationsstrategie zu unterstützen. Die Empfehlungen und Vorlagen der ISA-M können dabei auf unterschiedliche Weise angewendet werden. So nutzen Sie ISA-M z. B. zur Definition Ihrer Integrationsempfehlungen für Ihr Unternehmen, bewerten und aktualisieren Ihre momentane Integrationsstrategie oder erfahren mehr über Integrationskonzepte (Patterns), die Sie in Ihrem Unternehmen einsetzen können. ISA-M bietet dazu Templates, die Sie an Ihre Anforderungen und Szenarien anpassen können.

## 7.1   Integrationsansätze und ihre technischen Voraussetzungen

Die SAP Cloud Platform bietet verschiedene Möglichkeiten, bestehende Geschäftsprozesse einzubinden oder Daten zwischen unterschiedlichen Anwendungen zu synchronisieren.

Domänen   Im Kontext von Cloud-Anwendungen, d. h. hybriden Architekturen, kann bei der Integration zwischen folgenden *Domänen* unterschieden werden:

- Integration von On-Premise- und Cloud-Anwendungen
- Integration von unterschiedlichen Cloud-Anwendungen
- Integration von Geschäftspartnern
- Integration von Dingen (IoT)

Anwendungsfälle   Dabei lassen sich im Weiteren die folgenden Anwendungsfälle bzw. Integrationsszenarien unterscheiden:

- Integration von zwei oder mehr Anwendungen (Application-to-Application)
- Integration von Stammdaten
- Business-to-Business-Integration
- Datenintegration
- Datenvirtualisierung

Abhängig vom Anwendungsfall starten Sie entweder von Ihrer Cloud-Anwendung über entsprechende APIs bestimmte Geschäftsprozesse in Ihren bestehenden (SAP-)Systemen, oder Sie replizieren ausgewählte Daten aus Ihren bestehenden Systemen in eine Persistenztechnologie der SAP

Cloud Platform (siehe Kapitel 8, »Daten in der SAP Cloud Platform speichern«), um die Daten aus Ihrer Cloud-Anwendung zu nutzen.

Bei Anwendungsfällen mit dem Ziel einer Verbesserung der User Experience können die Daten in den bestehenden Datenbanken bleiben, und Sie
greifen z. B. von einer SAP-Fiori-Anwendung über eine definierte OData-
Schnittstelle auf die Daten zu. Nur die Daten, die für die jeweilige Aktion in
der SAP-Fiori-Oberfläche benötigt werden, werden über die OData-Schnittstelle an die Cloud-Anwendung übergeben. Eine dauerhafte Speicherung
der Daten in der Cloud findet nicht zwingend statt. Ist eine Offlinenutzung
der Anwendung erforderlich, so werden Teile der Daten auch außerhalb der
bestehenden Datenbanken gespeichert. Optional kontrollieren Sie den Aufruf der OData-Schnittstelle mit dem API-Management-Service (siehe
Abschnitt 7.5, »API Management«).

*Zugriff mit Fiori-Anwendung*

Neben einer reinen Anzeige von Daten in einer SAP-Fiori-Oberfläche spielt
auch der Aufruf bestehender Geschäftsprozesse eine wichtige Rolle. Auch
hier werden keine Daten dauerhaft in der Cloud gespeichert. Über eine API
ruft Ihre Cloud-Anwendung einen bestehenden Prozess auf. Beim Aufruf
von Geschäftsprozessen spielen die transaktionale Integrität der Daten
sowie eine verlässliche Kommunikation und die Unterstützung unterschiedlicher Protokolle und Formate eine wesentliche Rolle.

Sollen vorhandene Daten mit den unterschiedlichen Services der SAP
Cloud Platform weiter ausgewertet, aufbereitet oder mit anderen Daten,
z. B. aus dem Internet oder anderen Cloud-Anwendungen, kombiniert werden, ist eine Speicherung der Daten in der SAP Cloud Platform erforderlich.
Auch hier hängt es vom jeweiligen Anwendungsfall ab, welche der möglichen Datenbank-Services Sie nutzen. Kapitel 8, »Daten in der SAP Cloud
Platform speichern«, gibt eine Übersicht der unterschiedlichen Datenbank-
Services und erläutert die Einsatzbereiche der Services. Der Replikations-
vorgang wird entweder im Batch-Modus oder in Echtzeit konfiguriert und
kann eine Transformation der Quelldaten umfassen. Optional prüfen Sie
die Qualität der Daten auf Einhaltung gewisser Formate und Inhalte.

*Datenspeicherung*

## 7.2   SAP Cloud Platform Connectivity und Cloud Connector

Der Service *SAP Cloud Platform Connectivity* und der *SAP Cloud Platform
Cloud Connector* sind wichtige Komponenten zur Umsetzung hybrider
Architekturen. Gemeinsam stellen beide Services eine sichere und zuver-
lässige Konnektivität zwischen Ihren Cloud-Anwendungen und On-Pre-
mise-Systemen her. Während der Connectivity-Service als Service der SAP
Cloud Platform für Sie bereitgestellt wird, installieren Sie den Cloud

Connector in Ihrer On-Premise-Landschaft. Auf Grund des einfachen Betriebs ist der Cloud Connector mit einem geringen TCO zu betreiben und wird vom SAP-Support abgedeckt.

**Nutzen**  Den Cloud Connector nutzen Sie für eine Punkt-zu-Punkt-Verbindung von Cloud-Anwendungen zu On-Premise-Anwendungen, um aus der Cloud-Anwendung Funktionen der On-Premise-Anwendung beispielsweise über BAPIs, RFCs und OData-Services aufzurufen. Wenn Sie erweiterte Funktionen – wie z. B. eine n:n-Verbindung zwischen Anwendungen – realisieren oder auf vordefinierte Inhalte zum Austausch von Daten zwischen Anwendungen zurückgreifen, nutzen Sie SAP Cloud Platform Integration (siehe Abschnitt 7.3, »SAP Cloud Platform Integration«). SAP Cloud Platform Integration nutzt dabei den Cloud Connector als Kommunikationskanal. Neben der Konnektivität von Cloud- und On-Premise-Anwendungen bietet der Cloud Connector ein Audit-Logging zur Protokollierung der Systemzugriffe sowie Zugriffskontrollmechanismen und eine Weiterleitung von Nutzerinformationen für eine automatische Authentifizierung an den On-Premise-Anwendungen (Principal Propagation – siehe Kapitel 11, »Sicherheit auf der SAP Cloud Platform«).

**Installationsvoraussetzungen für den Cloud Connector**

Um den Cloud Connector in Ihrer Systemlandschaft zu installieren, sind die folgenden Anforderungen notwendig:

- mindestens 2 GB RAM (4 GB RAM sind empfohlen)
- mindestens 3 GB Plattenplatz (20 GB sind empfohlen)
- CPU mindestens Single Core, 3 GHz, x86-64-kompatibel (eine Dual-Core-2-GHz-CPU ist empfohlen)
- Java Runtime Environment ab Version 7
- Windows, Linux oder macOS

Es wird empfohlen, eine Installation des Cloud Connectors für die Entwicklung und eine Installation für den produktiven Betrieb vorzunehmen, wobei der produktive Cloud Connector redundant ausgelegt wird. Somit haben Sie mindestens drei Cloud-Connector-Installationen in Ihrer On-Premise-Landschaft.

**Reverse Proxy**  Aus Netzwerksicht agiert der Cloud Connector als Reverse Proxy zwischen Ihrem On-Premise-Netzwerk und der SAP Cloud Platform. Aus diesem Grund sind auch keine Änderungen in Ihrer bestehenden Firewall-Konfiguration des On-Premise-Netzwerks, z. B. durch Öffnung bestimmter Inbound-Ports, notwendig, um eine Verbindung zwischen On-Premise-Anwendungen und der SAP Cloud Platform herzustellen. Auch wird die Verbindung zwischen der SAP Cloud Platform und Ihren On-Premise-Systemen immer vom On-Premise-Netzwerk gestartet und dann bidirektional genutzt. Ein Verbindungsaufbau erfolgt nicht aktiv aus der SAP Cloud Platform.

Abbildung 7.1 zeigt eine Übersicht, wie der Cloud Connector und der SAP-Cloud-Platform-Connectivity-Service eine Verbindung Ihrer vorhandenen On-Premise-Systeme mit den Services der SAP Cloud Platform ermöglicht.

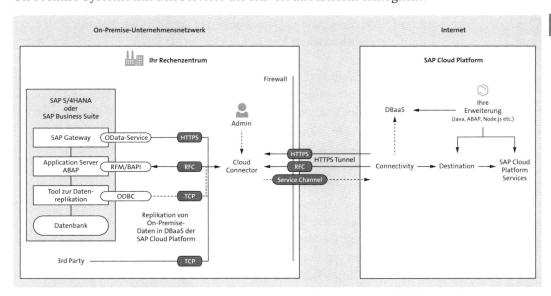

**Abbildung 7.1** Hybride Architektur mit Cloud Connector, On-Premise-Systemen und SAP Cloud Platform

Auch können Sie eine einzelne Cloud-Connector-Installation mit mehreren SAP-Cloud-Platform-Subaccounts verbinden, wobei jede Verbindung eine separate Authentifizierung erfordert und eine eigene Konfiguration besitzt. Sie können eine beliebige Anzahl von SAP- und Nicht-SAP-On-Premise-Systemen mit einem einzelnen Cloud Connector verbinden. Dabei müssen keine Änderungen am On-Premise-System vorgenommen werden. Nur wenn Sie einen Trust zwischen dem Cloud Connector und dem On-Premise-System, z. B. für die Umsetzung von Principal Propagation, definieren, muss eine Konfiguration am On-Premise-System erfolgen. Der Cloud Connector kann auch hochverfügbar betrieben werden. Zu diesem Zweck installieren Sie einen zweiten (redundanten) Cloud Connector, der als *Shadow* bezeichnet wird. Fällt der primäre Cloud Connector aus, übernimmt der sekundäre Cloud Connector die Arbeit.

**Architektur**

Protokolle

Zur Kommunikation zwischen Cloud-Anwendungen und On-Premise-Anwendungen unterstützt der Cloud Connector alle TCP-basierten Protokolle. Voraussetzung ist, dass der Client einen SOCKS5-Proxy für den Verbindungsaufbau unterstützt. Beispiele sind das HTTP- und das RFC-Protokoll, die zusätzlich weitere Zugriffskontrollmechanismen für On-Premise-Systeme unterstützen. Das RFC-Protokoll nutzen Sie beispielsweise zum Aufruf von ABAP-Funktionsmodulen, die einen Geschäftsprozess in SAP S/4HANA oder der SAP Business Suite implementieren. Um von On-Premise-Werkzeugen mit Datenbanken in der SAP Cloud Platform zu kommunizieren, unterstützt der Cloud Connector das JDBC- und das ODBC-Protokoll. Diese Art der Kommunikation wird auch als *Database Tunnel* bezeichnet. So nutzen Sie beispielsweise den *SAP Landscape Transformation Server* (SLT) zur Replikation von On-Premise-Daten in eine SAP-HANA-Instanz in der Cloud oder greifen mit lokal installierten BI-Werkzeugen auf Daten in der SAP Cloud Platform zu. Dadurch ist es möglich, auf Cloud-Datenbanken zuzugreifen, als ob sie in Ihrem On-Premise-Netzwerk laufen würden.

Authentifizierung

Für die Authentifizierung von Administratoren verwendet der Cloud Connector nach der Installation standardmäßig eine dateibasierte Benutzerverwaltung. Nutzen Sie in Ihrer Systemlandschaft bereits einen LDAP Server, können Sie den Cloud Connector so konfigurieren, dass die vorhandenen Identitäten des LDAP Servers für die Authentifizierung der Cloud-Connector-Administratoren verwendet werden. Alle Benutzer, die zu einer LDAP-Gruppe mit dem Namen admin oder sccadmin gehören, verfügen über die erforderliche Berechtigung zur Administration des Cloud Connectors.

Sicherheit

Neben der reinen technischen Konnektivität von Cloud- und On-Premise-Systemen adressiert der Cloud Connector ebenfalls Sicherheitsanforderungen, die gerade für Cloud-Anwendungen ein wichtiger Aspekt sind. Durch ein Whitelisting der On-Premise-Komponenten, die aus der Cloud aufrufbar sind, agiert der Cloud Connector wie eine *Application Firewall*. Für eine sichere Kommunikation zwischen dem Cloud Connector und Ihren On-Premise-Systemen werden ausschließlich verschlüsselte Protokolle wie HTTPS und RFC über Secure Network Communications (SNC) verwendet. Dafür ist es notwendig, Zertifikate zwischen dem Cloud Connector und Ihren On-Premise-Systemen auszutauschen, um eine Trusted Relationship zwischen den Systemen herzustellen. Wenn Sie HTTPS als Protokoll verwenden, definieren Sie eine Trusted Relationship, indem Sie das Zertifikat des On-Premise-Systems im Cloud Connector konfigurieren. Das Zertifikat des On-Premise-Systems ist ein X.509-Zertifikat, das die Identität der Cloud-Connector-Instanz darstellt, und wird als Client-Zertifikat in der

HTTPS-Kommunikation zwischen dem Cloud Connector und Ihrem On-Premise-System verwendet. Um sicherzustellen, dass nur Anrufe von vertrauenswürdigen Cloud Connectors akzeptiert werden, konfigurieren Sie Ihr On-Premise-System so, dass es das Systemzertifikat des Cloud Connectors validiert (siehe Kapitel 11, »Sicherheit auf der SAP Cloud Platform«).

Der Cloud Connector erlaubt über *Monitoring APIs* den Abruf z. B. von Verbindungsdaten und Informationen zur Verfügbarkeit, die Sie beispielsweise im *SAP Solution Manager* für eine ganzheitliche Überwachung hybrider Architekturen einbinden. So überprüfen Sie beispielsweise mit Hilfe der Health Check API, ob der Cloud Connector betriebsbereit ist. Auch können Sie sich eine Liste aller aktiven Verbindungen zu On-Premise-Systemen ausgeben lassen, die Top Time Consumer anzeigen lassen oder Performance-Daten zur Kommunikation zwischen Cloud-Anwendung und On-Premise-Anwendung auslesen. Alternativ zur Anbindung an den Solution Manager können Sie sich automatisch E-Mails mit Zustandsinformationen des Cloud Connectors zusenden lassen.

*Monitoring*

Systemzugriffe von Cloud-Anwendungen auf On-Premise-Systeme werden vom Cloud Connector in einem sicheren Audit-Log protokolliert. Der Cloud Connector schreibt einen Log-Eintrag (z. B. Zugriff verweigert) für jede blockierte Anfrage. Auch werden Änderungen von kritischen Konfigurationsparametern durch den Administrator, wie z. B. einbindbare On-Premise-Systeme, deren zulässige Ressourcen etc., protokolliert.

*Auditing*

Nach der Installation des Cloud Connectors in Ihrem On-Premise-Netzwerk sind zunächst noch keine On-Premise-Systeme oder Ressourcen des Unternehmensnetzwerks in der SAP Cloud Platform sichtbar. Als Teil des Sicherheitskonzepts müssen Sie jedes System und jede Ressource explizit konfigurieren, die von Cloud-Anwendungen des assoziierten SAP-Cloud-Platform-Accounts verwendet werden dürfen. Jedes On-Premise-System, das über eines der unterstützten Protokolle angesprochen werden kann, kann so in Cloud-Anwendungen integriert werden. Eine Möglichkeit zum Zugriff auf ein ABAP System in Ihrer On-Premise-Landschaft aus einer Cloud-Anwendung besteht beispielsweise über SAP Gateway, da damit ABAP-Logik über HTTP und offene Standards konsumiert werden kann. Selbstredend wird empfohlen, nur Zugriff auf die On-Premise-Systeme und ihre Ressourcen zu gewähren, die von Ihren Cloud-Anwendungen auch explizit benötigt werden. Anstatt z. B. ein On-Premise-System so zu konfigurieren, dass ein Zugriff auf alle Ressourcen möglich ist, gewähren Sie nur den Zugriff auf die konkreten Ressourcen, die Ihre Cloud-Anwendung benötigen.

*On-Premise-Zugriff konfigurieren*

Wenn Sie im Cloud Connector den Zugriff auf ein On-Premise-System konfigurieren, können Sie einen virtuellen Host und Port für das On-Premise-
System definieren. Der Name und der Port des virtuellen Hosts geben den
vollqualifizierten Domänennamen des zugehörigen Systems in der Cloud
an. Es wird empfohlen, den Namen/das Port-Mapping des virtuellen Hosts
verwenden, um zu verhindern, dass Informationen über den Namen der
physischen Maschine und den Port eines lokalen Systems in der Cloud
genutzt werden.

**Destinations**  Der Connectivity-Service ist auf der SAP Cloud Platform der zum Cloud
Connector gehörende Service. Ein zentrales Artefakt des Connectivity-Service ist die *Destination*, die Sie über das SAP Cloud Platform Cockpit definieren und die den Zugriff auf ein On-Premise-(oder Cloud-)System aus der SAP
Cloud Platform konfiguriert. Damit stellt die Destination das entsprechende
SAP-Cloud-Platform-Artefakt zu einem über den Cloud Connector angebundenen On-Premise-System dar. Möchte Ihre Cloud-Anwendung auf ein On-
Premise-System zugreifen, geschieht dies über eine zuvor definierte Destination. Mit einer Destination beschreiben Sie die Verbindungsdetails zu
einem On-Premise-System, wie z. B. die URL und den Authentifizierungsme-
chanismus, wie beispielsweise Principal Propagation. Je nach Protokoll werden unterschiedliche Destination Types wie z. B. HTTP, RFC oder MAIL
unterschieden. Eine HTTP Destination verwenden Sie sowohl für den Zugriff
auf On-Premise- als auch auf Cloud-Systeme, und sie basiert entsprechend
auf dem Protokoll HTTP. Über eine RFC Destination konfigurieren Sie den
Zugriff auf ein On-Premise-ABAP-System über das RFC-Protokoll mittels JCo.

Als zentrales Artefakt der SAP Cloud Platform können Sie eine Destination
aus unterschiedlichen Cloud-Anwendungen nutzen. Sind Änderungen an
der Kommunikation mit dem referenzierten On-Premise-System erforderlich, führen Sie die Änderungen einmalig an der Destination durch, und alle
Anwendungen nutzen direkt die aktualisierte Konfiguration.

Für die Verwendung in unterschiedlichen Subaccounts können Sie Destinations auch exportieren bzw. importieren. Neben einer Konfiguration
über das SAP Cloud Platform Cockpit nutzen Sie auch die Kommandozeile
(z. B. den Console Client für das Neo Environment) oder die Eclipse IDE für
die Erstellung und Verwaltung von Destinations.

## 7.3   SAP Cloud Platform Integration

SAP Cloud Platform Integration ermöglicht eine systemübergreifende Integration, indem Daten zwischen Ihren Cloud-Anwendungen mit On-Premise-Anwendungen und anderen Cloud-Anwendungen ausgetauscht werden. Der Service unterstützt die Anbindung von Anwendungen von SAP, anderer Hersteller und auch Social-Media-Kanälen wie z. B. Twitter und Facebook und bietet Möglichkeiten für einen performanten, verlässlichen und sicheren Austausch von Daten zwischen den Anwendungen. Darüber hinaus können Sie mit Hilfe des Integration-Service entweder über eine EDI-basierte oder eine API-basierte Kommunikation mit Ihren Geschäftspartnern zusammenarbeiten. Auch eine Zusammenarbeit mit Behörden ist möglich, um beispielsweise gesetzliche Anforderungen hinsichtlich Meldungspflichten zu erfüllen. Abbildung 7.2 zeigt die unterschiedlichen Möglichkeiten, die Standardadapter und unterstützten Protokolle des Integration-Service für die Integration von On-Premise-Anwendungen mit Cloud-Anwendungen oder für die Integration von Cloud-Anwendungen mit Cloud-Anwendungen zu nutzen. Auch eine Kombination mit anderen SAP-Cloud-Platform-Services, wie z. B. den Mobile Services oder SAP Fiori Cloud, sowie Ihren eigenen nativen Cloud-Anwendungen ist möglich.

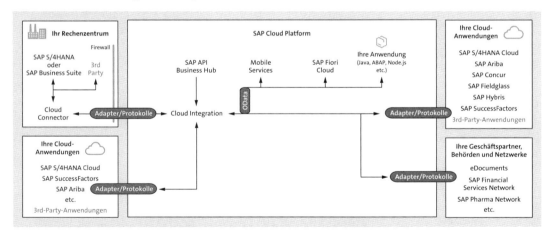

**Abbildung 7.2** SAP-Cloud-Integration-Service

Ein zentrales Artefakt von SAP Cloud Platform Integration ist der *Integration Flow*. Der Integration Flow definiert, wie Daten bzw. Nachrichten von ein oder mehreren Quellsystemen verarbeitet werden, bevor sie an das Zielsystem übergeben werden. Abbildung 7.3 zeigt eine allgemeine Darstellung eines Integration Flows, der über Adapter und entsprechende Protokolle, wie z. B. HTTP(S), auf Daten eines Quellsystems zugreift, diese in ein

**Integration Flow**

oder mehreren *Integration Flow Steps* verarbeitet und die angepassten Daten wiederum über Adapter an ein oder mehrere Zielsysteme übergibt.

[»]

### SAP Process Orchestration

SAP Process Orchestration (SAP PO) kombiniert die Funktionen von SAP NetWeaver Business Process Management, SAP NetWeaver Process Integration und SAP NetWeaver Business Rules Management in einem integrierten Angebot. Die On-Premise-Lösung bietet Werkzeuge, mit denen Sie Geschäftsprozesse automatisieren und optimieren – von Workflows bis hin zu integrierten Prozessen, die unterschiedliche Anwendungen, Regionen und Unternehmensgrenzen abdecken. SAP PO nutzen Sie für On-Premise-zu-On-Premise-Integrationsszenarien (z. B. A2A) und für On-Premise-zu-Cloud-Integrationsszenarien (z. B. EDI oder B2B). Damit ergänzt SAP PO die SAP-Cloud-Platform-Integration-Services insbesondere im On-Premise-Bereich. Da SAP Process Orchestration ein On-Premise-Produkt ist, sind Sie selbst für die Installation und den Betrieb verantwortlich.

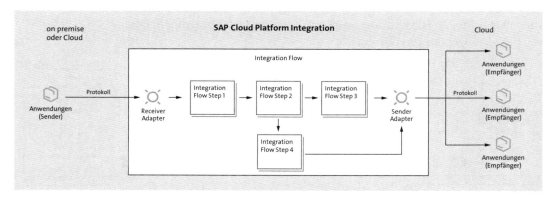

**Abbildung 7.3**  Integration Flow als zentrales Artefakt

Vorgefertigte Integrationsinhalte von SAP

Die Integration von Anwendungen, Geschäftspartnern und Organisationen realisieren Sie über bereits vordefinierte Inhalte und Adapter für On-Premise- und Cloud-Anwendungen, die über den SAP API Business Hub (*api.sap.com*) bereitgestellt werden. Die vordefinierten Integrationspakete adressieren Standardszenarien wie z. B. die Integration von SAP-S/4HANA-Daten mit fachabteilungsspezifischen SAP-Cloud-Lösungen wie beispielsweise SAP SuccessFactors, SAP Concur und SAP Ariba. So integrieren Sie beispielsweise mit einem vorgefertigten Integration Flow Mitarbeiterstamm- und Organisationsdaten aus SAP ERP oder SAP S/4HANA in SAP SuccessFactors Employee Central. Ein Integration Flow besteht aus einzelnen Operatoren, die beispielsweise das Mapping von Werten oder die

Transformation der Daten von einem Quellformat wie z. B. XML in ein Zielformat wie etwa JSON realisieren. Bei Bedarf passen Sie über webbasierte Designwerkzeuge die vorgefertigten Integrationsflüsse von Daten und Prozessen an Ihre unternehmensspezifischen Anforderungen an.

Genauso erstellen und benutzen Sie mit dem Integration-Service auch komplett eigene Integrationsflüsse für Ihre Anwendungen. Im *Integration Content Designer* modellieren Sie dazu Integration Flows, die Sender und Empfänger von Nachrichten für Ihr Szenario beschreiben und definieren, wie die Nachrichten zur Laufzeit verarbeitet werden sollen. Der Zugriff auf die Quellsysteme und Zielsysteme innerhalb des Integration Flows erfolgt über Adapter. Ein Adapter definiert, wie auf ein Quellsystem und ein Zielsystem des Integration Flows zugegriffen wird. Die Integration Flows können Sie sowohl auf der SAP Cloud Platform als auch über SAP Process Orchestration (on premise) bereitstellen und ausführen.

**Entwicklung eigener Integrationspakete**

SAP Cloud Platform Integration kann mit unterschiedlichen Quell- und Zielsystemen kommunizieren, die auch als *Sender* und *Empfänger* bezeichnet werden. Dazu enthält der Integration-Service eine Reihe vordefinierter Adapter, mit denen Sie auf bestimmte Systeme über entsprechende Protokolle zugreifen. Zusätzlich zu den Standardadaptern können Sie mit dem bereitgestellten *Adapter Development Kit* über APIs eigene Adapter für Quell- und Zielsysteme programmieren. So stehen für SAP-Standardlösungen wie z. B. SAP Ariba oder SAP SuccessFactors entsprechende Adapter für den Datenaustausch zur Verfügung. Auch für Facebook, Twitter, das Intermediate Document Format (IDoc), HTTP(S), JMS, AS2, OData und RFC für die Integration von On-Premise-SAP-Anwendungen werden Adapter bereitgestellt. Über Partner stehen beispielsweise auch Adapter für SalesForce, Microsoft Dynamics CRM, AWS, und Sugar CRM zur Verfügung. Daten von den Quellsystemen werden über die Integration-Services mit unterschiedlichen Operatoren verarbeitet, bevor sie im Zielsystem gespeichert werden. Um aus SAP Cloud Platform Integration auf Systeme zuzugreifen, die Sie on premise betreiben, ist die Nutzung des SAP Cloud Platform Connectors erforderlich.

**Adapter zu Quell- und Zielsystemen**

### 7.3.1   Operatoren

Zur Verarbeitung von Daten nutzen Sie Standardoperatoren, die Sie in einem Integration Flow kombinieren. Die Operatoren lassen sich funktional in die folgenden Bereiche kategorisieren:

- Transformation von Daten (Nachrichten)
- Aufruf externer Systeme oder Prozesse
- Routing von Nachrichten zu unterschiedlichen Empfängern

- (temporäres) Speichern von Daten für die Dauer der Ausführung eines Integration Flows
- Datensicherheit

Die Nachrichtenverarbeitung zur Laufzeit wird auf einem skalierbaren Cluster innerhalb der SAP Cloud Platform ausgeführt.

**Transformation von Daten**
So transformieren Sie beispielsweise die Datenstruktur bzw. das Datenformat über einen *Mapping*-Operator, der die Datenstruktur des Quellsystems in ein Format transformiert, das vom Zielsystem verarbeitet werden kann. Das Mapping setzen Sie in einem graphischen Editor um, der XSD- und EDMX-Strukturen unterstützt. Auch nutzen Sie XSLT zur Definition einer strukturellen Anpassung des Datenformats. Eigene Transformationen programmieren Sie mit einem *Script*-Operator. Unterstützt werden JavaScript und Groovy. Für Standardtransformationen der Datenstruktur nutzen Sie den *Converter*-Operator, um z. B. XML in JSON, CSV in XML oder XML in EDI zu konvertieren. Den Inhalt von Daten, die von einem Quellsystem zu einem Zielsystem transportiert werden, verändern Sie mit dem *Content-Modifier*-Operator. Mit dem *Decoder*- und *Encoder*-Operator dekodieren und enkodieren Sie beispielsweise **base64**-Datenformate oder **.zip**-Dateien. Über einen *Filter* extrahieren Sie über einen Xpath-Ausdruck relevante Inhalte der Daten.

**Aufruf externer Systeme und Prozesse**
Mit dem *Request-Reply*-Operator führen Sie einen synchronen Prozessaufruf in einem externen System aus und erwarten eine Antwort von dem externen System. Mit dem Operator *Content Enricher* greifen Sie auf Ressourcen eines externen Systems zu und kombinieren das Resultat mit der ursprünglichen Nachricht.

**Routing von Nachrichten**
Um eine Nachricht zu mehreren Empfängern zu senden, nutzen Sie den *Router*-Operator. Auch können Sie abhängig vom Nachrichteninhalt mit dem Operator entscheiden, ob und an welchen Empfänger eine Nachricht weitergeleitet wird (sogenanntes inhaltsbasiertes Routing). Den *Multicast*-Operator verwenden Sie, sobald Sie eine Nachricht an mehr als einen Empfänger senden möchten. Dabei entscheiden Sie, ob der Multicast parallel, d. h. gleichzeitig an alle Empfänger, oder sequentiell nach einer von Ihnen vorgegebenen Reihenfolge erfolgt. Wenn Sie zusammengesetzte Nachrichten verarbeiten und diese in ihre Einzelelemente zerlegen wollen, um diese dann individuell an Empfänger zu schicken, nutzen Sie den *Splitter*-Operator. Umgekehrt nutzen Sie den *Join*-Operator, um Nachrichten von unterschiedlichen Sendern zu einer Nachricht zu kombinieren und als Ganzes zu einem Empfänger schicken.

**Speichern von Daten**
Während der Ausführung eines Integration Flows können Sie für eine spätere Analyse des Nachrichteninhalts mit dem *Persist-Message*-Operator die Nachricht speichern.

Um Daten auch während ihrer Integration von einem Sender zu ein oder mehreren Empfängern zu schützen, nutzen Sie den *Encryptor*- bzw. *Decryptor*-Operator, mit denen Sie den Inhalt einer Nachricht z. B. mit Pretty Good Privacy (PGP) oder mittels Public-Key Cryptography Standards (PKCS) verschlüsseln bzw. entschlüsseln. Mit dem *Signer*-Operator signieren Sie eine Nachricht, deren Signatur Sie entsprechend mit dem *Verifier*-Operator überprüfen.

**Datensicherheit**

### 7.3.2    Entwickeln von OData-Services

Neben der Integration von Systemen über Adapter und einer entsprechenden Verarbeitung von Daten mittels unterschiedlicher Operatoren innerhalb eines Integration Flows nutzen Sie SAP Cloud Platform Integration ebenfalls zur Entwicklung von OData-Services. Dabei liegt der Schwerpunkt auf der Erstellung von OData-Schnittstellen für bereits existierende Datenquellen, die ihre Daten in unterschiedlichen Protokollen wie z. B. SOAP bereitstellen. Die OData-Services können wiederum von Ihren SAP-Fiori-Anwendungen, den Mobile Services der SAP Cloud Platform oder einer von Ihnen entwickelten nativen Cloud-Anwendung genutzt werden.

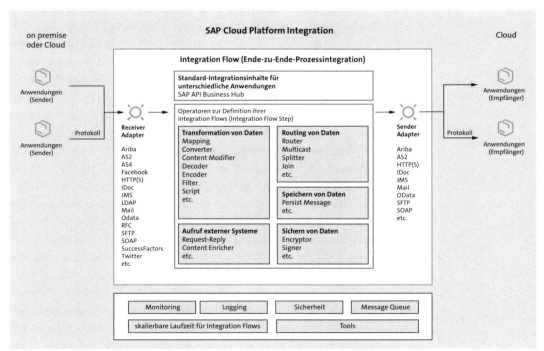

**Abbildung 7.4** Vorgefertigte Integration Flows, Standardadapter und Operatoren für eigene Integration Flows

Abbildung 7.4 zeigt eine Zusammenfassung der Möglichkeiten, Daten mit SAP Cloud Platform Integration aus unterschiedlichen Quellsystemen (Cloud oder on premise) in unterschiedliche Zielsysteme (Cloud) zu integrieren. Neben den vorgefertigten Integration Flows nutzen Sie Standardadapter und Operatoren zur Entwicklung eigener Integration Flows.

**Tools**   Zur Entwicklung eigener Integration Flows und zur Anpassung vordefinierter Integrationsinhalte verwenden Sie entweder eine webbasierte Anwendung, mit der Sie auch den Nachrichtenaustausch und die Laufzeitumgebung der Integration Flows überwachen. Oder Sie nutzen das Eclipse-Plug-in *Designer for SAP Cloud Platform Integration* für die Entwicklung und Konfiguration von Integration Flows. Das Eclipse-Plug-in *Operations for SAP Cloud Platform Integration* verwenden Sie zur Administration und zum Monitoring Ihrer ausgeführten Integration Flows.

### 7.3.3   Integration Content Advisor für B2B Integration

Speziell für die Gestaltung von Business-to-Business-(B2B-)Integrationsszenarien, die auf einer Vielzahl von Industriestandards für den elektronischen Austausch von Geschäftsdokumenten basieren (wie z. B. ASC X12, UN/EDIFACT und SAP IDoc), wird der *SAP Integration Content Advisor* (SAP ICA) auf Basis der SAP Cloud Platform genutzt. Ziel des SAP ICA ist die Minimierung von Aufwänden bei der Definition und Implementierung von standardisierten Schnittstellen für den Austausch von Daten zwischen zwei oder mehreren Geschäftspartnern. Dazu bietet der SAP ICA eine cloud-basierte Entwicklungsumgebung zur Erstellung von Integrationsinhalten basierend auf einer umfassenden Wissensbasis und maschinellem Lernen. SAP ICA enthält eine Bibliothek mit Nachrichtenstrukturen und Typen von gängigen B2B-Industriestandards (z. B. ASC X12, UN/EDIFACT, SAP IDoc) sowie einer dazugehörigen Dokumentation. Darüber hinaus erstellen Sie mit dem SAP ICA *Message Implementation Guidelines* (MIGs), über die Sie eine B2B-Schnittstelle in einem konkreten Geschäftskontext formal definieren. Die mit der MIG beschriebene Schnittstelle implementieren Sie wiederum auf Basis des zuvor erwähnten Typsystems. Sender und Empfänger haben oftmals unterschiedliche Schnittstellen, die Sie mit je einer entsprechenden MIG formal beschreiben. Das Mapping der Schnittstelle eines Quellsystems auf die Schnittstelle des Zielsystems definieren Sie mit *Mapping Guidelines* (MAGs). Auf Basis der Schnittstellenbeschreibung (MIG) mit einem entsprechenden Typsystem und des Mappings (MAG) der Quellstruktur auf die Zielstruktur generieren Sie mit SAP ICA einen entsprechenden Integration Flow, den Sie mit SAP Cloud Platform Integration ausführen.

## 7.4    SAP Cloud Platform OData Provisioning

Für die Bereitstellung von Daten und die Ausführung von Geschäftsprozessen innerhalb von SAP-Anwendungen wird das *Open Data Protocol* (OData) als Standardprotokoll verwendet. Auch spielt OData für den Zugriff des Service *SAP Fiori Cloud* auf Ihre SAP-On-Premise-Systeme eine wesentliche Rolle. Weitere Anwendungsbeispiele sind die Modernisierung eines bestehenden Unternehmensprozesses mit einer intuitiveren und geräteunabhängigen Benutzeroberfläche über SAPUI5 und den Mobile Services der SAP Cloud Platform oder die Einbindung vorhandener Prozesse wie z. B. das Anlegen von Serviceaufträgen aus einer Cloud-Anwendung.

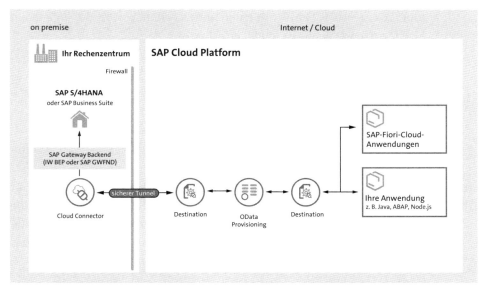

**Abbildung 7.5**  Mit OData Provisioning veröffentlichen Sie OData-Schnittstellen zu Ihren SAP-On-Premise-Lösungen.

Abbildung 7.5 zeigt, wie Sie den *OData-Provisioning-Service* der SAP Cloud Platform zur Anbindung vorhandener Daten und Prozesse aus Ihren SAP-Anwendungen verwenden. Der Service stellt dazu Geschäftsdaten und Geschäftslogik als OData-Services in der SAP Cloud Platform über Destinations zur Verfügung und ermöglicht Ihnen so die Implementierung von RESTful-Nutzerschnittstellen auf vorhandenen Daten und Prozessen. Mit dem Service realisieren Sie somit den Zugriff auf SAP-Lösungen, die Sie in Ihrer On-Premise-Systemlandschaft betreiben. Für den Zugriff auf On-Premise-SAP-Systeme benötigen Sie einerseits den Cloud Connector (siehe Abschnitt 7.2, »SAP Cloud Platform Connectivity und Cloud Connector«)

**OData Provisioning**

und andererseits die SAP-Gateway-Backend-Enablement-Komponente als Teil Ihrer SAP-Standardlösung. Wenn Sie OData Provisioning verwenden, müssen Sie kein SAP-Gateway-Hubsystem in Ihrer On-Premise-Landschaft betreiben.

**SAP Gateway** Während Sie mit den SAP HANA Extended Application Services Advanced (XSA) oder dem SAP Cloud Platform SDK for Service Development (siehe Kapitel 9, »Native Cloud-Anwendungen und -Erweiterungen programmieren«) OData-Schnittstellen direkt in Ihrer Anwendung bereitstellen, erfolgt die Veröffentlichung dieser Schnittstellen für SAP-Business-Suite-Funktionen (wie z. B. BAPIs oder RFC-fähige Funktionsbausteinen) über *SAP Gateway*. SAP Gateway ermöglicht damit eine gemeinsame Nutzung von Daten und Prozessen (RFC, BAPI) mit einer breiten Palette von Technologien und Plattformen wie der SAP Cloud Platform.

In Verbindung mit dem OData Provisioning der Cloud Platform benötigen Sie als Teil Ihrer On-Premise-SAP-Systeme, die auf SAP NetWeaver Version 7.0, 7.01, 7.02, 7.03 oder 7.31 laufen, die Komponente IW_BEP (Business Enablement Provisioning). Ab SAP NetWeaver Version 7.40 ist die benötigte Komponente SAP_GWFND (SAP Gateway Foundation) bereits vorinstalliert und enthält den Funktionsumfang der IW_BEP-Komponente.

**SAP Gateway Service Builder** Beide Komponenten ermöglichen die Definition von OData-Services auf Daten und Prozesse der SAP Business Suite bzw. SAP S/4HANA mit Hilfe des *SAP Gateway Service Builders* (Transaktion SEGW). Mit dem SAP Gateway Service Builder modellieren Sie beispielsweise die Datenstruktur des OData-Service sowie die möglichen Operationen (CREATE, READ, UPDATE, DELETE).

SAP Gateway sammelt gemäß dem definierten OData-Model die Daten aus den On-Premise-SAP-Anwendungen ein und übernimmt ebenfalls die Konvertierung und veröffentlicht die Daten und Prozesszugriffe auf SAP-Systemen im OData-Protokoll. Der Schritt der Konvertierung und Veröffentlichung kann sowohl durch ein on premise installiertes SAP Gateway als auch durch SAP Cloud Platform OData Provisioning erfolgen. In beiden Fällen erfolgt der Zugriff auf die von Ihnen definierten OData-Schnittstellen über den Cloud Connector. Somit müssen Sie den Zugriff auf jede in OData Provisioning konfigurierte On-Premise-URL Ihres SAP-Business-Suite-Systems auch über den Cloud Connector durch ein Whitelisting erlauben. Damit agiert der Cloud Connector wie eine Application Firewall.

**SAP Gateway Demo Server ES5**

Basierend auf SAP NetWeaver 7.51 können Sie sich unter der URL *http://s-prs.de/v632009* für die Nutzung eines SAP-Gateway-Demo-Systems registrieren. Das Demo-System steht unter der URL *sapes5.sapdevcenter.com* zur Verfügung.

Der OData-Provisioning-Service der SAP Cloud Platform bietet demnach den funktionalen Teil von SAP Gateway zur Veröffentlichung von OData-Services als Cloud-Service, so dass Sie sich nicht um den Betrieb, die Skalierung und Systemadministration kümmern müssen. Dadurch reduzieren sich die Gesamtbetriebskosten Ihrer On-Premise-Landschaft, und Sie verlagern die Verantwortung für Wartungs- und Sicherheitsaufgaben an SAP.

**Vorteile von OData Provisioning**

7

## 7.5   API Management

Bei der Umsetzung von Microservice-basierten Cloud-Anwendungen auf der SAP Cloud Platform sind Schnittstellen für den Aufruf der Microservices ein wesentlicher Aspekt. Auch bei der Integration Ihrer bestehenden Geschäftsprozesse aus z. B. SAP S/4HANA oder anderen On-Premise- und Cloud-Systemen nutzen Sie *Application Programming Interfaces* (APIs). Über APIs greifen Sie auf Geschäftsprozesse, Daten oder Services von Systemen in Ihrer Unternehmenslandschaft zu. Doch wie und wo veröffentlichen Sie die APIs zentral zur entsprechenden Nutzung durch z. B. Entwickler Ihres Unternehmens, Kunden und Geschäftspartner? Und noch viel wichtiger: Wie sichern Sie die API-Aufrufe, beispielsweise von einer Cloud-Anwendung auf Ihr SAP-S/4HANA-System, gegen unautorisierte oder ungewollte Nutzungsmuster ab? Hier unterstützt Sie das *SAP Cloud Platform API Management*.

Ziel des Service ist die ganzheitliche Umsetzung des Lebenszyklus von APIs, angefangen bei der Definition und der zentralen Veröffentlichung in einem *Developer Portal* über das Monitoring der API-Aufrufe bis hin zur Kommerzialisierung der API-Aufrufe zwecks Aufbaus Ihrer eigenen Plattform. Der API-Management-Service ergänzt die technische Definition von OData-, REST- und SOAP-Schnittstellen mit einer standardisierten Definition der Schnittstelle (OpenAPI) und deren Verwaltung, Sicherheit und Kontrolle sowie einer Protokollierung und Kommerzialisierung der API-Aufrufe.

**Nutzen**

**Komponenten**   Sobald Sie eine Schnittstelle zu Ihren Systemen mit dem API-Management-Service verwalten, erfolgt der Zugriff auf diese Schnittstelle aus z. B. einer Cloud-Anwendung nicht mehr direkt, sondern über den *API Gateway* des API Managements. Dadurch haben Sie die Möglichkeit, den API-Aufruf zu verwalten, zu protokollieren und zu analysieren. Zur Nutzung der API müssen die Entwickler der Cloud-Anwendung über ein *Developer Portal* die gewünschte API abonnieren. Mit dem Abonnement sind eventuell nutzungsabhängige Kosten verbunden. Berechtigt wird der API-Aufruf über die Vergabe eines *API Keys*, den die Entwickler in ihre Anwendung zwecks Nutzung des API-Aufrufs einbauen. Auch die Verwaltung und Vergabe der API Keys ist Teil des API-Management-Service. Primär identifiziert ein API Key eine Anwendung, die die API nutzt, und wird beispielsweise für das eindeutige Monitoring und die Analyse der API-Nutzung verwendet.

Während der Entwickler einer Anwendung zur Nutzung von APIs auf ein zentrales Developer Portal zugreift, entwickelt, veröffentlicht und verwaltet der API-Entwickler die entsprechenden APIs über das *API Portal*. Speziell zur standardisierten Veröffentlichung von APIs mit dem OData-Standard nutzen Sie den *API Designer* als Werkzeug. Im API Designer importieren Sie entweder vorhandene OpenAPI-basierte API-Definitionen oder importieren eine OData- bzw. RAML-basierte Servicedefinition, um daraus eine entsprechende OpenAPI-basierte Beschreibung der API zu generieren (siehe Abbildung 7.6).

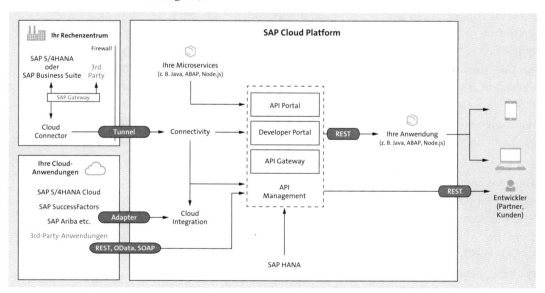

**Abbildung 7.6** Mit dem API-Management-Service definieren und veröffentlichen Sie APIs.

> **SAP API Business Hub**
>
> SAP API Business Hub ist ein Beispiel für ein Developer Portal, das als zentraler Katalog zum Testen von SAP- und SAP-Partner-APIs zur Verfügung gestellt wird. Zur testweisen und kostenfreien Nutzung der APIs ist eine Registrierung erforderlich, nach der Sie entsprechende API Keys herunterladen können, um den API-Aufruf in Ihre Testanwendung einzubauen.

### 7.5.1   Konzepte

In den folgenden Abschnitten betrachten wir die Konzepte des API Managements.

> **Unterschied zum Enterprise Service Bus (ESB)**
>
> Ein *Enterprise Service Bus* (ESB) ist eine Lösung, die die Integration zwischen isolierten Anwendungen und Systemen über Adapter und einem Nachrichtenaustausch zwischen den Anwendungen ermöglicht. Der Schwerpunkt eines ESBs ist die Nutzung von Anwendungen über Systemgrenzen hinweg. Der ESB läuft normalerweise zentral in Ihrer IT-Infrastruktur und ist für einen vorhersehbaren Datenverkehr ausgelegt. Üblicherweise sind Entwickler, die die ESB-Schnittstellen verwenden, Teil der IT-Organisation des Unternehmens. Daher haben sie den Zugriff auf die Schnittstellen und deren Dokumentation für interne Zwecke vereinfacht.
>
> API Management ist eine Lösung zur Verwaltung der Konnektivität API-basierter Clients und Anwendungen: Jede Interaktion mit dem Client oder der Anwendung umfasst eine Abfrage an das Backend. Der API-Management-Service der SAP Cloud Platform wurde für den Zugriff von außen mit spezifischem und unvorhersehbarem Datenverkehr sowie unterschiedlichen Sicherheitsbedrohungen entwickelt. Da Entwickler, die die APIs verwenden, möglicherweise nicht Teil der IT-Organisation des Unternehmens sind, müssen sie sich auf einen gut dokumentierten und Self-Services-orientierten API-Katalog verlassen können, um effizient zu arbeiten. API Management dient ebenfalls als Grundlage zur Monetarisierung von API-Aufrufen.

Um den Zugriff auf Daten, Geschäftsprozesse oder Services einer Anwendung wie z. B. SAP S/4HANA oder SAP SuccessFactors mit dem API-Management-Service zu verwalten, definieren Sie den Zugriff auf beispielsweise SAP S/4HANA im API-Management-Service über einen *API Provider*. Der API Provider ist eine Abstraktion einer Anwendung, deren Zugriffe Sie über

**API Provider**

APIs mit dem API-Management-Service verwalten möchten. Über einen API Provider definieren Sie den Zugriff auf SAP-bezogene Systeme, deren APIs z. B. über SAP Gateway oder direkt über REST-Schnittstellen publiziert werden. Auch der Zugriff auf Anwendungen anderer Hersteller, etwa über eine REST- oder SOAP-Schnittstelle, erfolgt über einen API Provider. Die angebundenen Systeme werden dabei in der Cloud oder on premise betrieben. Wenn Sie ein On-Premise-System im API Management anbinden, erfolgt die Kommunikation wiederum über den Cloud Connector (siehe Abschnitt 7.2, »SAP Cloud Platform Connectivity und Cloud Connector«). Die Authentifizierung an einem On-Premise-System erfolgt beispielsweise über eine Principal Propagation (siehe Kapitel 11, »Sicherheit auf der SAP Cloud Platform«). Sobald Sie den Zugriff auf ein System mittels API Provider definiert haben, können Sie alle Schnittstellen, d. h. APIs, des Systems durchsuchen, die über OData, REST oder SOAP bereitgestellt werden. Alternativ zum API Provider können Sie auch immer direkt die URL des SOAP-, OData- oder REST-Service im API-Management-Service anbinden. Die Nutzung eines API Providers als zentrales Artefakt erhöht allerdings die Wiederverwendbarkeit des Systems innerhalb des API-Management-Service und erlaubt eine zentrale Konfiguration des Systems, auf dessen APIs zugegriffen werden sollen.

API Proxy   Die OData-, REST- oder SOAP-Schnittstellen des Systems, auf das Sie entweder direkt oder über einen API Provider zugreifen, definieren Sie im API Management über *API Proxies*, die als Façade für die Schnittstellen bzw. API-Implementierungen der Systeme fungieren, um auch interne Implementierungsdetails der Schnittstelle nicht ungefiltert preiszugeben. Sowohl das gesamte Monitoring der API-Nutzung als auch die auf dem OpenAPI-Standard basierte Dokumentation der Schnittstelle erfolgt im Kontext des API Proxys. Dazu definiert der API Proxy einen neuen, öffentlich verfügbaren HTTP-Endpunkt für Ihren Service. Durch den Zugriff auf den Service über den API Proxy kann der API-Management-Service zusätzliche Sicherheitsfunktionen, Nutzungsanalysen und eine Überwachung der Serviceaufrufe über Policies sicherstellen.

Policies   Im Kontext eines API Proxys bietet der API-Management-Service Möglichkeiten, das Verhalten einer API mit Hilfe von *Policies* (d. h. Richtlinien) zu definieren. Eine Policy ist ein Programm, das beim Aufruf einer API bestimmte Funktionen ausführt, z. B. zum Schutz der API, zur Steuerung des API-Datenverkehrs oder zur Transformation von Nachrichtenformaten. Sie können das Verhalten einer API auch anpassen, indem Sie über Policies eigene Skripte (z. B. in Python oder JavaScript) hinzufügen.

Die verfügbaren Policies, die Sie direkt nutzen können, lassen sich wie folgt kategorisieren:

- **Traffic Management Policies**: Ermöglichen die Konfiguration von Caches, die Steuerung von Traffic-Quoten und Traffic-Spikes sowie die Festlegung, wie viele Aufrufe der API zeitgleich erlaubt sind.
- **Mediation Policies**: Erlauben die Transformation, das Parsen und Validieren von Nachrichten sowie die Generierung von Fehlern, sofern bei der Validierung Probleme auftreten.
- **Security Policies**: Beinhalten alle sicherheitsrelevanten Kontrollen beim Aufruf einer API, wie z. B. eine Access Control Policy, OAuth Policy, JSON Threat Detection Policy oder eine Verify API Key Policy.
- **Custom Policies**: Mit diesen Policies definieren Sie benutzerdefinierte Richtlinien für den Aufruf von APIs, die Sie z. B. mittels JavaScript oder Python beschreiben.

Bei der Konfiguration einer Policy für einen API Proxy fügen Sie die Policy einem bestimmten *Flow* hinzu. Ein Flow bestimmt, wann die Policy im Ablauf des API-Aufrufs angewendet wird. Komplexe Geschäftslogik sollte jedoch entweder in einen Microservice ausgelagert oder in der Integrationsebene wie Cloud Platform Integration implementiert werden.

**Flow**

## 7.5.2  API veröffentlichen

Damit Anwendungen Ihre APIs aufrufen können, publizieren Sie Ihre APIs in Form eines *Products*. Anstatt APIs einzeln zu veröffentlichen, strukturieren und bündeln Sie sie über ein Product in funktional oder inhaltlich verwandte Pakete. Dabei kann dieselbe API in mehreren Products verwendet werden. Zum Beispiel fassen Sie alle CRM-bezogenen APIs in einem CRM-Product zusammen. Das Product veröffentlichen Sie mit einer entsprechenden Beschreibung im Developer Portal, so dass die APIs von Entwicklern Ihres Unternehmens oder Partnern genutzt werden können.

**Product**

Abbildung 7.7 zeigt den Zusammenhang zwischen APIs und Products. Das System bzw. den Microservice, der die Schnittstelle bereitstellt, beschreiben Sie über einen API Provider. Die Schnittstelle selbst wird über einen API Proxy definiert. Dabei können Sie einen API Provider mehrere API Proxies zuweisen. In einem Product bündeln Sie mehrere zusammengehörige API Proxies. Der Zugriff auf ein Product erfolgt über einen API Key, der für jede Anwendung eindeutig ist. Wollen Sie die Aufrufe Ihrer APIs monetarisieren, beschreiben Sie die von der Anzahl der Aufrufe abhängigen Kosten in einem Rate Plan. Dabei können Sie für ein Product unterschiedliche Rate Plans definieren.

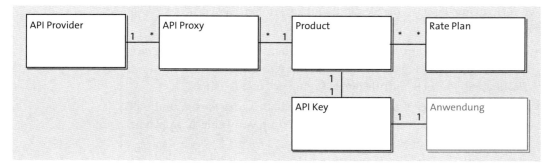

**Abbildung 7.7**  Beispiel für ein Product

### 7.5.3   APIs verwenden

Nach erfolgreicher Registrierung greifen Anwendungsentwickler über das *Developer Portal* auf Ihre Products bzw. APIs zu. Abbildung 7.8 zeigt ein Beispiel für ein Developer Portal, in dem das Product SAP S/4HANA Cloud ausgewählt wurde. Das Product enthält mehrere APIs sowie Dokumente für weitere Informationen und Beschreibungen.

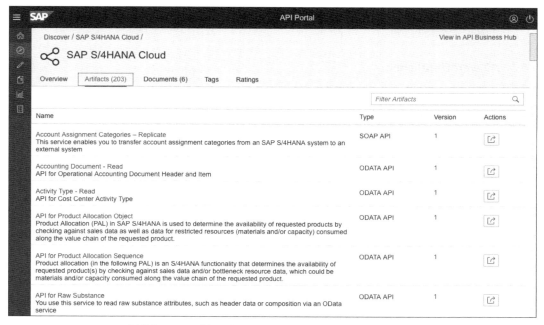

**Abbildung 7.8**  Über das Developer Portal verwenden Entwickler Ihre APIs.

Der API-Management-Service bietet umfassende Analysefunktionen, mit denen Sie die Nutzung Ihrer APIs verstehen und eventuelle Probleme erkennen. Abbildung 7.9 zeigt Beispiele für die Nutzungsanalysen wie den **API Traffic**-Trend im Laufe der Zeit, eine Darstellung der APIs mit langen Antwortzeiten oder fehlerhafte API-Aufrufe.

**Nutzungsanalyse**

**Abbildung 7.9**  Analyse der API-Aufrufe und -Nutzung

Für die Kommerzialisierung Ihrer APIs erstellen Sie im API-Management-Service der SAP Cloud Platform entsprechende Preispläne (*Rate Plans*). Einen Preisplan bzw. Tarifplan erstellen Sie abhängig von der Häufigkeit, mit der die APIs eines Products im Monat (Abrechnungszeitraum) von einer Anwendung aufgerufen werden. Abbildung 7.10 zeigt die Definition eines gestaffelten Preisplans, bei dem die Kosten eines API-Aufrufs mit der Häufigkeit sinken. Denkbar wäre auch ein Preisplan, bei dem z. B. die ersten 100 API-Aufrufe kostenfrei sind und erst ab dem 101. API-Aufruf eine Gebühr fällig wird. Den definierten Preisplan weisen Sie dann einem oder mehreren Products zu.

**Kommerzialisierung von API-Aufrufen**

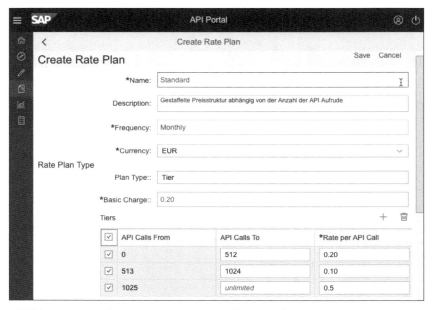

**Abbildung 7.10** Definition eines Preisplans (Rate Plan) zur
Kommerzialisierung von API-Aufrufen

Zusätzlich zu der Erstellung eines Preisplans sehen Sie im API-Manage-
ment-Service die monatlich aufgelaufenen Kosten pro Entwickler. Diese
Informationen dienen wiederum zur Erstellung einer entsprechenden
Rechnung, z. B. mit SAP Billing and Revenue Innovation Management.

## 7.6   Workflow

Mit *SAP Cloud Platform Workflow* erstellen Sie Arbeitsabläufe, die eine zeitli-
che und organisatorische Reihenfolge von zusammengehörigen Vorgängen
umfassen. Dabei koordiniert der Workflow-Service Benutzerinteraktionen
und Service- bzw. Prozessaufrufe. Typische Arbeitsabläufe sind z. B. Genehmigungen, Anfragen für formularbasierte Nutzereingaben oder auch Ende-
zu-Ende-Prozesse, die sich über verschiedene Organisationen und Anwendungen erstrecken.

Nutzen   Entweder nutzen Sie den Service, um neue, workflow-basierte Cloud-Anwendungen zu erstellen, oder Sie erweitern vorhandene Prozesse in SAP-
Standardanwendungen um Ihre unternehmensspezifischen Anforderungen. So können Sie beispielsweise den Bestellprozess in SAP S/4HANA sowie das Änderungsmanagement in Produktionsabläufen anpassen, oder

Sie definieren einen Prozess, wie Ihre Kunden defekte Produkte zurückge-
ben. Auch Anwendungen anderer Hersteller können Sie mit dem Workflow-
Service erweitern, um Aufgaben zwischen SAP- und Nicht-SAP-Anwendun-
gen zu koordinieren. Hierbei ist die Kombinationsmöglichkeit mit SAP Cloud
Platform Integration (siehe Abschnitt 7.3, »SAP Cloud Platform Integration«)
hilfreich, um auf unterschiedliche Systeme und Anwendungen zuzugreifen.

Somit verwenden Sie den Workflow-Service der SAP Cloud Platform, sobald
Sie Aufgaben organisieren wollen, die sich über unterschiedliche Personen,
Anwendungen und Organisationen erstrecken, oder wenn Sie manuelle
Schritte automatisieren wollen.

### 7.6.1   My Inbox

Um Anwender in Geschäftsprozesse zu involvieren, nutzen Sie die mit dem
Workflow-Service ausgelieferte SAP-Fiori-Anwendung *My Inbox*. Diese
können Sie mit benutzerdefinierten Oberflächen auf SAPUI5-Basis weiter
anpassen. Abbildung 7.11 zeigt eine Übersicht, wie Sie den SAP-Cloud-Plat-
form-Workflow-Service mit anderen Diensten der SAP Cloud Platform
kombinieren. Mit dem Workflow-Service erstellen Sie Prozesserweiterun-
gen für Cloud-Anwendungen oder integrieren den Service in lokale Anwendungen.

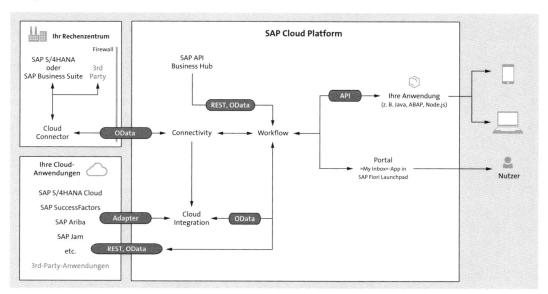

**Abbildung 7.11** Workflow-Service und SAP-Cloud-Platform-Anwendungen

### 7.6.2   Workflow-Eigenschaften

Definition

Ein Workflow ist eine Sammlung von zusammengehörigen Aktivitäten, die entweder automatisch oder durch Nutzerinteraktionen ausgeführt werden. Eine Workflow-Definition umfasst dabei die auszuführenden Aktionen, den Zeitpunkt der Ausführung, die Ausführungsreihenfolge sowie eine Beschreibung der Bedingungen, unter denen die Aktionen gestartet werden. Bei der Nutzung des Service unterscheiden Sie zwischen einer *Workflow-Definition* und einer *Workflow-Instanz*.

Instanz

Die eigentliche Ausführung der Aktivitäten wird als Workflow-Instanz bezeichnet. Eine einzelne Workflow-Definition kann dabei mehrere Workflow-Instanzen haben. Workflow-Instanzen folgen einem Status- und Aktionsmodell. Das heißt, sobald eine Workflow-Instanz startet, befindet sie sich im RUNNING Status, und die einzelnen Aktionen werden gemäß der definierten Reihenfolge so lange hintereinander ausgeführt, bis der Workflow auf eine externe Nutzerinteraktion, das Ende einer Aktivität oder auf ein Event wie z. B. einen Timer oder eine Nachricht wartet.

Statusänderungen

Eine fehlerfrei ausgeführte Workflow-Instanz endet im Status COMPLETED. Schlägt eine Aktion einer Workflow-Instanz fehl, ändert sich der Status der Instanz in ERRONEOUS. Sie können eine fehlerhafte Instanz entweder abbrechen und ihren Status in CANCELED ändern, oder Sie setzen die Ausführung der Instanz für eine bestimmte Zeit aus und ändern den Status entsprechend in SUSPENDED.

Abbildung 7.12 zeigt das SAP Fiori Launchpad mit den beiden administrativen SAP-Fiori-Anwendungen, die Sie zum Monitoring von Workflow-Definitionen und Workflow-Instanzen verwenden. Die erwähnten Statusänderungen und Statusinformationen sehen Sie in der SAP-Fiori-Anwendung *Monitor Workflows*. Alternativ können Sie eine REST API verwenden, um den Status von Workflow-Instanzen zu ändern und abzufragen. Die APIs, mit denen Sie den Workflow-Service nutzen, sind im SAP API Business Hub dokumentiert (siehe *http://s-prs.de/v632008*). Abbildung 7.12 zeigt auch die My-Inbox-Anwendung, mit der Sie Benutzer in Geschäftsprozesse involvieren.

**Abbildung 7.12** SAP-Fiori-Launchpad-Startseite

### 7.6.3   Workflows erstellen

Um Arbeitsabläufe mit dem Workflow-Service zu entwerfen, verwenden Sie webbasierte Tools für die Workflow-Modellierung.

> **Business Process Model and Notation (BPMN)**
>
> Die *Business Process Model and Notation* (BPMN) ist eine graphische Spezifikationssprache zum Modellieren und Dokumentieren von Geschäftsprozessen und Arbeitsabläufen. Der Schwerpunkt von BPMN liegt auf der graphischen Darstellung von Prozessen und Abläufen mit Hilfe von Symbolen. Die BPMN wurde 2001 vom IBM-Mitarbeiter Stephen A. White erarbeitet. Im Jahr 2005 wurde die Weiterentwicklung und Pflege der BPMN von der Object Management Group (OMG) übernommen, die im Januar 2011 die aktuelle Version 2.0 veröffentlichte.

Um Workflows zu erstellen, nutzen Sie die cloudbasierte Entwicklungsumgebung *SAP Web IDE*, die als Service auf der SAP Cloud Platform bereitgestellt wird. Die SAP Web IDE bietet Ihnen dazu einen eigenen Editor, mit dem Sie Workflows graphisch mit dem Standard *Business Process Model and Notation* (BPMN) modellieren. Damit Sie Workflows mit der SAP Web IDE modellieren können, müssen Sie in den Einstellungen eventuell den Workflow Editor aktivieren. Mit erfolgreicher Aktivierung legen Sie in der SAP Web IDE über das Menü **File • New • Project from Template** ein **Workflow Project** aus der Kategorie **Business Process Management** an. Das zeigt Abbildung 7.13.

**Workflows erstellen**

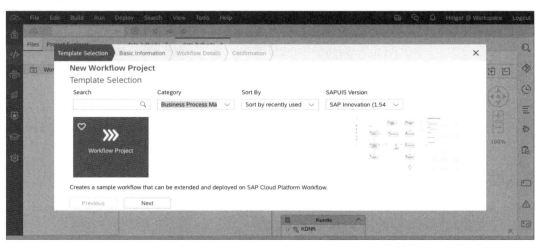

**Abbildung 7.13** Neues Projekt zur Modellierung eines Workflows mittels BPMN erstellen

[»]   **SAP Enterprise Architecture Designer, Cloud Edition**

Mit dem *SAP Enterprise Architecture Designer* (SAP EA Designer) erfassen, analysieren und dokumentieren Sie IT-Landschaften, IT-Strategien, Anforderungen, Prozesse, Daten und andere Artefakte Ihres Unternehmens mit Hilfe von Standardnotationen. Auch Geschäftsprozesse können Sie mit dem SAP EA Designer in BPMN modellieren.

Events    Generell verwenden Sie bei der Modellierung von Workflows *Events*, um den Ablauf eines Workflows zu definieren. Jeder Workflow beginnt zunächst einen Startpunkt, das sogenannte *Start Event*, über das Sie festlegen, wie bzw. wodurch ein Workflow gestartet wird. Neben dem Start Event können Sie ein *Intermediate Message Event* nutzen, wodurch eine Workflow-Instanz auf eine bestimmte Nachricht (Message) wartet, bevor der Workflow weiterläuft. Mit einem *Intermediate Timer Event* wartet Ihr Workflow eine definierte Zeit, bevor er weiterläuft. Das *Terminate End Event* definiert das reguläre Ende eines Workflows. Die einzelnen Prozessschritte eines Workflows sowie ihre Reihenfolge definieren Sie mittels *Tasks* und *Gateways*.

Tasks    Prozessschritte innerhalb eines Workflows definieren Sie über *Tasks*, die entweder von einem Benutzer, einem System oder auch einem Skript ausgeführt werden. Der *User Task* erfordert die Interaktion eines Benutzers, wie z. B. die Genehmigung eines Antrags. Einem User Task geben Sie bestimme Attribute, die die Abarbeitung durch einen Nutzer erleichtern. Dazu gehören beispielsweise ein Betreff, eine Beschreibung, eine Priorität und ein Fälligkeitsdatum. Zur Bearbeitung von User Tasks durch z. B. Mitarbeiter Ihres Unternehmens ist die Fiori-Anwendung *My Inbox* standardmäßig im Workflow-Service enthalten. In der My-Inbox-Anwendung sehen Nutzer alle Aufgaben (inklusive Beschreibung), die sie bearbeiten müssen.

Den Aufruf eines REST- bzw. OData-Services mittels GET, POST, PATCH, PUT und DELETE modellieren Sie über *Service Tasks*. Auch hier werden wieder die Destinations der SAP Cloud Platform zur Abstraktion des OData-Service verwendet, so dass Sie aus dem Service Task auf eine zuvor definierte Destination zugreifen. Ebenfalls können Sie auf eine über SAP Cloud Platform Integration bereitgestellte OData-Schnittstelle zugreifen und damit alle Möglichkeiten des Integration-Service (siehe Abschnitt 7.3, »SAP Cloud Platform Integration«) auch innerhalb des Workflow-Service nutzen. Ebenfalls ist ein Zugriff auf den SAP API Business Hub möglich, um SAP-APIs testweise oder auch produktiv in Ihren Workflow einzubinden. Auch SAP Cloud Platform Business Rules binden Sie über den Service Task in Ihren Workflow ein. Damit ist der Service Task eine sehr zentrale Aufgabe, um auch weitere Services der SAP Cloud Platform innerhalb eines Workflows zu nutzen. Der Aufruf des OData- bzw. REST-Service ist gegen Cross-Site Request Forgery (XSRF) geschützt, und das Ergebnis des Serviceaufrufs speichern Sie im Kontext der Workflow-Instanz.

Neue und eigene Logik, die innerhalb des Kontexts Ihres Workflows ausgeführt werden soll, definieren Sie über den *Script Task*. Hier programmieren Sie mittels JavaScript eine eigene Logik, um beispielsweise Daten innerhalb Ihres Workflows zu transformieren. Auch schreiben und lesen Sie mit dem Script Task-Informationen vom bzw. in den Kontext der Workflow-Instanz. Das Script darf einen Umfang von 10.000 Zeichen und eine Ausführungszeit von 150 Millisekunden nicht überschreiten, um die Komplexität des Skripts auf Grund verfügbarer Ressourcen zu begrenzen. Den *Mail Task* nutzen Sie, um E-Mails zu ein oder mehreren Empfängern zu versenden. Dazu erlaubt der Mail Task die Definition des Betreffs sowie der Mail (*Mail Body*) in HTML oder Plain Text.

Die eigentliche Logik des Prozessablaufs steuern Sie mit Gateways. So nutzen Sie das *Exclusive Gateway*, um eine konditionale Entscheidung in Ihrem Ablauf zu modellieren. Mit einem Exclusive Gateway teilen Sie demnach Ihren Arbeitsablauf in zwei unterschiedliche Teilabläufe, die je nach Erfüllung der Bedingung ausgeführt werden. Mit dem *Parallel Gateway* teilen Sie einen Arbeitsablauf in mehrere parallele Teilabläufe (*Split*). Genauso nutzen Sie den Parallel Gateway, um mehrere parallele Teilabläufe wieder zu einem Ablauf zusammenzuführen (*Join*). Es ist zu beachten, dass Sie mit dem Parallel Gateway keine Optimierung der Ausführungszeit erreichen. Vielmehr arbeitet der Parallel Gateway auf der logischen Ebene des Prozessablaufs.

**Gateway**

Das Ende eines Workflows definieren Sie mit dem bereits erwähnten Terminate End Events. Abbildung 7.14 zeigt den Workflow Editor, mit dem Sie Ihre Workflows in der SAP Web IDE modellieren.

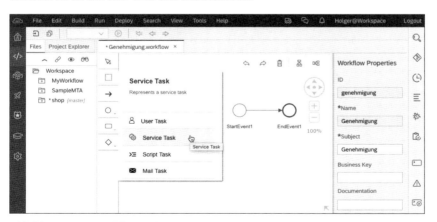

**Abbildung 7.14** Workflow Editor zur Modellierung von Workflows mit BPMN

### 7.6.4   Workflows bereitstellen

Nach dem Sie Ihren Workflow mit dem Workflow Editor der SAP Web IDE definiert haben, stellen Sie ihn aus dem Kontextmenü Ihres Workflow-Projekts über **Deploy • Deploy to SAP Cloud Platform Workflow** bereit. Eine Workflow-Instanz nutzt immer die zuletzt bereitgestellte Definition des Workflows.

Benutzeroberfläche

Nach der Bereitstellung des Workflows nutzen Sie entweder die Standard-Fiori-Anwendung *My Inbox*, um mit dem Workflow zu arbeiten, oder Sie programmieren mit der SAP Web IDE eigene SAPUI5-Anwendungen als Oberfläche zu Ihrem bereitgestellten Workflow. Dabei wird zwischen einer *Start-UI-* und einer *Task-UI-*Programmierung unterschieden. Mit der Start UI wird eine neue Instanz des Workflows erstellt. Mit der Task UI repräsentieren Sie einen User Task innerhalb der My-Inbox-Anwendung.

Workflow APIs

Neben der Nutzung und Erweiterung der Standard-Benutzeroberfläche **My Inbox** bietet der Workflow-Service eine umfangreiche API, mit der Sie workflow-basierte Aufgaben in Ihre eigene Cloud-Anwendung integrieren. Über die API können Sie beispielsweise neue Workflow-Instanzen starten, Nachrichten zu Workflows senden, Details zu User-Task-Instanzen abfragen oder die Definition von Workflows und Informationen zur Ausführung von Instanzen abfragen.

# Kapitel 8
# Daten in der SAP Cloud Platform speichern

*Die SAP Cloud Platform bietet unterschiedliche SAP- und Open-Source-Datenbankservices an, die Sie abhängig von Ihren jeweiligen Anwendungsanforderungen einsetzen. Lernen Sie in diesem Kapitel die Vorteile und Anwendungsgebiete der Data-Management-Services kennen.*

Seit der Einführung des Konzepts einer *Datenbank* in den 1960er Jahren als separate Software zwischen Betriebssystem (d. h. der Dateiverwaltung) und Anwendungsprogrammen haben sich Datenbanksysteme kontinuierlich weiterentwickelt. Maßgeblich beeinflusst wurde die Weiterentwicklung von stets neuen Datenquellen sowie zunehmenden Anforderungen der Anwendungsprogramme hinsichtlich der Abfragemöglichkeiten, Performance, Ausfallsicherheit, Datenschutz, Datentypen und vieles mehr.

Eines der ersten verbreiteten Datenbanksysteme war das Information Management System (IMS) von IBM, das seinen Ursprung im Jahr 1966 hat und heute noch auf IBM-z-Systems-Servern unter dem Betriebssystem z/OS verwendet wird. Die Struktur von IMS-Datenbanken ist *hierarchisch* organisiert, was auf seinen ursprünglichen Zweck der Stücklistenverwaltung zurückzuführen ist. Unter anderem wurden die Bauteile der Saturn-V-Rakete des NASA-Apollo-Mondprogramms mit IMS verwaltet.

**Datenbanken**

Einen wesentlichen Fortschritt erzielte Edgar F. Codd in den 1970er Jahren mit seinen Forschungen am IBM Almaden Research Center zu *relationalen* Datenbanksystemen – heute eine der am häufigsten genutzten Organisationsform von Unternehmensdaten. Für relationale Datenbanken gibt es viele kommerzielle und auch Open-Source-Systeme mit unterschiedlichen Schwerpunkten bei der Verwendung. Je nach Ausprägung des relationalen Datenmodells werden die Datenbanken für *transaktionale Abfragen* oder *analytische Abfragen* verwendet. Transaktionale Datenbanken mit einem Schwerpunkt auf der Massendatenverarbeitung werden als *Online-Transactional-Processing-*(OLTP-)Datenbanken bezeichnet und haben ein *normalisiertes* Datenmodell mit keinen Redundanzen. Nachteil des normalisierten

Datenmodells ist die fehlende Performance bei analytischen Abfragen, was dazu geführt hat, separate *Online-Analytical-Processing*-(OLAP-)Datenbanken für die Datenanalyse aufzubauen. OLTP- und OLAP-Systeme sind durch regelmäßige Datenkopien, sogenannte *Extract–Transform–Load*-(ETL-)Prozesse, miteinander verknüpft. Üblicherweise laufen die ETL-Prozesse im Batch-Mode und können bei entsprechenden Datenmengen mehrere Stunden dauern. Somit stehen erst nach Durchführung der ETL-Prozesse die gesammelten Massendaten für analytische Auswertungen bereit.

**Bedeutung von Datenbanken**

OLTP- und OLAP-Datenbanksysteme sind ein zentraler und kritischer Bestandteil von Unternehmenssoftware und der IT. Von der Verfügbarkeit, Vollständigkeit und Richtigkeit der Daten sind Unternehmen abhängig, auch ganze Geschäftsmodelle werden auf dem Sammeln, Aufbereiten und Analysieren von Daten aufgebaut, was dazu führt, dass Daten als strategischer Vermögenswert betrachtet werden. Auch wenn Unternehmen heute noch nicht genau wissen, was sie mit den Daten anfangen, kann es sich zukünftig lohnen, diese trotzdem zu sammeln und aufzubewahren. Gerade auch im Kontext der Digitalisierung ist die Fähigkeit entscheidend, Daten aus unterschiedlichen Quellen mit unterschiedlicher Informationsdichte in unterschiedlichen Formaten zu speichern, zu korrelieren und auszuwerten und Anwendungen einen möglichst einfachen und performanten Zugang zu bieten. Dahinter verbirgt sich die Idee, bestehende Prozesse, z. B. im Marketing, in der Produktion und im Vertrieb, zu optimieren oder komplett neue Geschäftsmodelle aufzubauen, wie beispielsweise ein Textilhersteller für Sportbekleidung, der seine Bekleidungsartikel mit Sensoren ausstattet und digitale Services auf Basis gesammelter Fitnessdaten anbietet. Das Markforschungsunternehmen IDC schätzt, dass im Jahr 2025 die Datenverarbeitung, Speicherung und Bereitstellung von Daten in der Public Cloud doppelt so hoch sein wird wie heute und dass 95 % der Daten von Sensoren (Internet of Things) kommen und in Echtzeit verarbeitet werden.

**Database-as-a-Service (DBaaS)**

Eine Datenverarbeitung in der Cloud wird somit immer wichtiger, um mit kontinuierlich neuen Datenquellen, dem Datenwachstum sowie den Verarbeitungsmöglichkeiten Schritt zu halten. Die SAP Cloud Platform bietet unterschiedliche SAP- und Open-Source-Datenbanktechnologien an, die Sie abhängig von Ihren jeweiligen Anwendungsanforderungen und Rahmenbedingungen verwenden. Die Datenbanksysteme werden dabei als vollständig verwaltete Datenbankservices, d. h. *Database-as-a-Service* (DBaaS), mit Enterprise Support angeboten, so dass keine Installation oder Wartung notwendig ist. Auch der grundlegende Betrieb, mit z. B. Backups, Hochverfügbarkeit und Disaster Recovery, ist Teil der Cloud-Services. Das DBaaS-Angebot der

SAP Cloud Platform umfasst unterschiedliche Technologien zur Speicherung und Verwaltung von Daten, wie z. B. relational (SQL), Graphen, NoSQL, Streaming, Geo, multimediale Dateien und Dokumente.

Relevant sind die Datenbankservices für Cloud-Anwendungen, die eine komplexe Geschäftslogik umfassen, Zustände der Anwendung speichern oder Datenanalysen vornehmen. Aus Gründen der Laufzeit bietet es sich hier an, die Daten in der Cloud – d. h. dort, wo auch die Anwendung betrieben wird – zu speichern. Tabelle 8.1 fasst die primären Anwendungsfelder der unterschiedlichen Datenbankservices der SAP Cloud Platform zusammen. Die Datenbanken der SAP Cloud Platform nutzen Sie über entsprechende *Self-Services* z. B. zum Anlegen, Löschen, Neustarten oder Aktualisieren der Instanzen.

**Nutzen**

| Anwendungsfall | Datenbankservice |
|---|---|
| ■ Anwendungen, die mit unterschiedlichen Datenformaten arbeiten (strukturiert, unstrukturiert, Text, Graphen, spatial) und diese kombinieren<br>■ Anwendungen, die operatives Reporting in Echtzeit umsetzen<br>■ analytische Anwendungen<br>■ Agile Data Mart | ■ SAP HANA |
| ■ transaktionale Anwendungen auf strukturierten Daten (ohne Datenanalysen) | ■ SAP ASE<br>■ PostgreSQL |
| ■ Anwendungen und Analysen von unstrukturierten Daten und Big Data | ■ Big-Data-Services<br>■ Redis |
| ■ Anwendungen, die Dokumente, Dateien und BLOBs speichern und verwalten | ■ Document-Service<br>■ Object Store |

**Tabelle 8.1** Primäre Anwendungsfälle der SAP-Cloud-Platform-Data-Management-Services

Implementieren Sie ausschließlich neue Nutzeroberflächen für bestehende Geschäftsprozesse, z. B. mit SAP Fiori oder SAPUI5, ist eine Speicherung von Daten in der SAP Cloud Platform nicht zwingend erforderlich. Die für die Benutzeroberfläche relevanten Daten werden über OData-Services aus den Backend-Systemen angebunden und nicht dauerhaft in der SAP Cloud Platform gespeichert.

Bei der Verwendung der SAP-Cloud-Platform-Datenbankservices wird zwischen zwei Bereitstellungsmodellen der Datenbankservices unterschieden:

**Bereitstellungsmodelle**

1. Bereitstellung der Datenbank als *Managed Service* für den produktiven Betrieb. Bei diesem Bereitstellungsmodell wird die Datenbank auf dedizierten Ressourcen bereitgestellt und, sofern vom Datenbankservice unterstützt, ein Cluster für Hochverfügbarkeit aufgesetzt.

2. Bereitstellung der Datenbank als *Container* für Entwicklungsszenarien. Bei diesem Modell wird die Datenbank auf geteilten Hardwareressourcen (*shared resources*), in der Regel als Single-Node-Konfiguration, bereitgestellt.

**Disaster Recovery**  Sollte das Rechenzentrum, in dem die Daten Ihrer Anwendung gespeichert sind, komplett ausfallen, stellt der SAP-Cloud-Platform-Service *Standard Disaster Recovery* sicher, dass die Daten und Anwendungen auch weiterhin nutzbar sind. Standard Disaster Recovery für die Datenbankservices basiert auf Datenbankbackups, die in einem separaten Rechenzentrum (der sogenannten *Disaster Recovery Site*) gespeichert sind. Standard Disaster Recovery unterliegt keinem SLA, d. h. keiner definierten *Recovery Point Objective* (RPO) und *Recovery Time Objective* (RTO). Es wird eine Standard-RTO von höchstens 24 Stunden angestrebt.

[»]

### Recovery Point Objective und Recovery Time Objective

Die Recovery Time Objective (RTO) definiert, wie lange ein Geschäftsprozess bzw. eine Anwendung im Katastrophenfall ausfallen darf. Es handelt es sich um die Zeit, die vom Zeitpunkt des Schadens bis zur vollständigen Wiederherstellung der Geschäftsprozesse vergehen darf. Wenn die Systeme bzw. Prozesse sofort wieder verfügbar sein sollen, beträgt die RTO 0 Minuten.

Die Recovery Point Objective (RPO) definiert, wie viel Datenverlust akzeptiert wird. Bei der Recovery Point Objective handelt es sich um den Zeitraum, der zwischen zwei Datensicherungen liegen darf. Wenn kein Datenverlust auftreten darf, beträgt die RPO 0 Sekunden.

**Backups**  Bei einer produktiven Nutzung der Datenbankservices der SAP Cloud Platform wird einmal täglich eine vollständige Datensicherung durchgeführt. Die Protokollsicherung (Datenbank-Log) wird mindestens alle 30 Minuten ausgelöst. Die entsprechenden Backup-Dateien und Protokollsicherungen werden alle zwei Stunden an einen sekundären Speicherort repliziert. Die letzten beiden Backups des Datenbankservice werden am primären Speicherort aufbewahrt. Backup-Dateien der letzten 14 Tage werden für einen Datenbankservice an einem sekundären Speicherort aufbewahrt (vollständige Daten und Protokollierung). Nach Ablauf dieser Aufbewahrungszeiträume werden Backups gelöscht. Eine Wiederherstellung ist daher nur innerhalb eines Zeitraums von 14 Tagen möglich. Das Wiederherstellen des Systems aus Dateien an einem sekundären Speicherort kann, abhängig von der Anbindung, einige Zeit dauern.

Damit der Datenbankservice von Ihrer Cloud-Anwendung genutzt werden kann, weisen Sie im SAP Cloud Platform Cockpit eine Instanz des Datenbankservice Ihrer Anwendung zu. Alternativ definieren Sie beim Anlegen einer neuen Instanz eines Datenbankservice Ihre Cloud-Anwendung, die den Datenbankservice für die Speicherung von Daten nutzen soll. Für die Zuweisung muss eine Version Ihrer Anwendung auf der SAP Cloud Platform bereitgestellt sein.

Zuweisen der Datenbank zur Anwendung

Die Datenbankservices der SAP Cloud Platform werden in unterschiedlichen Serviceplänen angeboten, die sich in der Größe (in GB) der bereitgestellten Datenbank und auch im Funktionsumfang unterscheiden.

Servicepläne

Daten, die Sie in den Datenbankservices der SAP Cloud Platform speichern, können, abhängig vom verwendeten Service, mit bereitgestellten Werkzeugen oder der Kommandozeile sowohl exportiert als auch importiert werden. Damit sichern Sie beispielsweise nach Beendigung der Servicenutzung Ihre Daten lokal oder können vorhandene Daten direkt in der SAP Cloud Platform für die Anwendungsprogrammierung bereitstellen.

Import und Export von Daten

## 8.1   Relationale Datenbanken

Seitdem relationale Datenbanken in den 70er Jahren eingeführt wurden, sind sie ein fester Bestandteil bei der effizienten Verwaltung und sicheren Speicherung von Unternehmensdaten. Im Gegensatz zu den hierarchischen Datenmodellen bieten relationale Datenbanken insbesondere beim Zugriff über die *Structured Query Language* (SQL) eine hohe Flexibilität. Mit ihrem normalisierten Datenmodell und einem Schwerpunkt auf OLTP verarbeiten und speichern sie strukturierte Daten transaktionssicher, verlässlich und effizient für Unternehmensanwendungen.

**ACID**

Die Abkürzung ACID steht für Atomicity, Consistency, Isolation und Durability und beschreibt die Eigenschaften einer Transaktion in relationalen Datenbanken. Nur wenn Datenbanktransaktionen nach dem ACID-Prinzip ablaufen, kann die Verlässlichkeit und Richtigkeit der Daten bei vielen gleichzeitig stattfindenden Lese- und Schreiboperationen garantiert werden.

Das Datenmodell einer relationalen Datenbank kann auch für analytische Anwendungen (OLAP) optimiert werden, um z. B. mit einem *Sternschema* (Star-Schema) unterschiedliche Datenquellen zusammenzuführen und auszuwerten. Das Ziel des Sternschemas ist dabei nicht die Normalisierung, sondern die Optimierung auf effiziente Analyseoperationen.

Um unter anderem diese starre Aufteilung zwischen einer OLAP- und OLTP-Ausprägung einer relationalen Datenbank aufzuweichen, wurde SAP HANA eingeführt.

### 8.1.1    SAP HANA

Mit der Einführung von SAP HANA als reine In-Memory-Datenbank im Jahr 2011 hat sich der klassische in OLTP und OLAP aufgeteilte Datenbankmarkt weiterentwickelt. Gartner hat die neue Kategorie des *Hybrid Transactional Analytical Processings* (HTAP) zur Klassifikation von Datenbanken eingeführt. Diese Datenbanken haben den grundlegenden Vorteil, dass man sowohl eine ACID-konforme und performante transaktionale Verarbeitung großer Datenmengen umsetzen und gleichzeitig eine Auswertung der Daten auf dem *gleichen* Datenmodell vornehmen kann. SAP HANA erreicht die Zusammenführung von OLTP- und OLAP-Abfragen auf einer einzigen Datenbasis durch einen Technologiemix aus einer In-Memory-Datenhaltung, Rechenleistung und hardwareoptimierten Instruktionen. Datenbankdesign-Entscheidungen wie z. B. eine spaltenbasierte Organisation der tabellarischen Daten resultieren in guten Komprimierungsfaktoren, was wiederum der In-Memory-Datenhaltung entgegenkommt.

**Operatives Reporting**

Hervorzuheben ist, dass durch die Rechenleistung der SAP-HANA-In-Memory-Datenbank die transaktional und normalisiert anfallenden Massendaten direkt analytisch ausgewertet werden, ohne dass die Daten extrahiert, transformiert und in ein anderes Datenmodell überführt werden. Somit erfolgt bei SAP HANA die Datenanalyse im laufenden Betrieb der Transaktionen auf aktuellsten Daten, weshalb man von einem *Echtzeit-Reporting* spricht. Diese Fähigkeit ermöglicht Ihnen die Umsetzung von Anwendungen, die einerseits Massendaten verarbeiten, und andererseits Auswertungen auf den Massendaten in voller Datengranularität realisieren, um z. B. Geschäftsprozesse oder Entscheidungen schneller auszulösen oder etwa Planungen, Simulationen oder »Was wäre, wenn«-Analysen in Ihrer Anwendung zu realisieren.

**Prädiktive Analysen**

Um die Auswertung der transaktionalen Massendaten nicht nur auf reine Kennzahlen und Attribute zu beschränken, bietet SAP HANA integrierte

Data-Mining- und Predictive-Analysis-Algorithmen, die Sie über die *Predictive Analysis Library* (PAL) in Ihre Anwendung einbinden. Für ergänzende statistische Betrachtungen wird die Programmiersprache R eingebunden. In der SAP Cloud Platform können Sie einen dafür benötigten R-Server z. B. über den *Virtual-Maschine-Service* bereitstellen.

[«]

8

### SAP Cloud Platform Virtual Machine

Mit dem Service *SAP Cloud Platform Virtual Machine* betreiben Sie eigene Anwendungen oder 3rd-Party-Lösungen in der SAP Cloud Platform, um die Standardservices zu ergänzen und zu erweitern. Mit dem Virtual-Machine-Service bekommen Sie auf Betriebssystemebene Zugriff auf virtualisierte Hardwareressourcen, wie beispielsweise CPUs, RAM und Festplattenspeicher (z. B. 16 Cores, 32 GB RAM und 320 GB Plattenspeicher im XL Service Plan). Der Service bietet den Zugriff über das Betriebssystem *SUSE Linux Enterprise Server*. Innerhalb des Virtual-Machine-Service greifen Sie z. B. über JDBC auf den SAP-HANA-DBaaS zu.

**Unstrukturierte Daten**

Ein weiteres Anwendungsgebiet von SAP HANA ist eine Verarbeitung und Analyse von unstrukturierten Daten, wie z. B. Texten aus sozialen Medien und Dokumenten in unterschiedlichen Formaten wie **.pdf** oder **.docx**. Dazu nutzt SAP HANA neben linguistischen Analysen eine *Entity-Extraktion* zur Erkennung beispielsweise von Orten, Personen, Medikamenten, Krankheiten und auch positiven oder negativen Stimmungen. Damit werden unstrukturierte Dokumente für die Nutzung aus Ihrer Anwendung inhaltlich strukturiert und zugreifbar gemacht.

**Geodaten**

Auch ortsbezogene Daten können Sie mit SAP HANA verarbeiten und analysieren. Dazu nutzen Sie bei der Tabellendefinition SQL-Datentypen gemäß dem SQL/MM-Standard für die Speicherung und Analyse von georeferenzierten Daten (Längengrad, Breitengrad, Höhe) sowie geometrische Formen (Linie, Polygon) zur Beschreibung von Straßen, Pipelines, Ländergrenzen oder Lagerflächen auf einem Hafengelände (Vektordaten). Neben der Speicherung nutzen Sie aus Ihrer Anwendung SAP-HANA-SQL-Funktionen, um mit den räumlichen Daten zu arbeiten. So ermitteln Sie beispielsweise die Entfernung zwischen zwei Punkten (z. B. Städten) oder bestimmen, ob eine Koordinate, die etwa einen Tanklastwagen darstellt, in der Fläche eines Polygons, beispielsweise ein bestimmter Bereich auf dem Vorfeld eines Flughafens, liegt.

**Graphdatenbank**

*Graphen* sind eine Datenstruktur, die Sie verwenden, um verschiedene Arten von Netzwerken und verknüpften Daten zu modellieren. Einsatzgebiete finden Sie in verschiedenen Bereichen wie z. B. der Logistik, im Bereich der Versorgungsnetzwerke, der Wissensrepräsentation und Textverarbeitung. Anschauliche Beispiele für Graphen sind Stammbäume oder das U-Bahn-Netz einer Großstadt. Neben einem relationalen Datenmodell unterstützt SAP HANA ebenfalls die Umsetzung von Graphen zur Strukturierung und Verarbeitung von Daten. In SAP HANA ist ein Graph eine Menge von Knoten und Kanten. Jede Kante verbindet zwei Knoten, wobei der eine Knoten als *Quelle* und der andere Knoten als *Ziel* bezeichnet wird. Die Knoten sind über Kanten verbunden, wobei die Kanten immer eine Richtung haben. Zwei Knoten können über mehre Kanten verbunden werden. Knoten und Kanten können eine beliebige Anzahl von Attributen haben. Ein Attribut besteht aus einem Namen, der einem Datentyp und einem Wert zugeordnet ist.

**Vorteile**    Abbildung 8.1 zeigt die unterschiedlichen Einsatzgebiete von SAP HANA auf der SAP Cloud Platform. Weitere SAP-Cloud-Platform-Services wie der *Predictive Service* oder *Streaming Analytics* erfordern SAP HANA. Auch die SaaS-Lösung SAP Analytics Cloud kann Daten aus dem SAP-HANA-Service visualisieren.

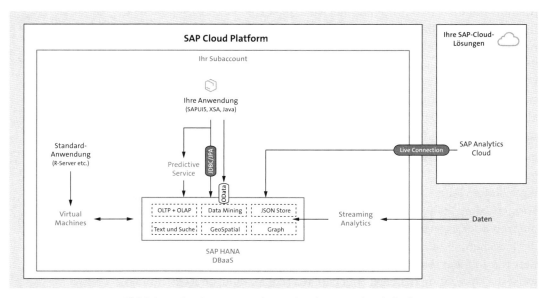

**Abbildung 8.1** SAP HANA als Service der SAP Cloud Platform

Generell ermöglicht SAP HANA es, datenintensive Berechnungen für strukturierte und unstrukturierte Daten direkt in der Datenbank, d. h. in der Persistenzschicht, auszuführen, um eine Kopie von Daten zur Analyse und

Verarbeitung in die Anwendungsschicht zu vermeiden. Vorteile von SAP HANA ergeben sich bei einer kombinierten Speicherung und Auswertung unterschiedlich strukturierter Daten in einem gemeinsamen Datenmodell. Die SAP Cloud Platform bietet dazu einen einfachen Zugang zu den unterschiedlichen Möglichkeiten von SAP HANA, ohne dass Sie sich um die Installation und den Betrieb kümmern. Der Datenbankservice wird in einer Staffelung unterschiedlicher Hauptspeichergrößen, wie z. B. 64 GB oder 2 TB, angeboten.

Im Funktionsumfang des Datenbankservice wird zwischen einer *SAP HANA Standard Edition* und einer *SAP HANA Enterprise Edition* unterschieden. Während die Base Edition ausschließlich die Speicherung und Analyse relationaler Daten für z. B. Anwendungsfälle im operativen Reporting (kennzahlenbasiert) unterstützt, bietet die Enterprise Edition alle weiteren Speicherund Analysemöglichkeiten für z. B. Texte, Geodaten und prädiktive Analysen.

**SAP-HANA-Editionen**

**8**

### SAP-HANA-Deployment-Optionen in der Cloud

Neben dem kompletten SAP-HANA-Datenbankservice der SAP Cloud Platform, der neben der Softwarelizenz sowohl den Betrieb auf geeigneter Hardware als auch den Support umfasst, können Sie eine von SAP erworbene SAP-HANA-Softwarelizenz ebenfalls auf der Infrastruktur von IaaS-Providern wie z. B. AWS, Google und Azure installieren. Im Unterschied zur SAP Cloud Platform sind Sie bei dieser Variante selbst für die Administration und den Betrieb von SAP HANA verantwortlich.

[«]

SAP HANA steht sowohl im SAP Cloud Platform Neo Environment als auch im SAP Cloud Platform Cloud Foundry Environment zur Verfügung.

### 8.1.2 SAP Adaptive Server Enterprise

*SAP Adaptive Server Enterprise* (ASE) ist ein performantes, relationales Datenbankmanagementsystem, das sich für unternehmenskritische, transaktionsorientierte Anwendungen auf strukturierten Daten eignet.

Sie nutzen den SAP-ASE-Service aus Ihrer Cloud-Anwendung entweder über JDBC oder JPA, womit sich die Anwendungsentwicklung auf Java konzentriert (siehe Abbildung 8.2). Obwohl JPA für die meisten Anwendungsszenarien geeignet ist, kann es erforderlich sein, auf die von JDBC bereitgestellten Low-Level-Funktionen zuzugreifen.

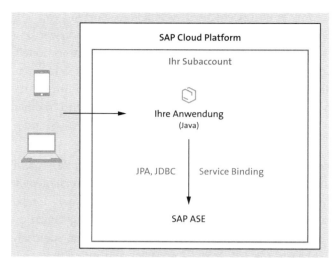

**Abbildung 8.2** SAP ASE für transaktionale Anwendungen

Der SAP-ASE-Service wird ausschließlich aus dem SAP Cloud Platform Neo Environment bereitgestellt.

### 8.1.3   PostgreSQL

PostgreSQL ist ein leistungsfähiges objektrelationales Open-Source-Datenbanksystem. Es hat mehr als 15 Jahre aktive Entwicklung und eine bewährte Architektur, die der Datenbank einen guten Ruf für Zuverlässigkeit, Datenintegrität und Korrektheit eingebracht hat.

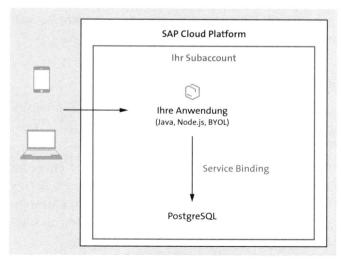

**Abbildung 8.3** PostgreSQL zur Umsetzung transaktionaler Anwendungen

Abbildung 8.3 zeigt, wie sie den PostgreSQL-Service der SAP Cloud Platform beispielsweise für Cloud-Anwendungen nutzen, die Daten transaktional verarbeiten, oder auch für die Speicherung von Sensordaten im IoT-Kontext. Der PostgreSQL-Datenbankservice wird über das SAP Cloud Platform Cloud Foundry Environment bereitgestellt.

*Anwendungsgebiete*

## 8.2 NoSQL-Datenbanken

Relationale Datenbanken haben Vorteile, wenn es auf Transaktionssicherheit (ACID) und Datenintegrität ankommt. In vielen Bereichen sind sie daher nach wie vor die erste Wahl zur Speicherung von Unternehmensdaten.

*NoSQL* steht für »Not only SQL« und bezeichnet Datenbanksysteme, die einen nichtrelationalen Ansatz zur Strukturierung und Speicherung von Daten verfolgen. Motiviert durch einige Nachteile relationaler Datenbanken kam der NoSQL-Trend im Jahr 2010 auf und greift dabei einige ältere Ideen zur Datenverwaltung wieder auf.

*Definition*

Während Daten in relationalen Datenbanken in mehreren Tabellen, die über Primärschlüssel und Fremdschlüsselbeziehungen verknüpft sind, gespeichert werden, verwenden NoSQL-Datenbanken zum Beispiel Wertepaare, Objekte, Dokumente oder Listen und Reihen für die Organisation der Daten. Als schemafreie Datenbanken setzen sie auf flexible Techniken, um festzulegen, wie Daten gespeichert werden. Namensgebend ist der Einsatz anderer Protokolle für die Kommunikation mit den Anwendungen als SQL.

Die Architektur vieler NoSQL-Datenbanken ist auf Skalierbarkeit ausgelegt, so dass sich große Datenbestände in einem Cluster verwalten lassen. Insbesondere die Skalierbarkeit, aber auch die Schemafreiheit wird durch eine Lockerung der Vorgaben zur Datenintegrität von relationalen Datenbanken erreicht. NoSQL-Datenbanken stellen daher einen Kompromiss aus den ACID-Eigenschaften relationaler Datenbanksysteme und einer höheren Flexibilität des Datenmodells dar, das eine einfache horizontale Skalierung ermöglicht.

*Vorteile*

Im Vergleich zu den relationalen Datenbanken unterscheiden sich die NoSQL-Datenbanken untereinander hinsichtlich des unterstützten Datenmodells. Die verschiedenen NoSQL-Ansätze und Datenbankmodelle lassen sich in vier unterschiedliche Kategorien einteilen:

- dokumentenorientierte Datenbanken
- Schlüssel-Wert-Datenstruktur (Key-Value-Datenbanken)

- Graphendatenbanken
- spaltenorientierte Datenbanken

Zu den bekanntesten Implementierungen des NoSQL-Ansatzes zählen Apache Cassandra, CouchDB, MongoDB und Redis. Redis zum Beispiel wird als Service auf der SAP Cloud Platform angeboten.

**Einsatzbereiche**   NoSQL-Datenbanken sind für Anwendungen optimiert, die große Datenmengen sowie flexible Datenmodelle erfordern. Mit NoSQL-Systemen können Sie große Datenmengen mit hoher Performance speichern und abfragen. Besonders bei komplexen und flexiblen Abfragen von unstrukturierten Daten bieten die NoSQL-Lösungen Vorteile.

### 8.2.1   SAP HANA JSON Document Store

Der *SAP HANA JSON Document Store* ist eine Speichermöglichkeit, die mit SAP HANA 2.0 SPS 01 eingeführt wurde. Der Document Store integriert dabei mit JSON einen flexiblen, dokumentenorientierten NoSQL-Speicheransatz mit den Vorteilen einer relationalen Datenbank, wie z. B. die ACID-Konformität, und ermöglicht Ihnen die Speicherung von semistrukturierten Daten in Sammlungen (*Collections*), ohne eine explizite Struktur zu definieren. Das erhöht die Flexibilität und Kompaktheit der Speicherung.

Hervorzuheben ist, dass der Document Store die Möglichkeit bietet, eine dokumentenorientierte Datenbank direkt und vollständig in SAP HANA zu integrieren, ohne dass Sie eine zusätzliche Datenhaltung parallel betreiben müssen. Dabei sind die vollständigen ACID-Eigenschaften verfügbar sowie die Kombination (Join) mit anderen Tabellen im SAP-HANA-Datenmodell möglich. Auf diese Weise kann sich eine einzelne Transaktion über alle SAP-HANA-Speichermöglichkeiten erstrecken.

### 8.2.2   Redis

*Redis* (Akronym für Remote-Dictionary-Service) erschien im Jahr 2009 und ist eine Open-Source-NoSQL-Datenbank. Redis nutzt eine Schlüssel-Wert-Datenstruktur (Key-Value Store) zur Organisation von Daten. Im Gegensatz zu Datenbanken wie PostgreSQL und ASE, die die meisten Daten auf Laufwerken oder auf SSD-Festplatten speichern, befinden sich sämtliche Redis-Daten im Hauptspeicher.

Redis verfügt über zahlreiche Datenstrukturen wie Zeichenfolgen, Listen, Sätze, sortierte Sätze, Hash-Zuordnungen und Bitmuster. Zu den weiteren Funktionen von Redis zählen hohe Verfügbarkeit, Geodaten-Indexe, die Skriptsprache »Lua«, Transaktionen, Festplattenbeständigkeit und Cluster-

Unterstützung. Redis ist BSD-lizenziert, in C-Code geschrieben und unterstützt mehrere Entwicklungssprachen sowie Open-Source-Tools.

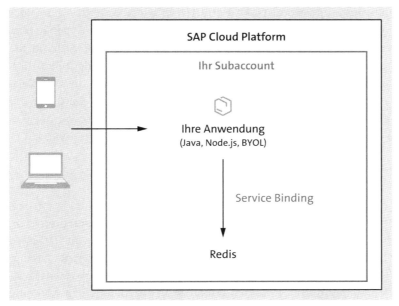

**Abbildung 8.4**  Redis zur Speicherung von Schlüssel-Wert-Paaren

Häufige Anwendungsfälle des in Abbildung 8.4 dargestellten Redis-Service sind z. B. Caching, Sitzungsverwaltung, Messaging-Queue für Pub/Sub, Streaming-Datenanalyse, Geodatenanalyse, Chat/Messaging, Echtzeit-Datenspeicher für Media-Streaming und Gaming-Bestenlisten, so dass Sie Redis vielseitig als Datenbank, Cache und Message Broker nutzen können. Auf Grund der hohen Geschwindigkeit und Benutzerfreundlichkeit ist Redis eine beliebte Wahl für Finanz-, Gesundheits- und Internet-of-Things-Anwendungen. Die Hochverfügbarkeit auf der SAP Cloud Platform wird über Datenreplikation innerhalb eines Clusters realisiert.

**Anwendungsfälle**

## 8.3   Speichern von unstrukturierten Daten

Viele Daten sind bei ihrem Ursprung unstrukturiert, d. h., sie liegen in einer nicht formalisierten Struktur vor, und Ihre Anwendung kann nicht über eine definierte Schnittstelle analytisch auf die Daten zugreifen. Daten gewinnen Struktur, indem sie durch menschliche oder maschinelle Modellierung in ein Schema gebracht werden. Der Vorgang der Strukturierung kann Nachteile hervorrufen, da er oft mit einem Informationsverlust verbunden ist. Im Unternehmensumfeld liegen oftmals wichtige Informationen in unstrukturierten Daten vor, deren Nichterfassung auch rechtliche Probleme verursachen kann.

Unstrukturierte oder semistrukturierte Daten wie z. B. Texte und Bilder können Sie auch in entsprechenden Large-Object-(LOB-)Datentypen in relationalen Datenbanken speichern. SAP HANA bietet beispielsweise für die Verarbeitung von Text spezielle Funktionen zur Indexierung und Entity-Extraktion. Für rein dokumentenbasierte Anwendungen, die beispielsweise Anhänge aus E-Mails speichern, spielen relationale Datenbanken nicht alle Vorteile aus. Für die reine Speicherung und Verwaltung von unstrukturierten Daten bietet die SAP Cloud Platform eigene Services.

### 8.3.1   Document-Service

Der in Abbildung 8.5 gezeigte Document-Service der SAP Cloud Platform ist ein Content-Management-System, in das Sie beliebige Dokumentenarten, wie z. B. Text, Medien und Binärformate, bis zu einer Größe von 50 GB pro Datei speichern. Die Dokumente beschreiben Sie mit entsprechenden Metadaten, die Sie zum Auslesen und Suchen der gespeicherten Dokumente nutzen. Die Organisation der Dateien erfolgt in Ordnerhierarchien und eine Zugriffssteuerung über Access Control Lists (ACL). Gespeicherte Dokumente werden mit AES verschlüsselt und können wahlweise auf Viren überprüft werden, bevor sie im Repository gespeichert werden. Ebenso können Sie auf eine Protokollierung von Änderungen und Aktualisierungen der Daten sowie eine Versionsverwaltung zurückgreifen.

CMIS   Sie greifen über die standardisierte *Content Management Interoperability Services API* (CMIS) aus Java- und SAPUI5-Anwendungen auf den Document-Service zu. Der Service ist ebenfalls mit anderen SAP-Cloud-Platform-Services kombinierbar, wie z. B. die Mobile Services, um Bilder oder Dokumente (z. B. Rechnungen) aus einer mobilen Anwendung zentral zu verwalten. Ebenso ist eine Kombination mit dem SAP-Portal-Service möglich.

**CMIS**

Content-Management-Interoperability-Services (CMIS) ist ein offener und herstellerunabhängiger Standard zur Anbindung von Content-Management-Systemen. Ziel des Standards ist es, die Interoperabilität proprietärer Content-Management-Systeme herstellerübergreifend zu ermöglichen. Der CMIS-Standard wird seit 2007 vom Standardisierungsgremium OASIS spezifiziert. Zu den beteiligten Firmen gehören unter anderem EMC, IBM, Microsoft, OpenText, Oracle und SAP.

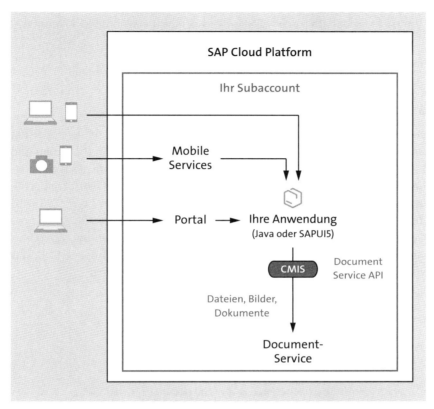

**Abbildung 8.5** Document-Service zur Speicherung unstrukturierter Daten wie Dateien und Bilder

Sie nutzen den SAP-Cloud-Platform-Document-Service z. B. für mobile Anwendungen oder Cloud-Anwendungen, die Dokumente verwalten, synchronisieren oder für unterschiedliche Nutzer zugreifbar machen. Auch Cloud-Anwendungen, in denen Sie beispielsweise Dateianhänge oder Bilder hochladen können, oder Anwendungen, die Inhalte wie Protokolldateien oder PDF-Dokumente erstellen und exportieren, nutzen den Document-Service zur Verwaltung der Daten.

**Anwendungs- beispiele**

**SAP Cloud Platform Document Center**

Mit dem *SAP Cloud Platform Document Center*, das auf dem SAP-Cloud-Platform-Document-Service zur Speicherung von beliebigen Dokumenten basiert, bietet die SAP Cloud Platform eine fertige Cloud-Anwendung zur gemeinsamen Nutzung und Synchronisation von Dateien. Das Document Center hat eine mobile und browserbasierte Benutzeroberfläche und nutzt standardmäßig den Document-Service zur Speicherung der Dateien. Alternativ kann das Document Center auch mit anderen CMIS-On-Premise-basierten oder cloud-basierten Repositories arbeiten, wie z. B. SAP DMS, Microsoft Sharepoint oder OpenText.

### 8.3.2   Object Store

Der SAP-Cloud-Platform-Service *Object Store* unterstützt die Speicherung und den Zugriff auf beliebig große, unstrukturierte Daten (z. B. Dateien und BLOBs) als »Objekte« in der jeweiligen BLOB-Speicherlösung des zugrunde-liegenden Infrastruktur-Providers, auf dem die SAP Cloud Platform betrie-ben wird. Bei einer Bereitstellung der SAP Cloud Platform über AWS wird der *Simple-Storage-Service* (S3) verwendet, bei einer Bereitstellung über die Google Cloud Platform wird der *Google Cloud Storage* genutzt. Dazu ver-wendet Ihre Anwendung ein programmiersprachenabhängiges SDK, das von den Infrastruktur-Providern zur Verfügung gestellt wird.

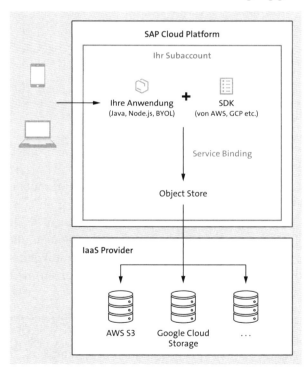

**Abbildung 8.6**  Der Object-Store-Service abstrahiert Speichertechnologien der unterschiedlichen Infrastruktur-Provider.

Wie in Abbildung 8.6 dargestellt, nutzen Sie den Object-Store-Service über ein infrastruktur-provider-spezifisches SDK, um eine sichere BLOB-Speicherung auf Basis von z. B. AWS Buckets oder GCS-Containern zu realisieren und für Ihre jeweiligen Anwendungen zur Verwaltung von beispielsweise Multimediadateien oder Dateiarchiven und Backups zu verwenden.

Der Service bietet eine Objektversionierung, so dass Sie mehrere Versionen eines Objekts speichern und die Änderungen im Objekt nachverfolgen können. Die Objektversionierung kann in Kombination mit einem *Object Lifecycle Management* verwendet werden, um Ihre Datenaufbewahrungsfristen zu implementieren und die Speicherkosten zu kontrollieren. Auf Basis der infrastruktur-provider-spezifischen Technologie ist ebenfalls eine automatische Geo-Replikation zwischen unterschiedlichen Rechenzentren möglich.

## 8.4   Big Data

Um in der SAP Cloud Platform sehr große Mengen unstrukturierter Daten skalierbar zu speichern und zu verarbeiten, nutzen Sie die Big-Data-Services der SAP Cloud Platform. Die Big-Data-Services basieren auf HDFS, Spark und einer Reihe weiterer Werkzeuge aus dem Hadoop-Ökosystem. Mit Hilfe von YARN sind dabei unterschiedliche Kategorien (sogenannte *Job Queues*) für die Verarbeitung von produktiven, interaktiven (d. h. explorativen) und wissenschaftlichen Abfragen vorkonfiguriert. Der maximal konfigurierte Ressourcenverbrauch der Kategorien wird von YARN überwacht und garantiert eine optimale Nutzung der verfügbaren Rechenleistung über unterschiedliche Arten von Anfragen, Nutzern und Anwendungen.

Die Big-Data-Services abstrahieren alle notwendigen Aufgaben bezüglich der Infrastruktur, der Administration und des Betriebs von Hadoop. Einzig die maximale Menge zu speichernder Daten sowie die durchschnittliche Laufzeit von Abfragen sind anzugeben. Ein genaueres Verständnis einer Konfiguration der dafür benötigten Hadoop-Knoten, deren Sizing sowie die Administration und der Betrieb sind Teil der Big-Data-Services.

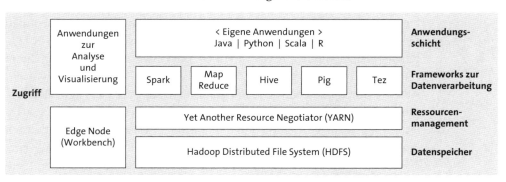

**Abbildung 8.7** Referenzarchitektur der SAP-Cloud-Platform-Big-Data-Services

**Zugriff**   Wie in Abbildung 8.7 dargestellt, erfolgt der Zugriff auf die SAP-Cloud-Platform-Big-Data-Services entweder über *Edge Nodes* oder Anwendungen, die direkt auf dem Hadoop-Cluster installiert sind. Ein Edge Node ist ein Linux-Host, über den Entwickler und Data-Scientists mit einer Kommandozeile auf die Daten im Hadoop-Cluster zugreifen. Im Kontext der Big-Data-Services wird ein Edge Node auch als *Workbench* bezeichnet. Über die Kommandozeile einer Workbench nutzen Sie unterschiedliche Computing-Frameworks wie Spark, Hive, Oozie und greifen auf alle anderen Ressourcen im Hadoop-Cluster zu. Auf den Workbenches installieren Sie auch Open-Source-, 3rd-Party- und Ihre eigenen Anwendungen. Unterschiedliche Teams, z. B. Entwickler und Data-Scientists verwenden ihre eigenen Workbenches mit entsprechend benötigten Tools. Um Workloads zu trennen, nutzen sie auch unterschiedliche Workbenches beispielsweise für die Produktion und die Entwicklung.

**Datenintegration**   Abhängig von der Datenquelle, der Datenmenge und der vorhandenen Infrastruktur werden Daten auf unterschiedliche Weise in die Big-Data-Services, d. h. das HDFS, kopiert. Liegen Daten beispielsweise in einer externen relationalen Datenbank, kann das Tool *Sqoop* (SQL/Hadoop) genutzt werden, das auf der Workbench vorinstalliert ist. Sqoop übernimmt dabei die Aufgaben Extraktion, Transformation, Transport und Laden (ETTL). Kleinere lokale Dateien (< 20 GB) werden z. B. mittels scp oder ftp auf die Workbench kopiert und von dort in das HDFS eingefügt. Größere lokale Dateien (> 20 GB) werden mit dem Kommandozeilen-Tool copytohdfs direkt in die Big-Data-Services (HDFS) kopiert, das von den *SAP-Data-Services* ab Version 4.2.9 unterstützt wird. Ab SAP-Data-Services Version 4.2.10 kann auch mit dem SAP-Data-Services-Designer ein Job bzw. ein Data Flow zum Kopieren von Daten nach HDFS oder Hive definiert und ausgeführt werden.

**SAP HANA**   Auch eine Kombination der Big-Data-Services mit SAP HANA ist möglich, um eine schnelle, in-memory-basierte Datenverarbeitung mit der Verarbeitung sehr großer, unstrukturierter Daten zu kombinieren. So können die Big-Data-Services für eine Bereinigung und Transformation von Rohdaten verwendet werden, bevor sie durch SAP HANA für weitere detaillierte Analysen in Kombination mit Unternehmensdaten verfügbar gemacht werden. Durch die technische Integration stehen Daten aus dem Hadoop-Cluster in Form von sogenannten *virtuellen Tabellen* in einem HANA-Datenmodell zur Verfügung und können wie physisch lokale Daten durch die In-Memory-Technology analysiert werden. So lassen sich die Big-Data-Services für eine elastische, cloud-basierte Aufbereitung von großen Mengen unstrukturierter Daten nutzen.

Ein weiterer Anwendungsfall ist die Nutzung von Big-Data-Services als Datenarchiv für SAP HANA. Große Mengen an Daten, auf die nicht häufig zugegriffen wird, können in den Big-Data-Services gespeichert werden, wobei der Zugriff über SQL aus der Anwendung weiterhin möglich ist. Für die Auslagerung von Daten aus SAP HANA in die Big-Data-Services kann der *Data Lifecycle Manager* (DLM) genutzt werden, um Daten in SAP HANA an Hand von Attributen (wie z. B. das Alter) zu qualifizieren und automatisch in die Big-Data-Services auszulagern. Dabei greift die Anwendung völlig transparent, d. h. ohne Anpassung, weiterhin auf die ausgelagerten Daten zu.

Die Kommunikation zwischen SAP HANA und den Big-Data-Services der SAP Cloud Platform erfolgt über einen *SAP HANA Spark Controller*, der als Teil der Big-Data-Services installiert wird. Über den SAP HANA Spark Controller ist die Nutzung von *SAP Vora* möglich, um insbesondere analytische Abfragen (OLAP), die Verarbeitung von Zeitreihen, Währungsumrechnungen oder Unit-of-Measure-(UoM-)Umrechnungen zu optimieren.

Spark Controller

Alternativ kann SAP HANA auch über *Smart Data Integration* (SDI) auf Daten in den SAP-Cloud-Platform-Big-Data-Services zugreifen. Im Gegensatz zu SDA können Daten mit SDI auch zwischen SAP HANA und den Big-Data-Services kopiert werden. Bei einem Zugriff über SDA verbleiben die Daten im Big Data Cluster und werden nicht in die SAP-HANA-Datenbank kopiert. Für die Nutzung von SDI ist ein sogenannter *Data Provisioning Agent* im Hadoop-Cluster zu installieren.

Smart Data Integration

Erfolgt der Zugriff auf die in Hadoop gespeicherten Daten nicht über SAP HANA, steht auf der Basis von YARN mit *Spark*, *Tez*, *MapReduce*, *Hive* und *Pig* eine Reihe von Frameworks zur Verarbeitung der in HDFS gespeicherten Daten zur Verfügung. Die am häufigsten genutzten Frameworks sind Spark und Hive. Mit Hive fragen Sie die in HDFS gespeicherten Daten mittels SQL-Syntax ab. Spark, als eines der momentan aktivsten Open-Source-Projekte, ermöglicht eine sehr schnelle Abfrage von in HDFS gespeicherten Daten auf Basis von In-Memory-Technologie. Auch mit Spark nutzen Sie SQL zur Datenabfrage und können Datenströme verarbeiten (*stream processing*), Machine Learning nutzen und graphenbasierte Datenanalysen über entsprechende Bibliotheken anwenden. Die Big-Data-Services unterstützen dabei immer die drei aktuellsten Spark-Versionen, so dass Sie einerseits immer von den aktuellsten Entwicklungen in Spark profitieren und anderseits eine Versionsstabilität für bestehende Anwendungen haben. Big-Data-Anwendungen schreiben Sie üblicherweise in Java, Python, R oder Scala.

Datenverarbeitung

[»]

**Direct Connect zu AWS**

Wenn Sie die SAP-Cloud-Platform-Big-Data-Services aus SAP-Rechenzentren nutzen und Cloud-Anwendungen auf AWS-Infrastruktur umsetzen, werden das AWS- und das SAP-Rechenzentrum standardmäßig über eine dedizierte Netzwerkverbindung (*AWS Direct Connect*) optimiert verbunden. Damit laufen die Big-Data-Services innerhalb einer *Virtual Private Cloud* (VPC) in AWS, so dass die Big-Data-Services wie ein lokaler Service genutzt werden. So können beispielsweise Daten, die in S3, Redshift, RDS oder anderen AWS-Services gespeichert sind, optimal in die Big-Data-Services kopiert werden.

Datenvisualisierung   Für Anwender, die mittels SQL auf die Daten im Hadoop-Cluster zugreifen, steht in der Workbench der *Data Navigator* als visuelles Werkzeug zur Verfügung. Damit können Sie navigieren oder SQL-Abfragen der Daten erzeugen. Auch der Austausch von SQL-Abfragen über Teams hinweg ist mit dem Werkzeug möglich. Darüber hinaus können Sie eine Reihe von weiteren Werkzeugen zur Darstellung und Analyse von Hadoop-Daten nutzen: *SAP Lumira*, *Tableau*, *Qlik* und *Microstrategy* sowie eigene Anwendungen auf Basis von *JDBC* und *ODBC*.

Datenanalyse   Zur Analyse von Daten können Data-Scientists Werkzeuge wie z. B. *SAP Predictive Analytics*, *Jupyter*, *Zeppelin*, *H2O* und *R* sowie Scala und Python verwenden. Auch »Hadoop-native« Anwendungen, wie etwa Trifacta und H2O, bieten zahlreiche Big-Data-Funktionen und können mit den SAP-Cloud-Platform-Big-Data-Services verwendet werden.

SAP Data Hub   Eine Alternative zur Speicherung von sehr großen Datenmengen in einem Hadoop-Cluster ist *SAP Data Hub*. SAP Data Hub macht Daten aus unterschiedlichen Quellsystemen nutzbar und bietet dafür Möglichkeiten zur Datenintegration, -orchestrierung und -Governance für heterogene Systemlandschaften. Damit schließt SAP Data Hub eine Lücke zwischen Big Data und Unternehmensdaten. Auf Basis von SAP Data Hub entwickeln Sie eigene Anwendungen, die auf Daten Ihres gesamten Unternehmens zugreifen, egal, ob sich diese Daten in der Cloud oder auf lokalen Systemen, in einem Data Lake oder im Data Warehouse befinden. Dazu unterstützt der Data Hub eine übersichtliche Visualisierung der gesamten Datenlandschaft: von SAP-Systemen basierend auf SAP HANA und beliebigen Datenquellen bis zu Hadoop. Damit werden Wirkungszusammenhänge der Daten besser sichtbar. Daten lassen sich über *Datapipelines* aus den unterschiedlichsten Quellen im Unternehmen abrufen, harmonisieren, transformieren und für die Analyse und Anwendungsentwicklung nutzen.

# Kapitel 9
# Native Cloud-Anwendungen und -Erweiterungen programmieren

*Dieses Kapitel stellt die unterschiedlichen Möglichkeiten und Tools zur Programmierung von Anwendungen auf der SAP Cloud Platform vor. Bei den Anwendungen kann es sich um Erweiterungen oder eigenständige Applikationen handeln.*

Zur Programmierung von Anwendungen haben viele Entwickler einen Editor sowie Sprachen und Frameworks, mit denen sie besonders gerne arbeiten. Dem Einsatz von Lieblings-Tools und Frameworks steht bei einer Programmierung von Anwendungen auf der SAP Cloud Platform nichts im Wege. So können Sie z. B. *AngularJS* für die Umsetzung der Benutzeroberfläche verwenden und die Geschäftslogik mit *Node.js* oder Java und *Spring* in einem Editor Ihrer Wahl implementieren. Auch die Bereitstellung der Anwendung mittels Continuous Integration und Continuous Development (CI/CD) ist mit gängigen Werkzeugen wie beispielsweise *Jenkins* möglich.

Diese hohe Flexibilität ist gut, um sich bestmöglich in bestehende Entwicklungsumgebungen und -teams einzugliedern. Für Unternehmen oder Abteilungen, die jedoch noch keine etablierten Prozesse oder Werkzeuge haben, ist ein Start in die Programmierung von Cloud-Anwendungen zeitaufwendiger und schwieriger. Es besteht der Wunsch nach Orientierung und Empfehlungen. Aus diesem Grund bietet die SAP Cloud Platform eine Reihe von Werkzeugen, Templates, Software Development Kits (SDK) und modellgetriebenen Entwicklungsframeworks, die auf die Nutzung der Platform-Services sowie eine einfache Kombination der Services optimiert sind. In den folgenden Abschnitten konzentriere ich mich deshalb auf die mit der SAP Cloud Platform bereitgestellten Werkzeuge und SDKs zur Entwicklung nativer Cloud-Anwendungen und Erweiterungen für Ihre SAP-Standardlösungen.

## 9.1    Entwicklungswerkzeuge

Für die Programmierung von Anwendungen sind eines der wichtigsten Hilfsmittel geeignete Editoren, die Sie beim Schreiben von Quellcode unterstützen. Die SAP Cloud Platform bietet Entwicklungswerkzeuge, wie z. B. Editoren und Integrated Development Environments (IDE), mit denen Sie beispielsweise die Benutzeroberfläche entwerfen sowie Ihre Anwendungslogik und Datenspeicherung implementieren. Dabei stehen eine durchgängige Nutzung der Werkzeuge sowie ein integrierter Zugriff auf die unterschiedlichen Platform-Services im Vordergrund.

Zielgruppen    Die mit der SAP Cloud Platform bereitgestellten Entwicklungswerkzeuge richten sich an Entwickler mit unterschiedlichsten Programmierkenntnissen. Unterschieden wird zwischen professionellen Entwicklern, deren Haupttätigkeit die Programmierung von Anwendungen umfasst und die sich sehr gut mit Programmiersprachen, Frameworks und unterschiedlichen Konzepten auskennen. In der Regel arbeiten professionelle Entwickler in der IT-Organisation eines Unternehmens.

In den Fachabteilungen eines Unternehmens, wie z. B. Marketing oder Vertrieb, ist es oft erwünscht, die abteilungsspezifischen Anforderungen mit eigenen Anwendungen umzusetzen. Da der Schwerpunkt einer Fachabteilung in der Regel nicht auf der Programmierung von Anwendungen liegt und oftmals keine professionellen Entwickler dauerhaft in der Fachabteilung arbeiten, nutzen Fachabteilungen häufig Entwicklungswerkzeuge, mit denen Anwendungen graphisch oder mit wenigen Zeilen Quellcode möglichst automatisiert erstellt werden. Für beide Zielgruppen bzw. Entwicklungsansätze enthält die SAP Cloud Platform entsprechende Werkzeuge, wie z. B. IDEs. Im Kontext unterschiedlicher Programmierkenntnisse zeigt Tabelle 9.1 eine Übersicht der Entwicklungswerkzeuge (IDEs), mit denen Sie Anwendungen für die SAP Cloud Platform entwickeln. Sowohl die *SAP Web IDE* als auch *SAP Rapid Application Development by Mendix* und *SAP Build* können für die Entwicklung von Benutzeroberflächen und von Geschäftslogik verwendet werden, wobei sich die Flexibilität und Möglichkeiten bei der Entwicklung von Geschäftslogik zwischen den Werkzeugen unterscheiden. In SAP Build liegt der Fokus auf der Gestaltung von Benutzeroberflächen, so dass sich die Entwicklung von Geschäftslogik im Wesentlichen auf die Navigation und die Eingabe von Werten beschränkt. Mit der SAP Web IDE kann der volle Sprachumfang von z. B. Java mit den unterschiedlichen Platform-Services, wie beispielsweise dem Workflow-Service oder SAP HANA, kombiniert werden.

| Werkzeuge | Programmierkenntnisse | | |
|---|---|---|---|
| | hoch | mittel | wenig |
| SAP Web IDE/Eclipse | X | X | |
| SAP RAD by Mendix | | X | X |
| SAP Build | | | X |

**Tabelle 9.1** Werkzeuge für unterschiedliche Programmierkenntnisse

Die zentrale Entwicklungsumgebung mit unterschiedlichen Editoren, Vorlagen und Wizards für eine integrierte Nutzung der Platform-Services ist die SAP Web IDE.

### 9.1.1    SAP Web IDE

Seit 2015 unterstützt die *SAP Web IDE* als browserbasierter Editor den gesamten Software-Entwicklungszyklus von der Programmierung über die Paketierung bis zur Bereitstellung und Erweiterung von Cloud-Anwendungen mit Assistenten, Vorlagen und Beispielen. Als Service der SAP Cloud Platform, der alle zwei Wochen aktualisiert wird, benötigen Sie keine lokale Installation einer IDE auf Ihrem Rechner.

**Eclipse Che**

Die SAP Web IDE basiert auf Eclipse Che, ein mit dem Google Web Toolkit (GWT) entwickelter, Java basierter Workspace-Server mit einer browserbasierten integrierten Entwicklungsumgebung (IDE). Das Eclipse-Che-Projekt wird quelloffen im Rahmen der Eclipse Public License unter anderem von IBM, Red Hat und SAP entwickelt.

**Einsatzszenarien**

Sie verwenden die SAP Web IDE für die Programmierung, den Test und die Bereitstellung von einfachen bis zu komplexen Anwendungen für unterschiedliche Laufzeitumgebungen sowie unterschiedliche Gerätetypen (wie z. B. ein Smartphone, Tablet oder Desktop). Dabei greifen Sie bei der Entwicklung mit der SAP Web IDE auf die unterschiedlichen Services der SAP Cloud Platform zu, um beispielsweise die folgenden Entwicklungsszenarien umzusetzen:

Nutzen

- Erweiterung vorhandener und Erstellung neuer SAP-Fiori-Anwendungen und SAPUI5-Benutzeroberflächen
  - Nutzen Sie Vorlagen und Beispiele für Anwendungsoberflächen und Quellcode.
  - Erweitern Sie Standard-SAP-Fiori-Anwendungen über vordefinierte Extension Points.
  - Erstellen Sie Storyboards und Oberflächen mit einem Text-Editor oder einem graphischen Layout-Editor (WYSIWYG).
  - Stellen Sie die SAP-Fiori-Anwendungen in unterschiedlichen Laufzeitumgebungen (on premise oder in der Cloud) bereit.
- Implementierung nativer Cloud-Anwendungen als Erweiterung (Side by Side) für z. B. SAP S/4HANA oder als neue SaaS-Lösung
  - Sie können alle Anwendungsmodule (Datenbank, Logik, UI) durchgängig entwickeln.
  - Greifen Sie über einen Database-Explorer auf SAP-HANA-Datenbankobjekte zu.
  - Entwickeln und testen Sie die Geschäftslogik z. B. mit Java.
  - Generieren Sie OData-Services für das Binding von Daten an Oberflächenelemente.
- Umsetzung hybrider mobiler Anwendungen
  - Erstellen, testen und deployen Sie hybride mobile Anwendungen mit Cordova und dem Hybrid Application Toolkit (HAT).
  - Nutzen Sie das SAP Mobile Development Kit (Rapid Application Development) für eine schnelle Low-Code-Entwicklung mobiler Anwendungen.
  - Paketieren Sie SAP-Fiori-Anwendungen als native mobile Anwendung für z. B. Apple-iOS (**.ipa**) oder Android (**.apk**).
- Entwicklung von IoT-Anwendungen auf Basis des IoT-Application-Enablement-Service
  - Nutzen Sie spezielle Vorlagen und SAPUI5-Elemente für IoT-Anwendungen.
  - Greifen Sie auf die Eigenschaften des Thing Models zu.

**Ganzheitliche Entwicklung**  Bei der Abdeckung des Software-Entwicklungszyklus spielt auch die Verwendung anderer SAP-Cloud-Platform-Services in der SAP Web IDE eine Rolle. Abbildung 9.1 zeigt beispielhaft die integrierte Nutzung von Platform-Services wie z. B. SAP Build zur Erstellung von Prototypen, SAP API Business Hub für die Nutzung von APIs, eines Git-Clients für die Versionsverwaltung und Entwicklung in Teams, die Mobile Services und Internet-of-Things-Services. Je nachdem, welche Art von Anwendung Sie mit der SAP Web IDE programmieren, erfolgt eine Bereitstellung in der entsprechenden Laufzeitumgebung.

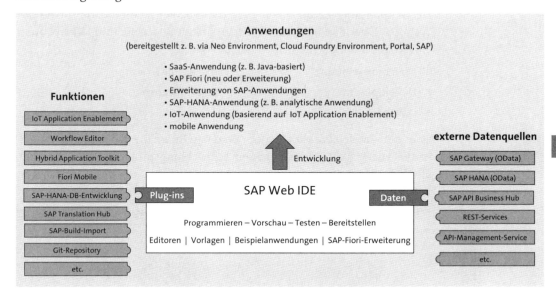

**Abbildung 9.1**  Die SAP Web IDE integriert Platform-Services zur Abdeckung des kompletten Software-Entwicklungszyklus.

Ziel der SAP Web IDE ist eine ganzheitliche Anwendungsentwicklung bestehend aus Datenbankobjekten (z. B. SAP-HANA-Tabellen und Calculation Views), Geschäftslogik (mit z. B. Java) und der Benutzerschnittstelle auf Basis von SAP Fiori und SAPUI5 mit der Abdeckung des kompletten Software-Entwicklungszyklus unter Einbeziehung der SAP-Cloud-Platform-Services. Die SAP Web IDE richtet sich an professionelle und semiprofessionelle Entwickler und bietet unter anderem Code-Editoren mit Vorlagen für unterschiedliche Anwendungen, Funktionen für die Formatierung des Quellcodes, eine automatische Vervollständigung des Quellcodes (*Code-Completion*) und eine syntaktische Überprüfung.

### SAP Web IDE for SAP HANA

Zusätzlich zu der SAP Web IDE der SAP Cloud Platform wird auch mit SAP HANA eine SAP Web IDE for SAP HANA ausgeliefert (ehemals SAP HANA Web-based Development Workbench). Die SAP Web IDE for SAP HANA richtet sich an die Entwicklung nativer SAP-HANA-Anwendungen, die über die SAP HANA Extended Application Services Advanced (XSA) bereitgestellt werden. Ebenfalls entwickeln Sie SAP-HANA-Datenbankobjekte, wie z. B. Tabellen, Calculation Views, SQLScript, mit der SAP Web IDE for SAP HANA.

### Erste Schritte

Die SAP Web IDE öffnen Sie beispielsweise aus dem SAP Cloud Platform Cockpit oder direkt über eine entsprechende URL für Ihren Global Account. Der in Abbildung 9.2 dargestellte **Welcome**-Screen ist Ihr Einstieg in die SAP Web IDE. Über das seitliche Menü am linken Bildschirmrand ❶ wechseln Sie zwischen unterschiedlichen Perspektiven:

- Welcome (Home)
- Development
- Database Explorer
- Learning Center
- Preferences

Über den Bereich **Create a Project** ❷ stehen Ihnen die gängigsten Möglichkeiten zur Erstellung eines neuen Entwicklungsprojekts zur Verfügung. Entweder legen Sie ein komplett neues Projekt an, oder Sie importieren vorhandenen Quellcode aus einer Archivdatei oder aus Git ❸.

**Abbildung 9.2**  Welcome-Screen der SAP Web IDE als Einstieg in die Entwicklungsumgebung

In der **Development Perspective** sehen Sie Ihren *Workspace* und arbeiten mit Ihren Kopien des Quellcodes der Anwendungen innerhalb unterschiedlicher Projekte. Über diese Perspektive entwickeln Sie Benutzeroberflächen und Geschäftslogik und steuern den gesamten Entwicklungszyklus inklusive Versionierung, Test und Deployment. Abbildung 9.3 zeigt die wesentlichen Elemente der **Development Perspective**. Über die **Menu Bar** ❶ erreichen Sie alle Funktionen der SAP Web IDE. Abhängig von dem im Workspace ausgewählten Entwicklungsobjekt bzw. der ausgewählten Datei stellt die **Global Toolbar** ❷ unterschiedliche Interaktionen, wie z. B. die Vorschau der Anwendung, bereit. Über die rechte Seitenleiste (**Right Side Pane**) ❸ wechseln Sie zwischen den unterschiedlichen Fenstern beispielsweise für den Git-Client, den Debugger, Gerrit zur Verwaltung von Code-Reviews, die projektübergreifende Suche oder Testergebnisse. Am unteren Bildschirmrand ❹ blenden Sie unterschiedliche Sichten, z. B. für die Console oder eine Liste erkannter Probleme, ein. In der Mitte ❺ öffnen sich die unterschiedlichen Editoren mit Syntax-Highlighting und Code-Completion zur Bearbeitung des Quellcodes. Der Workspace ❻ gruppiert Ihren Quellcode in unterschiedliche Entwicklungsprojekte und zeigt etwa den Status der Versionierung mit Git. Über das Kontextmenü einzelner Dateien Ihrer Projekte rufen Sie mögliche Funktionen und weitere Services der SAP Cloud Platform auf, wie beispielsweise die automatische Übersetzung von UI Labels und Strings einer **i18n.properties**-Datei in andere Sprachen mit dem *SAP Cloud Platform Translation Hub*.

**Abbildung 9.3** Development Perspective für die Entwicklung von Benutzeroberflächen und Geschäftslogik

Über die in Abbildung 9.4 dargestellte **Database Explorer Perspective** stellen Sie eine Verbindung zu einer SAP-HANA-Instanz her, die Sie als Database-as-a-Service (DBaaS) in der SAP Cloud Platform nutzen. Im Bereich ❶ greifen Sie auf die unterschiedlichen Datenbankobjekte der SAP-HANA-Instanz zu und können aus dem Kontextmenü (per Rechtsklick auf ein Datenbankobjekt wie z. B. Tables) unterschiedliche Aktionen ausführen. Im Editorbereich ❷ öffnen Sie SQL- oder MDX-Konsolen für eine direkte Interaktion mit der Datenbank.

Database Explorer Perspective

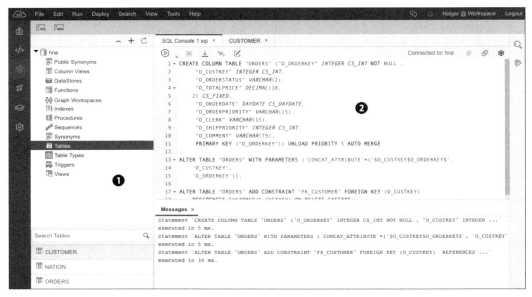

**Abbildung 9.4** Database Explorer Perspective

Storyboard
Perspective

Abbildung 9.5 zeigt die **Storyboard Perspective** der SAP Web IDE. Dort sehen Sie einerseits eine graphische Darstellung der Nutzer-Navigation in Ihrer Anwendung über die unterschiedlichen SAPUI5-Views. Anderseits gestalten und definieren Sie die Navigation durch die Erstellung und Verknüpfung neuer Views im Storyboard. Auch können Sie zu jeder View in den graphischen Layout-Editor umschalten, um die Benutzeroberfläche mit Hilfe von SAPUI5-Controls zu entwerfen.

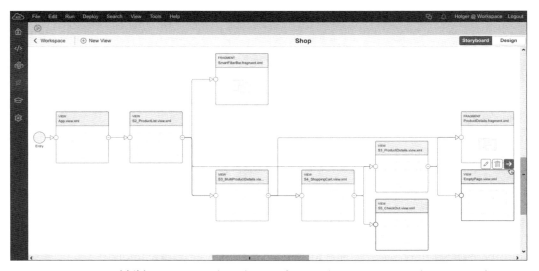

**Abbildung 9.5** Storyboard zur Definition der Navigation in Ihrer Anwendung

### Entwicklungsprozess und Konzepte

Der Entwicklungsprozess einer nativen Cloud-Anwendung startet in der SAP Web IDE mit der Erstellung eines neuen Projekts z. B. über den **Welcome-Screen** oder in der **Developer Perspective**.

Abbildung 9.6 zeigt die wesentlichen Schritte Ihres Entwicklungsprozesses mit der SAP Web IDE. Bei der Erstellung neuer Projekte werden Sie durch Projektvorlagen (z. B. ein Multiple-Target-Application-Projekt) und Beispielanwendungen (z. B. eine Shop-Anwendung) unterstützt. Auch bestehende Projekte können über Git, eine Archivdatei oder SAP Build importiert werden. Für die Entwicklung Ihrer Anwendung nutzen Sie die unterschiedlichen Editoren der SAP Web IDE und greifen bei Unklarheiten auf den Debugger zurück.

Prozessschritte

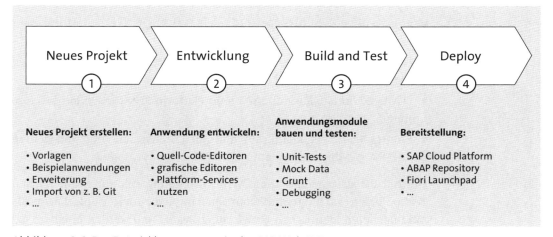

**Abbildung 9.6** Der Entwicklungsprozess in der SAP Web IDE

Wollen Sie die Funktion des aktuellen Entwicklungsstands Ihres Projekts überprüfen, bauen Sie Ihr Projekt und testen die Anwendung mit den von Ihnen geschriebenen Unit-Tests. Für den Test unterstützt Sie die SAP Web IDE durch die Generierung geeigneter Testdaten (sogenannte *Mock Data*), sofern (noch) keine Datenbank und kein OData-Service für die Bereitstellung von Daten für die Anwendung vorhanden sind. Sind Sie mit der Iteration zufrieden, stellen Sie die aktuelle Version über die SAP Web IDE auf den unterschiedlichen Laufzeitumgebungen (z. B. Neo Environment und Cloud Foundry Environment) der SAP Cloud Platform oder dem On-Premise-ABAP-Repository bereit. Auch das Deployment in ein SAP Fiori Launchpad oder den Portal-Service ist je nach Anwendung möglich. Der hier dargestellte Prozess zur Entwicklung, zum Testen und zum Bereitstellen Ihrer SAP-Cloud-Platform-Anwendung lässt sich mittels Continuous Integration und Continuous Development (CI/CD) automatisieren (siehe Kapitel 10, »Services für DevOps«).

**Multi-Target Applications (MTA)** Eine durchgängige Entwicklung, Bereitstellung und Konfiguration von technisch unterschiedlichen Komponenten einer hybriden Cloud-Anwendung gestaltet den Software-Entwicklungszyklus schwierig. So benutzt beispielsweise eine hybride Cloud-Anwendung oftmals über das OData-Protokoll Prozesse oder Funktionen, die in einem SAP-System umgesetzt sind, das auf einer anderen Infrastruktur läuft. Oder die Anwendung besteht aus funktionalen Modulen, wie z. B. die Nutzerschnittstelle, Geschäftslogik und Persistenz, die mit unterschiedlichen Technologien implementiert werden. Hier setzt das Konzept von *Multi-Target Applications* (MTA) an, deren Ziel es ist, gerade den Entwicklungszyklus von hybriden Cloud-Anwendungen zu optimieren. MTAs bestehen aus unterschiedlichen *Modulen*, wie z. B.:

- eine Benutzerschnittstelle (z. B. mit SAPUI5, d. h. JavaScript) mit dem *HTML5 Module*

- unterschiedliche Microservices für die Geschäftslogik, z. B. mit dem *Java Module*

- OData-Schnittstellen mit SAP Cloud Platform SDK for service development

- SAP-HANA-Tabellendefinitionen für die Datenspeicherung und weitere SAP-HANA-Objekte mit dem *SAP HANA Database Module*

Obwohl Sie die Module einer MTA-Anwendung mit unterschiedlichen Technologien und Programmiersprachen implementieren, unterliegen alle Module einem identischen Entwicklungszyklus und werden in einem gemeinsamen Projekt verwaltet. Ziel der Multi-Target Application ist es demnach, die Entwicklung und Bereitstellung nativer, microservice-basierter Cloud-Anwendungen durch eine durchgängige und kontinuierliche Bereitstellung der Anwendungsbestandteile zu ermöglichen. Nachdem Sie ein neues MTA-Projekt erstellt oder ein bestehendes Projekt importiert haben, entwickeln Sie die unterschiedlichen Module Ihrer Anwendung. Dazu nutzen Sie die Development Perspective der SAP Web IDE, die Ihnen unterschiedliche Code-Editoren für die Programmierung zur Verfügung stellt.

**HTML5 Module** Die Benutzeroberfläche implementieren Sie über ein HTML5 Module. Die *View* Ihres HTML5 Modules programmieren Sie entweder mit einem Text-Editor, oder Sie verwenden den in Abbildung 9.7 dargestellten graphischen *Layout-Editor*. Im Layout-Editor ziehen Sie per Drag & Drop unterschiedliche SAPUI5-Oberflächenelemente wie Labels, Texteingabefelder oder Tabellen aus einer Palette ❶ auf die Oberfläche (*Canvas*) ❷. Über die Konfiguration der Eigenschaften ❸ einzelner SAPUI5-Oberflächenelemente definieren Sie das Verhalten der Oberflächenelemente bei bestimmten Events wie z. B. »OnClick«. Sollen Daten beispielsweise in einer Tabelle angezeigt werden, verknüpfen Sie einen entsprechenden OData-Service über ein sogenanntes *OData Binding* mit dem Oberflächenelement »Tabelle«. Für eine Vorschau der Nutzeroberfläche ändern Sie über den Menüpunkt ❹ den Formfaktor des Endgeräts, das Ihre Nutzeroberfläche anzeigt, zwischen Smartphone, Tablet und Desktop.

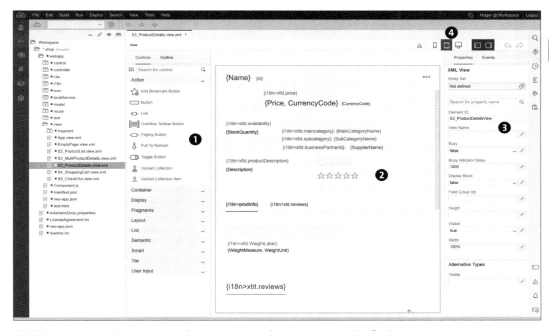

**Abbildung 9.7** Mit dem Layout-Editor der SAP Web IDE Benutzeroberflächen (Views) per Drag & Drop erstellen

Die Navigation innerhalb Ihrer Anwendung über Views gestalten Sie mit dem bereits vorgestellten *Storyboard* der SAP Web IDE. Für die Programmierung des *Controllers* nutzen Sie den Text-Editor für JavaScript, der Sie über Code-Completion (Auto-Hint) aktiv beim Coding unterstützt.

Der bereits erwähnte SAP HANA Database Explorer für die Ansicht von SAP-HANA-Datenbankobjekten wird funktional durch eine Reihe von weiteren Editoren für die Erstellung von SAP-HANA-Datenbankobjekten ergänzt. Im Kontext eines SAP HANA Database Modules innerhalb Ihres MTA-Projekts nutzen Sie graphische Editoren für z. B. die Definition eines Datenmodells mit Entitäten und deren Beziehungen (siehe Abbildung 9.8). Auch verwen-

**SAP HANA Database Module**

den Sie graphische Editoren für die Erstellung von *Calculation Views* sowie Quellcode-Editoren für die Programmierung von Funktionen und gespeicherten Prozeduren mittels *SQLScript*.

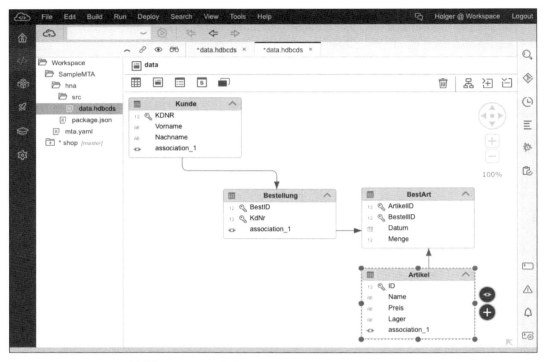

**Abbildung 9.8** Modellierung eines SAP-HANA-Datenmodells

Test   Um die Interaktion von Anwendern mit der Benutzeroberfläche zu testen, verwenden Sie *One Page Acceptance Tests* (OPA5) oder *QUnit*.

OPA5 ist eine JavaScript-basierte API zum Testen von Nutzerinteraktionen mit SAPUI5-Oberflächenelementen (wie z. B. Listen, Buttons, etc.) durch Acceptance Tests. OPA5 folgt dem Muster *Arrange Act Assert* (AAA), ein häufig verwendetes Verfahren zum Schreiben von Komponententests für eine zu testende Methode. Da die SAPUI5-basierten Oberflächen ebenfalls in JavaScript implementiert werden, ermöglicht OPA5 die Umsetzung eines *Test-Driven Developments* (TDD).

QUnit ist ein sehr flexibles, ebenfalls JavaScript-basiertes Framework zum Testen von JavaScript-Code. QUnit ermöglicht asynchrones Testen, das insbesondere für den funktionalen Test von Benutzerschnittstellen erforderlich ist, um auf notwendige Backend-Aufrufe oder das Rendering der Oberflächenelemente zu warten. OPA- und QUnit-Tests erstellen Sie direkt über

**File • New** des SAP-Web-IDE-Menüs. Ihre Java-Module eines MTA-Projekts testen Sie mit *JUnit*.

Abhängig von der Art der entwickelten SAP-Cloud-Platform-Anwendung nutzen Sie unterschiedliche Möglichkeiten zur Paketierung und zur Bereitstellung der Anwendung. Unterstützt wird z. B. die Bereitstellung einer mit der SAP Web IDE entwickelten Anwendung auf:

Paketieren und Bereitstellen

- der SAP Cloud Platform (z. B. Neo Environment, Cloud Foundry Environment)
- SAPUI5-ABAP-Repository (z. B. SAP Gateway oder SAP-Fiori-Frontend-Server)
- Mobile Services (für hybride Anwendungen)
- SAP Fiori Launchpad (Erstellung einer neuen Kachel im Launchpad)

Generell stellen Sie eine Anwendung aus dem Kontextmenü des SAP-Web-IDE-Entwicklungsprojekts über den Menüpunkt **Deploy** bereit. Beim Deployment wird Ihre Anwendung automatisch gebaut. Nach einem erfolgreichen Deployment werden die Anwendung und der Anwendungsstatus im SAP Cloud Platform Cockpit angezeigt und verwaltet (siehe Abbildung 9.9).

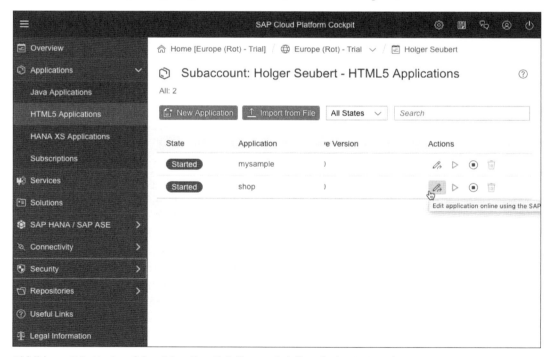

**Abbildung 9.9** Nach erfolgreicher Bereitstellung wird die mit der SAP Web IDE entwickelte Anwendung im SAP Cloud Platform Cockpit angezeigt.

**SAP-Fiori-Anwendungen anpassen**

Für die Anpassung von SAP-Fiori-Standardanwendungen legen Sie in der SAP Web IDE ein neues *Extension Project* an. Das Extension Project enthält alle Änderungen, die Sie an der Standard-SAP-Fiori-Anwendung vornehmen, so dass die Standardanwendung selbst nicht modifiziert wird. Die Erweiterung erfolgt stattdessen über *SAPUI5 Extension Points*. Beim Anlegen des Extension Projects wählen Sie entweder die zu erweiternde Standard-SAP-Fiori-Anwendung aus dem SAPUI5-ABAP-Repository in Ihrer On-Premise-Landschaft oder eine Fiori-Anwendung, die auf der SAP Cloud Platform betrieben wird. Dabei muss die zu erweiternde SAP-Fiori-Anwendung nicht zwingend in die SAP Web IDE (d. h. in Ihren Workspace bzw. Ihr Projekt) kopiert werden.

[»]

**Grunt**

Bei der Erstellung (Build-Prozess) von SAPUI5-Anwendungen (d. h. Benutzeroberflächen) automatisieren Sie typische Aufgaben, wie z. B. die *Minification* von JavaScript- und CSS-Dateien (d. h. das Löschen unnötiger Zeichen aus dem Quellcode), Unit-Testing oder statischer Codeanalysen (Linting) mit *Grunt*. SAP unterstützt die Best-Practice-Konfigurationen für SAPUI5-Anwendungen mit *grunt-openui5*, einem von SAP bereitgestellten Grunt-Plug-in, das das Laufzeitverhalten der SAPUI5-Anwendung verbessert. In der Datei **Gruntfile.js** innerhalb Ihres Entwicklungsprojekts spezifizieren Sie die Aufgaben, die Grunt beim Erstellen Ihrer Anwendung ausführt. Die Artefakte, die Grunt während des Build-Prozesses erstellt, werden innerhalb Ihres Projekts in einem Ordner **dist** gespeichert. Den Build-Prozess starten Sie aus dem Kontextmenü (Rechtsklick) Ihres Projekts. Für ein MTA-Projekt wird z. B. eine .**mtar**-Datei generiert, die alle Module (UI, Logik, Datenbank) des Projekts enthält.

Abbildung 9.10 zeigt den Extension Editor der SAP Web IDE, den Sie für die Erweiterung von Standard-SAP-Fiori-Anwendungen verwenden. Dabei ermöglicht die *Extensibility Pane* des Editors eine einfache, graphische Erweiterung der Fiori-Oberfläche. Während die zu erweiternde SAP-Fiori-Standardanwendung in einer Vorschau ❶ läuft, selektieren Sie in der Extensibility Pane das Oberflächenelement, das Sie anpassen oder erweitern möchten. Die Outline Pane ❷ am rechten Bildschirmrand zeigt Ihnen die möglichen Extension Points und Erweiterungen im UI Controller. Während der Vorschau (Preview Mode) der angepassten SAP-Fiori-Anwendung werden wahlweise Daten direkt aus Ihrem SAP-S/4HANA-System oder Testdaten (Mock Data) angezeigt. Die Möglichkeiten zur Anpassung einer SAP-Fiori-Standardanwendung können Sie in der SAP-Fiori-Cloud-Demo unter der URL *www.sapfioritrial.com* kostenfrei testen.

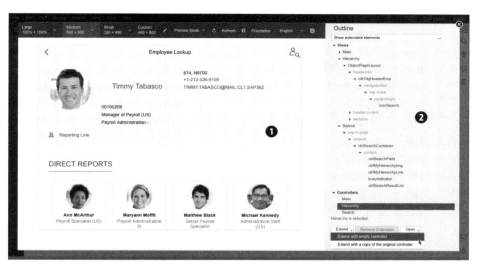

**Abbildung 9.10**  Extensibility Pane: Editor zur graphischen Erweiterung von SAP-Fiori-Standardanwendungen

**Mögliche Erweiterungen von SAP-Fiori-Standardanwendungen**

In einem Extension-Projekt haben Sie mit der Extensibility Pane die folgenden Möglichkeiten, eine SAP-Fiori-Standardanwendung anzupassen:

- Erweiterung des UI Controllers
- Ausblenden eines SAPUI5-Controls (z. B. ein Button), um damit die Funktion hinter dem SAPUI5-Control nicht mehr nutzbar zu machen
- Erweitern einer View oder eines Fragments
- Ersetzen einer View
- Ersetzen eines Service
- Anpassung der Texte in der i18n-Ressource

Bevor Sie mit der Programmierung Ihrer Anwendung mit Hilfe der SAP Web IDE beginnen, bietet der SAP-Cloud-Platform-Build-Service die Möglichkeit, die Benutzerschnittstelle genau für die Bedürfnisse der Nutzer zu gestalten. Für die mit SAP Build entworfene Oberfläche können Sie entsprechenden SAPUI5-Quellcode generieren und in die SAP Web IDE für Ihre weitere Programmierung der Controller und Datenanbindung importieren.

### 9.1.2   SAP Build

Als Entwickler möchten Sie nicht nur mit den Funktionen Ihrer Anwendung überzeugen, sondern auch die Nutzung der Anwendung durch eine

**Nutzbarkeit sichert Rentabilität**

benutzerbezogene und intuitiv zu bedienende Oberfläche sicherstellen. Nur eine tatsächliche und anhaltende Nutzung der Anwendung sichert die Rentabilität der Eigenentwicklung. Gerade bei einem iterativen Entwicklungsansatz auf Basis eines Minimum Viable Products (MVP) ist eine gute und überzeugende Nutzbarkeit einer Anwendung oftmals ein viel wichtigerer Punkt als Funktionalität. Auch ist es auf lange Sicht kostengünstiger, die Bedürfnisse der Endbenutzer zu verstehen und die notwendigen Designs zu Navigation, Interaktion und Nutzung auf Basis eines Prototyps zu durchlaufen, bevor es an die eigentliche Entwicklung der Anwendung geht.

**Ergänzung zur SAP Web IDE**

Hier unterstützt SAP Build mit einem Schwerpunkt auf dem Arbeitsschritt *Discovery* der Nutzerbedürfnisse sowie dem *Prototyping* der Anwendung (siehe Abbildung 9.11). Ohne eine einzige Zeile Quellcode zu schreiben, können Projektteams bestehend aus Entwicklern, Designern und Fachexperten aus nichttechnischen Bereichen Anwendungen für ihre Endanwender entwerfen. Damit kann SAP Build auch als Werkzeug im Rahmen eines Design-Thinking-Workshops eingesetzt werden. Abbildung 9.11 zeigt das Zusammenspiel mit der SAP Web IDE. Mit SAP Build bauen Sie vor der Programmierung der Anwendung zunächst interaktive Prototypen zur Validierung mit den Anwendungsnutzern. Nachdem die Prototypen iterativ mit den zukünftigen Nutzern der Anwendung aus den Fachbereichen validiert wurden, beginnt die vollständige Implementierung der Funktionalität mit der SAP Web IDE. Die Cloud-Anwendung wird mit agilen Methoden implementiert und mittels CI/CD bereitgestellt. Damit bietet die SAP Cloud Platform einen durchgängigen Entwicklungsprozess einer Cloud-Anwendung.

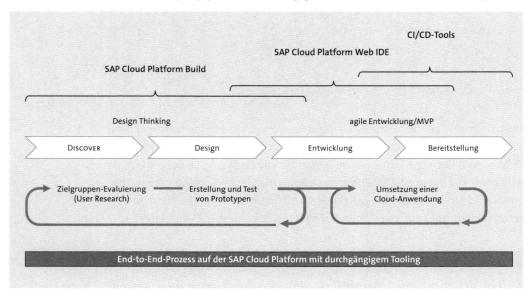

**Abbildung 9.11** SAP Build im Entwicklungsprozess

[«]

**Design Thinking**

Design Thinking hat seinen Ursprung an der Stanford University und ist ein Konzept zum kreativen Lösen von Problemen und zur Entwicklung neuer Ideen. Ziel ist dabei, Lösungen zu finden, die aus Anwendersicht überzeugend sind. Dabei sollen möglichst interdisziplinäre Teams gemeinsam an der Problemlösung arbeiten.

Die Entwicklung einer Anwendung beginnt oftmals mit einem leeren Blatt Papier oder einem Flipchart. Das Projektteam entwirft unter Einbeziehung der Nutzer eine Anwendung, skizziert die Oberflächenelemente und veranschaulicht die Navigation und Nutzung der Applikation. Abbildung 9.12 zeigt ein Beispiel einer Skizze für drei Views einer mobilen Anwendung zur Darstellung und Bestellung von Produkten sowie eine Analyse des Bedarfs an Teilen zur Herstellung der Produkte abhängig von den eingegangenen Bestellungen. Mit SAP Build verknüpfen Sie die Skizzen zu einem navigierbaren Prototyp und validieren diesen mit den Anwendern der Applikation.

*Interaktiven Prototyp bauen und validieren*

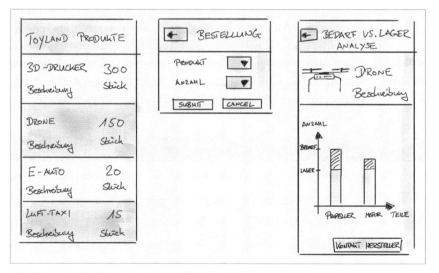

**Abbildung 9.12** Skizzen in SAP Build importieren, um interaktive Prototypen zu erstellen

Nachdem Sie SAP Build aus dem Cockpit der SAP Cloud Platform gestartet haben, beginnen Sie Ihre Arbeit z. B. mit der Erstellung eines neuen Projekts innerhalb Ihres **Workspace** (siehe Abbildung 9.13), in das Sie die zuvor erstellten Skizzen hochladen und den Navigationspfad zwischen den Skizzen und Oberflächenelementen definieren.

**Abbildung 9.13**  SAP-Build-Projekte im Workspace erstellen

Abbildung 9.14 zeigt das Projekt »Toyland« mit den drei Skizzen. Nun selektieren Sie einzelne Oberflächenelemente der Skizzen, wie z. B. Tabelleneinträge oder Buttons, und definieren einen Navigationspfad zwischen den drei Skizzen, der über Pfeile visualisiert wird. Damit erstellen Sie klickbare Felder in Ihren Skizzen und hinterlegen eine Navigation als Aktion beim Klick. Über eine Vorschau ❶ testen Sie die Navigation des Prototyps mit unterschiedlichen Endgeräten.

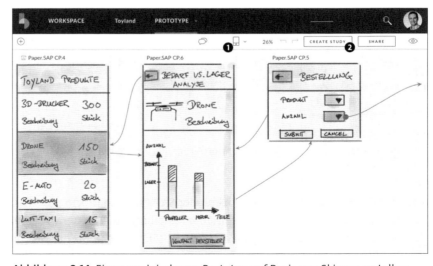

**Abbildung 9.14**  Einen navigierbaren Prototyp auf Basis von Skizzen erstellen

Über den Menüpunkt **Create Study** ❷ erstellen und publizieren Sie in einem nächsten Schritt eine Nutzerstudie. Damit ist der Prototyp über eine eindeutige URL erreichbar, die Sie dem Projektteam und den Nutzern mit der Bitte um Feedback bekannt geben. Optional haben Sie innerhalb der Studie die Möglichkeit, gezielte Fragen an die Nutzergruppe zu stellen, um z. B. offene Punkte oder mögliche Alternativen der Darstellung und Funktion zu klären. Abbildung 9.15 zeigt den Startbildschirm der Nutzerbefragung. Bei der Kommentierung des Prototyps und Beantwortung der Studienfragen können die Teilnehmer anonym bleiben.

**Nutzerstudien durchführen**

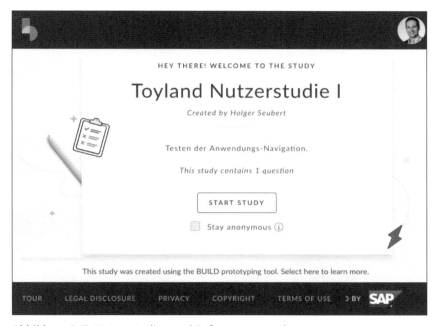

**Abbildung 9.15** Nutzerstudien und Befragungen zu Ihrem Anwendungsprototyp durchführen

Als Autor einer Nutzerstudie sehen Sie über ein Dashboard Kennzahlen darüber, wie viele Nutzer an der Studie teilgenommen haben, wie viele Kommentare oder Bewertungen abgegeben wurden und ob es überwiegend positive oder negative Reaktionen auf Ihren Prototyp gab (siehe Abbildung 9.16).

**Nutzerstudien auswerten**

In einer Detailansicht haben Sie die Möglichkeit, Kommentare und Rückmeldungen der Nutzer im Kontext einzelner Oberflächen (Views) des Prototyps anzuschauen. Abbildung 9.17 zeigt das Feedback eines Anwenders für eine Oberfläche des Prototyps. In der *Heatmap*-Darstellung sehen Sie darüber hinaus die Klicks des Nutzers auf der Oberfläche. Rote Bereiche signalisieren häufige Klicks, was darauf hinweist, dass der Nutzer hier eine Interaktion mit der Anwendung erwartet.

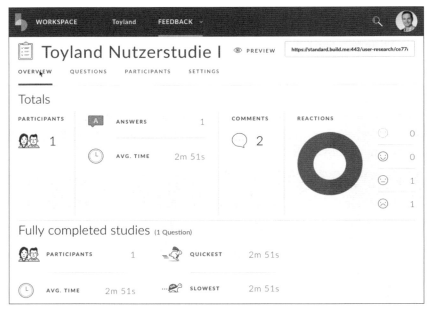

**Abbildung 9.16**  In einem Dashboard sehen Sie wesentliche
Kennzahlen der durchgeführten Studie.

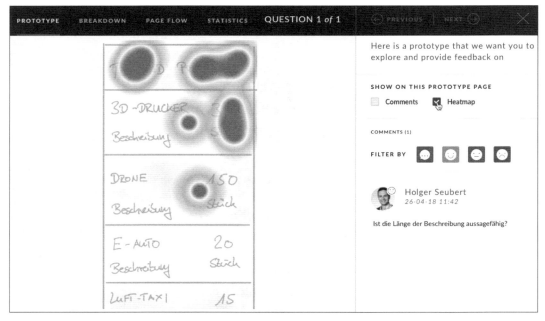

**Abbildung 9.17**  Die Klicks der Studienteilnehmer werden neben den
Kommentaren in einer Heatmap dargestellt.

Um den bisherigen Prototyp auf Basis der handschriftlichen Skizzen weiter zu verfeinern, gestalten Sie mit SAP Build realistischere Oberflächen
auf Basis von SAPUI5-Controls. Hierfür nutzen Sie den in Abbildung 9.18
dargestellten **Layout-Editor** ähnlich dem in der SAP Web IDE. Über eine
Palette ❶ ziehen Sie die SAPUI5-Controls wie Charts, Listen und Buttons
auf den **Canvas** ❷. Die gewählten SAPUI5-Controls konfigurieren Sie über
die **Properties** ❸ gemäß Ihren Anforderungen.

**Prototyp verfeinern**

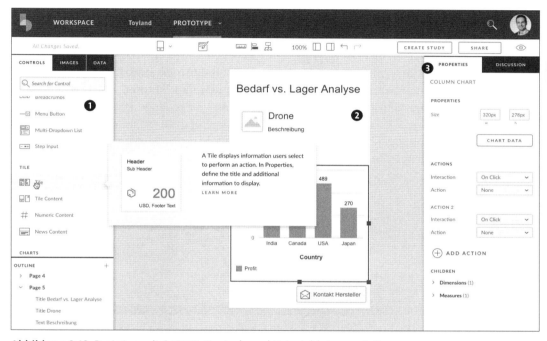

**Abbildung 9.18**  Prototyp mit SAPUI5-Controls und Beispieldaten gestalten

Für einige SAPUI5-Controls, wie beispielsweise Buttons oder Charts, können
Sie auch Aktionen wie die Navigation zu einer anderen Seite oder das Filtern
von Daten definieren. Für Listen oder Charts erstellen Sie Beispieldaten entweder über den integrierten **Data-Editor**, importieren Daten aus einer Excel-
Datei oder EDMX-Datei oder greifen direkt auf Sandbox-APIs des *SAP API
Business Hubs* zu, um beispielhaft Daten aus einem SAP-S/4HANA-System
anzuzeigen. Damit wird der Prototyp noch realistischer und gibt den Nutzern einen bestmöglichen Eindruck von der Anwendung.

Weitere Inspirationen und Beispielprojekte finden Sie in der Prototypenga-
lerie von SAP Build. Diese umfangreiche Bibliothek enthält Entwurfsmuster
und echte Beispiele von SAP und der Community. Auch die Beispielprojekte
der Galerie können ein Startpunkt für Ihre eigenen Designs sein.

**Galerie**

**Import in die**
**SAP Web IDE**

Der mit SAP Build gestaltete Prototyp auf Basis von SAPUI5-Controls kann in die SAP Web IDE zur weiteren Ausgestaltung und zum Deployment auf der SAP Cloud Platform als Entwicklungsprojekt importiert werden. Besteht Ihr Entwicklungsteam aus UI-Spezialisten und Programmierprofis, setzen Sie damit eine gute Zusammenarbeit mit entwicklerspezifischen Tools um.

### 9.1.3   Eclipse

Seit IBM im November 2001 den Quellcode für die Entwicklungsumgebung *Eclipse* freigegeben hat, wird Eclipse zur Entwicklung von Software verschiedenster Art genutzt. Durch die gute Erweiterbarkeit über Plug-ins gibt es für nahezu jede Aufgabe im Software-Entwicklungszyklus und Programmiersprache entsprechende Funktionen und Editoren. So stellt SAP über die Website *tools.hana.ondemand.com* Eclipse-Plug-ins für die Entwicklung von z. B. Java- und ABAP-Anwendungen für die SAP Cloud Platform zur Verfügung. Abbildung 9.19 zeigt die verfügbaren Eclipse-Plug-ins von SAP, mit denen die Standard-Eclipse-Funktionalität erweitert wird.

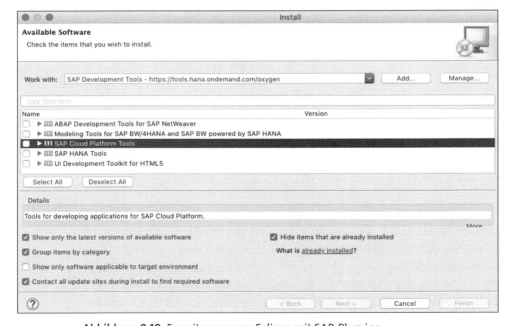

**Abbildung 9.19**  Erweiterung von Eclipse mit SAP-Plug-ins

**SAP Cloud**
**Platform Tools**

Mit den *SAP Cloud Platform Tools* für Eclipse bauen Sie aus der Entwicklungsumgebung eine sichere Verbindung zu Ihrem SAP-Cloud-Platform-Account auf und können z. B. eine lokal entwickelte und getestete Java-Anwendung im Neo Environment oder im Cloud Foundry Environment der SAP Cloud Platform bereitstellen. Für eine Bereitstellung von Anwendungen im Cloud Foundry Environment benötigen Sie zusätzlich das Eclipse-Plug-in für Cloud Foundry.

Für die Entwicklung von ABAP-Programmen (siehe Abschnitt 9.3.2, »ABAP«) in der SAP Cloud Platform nutzen Sie die *ABAP Development Tools* (ADT) für Eclipse. Dabei handelt es sich um das gleiche Plug-in, das Sie auch für die SAP-NetWeaver-ABAP-Entwicklung nutzen. Im Unterschied zu ABAP für NetWeaver wird die traditionelle ABAP Workbench (SE80) für eine Entwicklung von ABAP-Cloud-Anwendungen nicht unterstützt. Eine Integrationsoption für Git ist ebenfalls verfügbar, um Entwicklungsartefakte zu importieren und zu verwalten und um direkten Zugriff auf Open-Source-Projekte zu bieten.

**ABAP Development Tools**

> **BW-Modellierung und Administration von SAP HANA**
>
> Auch für die Modellierung von Objekten für SAP BW powered by SAP HANA und SAP BW/4HANA sowie die Administration von SAP HANA stehen entsprechende Plug-ins für Eclipse zur Verfügung.

## 9.2   Unterstützung durch Software Development Kits

Um die Entwicklung, den Test und die Bereitstellung von SAP-Cloud-Platform-Anwendungen zu vereinfachen, stehen Ihnen SDKs für unterschiedliche Programmiersprachen zur Verfügung.

### 9.2.1   SAP Cloud Platform SDK for service development

Das SAP Cloud Platform SDK for service development unterstützt Sie bei der Programmierung von Erweiterungen für SAP-Anwendungen. Ein wesentlicher Bestandteil von nativen Cloud-Anwendungen sind der Aufruf sowie die Bereitstellung von Microservices. Genau für diese Aufgaben liefert das SDK mehrere Funktionen. Es ermöglicht eine einfache Bereitstellung von RESTful-Services basierend auf dem OData-Protokoll, wobei Sie die Implementierung der unterschiedlichen OData-Service-Operationen (CRUD, Funktionen, Aktionen) mit wenigen Zeilen Quellcode realisieren. Das SDK setzt auf *Apache Olingo* auf, an dem SAP mitwirkt. Auch für die Nutzung von vorhandenen OData-Services, z. B. von SAP S/4HANA, oder Core-Data-Services (CDS) ist das SDK gedacht. Neben den Möglichkeiten zur Erstellung und Nutzung von OData-Services bietet das SDK weitere Funktionen wie z. B. Audit Logging, Exception Handling und Resilience.

Das SDK steht kostenfrei in Maven Central (*mvnrepository.com*) unter der Group-ID `com.sap.cloud.servicesdk` zur Verfügung und kann in der SAP Web IDE oder einer Entwicklungsumgebung Ihrer Wahl verwendet werden.

### 9.2.2   SAP S/4HANA Cloud SDK

Das SAP S/4HANA Cloud SDK reduziert Aufwände bei der Programmierung von Erweiterungen für SAP S/4HANA, indem es alle dafür notwendigen Bibliotheken und Projekt-Templates bereitstellt. So ermöglicht das SDK die Verbindung zu SAP S/4HANA über die SAP Cloud Platform und die Kommunikation über das OData-Protokoll. Auch bietet das SDK ein virtuelles Datenmodell für SAP S/4HANA, was das lokale Testen von Erweiterungen ermöglicht und ein Deployment der Erweiterung auf der SAP Cloud Platform für Testzwecke nicht erforderlich macht. Darüber hinaus bietet das SDK Funktionen für das Caching von Daten, Möglichkeiten zur Implementierung fehlertoleranter Funktionen auf Basis von *Hystrix* sowie ein Framework für Logging und Monitoring. Damit schlägt das SDK eine Brücke über SAP S/4HANA mit seinen unterschiedlichen APIs und der SAP Cloud Platform mit ihren unterschiedlichen Services und Möglichkeiten zur Programmierung von Anwendungen. Technisch setzt das SAP S/4HANA Cloud SDK auf dem SAP Cloud Platform SDK for service development auf.

SAP-Lösungen wie z. B. SAP RealSpend oder SAP Financial Statement Insight nutzen beispielsweise das SAP S/4HANA Cloud SDK.

### 9.2.3   SAP Cloud Platform SDK for iOS und Android

Eine mobile Nutzung von SAP-S/4HANA-Prozessen und -Daten auf Apple-iOS- und Android-Geräten realisieren Sie mit dem *SAP Cloud Platform SDK for iOS* und dem *SAP Cloud Platform SDK for Android.*

Beide SDKs ermöglichen eine Programmierung von nativen, mobilen Anwendungen, wie beispielsweise eine (Benutzeroberflächen-)Erweiterung von SAP S/4HANA. Durch die Entwicklung nativer Anwendungen haben Sie vollen Zugriff auf gerätespezifische Funktionen wie z. B. Touch-ID, Ortungsdienste und Benachrichtigungen. Die SDKs sind eng in die Mobile Services der SAP Cloud Platform integriert, um folgende Funktionen bereitzustellen:

- eine durchgängige Authentifizierung und Autorisierung von Nutzern
- Unterstützung für Offlineanwendungen
- Logging und Monitoring inklusive Upload von Log-Files in die SAP Cloud Platform zur Fehleranalyse
- Zugriff auf SAP-S/4HANA-Daten und -Geschäftsprozesse
- Nutzung der SAP-Cloud-Platform-Services
- SAP Fiori als Designsprache

## 9.3   Programmiersprachen

Sie können Anwendungen für die SAP Cloud Platform genau wie für jeden anderen Anwendungsserver entwickeln und nutzen dafür unterschiedliche Programmiersprachen und Editoren. Bei der Wahl der Programmiersprachen bietet das Cloud Foundry Environment der SAP Cloud Platform hohe Flexibilität. In einer Ihnen bekannten Programmiersprache implementieren Sie die Anwendungslogik und Benutzeroberfläche und gestalten die Datenbank zur Speicherung von Daten. Dabei betten Sie die von der Plattform bereitgestellten Services über APIs und SDKs ein, um bestmöglich Ihre Ideen umzusetzen und von den Möglichkeiten der Plattform zu profitieren. Tabelle 9.2 zeigt eine Übersicht der unterstützen Programmiersprachen im Neo Environment und Cloud Foundry Environment sowie verfügbare Editoren der SAP Cloud Platform, die Sie zur Programmierung nutzen.

| Programmiersprache | Neo Environment | Cloud Foundry Environment |
|---|---|---|
| Java | <ul><li>Eclipse</li><li>andere Editoren</li></ul> | <ul><li>SAP Web IDE</li><li>Eclipse</li><li>andere Editoren</li></ul> |
| SAPUI5 | <ul><li>SAP Web IDE</li><li>Eclipse</li><li>Build</li></ul> | <ul><li>SAP Web IDE</li><li>Build</li></ul> |
| ABAP | <ul><li>nicht verfügbar</li></ul> | <ul><li>Eclipse</li></ul> |
| SAP HANA Extended Application Services Classic (XSC) | <ul><li>Eclipse</li><li>SAP HANA Web Development Workbench</li></ul> | nicht verfügbar |
| SAP HANA Extended Application Services Advanced (XSA) | nicht verfügbar | <ul><li>SAP Web IDE</li><li>SAP Web IDE for SAP HANA</li></ul> |
| Node.js | nicht verfügbar | <ul><li>SAP Web IDE</li><li>Eclipse</li></ul> |
| Python | nicht verfügbar | <ul><li>andere Editoren</li></ul> |
| weitere Programmiersprachen über Buildpacks | nicht verfügbar | <ul><li>Es werden Cloud Foundry Community Buildpacks und eigene Buildpacks unterstützt.</li><li>andere Editoren</li></ul> |

Tabelle 9.2  Programmiersprachen und Editoren der SAP Cloud Platform

### 9.3.1   Cloud Foundry Buildpacks

Eine Laufzeitumgebung für auf Cloud Foundry basierte Anwendungen wird als *Buildpack* bezeichnet. Buildpacks für unterschiedliche Frameworks, Technologien und Programmiersprachen – wie z. B. Go, Java, .NET Core, Node.js und Python – werden von der Cloud Foundry Foundation bereits zur Verfügung gestellt. Eine Liste der über die Foundation bereitgestellten Programmiersprachen zeigt Tabelle 9.3 (*docs.cloudfoundry.org/buildpacks*).

| System-Buildpack-Name | Unterstützte Programmiersprachen, Frameworks und Technologien | In der SAP Cloud Platform vorinstalliert |
|---|---|---|
| Go | Go | nein |
| Java | Grails, Play, Spring und jede andere JVM-basierte Sprache oder Framework | ja |
| .NET Core | .NET Core | nein |
| Node.js | Node oder JavaScript | ja |
| PHP | Cake, Symfony, Zend, Nginx oder HTTPD | nein |
| Python | Django oder Flask | nein |
| Ruby | Ruby, JRuby, Rack, Rails oder Sinatra | nein |
| Staticfile | HTML, CSS, JavaScript oder NGINX | ja für SAPUI5 |
| NGINX | NGINX | nein |

**Tabelle 9.3** Cloud-Foundry-System-Buildpacks für gängige Programmiersprachen und Frameworks

Weitere Buildpacks für zusätzliche Programmiersprachen, wie z. B. Haskell, werden per Github von der Open-Source-Community bereitgestellt. Im Weiteren bietet Cloud Foundry die Möglichkeit, auch eigene Buildpacks zu erstellen, wodurch sich der Begriff »Bring Your Own Language« (BYOL) geprägt hat.

Im Cloud Foundry Environment der SAP Cloud Platform können alle Cloud-Foundry-konformen Buildpacks genutzt werden, doch bietet SAP nicht pauschal für alle Buildpacks ein Enterprise Support Model an. Für gängige Programmiersprachen wie z. B. Java und Node.js bietet SAP Support für die Cloud Foundry Buildpacks. Diese Buildpacks stehen auch standardmäßig im SAP Cloud Platform Cloud Foundry Environment zur Verfügung. Darüber hinaus können Sie im Cloud Foundry Environment SAPUI5- und native SAP-HANA-Anwendungen mit SAP HANA Extended Application Services Advanced (XSA) entwickeln.

### 9.3.2    ABAP

Wie in Abschnitt 3.2, »Environments«, erwähnt, ist ABAP, so wie Cloud Foundry, eine Laufzeitumgebung in der SAP Cloud Platform. Es gilt hervorzuheben, dass ABAP-basierte SAP-Standardlösungen, wie z. B. SAP S/4HANA Cloud, nicht im ABAP Environment der SAP Cloud Platform laufen.

ABAP in der SAP Cloud Platform legt den Anwendungsschwerpunkt auf die Entwicklung von Erweiterungen für SAP S/4HANA (Side-by-Side Extensibility – siehe Kapitel 4, »Die Rolle der SAP Cloud Platform im SAP-Ökosystem«) und auch die Entwicklung neuer, eigenständiger Anwendungen (*Stand-alone Apps*). Sie können ABAP zur Entwicklung von Geschäftslogik bzw. Prozessen und deren Bereitstellung mit OData verwenden. Abhängig vom Anwendungsfall implementieren Sie die Benutzeroberflächen mit SAPUI5 entweder im Cloud Foundry Environment der SAP Cloud Platform oder im Kontext Ihres SAP-S/4HANA-Systems. Zur Entwicklung nutzen Sie Eclipse mit den ABAP Development Tools (ADT). Die Administration der ABAP-Laufzeitumgebung erfolgt über das SAP Cloud Platform Cockpit.

Einsatzgebiete

Die Programmiersprache ABAP in der SAP Cloud Platform unterstützt eine Teilmenge der Operationen und Sprachkonstrukte von ABAP für SAP NetWeaver On-Premise und ist für die Cloud optimiert. So werden bei ABAP in der SAP Cloud Platform beispielsweise Anweisungen ausgeschlossen, die nicht mit sicheren Operationen in der Cloud vereinbar sind. Dazu zählen Operationen wie OPEN DATASET und SQL-CONNECTION und der Zugriff auf Dateien. Anweisungen, die dem Cloud-Programmiermodel- nicht entsprechen, wie z. B. CALL SCREEN, CALL-FUNCTION-RFC und Dynpro-Programmierung, werden in der SAP Cloud Platform nicht unterstützt. Auch werden alle codegenerierenden Anweisungen wie z. B. PERFORM-DYNAMIC-PROGRAM, GENERATE oder INSERT-REPORT nicht in der Cloud unterstützt. Darüber hinaus wurden ABAP-Anweisungsvarianten, die bereits veraltet sind, aus dem Sprachumfang für die Cloud entfernt. Damit steht in der Cloud ein aktuelles und modernes ABAP zur Verfügung.

### 9.3.3    SAP Cloud Platform Application Programming Model

Um die Entwicklung nativer Cloud-Anwendungen mit der SAP Cloud Platform zu vereinfachen, ermöglicht das *Application Programming Model* der SAP Cloud Platform einen deklarativen Ansatz für die Umsetzung Ihrer Anforderungen. Notwendige Anwendungsartefakte, wie z. B. Datenbankdefinitionen oder OData-Service-Definitionen, generiert das Framework dabei automatisch für Sie.

Core-Data-Services   Als zentralen Mechanismus zur Beschreibung wesentlicher Anwendungs-artefakte – wie Ihr SAP-HANA-Datenmodell, die OData-Schnittstellen für den Zugriff auf das Datenmodell sowie die SAP Fiori Elements für die Nut-zeroberfläche – verwenden Sie die *Core-Data-Services* (CDS). Mit CDS be-schreiben Sie diese Anwendungsartefakte auf konzeptioneller Ebene. Auf Basis Ihrer CDS-Beschreibungen werden entsprechende Artefakte, wie z. B. SQL-Befehle zum Anlegen Ihrer Datenbank, automatisch generiert und aus-geführt. Neben SAP HANA werden ebenfalls JPA-Modelle zur Anbindung anderer SQL-Datenbanken unterstützt. Ihre Anwendungslogik program-mieren Sie beispielsweise mit Java und JPA. Andere Platform-Services bin-den Sie direkt innerhalb Ihrer Anwendungslogik, über CDS oder SDKs, wie z. B. das SAP S/4HANA Cloud SDK, ein.

Für die Implementierung einer Anwendung mit dem Application Program-ming Model nutzen Sie die SAP Web IDE, die ein entsprechendes Projekt-Template bereitstellt.

## 9.4   Benutzeroberflächen

Durch die Offenheit der SAP Cloud Platform gestalten Sie Benutzeroberflä-chen mit Technologien und Frameworks Ihrer Wahl. Die Editoren der SAP Cloud Platform erlauben dabei eine durchgängige Oberflächenentwicklung mit SAPUI5 und SAP. Neben der Oberflächenentwicklung für Ihre eigene native Cloud-Anwendung stellt die SAP Cloud Platform auch einen Portal-Service und Technologien zur Entwicklung mobiler Anwendungen zur Ver-fügung.

### 9.4.1   SAPUI5

SAPUI5 ist eine Sammlung von Bibliotheken, mit denen Sie Anwendungen auf der SAP Cloud Platform erstellen, die im Browser von Desktop- oder mobilen Geräten ausgeführt werden. Die UI Controls einer SAPUI5-Benut-zeroberfläche passen sich dabei automatisch der Bildschirmgröße des Geräts an (*Responsive Design*). Dazu kombiniert SAPUI5 Web-Technologien wie HTML5, JavaScript und CSS zu einem Toolkit, das eine Vielzahl an vordefi-nierten UI Controls wie z. B. Charts, Kacheln, Buttons und Listen enthält. SAP Fiori nutzt SAPUI5 und definiert ein eigenes »Theme« zur Darstellung der UI Controls. Abbildung 9.20 zeigt ein Beispiel für eine SAPUI5-Anwen-dung, die UI Controls für Charts und für ein Prozessdiagramm verwendet.

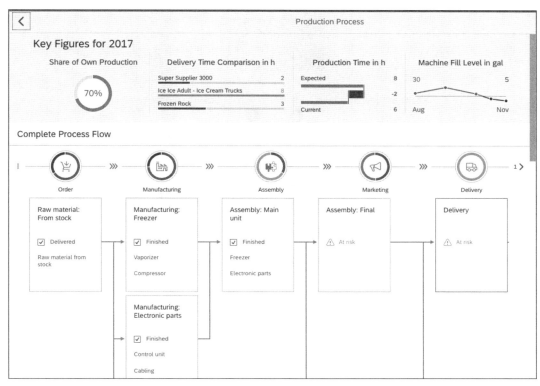

**Abbildung 9.20** SAPUI5-Anwendung mit UI Controls für Charts und Prozessdiagramm

SAPUI5-Anwendungen entwickeln Sie gemäß dem Konzept *Model-View-Controller* (MVC). Dies ist ein Architekturmuster zur Implementierung von Benutzeroberflächen, bei dem die Darstellung von der Benutzerinteraktion und den zu visualisierenden Daten getrennt wird. Diese Trennung erleichtert die Entwicklung der Webanwendung in unabhängigen Teilen und bietet eine bessere Lesbarkeit, Wartbarkeit und Erweiterbarkeit Ihrer Anwendung. Darüber hinaus können Sie durch diese Trennung eine View ändern, ohne die zugrundeliegende Geschäftslogik anzupassen, und auch mehrere unabhängige Views auf dieselben Daten definieren.

**Model-View-Controller**

Abbildung 9.21 zeigt den Zusammenhang zwischen dem Model, dem Controller und der View. Die View ist für die Definition und Rendering der Benutzeroberfläche zuständig. Das Model verwaltet die Anwendungsdaten, und der Controller reagiert auf Ereignisse und Interaktionen durch den Benutzer, indem er die View und das Model ändert.

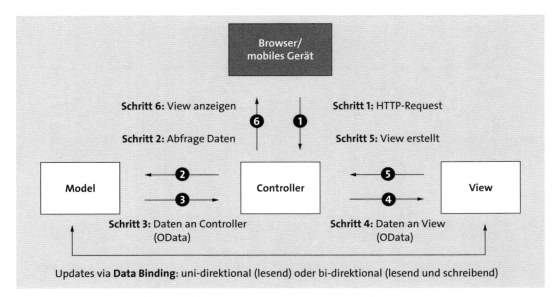

**Abbildung 9.21** SAPUI5-Anwendungen auf Basis des Model-View-Controller-Architekturmusters

Eine View und ein Controller bilden oft eine 1:1-Beziehung, aber Sie können auch Controller ohne eine zugehörigen Nutzeroberfläche programmieren. Diese Controller werden als *Anwendungscontroller* (*application controller*) bezeichnet. Umgekehrt ist es auch möglich, Views ohne Controller zu erstellen.

[»]

### OpenUI5

Seit Dezember 2013 ist SAPUI5 unter dem Namen OpenUI5 Open Source und unter der Apache 2.0 Lizenz nutzbar. OpenUI5 wird von der SAP entwickelt und ist offen für Erweiterungen. SAPUI5 und OpenUI5 enthalten unterschiedliche UI Controls.

So lassen sich beispielsweise SAPUI5-Anwendungen schreiben, bei denen die gesamte Geschäftslogik sowie auch die Daten in SAP S/4HANA bzw. anderen Standardanwendungen implementiert sind und über einen OData-Service aufgerufen wird. Oder Sie implementieren die Geschäftslogik in ABAP oder Java auf der SAP Cloud Platform und visualisieren die Daten über eine SAPUI5-Nutzeroberfläche. Auch SAP HANA kann gespeicherte Daten und Analyseergebnisse direkt über OData für ein Data Binding und eine entsprechende Visualisierung bereitstellen.

Prototypen von geräteunabhängigen Cloud-Anwendungen auf Basis von SAPUI5 entwerfen Sie mit dem SAP-Cloud-Platform-Build-Service (siehe Abschnitt 9.1.2, »SAP Build«). Die SAPUI5-Anwendung programmieren Sie entweder mit der SAP Web IDE oder mit Eclipse. Die SAP Web IDE nutzen Sie für die Entwicklung komplexerer SAPUI5-Anwendungen, bei denen Sie auf die aktuellsten Funktionen und Bibliotheken zugreifen möchten (z. B. Erstellung eines HTML5 Modules in der SAP Web IDE). Auch für die Entwicklung und Erweiterung von SAP-Fiori-Anwendungen verwenden Sie die SAP Web IDE (siehe Abschnitt 9.1.1, »SAP Web IDE«). Die SAPUI5-Tools in Eclipse nutzen Sie für die Umsetzung einfacherer Anwendungen. OpenUI5-basierte Anwendungen entwickeln Sie mit einem (HTML-, JavaScript-)Editor Ihrer Wahl.

**Entwicklung**

**9**

**[«]**

> ### SAP Fiori Elements
>
> *SAP Fiori Elements* bietet Designs für häufig verwendete UI-Muster und vordefinierte Vorlagen für bestimmte SAP-Fiori-Anwendungstypen wie z. B. eine tabellarische Liste mit einer Detailansicht der Einträge oder eine Worklist mit zu bearbeitenden Einträgen. Auf SAP Fiori Elements basierende Anwendungen erstellen Sie mit nur wenigen Zeilen JavaScript und greifen auf definierte Vorlagen für Views und Controller sowie OData-Services zu, die Sie über Annotationen anpassen. Die vordefinierten Views und Controller gewährleisten die Konsistenz von UI-Designs. Auch das metadatenbasierte Entwicklungsmodell reduziert den Frontendcode für eine SAPUI5-Anwendung, so dass Sie sich auf die Implementierung der Geschäftslogik konzentrieren können.

### 9.4.2   Portal

Mit dem SAP Cloud Platform Portal erstellen Sie einen zentralen Einstiegspunkt für z. B. Anwendungen, Berichte, Webinhalte oder Medien. Der Portal-Service vereinfacht die Art und Weise, wie Benutzer eines Unternehmens arbeiten und wie ein Unternehmen mit Kunden, Partnern und Mitarbeitern interagiert, indem er einen zentralen Zugangspunkt zu rollenbasierten Anwendungen, Prozessen und Services bereitstellt.

Ziel ist dabei die Bereitstellung einer personalisierten, nutzerorientierten Oberfläche, die für den Anwender relevante Funktionen und kontextbezogene Informationen anzeigt. Eine Suche soll damit weitgehend vermieden werden. Die Anwendungen und Informationen können dabei über unterschiedliche, heterogene Systeme bereitgestellt werden. Das Portal stellt

**Aufgaben**

dafür einen zentralen Einstieg über Systemgrenzen hinweg bereit. Auch der Abbau von organisatorischen Grenzen wird mit dem Portal z. B. über Kollaborationsmöglichkeiten und einen gezielten Informationsaustausch gefördert.

**[»]**

> ### Szenarien zum Einsatz des Portal-Service
>
> SAP Cloud Platform Portal nutzen Sie für folgende Szenarien:
>
> - **Launchpad für Self-Services**: zentraler Einstieg in Self-Services, Aufgaben, Anwendungen und Prozesse von außerhalb oder innerhalb des Unternehmensnetzwerks
> - **Homepage einer Fachabteilung**: domänenspezifische Homepage, z. B. einer Fachabteilung, um Neuigkeiten, Informationen oder Services (z. B. für Human Resources) bereitzustellen
> - **Externe Website**: Zugang zu Informationen und Anwendungen für registrierte Kunden, Partner oder Dienstleister wie z. B. Support-Sites oder Partner-Portale

**Erweiterung von SAP-Lösungen**

Bei der Erweiterung von SAP-Standardlösungen (siehe Kapitel 4, »Die Rolle der SAP Cloud Platform im SAP-Ökosystem«) wird häufig der Portal-Service verwendet, um angepasste Geschäftsprozesse mit einer nahtlosen Integration zu erstellen. Die Erweiterungen, die Sie über den Portal-Service bereitstellen, haben das Look & Feel der erweiterten SaaS-Anwendung und bieten damit eine durchgängige Nutzererfahrung.

**Portalinhalte**

Auch SAPUI5- oder SAP-Fiori-Anwendungen, die Sie in der SAP Cloud Platform, z. B. als neue Anwendung oder als Erweiterung, entwickelt haben, integrieren Sie in den Portal-Service. Neben SAPUI5-Anwendungen können Sie auch klassische Benutzeroberflächen, wie z. B. das SAP GUI oder Web Dynpro ABAP, über das Portal bereitstellen. Für Inhalte aus SAP S/4HANA und der SAP Business Suite werden vordefinierte Vorlagen angeboten. Ebenso ist die Integration von Inhalten anderer Cloud- oder On-Premise-Quellen möglich, so dass Sie SAP- und Nicht-SAP-Daten kombinieren können. Abbildung 9.22 zeigt die Services und Tools der SAP Cloud Platform, die Sie für die Erstellung von Portal-Sites verwenden. Der Zugriff auf die Inhalte wird über Rollen definiert. Portal-Sites sind geräteunabhängig und passen sich der jeweiligen Bildschirmgröße des Geräts an, mit dem Sie das Portal nutzen (Responsive Design).

**Arten von Sites**

Für die Bereitstellung von Anwendungen und Informationen bietet der Portal-Service der SAP Cloud Platform zwei Arten von Websites: *Freestyle-Sites* und *Launchpad-Sites*. Beide Formate kombinieren Sie in sogenannten

*Hybrid Sites*, so dass Sie eine Launchpad-Site als Einstiegspunkt für SAP-Fiori-Anwendungen zusammen mit anderen Seiten (z. B. HTML oder Berichten) in einer Freestyle-Site einbetten. Auf diese Weise nutzen Sie die Vorteile des SAP Fiori Launchpads zusammen mit Inhalten und Anwendungen aus anderen Quellen auf einer gemeinsamen Website.

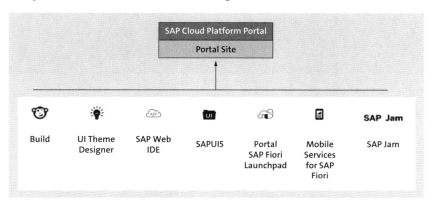

**Abbildung 9.22** Übersicht der SAP-Cloud-Platform-Services und -Anwendungen zur Erstellung von Portal-Sites

**SAP Fiori Launchpad**

SAP Fiori Launchpad ist der Einstiegspunkt für SAP-Fiori-Anwendungen auf mobilen und Desktop-Geräten und liefert alle relevanten Informationen auf einen Blick. Das Launchpad stellt den Apps grundlegende Funktionen wie z. B. die Navigation, Personalisierung und eine Anwendungskonfiguration bereit.

Freestyle-Sites ermöglichen die höchste Flexibilität von Inhalt und Layout und werden z. B. für die Umsetzung von Business-to-Business- (B2B) oder Business-to-Consumer-(B2C-)Sites verwendet (siehe Abbildung 9.23). Auf Freestyle-Sites kombinieren Sie statische Informationen (HTML) mit Anwendungen (SAP Fiori und anderen). Entwickler erstellen dabei eine grundlegende Vorlage, die zunächst nur das Layout der Website definiert (siehe Abbildung 9.24). Anschließend fügen Administratoren die Inhalte zur Website hinzu. Entwickler können auch eine Vorlage erstellen, die sowohl das Layout als auch den Inhalt für die Site definiert, die die Administratoren anschließend bearbeiten. Wie erwähnt, können die Entwickler auch Launchpad-Sites in eine Freestyle-Site einbetten, um HTML, Bilder und andere Arten von Portal-Inhalten mit den SAP-Fiori-Anwendungen im Launchpad zu verknüpfen.

**Freestyle-Sites**

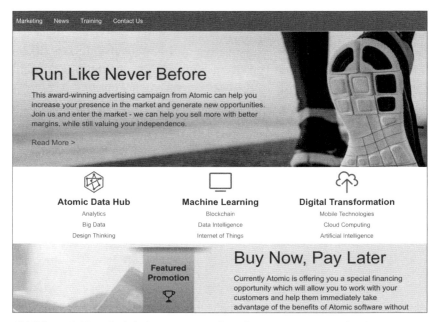

**Abbildung 9.23**  Beispiel eines B2C Portals auf Basis einer Freestyle-Site

**SAP Site Designer**   Mit dem in Abbildung 9.24 dargestellten *Site Designer* erstellen Sie Portale aus Freestyle-Sites. Nachdem Sie neue Sites hinzugefügt haben ❶, bearbeiten Sie das Layout im Editor-Bereich ❷ auf Basis definierter Widgets und Layout-Vorgaben. In der Regel besteht Ihr Portal aus mehreren Seiten, so dass Sie ein entsprechendes Menü ❸ zur Navigation zwischen den Sites definieren. Auch alle notwendigen Einstellungen für z. B. den Zugriff, die Suchmöglichkeiten auf dem Portal oder dass Sie Performance-Daten erfassen möchten, nehmen Sie im SAP Site Designer vor.

**Launchpad-Sites**   Im Gegensatz zu einer Freestyle-Site, bei der das Layout frei definierbar ist, basiert eine Launchpad-Site auf dem Layout des SAP Fiori Launchpads. Wie in Abbildung 9.25 dargestellt, verwenden Sie Launchpad-Sites für anwendungs- und prozessbezogene Szenarien, wie z. B. eine Site mit Self-Services für Mitarbeiter. Demnach wird eine Launchpad-Site hauptsächlich zum Starten von unterschiedlichen Anwendungen verwendet. Nachdem Sie die Launchpad-Site erstellt haben, können Sie Ihre Einstellungen konfigurieren und Inhalte für die Site im Launchpad-Konfigurationscockpit erstellen und bearbeiten. Die Launchpad-Site wird zur Startseite des Nutzers und zeigt Kacheln und Links an, die jeweils eine Geschäftsanwendung darstellen, die vom Nutzer gestartet werden kann.

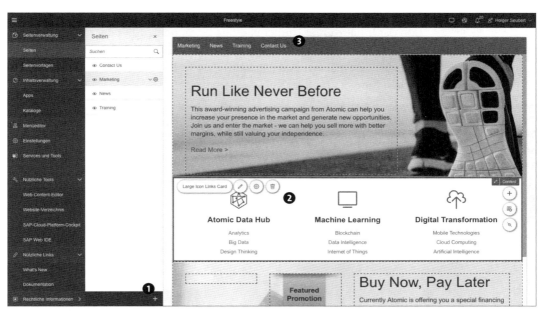

**Abbildung 9.24** Mit dem SAP Site Designer erstellen Sie Freestyle-Portal-Sites.

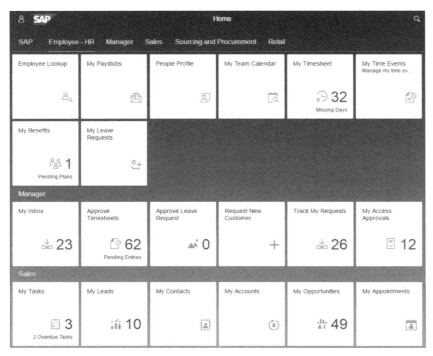

**Abbildung 9.25** Beispiel eines Mitarbeiter-Self-Service-Portals auf Basis einer Launchpad-Site

SAP Fiori
Configuration
Cockpit

Abbildung 9.26 zeigt das *SAP Fiori Configuration Cockpit*, das Sie zur Definition der Inhalte einer Launchpad-Site verwenden. Über das Cockpit binden Sie z. B. SAPUI5-Anwendungen ein, die Sie auf der SAP Cloud Platform zuvor bereitgestellt haben, und verwalten die rollenbasierten Zugriffe auf die Anwendungen.

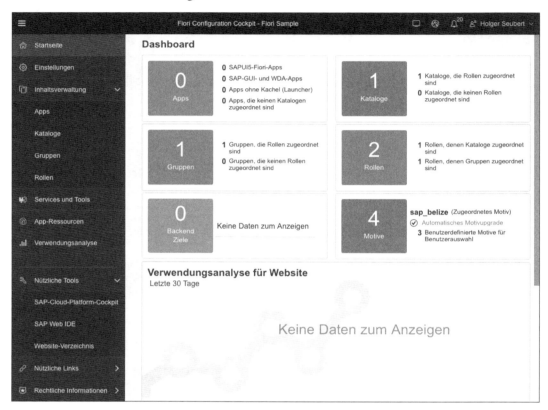

**Abbildung 9.26** Mit dem SAP Fiori Configuration Cockpit definieren Sie die Inhalte einer Launchpad-Site.

Vorlagen

Allgemein basieren Portal-Sites auf Vorlagen (Templates), die entweder von SAP als Teil des Portal-Service ausgeliefert oder von Ihnen erstellt werden. Auch können Sie die bereitgestellten Vorlagen an Ihre Unternehmensbedürfnisse anpassen. Für die Erstellung oder Bearbeitung von Vorlagen nutzen Sie den *UI Theme Designer*. Als browserbasiertes Tool unterstützt Sie der Designer bei der Gestaltung und Nutzung Ihres *Corporate Brandings* für Portal-Sites in Form von Themes.

Themes

Ein Theme ist eine veränderbare graphische Oberfläche des Portals. Ein Standard-Theme, das von SAP bereitgestellt wird, wird jeder Site und Ihren

Apps zugewiesen. Erstellen Sie ein eigenes Theme für Ihr Unternehmen, indem Sie z. B. die Vorlagen des Standard-Themes im UI Theme Designer anpassen. Nachdem Sie mit dem UI Theme Designer ein eigenes Theme erstellt haben, weisen Sie es Ihren Launchpad-Sites mit Hilfe des *Theme Managers* zu.

Die *Preview Landscape* des Portal-Service bietet die Möglichkeit, die neuen Funktionen des SAP Cloud Platform Portals vor der offiziellen Bereitstellung einer Aktualisierung des Service zu überprüfen und zu testen. Die Preview steht zwei Wochen vor der offiziellen Aktualisierung des Service für die nichtproduktive Nutzung unter den Nutzungsbedingungen eines Beta-Service zur Verfügung.

Preview Landscape

### 9.4.3   Mobile Anwendungen

Um die Entwicklung von mobilen Unternehmensanwendungen zu unterstützen, bietet die SAP Cloud Platform mit den *Mobile Services* verschiedene Ansätze.

Tabelle 9.4 zeigt eine Übersicht der Funktionen des Mobile Service der SAP Cloud Platform. Neben einer Reihe von grundlegenden Funktionen wie z. B. Push Notifications, Offlinefähigkeit, Authentication und Nutzungsanalysen werden für die erwähnten Entwicklungsansätze entsprechende SDKs und Werkzeuge bereitgestellt. Egal, welche Entwicklungsart Sie wählen, die Kommunikation der mobilen Anwendung mit einem SAP-S/4HANA-System basiert immer auf OData. Wird das SAP-S/4HANA-System in Ihrer On-Premise-Infrastruktur betrieben, erfolgt die Kommunikation über den SAP Cloud Platform Cloud Connector (siehe Kapitel 7, »Integration und Zugriff auf Daten und Prozesse«).

Funktionen

| Mobile-Service-Funktion | Beschreibung |
|---|---|
| Offline arbeiten | Benutzer können nahtlos mit ihren Apps arbeiten, auch wenn kein Netzwerk verfügbar ist. Der abgesicherte lokale Datenspeicher wird über OData synchronisiert und aktuell gehalten. |
| Push-Benachrichtigung | Senden Sie Updates und Benachrichtigungen von der Backend-Datenquelle an mobile Apps. Den sogenannten Push-Deck nutzen Sie, um Ad-hoc-Benachrichtigungen an Nutzer einer bestimmten App zu senden. |

**Tabelle 9.4** Funktionen für mobile Anwendungen

| Mobile-Service-Funktion | Beschreibung |
| --- | --- |
| SAP Fiori Client | Der SAP Fiori Client ist eine native mobile Anwendung, über die Sie SAP-Fiori-Anwendungen optimal mobil nutzen. Dazu implementiert der Client ein für SAP Fiori optimiertes Caching, unterstützt den Zugriff auf Gerätefunktionen und bietet eine integrierte Ansicht von Attachments. Der Client wird alternativ zum Browser für die Nutzung von SAP-Fiori-Anwendungen verwendet. |
| Services für die Anwendungsentwicklung | Für die Entwicklung nativer, hybrider und Web-Anwendungen stellt der Mobile Service einige Funktionen für die Anwendungsentwicklung bereit, wie z. B. einen Document-Service zur Verwaltung unstrukturierter Daten oder einen Service zum Upload von Log-Dateien vom Endgerät. |
| App Management | Definieren, verwalten und überwachen Sie Ihre nativen, hybriden und Web-Apps über den gesamten Lebenszyklus. |
| App Updates | Über unterschiedliche Update-Mechanismen halten Sie Ihre Apps und App-Konfigurationen auf dem neuesten Stand und ermöglichen die Verwaltung mehrerer aktiver App-Versionen. |
| Nutzungsstatistiken | Schauen Sie sich app-spezifische Nutzungsstatistiken und Nutzungsberichte an. |
| SAP Mobile Cards | Mit SAP Mobile Cards stellen Nutzer ohne Programmierung Daten von Backend-Systemen wie SAP S/4HANA auf iOS- und Android-Geräten in einem optimierten Format online oder offline dar. Dynamische Updates, ausgelöst z. B. durch Geo-Fencing, bieten online die aktuellsten verfügbaren Geschäftsdaten. |
| App Lab | Verwenden Sie den App-Lab-Dienst, um Anwendungen während Entwicklung und Test zu verwalten. Stellen Sie Ihre Android- oder iOS-App zum Testen bereit, konfigurieren Sie die Version, und sehen Sie sich die Versionen an, die zum Ändern oder Testen verfügbar sind. Benachrichtigen Sie interne Benutzer und Tester über die App-Versionen zu testen und zur Fehleranalyse. |

**Tabelle 9.4** Funktionen für mobile Anwendungen (Forts.)

Wie für den Portal-Service wird auch für die Mobile Services ein *Preview Environment* angeboten, über das Sie geplante Aktualisierungen der Mobile Services 14 Tage vor der Bereitstellung in Ihrem produktiven Account testen können und um eventuelle Anpassungen an Ihren Anwendungen vorzunehmen. Damit reduzieren Sie Verzögerungen bei der Nutzung neuer Funktionen der Mobile Services. Es wird empfohlen, dass Sie auf der Preview Landscape automatisierte Regressionstests durchführen.

Preview Environment

### Native Anwendungen

Die SAP Cloud Platform Mobile Services unterstützen die Entwicklung nativer Anwendungen, die Ihre Nutzer direkt auf ihren Endgeräten installieren. Neben dem Vorteil, auf gerätespezifische Funktionen wie z. B. Sensoren (GPS) oder die Kamera zuzugreifen, profitieren native Apps oftmals von einer hohen Performance und Usability. Native iOS-Apps entwickeln Sie mit der Programmiersprache Swift in der XCode IDE unter MacOS, in der Sie das mit Apple entwickelte *SAP Cloud Platform SDK for iOS* (siehe auch Abschnitt 9.2.3, »SAP Cloud Platform SDK for iOS und Android«) einbinden. Für die Entwicklung nativer Android-Anwendungen verwenden Sie das mit Google entwickelte *SAP Cloud Platform SDK for Android* in der Android Studio IDE.

Native Anwendungen

**9**

### Hybride Anwendungen

Neben der Entwicklung nativer Anwendungen besteht die Möglichkeit, auch reine SAPUI5-basierte Anwendungen (mit der SAP Web IDE) zu erstellen und auf einem mobilen Gerät über den Webbrowser oder über den nativen *SAP Fiori Client* zu nutzen. Darüber hinaus unterstützt die SAP Cloud Platform einen *hybriden Ansatz*, der Webtechnologien mit nativem Code kombiniert. Dafür integriert die SAP Cloud Platform die offene Standardtechnologie *Apache Cordova*, die Ihre SAPUI5- oder SAP-Fiori-Webanwendung in eine native Anwendung einbindet und sie in einem angepassten Webcontainer ausführt. Daher werden hybride Anwendungen auch als *Packaged Apps* bezeichnet. Hybrid Apps haben den Vorteil, dass Sie sie in App Stores veröffentlichen können. Durch das Einbetten des Anwendungscodes und der SAPUI5-Bibliotheksdateien in den Hybridcontainer muss der Benutzer die Dateien außerdem nur einmal installieren und muss sie nicht bei jedem Start der Anwendung herunterladen. Die Offlineunterstützung hybrider Anwendungen ist vergleichbar mit der von nativen Apps, und die Mobile Services bieten darüber hinaus weitere Funktionen wie Push Notifications, App-Updates für ein Lifecycle Management und Analysemöglichkeiten von Fehlern über Remote Logging und die Erfassung von Nutzungsstatistiken.

Hybrid Apps

Auch greifen Sie über Apache Cordova auf Gerätefunktionen wie z. B. die Touch-ID oder Kamera zu. Bei der Entwicklung hybrider Anwendungen mit den Mobile Services der SAP Cloud Platform müssen Sie nicht unbedingt SAPUI5 für die Entwicklung des UI nutzen und können auch auf 3rd-Party-Technologien wie z. B. Angular oder Ionic zurückgreifen.

**Cloud Build**   Ausgehend von SAPUI5- bzw. SAP-Fiori-Webanwendungen, die Sie mit der SAP Cloud Platform Web IDE entwickelt haben, nutzen Sie die *Cloud-Build*-Funktion der Mobile Services für eine optimierte Bereitstellung auf iOS- und Android-Smartphones und -Tablets als hybride App. Die Cloud-Build-Funktion baut für eine bestehende SAPUI5- oder SAP-Fiori-Anwendung automatisch eine hybride App, die auf dem Endgerät installiert und nativ ausgeführt wird.

Zusätzlich zu der Programmierung nativer oder hybrider Apps können Sie Apps auch modellgetrieben, d. h. ohne die Programmierung von Quellcode, entwickeln. Dazu verwenden Sie das *SAP Mobile Development Kit*, das Sie über die SAP Web IDE nutzen.

### SAP Mobile Development Kit

Mit dem Begriff *Rapid Mobile App Development* (RMAD) werden Programmiertools bezeichnet, die den Prozess der Erstellung mobiler Anwendungen beschleunigen. In diesem Kontext bieten die SAP Cloud Platform Mobile Services das *SAP Mobile Development Kit* als metadatenbasiertes Tool, mit dem Sie native Standardanwendungen von SAP anpassen und schnell neue native mobile Anwendungen erstellen. Anwendungen, die Sie mit dem Mobile Development Kit entwickeln, nutzen Offlinefunktionen und gerätespezifische Funktionen wie beispielsweise die Kamera. Die erstellten Apps werden als native Anwendungen auf die mobilen Geräte gebracht und kommunizieren über OData mit ihren Backend-Systemen (z. B. SAP S/4HANA). Die Kommunikation und andere Services für die Entwicklung mobiler Anwendungen werden von den Mobile Services der SAP Cloud Platform bereitgestellt.

Die Mobile-Development-Kit-Anwendungsarchitektur basiert auf *Native-Script* und verwendet offene Industriestandards wie z. B. JavaScript, JSON und OData. NativeScript ist eine intermediäre Transkriptions-/Übersetzungstechnologie, die JavaScript-Eingaben verarbeitet und als nativen Code rendert. Die Anwendungsdefinitionen werden mit Hilfe von Metadaten erstellt, die auf dem Client dynamisch interpretiert werden, um die native Benutzeroberfläche wiederzugeben.

**Metadaten**   Das SAP Mobile Development Kit verwendet ein metadatengetriebenes Entwicklungsmodell. Bei dieser Art der Entwicklung arbeiten Sie nicht direkt mit Quellcode, sondern abstrakter auf Basis von Metadaten, mit dem Ziel, dass Sie sich weniger Gedanken über Low-Level-Systemdetails wie z. B. das Onboarding und Networking machen müssen. Dies ermöglicht ein breiteres Potential von Entwicklern, die mobile Anwendungen entwickeln.

Die Anwendungsentwicklung erfolgt webbasiert über den Mobile Development Kit Editor, ein Plug-in für die SAP Web IDE. Das Plug-in ist standardmäßig verfügbar und muss lediglich über die Einstellungen aktiviert werden. Das SAP Mobile Development Kit Plug-in nutzt die in der SAP Web IDE verfügbaren Vorlagen und Assistenten und fügt einen Seiteneditor, zusätzliche Assistenten, Drag-and-Drop-UI-Elemente und App-Vorlagen hinzu, die zur Definition der Anwendung verwendet werden.

**Editor**

Der *SAP Mobile Development Kit Client* ist eine native Anwendung, die auf dem mobilen Gerät direkt ausgeführt wird. Es stellt ein Metadaten-Framework bereit, das die Geschäftslogik, Business-Objekte und die Benutzeroberfläche übernimmt und zur Laufzeit rendert. Der Client kann Anwendungen online oder offline ausführen und z. B. Bilder von der Kamera oder der Fotobibliothek des Geräts nutzen.

**Mobile Development Kit Client**

Die Interaktion zwischen dem Client und dem Backend (OData-Verbindung, Onboarding, Authentifizierung, Sicherheit, Anwendungsaktualisierungen, Analysen usw.) wird über den Mobile Service der SAP Cloud Platform bereitgestellt und zentral verwaltet.

# Kapitel 10
# Services für DevOps

*Dieses Kapitel beschreibt grundlegende Konzepte zur Implementierung
von Continuous-Integration- und Continuous-Delivery-Pipelines und zeigt,
wie der Lebenszyklus von Anwendungen mit DevOps-Funktionen der
SAP Cloud Platform verwaltet wird.*

Ein großer Bestandteil von *DevOps* ist eine kontinuierliche, agile und automatisierte Bereitstellung bzw. Auslieferung Ihrer Anwendungen. Dies be-
trifft fast alle Bereiche des Software-Lebenszyklus mit einem Fokus auf der
Qualitätssicherung.

Um in der SAP Cloud Platform Ihren Entwicklungsprozess abzubilden, strukturieren Sie Ihren Global Account in mehrere Subaccounts (siehe Abschnitt
6.1, »Ihre Accountstruktur definieren«), um die unterschiedlichen Entwick-
lungszyklen Ihrer Anwendung zu realisieren. So bilden Sie beispielsweise
eine dreistufige Landschaft bestehend aus Entwicklung (dev), Test (test)
und Produktion (prod) ab. Der Subaccount für die Entwicklung von Cloud-
Anwendungen wird für die tägliche, inkrementelle Weiterentwicklung der
Anwendung (MVP) genutzt. Alle Anwendungsentwickler und einige Tester
haben Zugriff auf den Subaccount. Erfolgreiche Builds Ihrer Anwendung
werden automatisch im Test-Subaccount bereitgestellt, in dem Sie weitere
automatisierte und eventuell auch manuelle Tests durchführen. Es erfolgen
beispielsweise Integrationstests der Cloud-Anwendung in einer Laufzeitumgebung, die ähnlich dem produktiven Umfeld ist. Nach erfolgreichen Tests
setzen Sie Ihre Anwendung kontrolliert produktiv. Die Produktivsetzung
erfolgt ebenfalls in einem separaten Subaccount, auf den ausschließlich
Administratoren und Operatoren (Support User) der Anwendung Zugriff
haben. Diese Trennung erhöht damit auch die Sicherheit für produktive
Anwendungen, da Sie pro Subaccount entsprechende Berechtigungen auf
der SAP Cloud Platform vergeben.

**Accountstruktur**

Ihre Cloud-Anwendung können Sie auf unterschiedliche Weisen auf der
SAP Cloud Platform bereitstellen. Einerseits bietet die SAP Web IDE, ab-
hängig von der Programmiersprache Ihrer Anwendung, unterschiedliche
Deployment-Optionen. Andererseits nutzen Sie die Konsole (z. B. für das
Cloud Foundry Environment und das Neo Environment), um neue Anwen-

**Auslieferung und
Aktualisierung Ihrer
Anwendungen**

dungen in einen Subaccount zu deployen oder bestehende Anwendungen mit einer neuen Version zu aktualisieren. Ebenfalls ist ein Deployment von z. B. Java-Anwendungen über die REST-basierte Lifecycle Management API der SAP Cloud Platform möglich.

**Zero-Downtime-Update**

Die SAP Cloud Platform bietet die Möglichkeit eines *Zero-Downtime-Updates* bestehender Anwendungen mit einer neuen Version. Microservice-basierte Anwendungen eignen sich ebenfalls für eine unterbrechungsfreie Aktualisierung, da sie die kleinteiligeren Funktionen, wie beispielsweise das Anlegen eines neuen Kunden, unabhängig von den anderen Anwendungsfunktionen aktualisieren. Um ein Update ohne Unterbrechung der Anwendung aus Sicht der Nutzer durchzuführen, starten Sie die neue Version der Anwendung parallel zu der alten Version. Entsprechende Ressourcen innerhalb Ihres Subaccounts müssen zur Verfügung stehen, so dass die alte und die neue Version gleichzeitig gestartet sein können. Über einen *Soft Shutdown* fahren Sie die Prozesse der alten Anwendung herunter. Der Soft Shutdown stellt sicher, dass keine Daten verlorengehen. Verbindungen von neuen Nutzern zu der alten Anwendung werden nun nicht mehr akzeptiert. Die Verbindungen und Prozesse bestehender Anwendungsnutzer bleiben aktiv, bis sie regulär beendet sind. Sobald Sie durch ein Monitoring der Anwendungsnutzung feststellen, dass keine aktiven Verbindungen mehr zu der alten Anwendung bestehen, stoppen Sie alle Anwendungsprozesse. Den Soft Shutdown führen Sie entweder über das SAP Cloud Platform Cockpit oder über die Konsole aus.

**Rahmen-bedingungen**

Im Neo Environment der SAP Cloud Platform können die bereitgestellten Dateien für eine Cloud-Anwendung bis zu 1,5 GB groß sein. Deployen Sie eine **.war**-Datei, zählt die entpackte Größe der Datei. Im Cloud Foundry Environment darf eine Anwendung maximal 1 GB groß und das resultierende Droplet nicht größer als 1,5 GB sein. Die kombinierte Größe von Anwendungsdateien, Droplet und Buildpack-Cache darf 4 GB nicht überschreiten.

**Cloud Foundry Droplet**

Ein *Droplet* ist ein Archiv im Cloud Foundry Environment, das Ihre Cloud-Anwendung für die Ausführung mit Diego enthält.

Auch der Upload der Anwendung (`cf push`) muss innerhalb von 15 Minuten erfolgreich abgeschlossen sein. Eine Internetverbindung von mindestens 6 Mb/s wird für den Upload der Anwendung via `cf push` empfohlen. Ist Ihre Anwendung zu groß, sollten Sie sie gemäß der Twelve-Factor-App-Methode (siehe Kapitel 3, »Konzepte und Nutzen der SAP Cloud Platform«) in weitere Microservices zerlegen und diese individuell deployen.

## 10.1   Git-Service

Gerade für die Softwareentwicklung in Teams ist es unerlässlich, eine gemeinsame *Codebasis* zu pflegen, an der alle Teammitglieder gemeinsam arbeiten. Nur so können Anforderungen effizient umgesetzt und Fehler im Quellcode parallel bearbeitet werden. Neben einer *Single Source of Truth* für Ihre Anwendung ist es genauso wichtig, alle Dateien unter eine *Versionskontrolle* zu stellen, so dass Sie eventuelle unbeabsichtigte Änderungen rückgängig machen und sich zwei Entwickler nicht gegenseitig die jeweiligen Änderungen überschreiben.

Für diesen Zweck bietet die SAP Cloud Platform als Source Code Management System den *Git-Service*, der auf Git basiert. Im Jahr 2005 initiiert durch Linus Trovalds, ist Git eine frei nutzbare Software für eine Versionsverwaltung von Dateien. Als Administrator oder Entwickler eines Subaccounts können Sie pro Subaccount ein oder auch mehrere Git-Repositories anlegen, die Sie dann über eine eindeutige URL mit einem Git-Client nutzen. Abbildung 10.1 zeigt, wie Sie im SAP Cloud Platform Cockpit ein neues Repository anlegen.

**Git-Service**

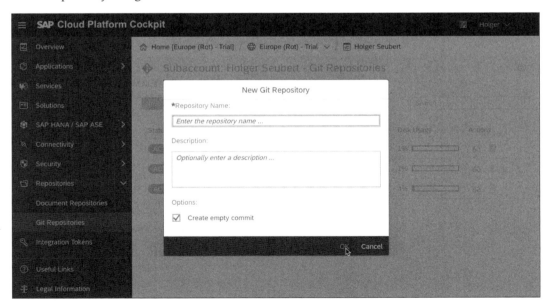

**Abbildung 10.1**  Im Cloud Platform Cockpit legen Sie neue Git-Repositories an.

Damit Entwickler auf das Git-Repository zugreifen können, müssen sie Member des entsprechenden Subaccounts sein und die SAP Cloud Platform Role *Administrator*, *Developer* oder *Support User* zugewiesen haben. Tabelle 10.1 zeigt entsprechende Berechtigungen, die die unterschiedlichen Platform-Rollen bei der Arbeit mit dem Git-Service haben.

| SAP-Cloud-Platform-Rolle | Git-Service-Berechtigungen |
|---|---|
| ▪ Administrator<br>▪ Developer<br>▪ Support User | ▪ ein Repository klonen<br>▪ Tags und Commits auslesen |
| ▪ Administrator<br>▪ Developer | ▪ Repositories erstellen<br>▪ Push von Commits<br>▪ Push von Tags<br>▪ neue Branches erstellen<br>▪ Commits anderer Nutzer pushen<br>(*forge author identity*) |
| ▪ Administrator | ▪ Repositories löschen<br>▪ Garbage Collection für Repositories ausführen<br>▪ Lock/Unlock von Repositories<br>▪ Branches löschen<br>▪ Tags löschen<br>▪ Commits anderer Nutzer pushen<br>(*forge committer identity*) |

**Tabelle 10.1** Rollenbasierte Berechtigungen bei der Arbeit mit dem Git-Service

Entwickler, die auf ein Git-Repository zugreifen möchten, werden durch den SAP-ID-Service oder den Service SAP Cloud Platform Identity Authentication authentifiziert (siehe Kapitel 11, »Sicherheit auf der SAP Cloud Platform«). Öffentliche Git-Repositories oder Repositories mit anonymem Zugriff können nicht auf der SAP Cloud Platform gehostet werden.

[»]

**GitHub**

Viele zusätzliche Hilfsmittel für Ihre Anwendungsentwicklung mit der SAP Cloud Platform, wie beispielsweise SDKs oder Jenkins-Pipelines, werden über GitHub bereitgestellt. Der Onlinedienst, der 2008 entstand, setzt auf Git-Repositories auf und vereinfacht das Teilen von Quellcode bzw. unterstützt bei der Organisation von Code in entsprechenden Entwicklungsprojekten. Viele Open-Source-Projekte entstehen auf GitHub, wo jeder den Programmcode von anderen einsehen und (kontrolliert) verändern darf.

Bei der Entwicklung auf der SAP Cloud Platform sind Sie nicht auf den integrierten Git-Service beschränkt und können für Ihre Anwendungen z. B. auch GitHub als Code-Repository und Versionskontrollsystem einsetzen.

Abbildung 10.2 zeigt Details zu einem bereits angelegten Git-Repository. Über die URL nutzen Sie z. B. aus der SAP Web IDE das zuvor angelegte Git-Repository. Die SAP Web IDE agiert dabei als Git-Client.

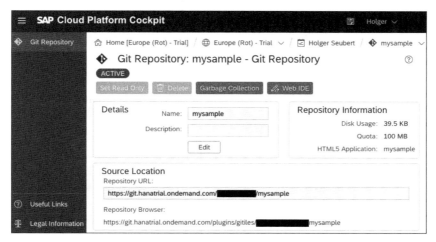

**Abbildung 10.2** Details zu einem bereits angelegten Git-Repository auf der SAP Cloud Platform

**Artifact Repository**

Der Git-Service ist für die Verwaltung und Versionierung von Quellcode (Textdateien) optimiert. Wollen Sie beispielsweise auch größere Multimediadateien (Bilder, Videos) speichern, bietet die SAP Cloud Platform dafür den *Document-Service* (siehe Kapitel 8, »Daten in der SAP Cloud Platform speichern«), um ein entsprechendes *Artifact Repository* aufzubauen. Das Artifact Repository nutzen Sie beispielsweise auch im CI/CD-Prozess, um Resultate des Build-Prozesses Ihrer Anwendung zu speichern.

Um die Performance des SAP-Cloud-Platform-Git-Service nicht negativ zu beeinträchtigen, kann eine Quellcode-Datei nicht größer als 20 MB sein. Wollen Sie eine Datei oder Änderungen pushen, die größer als 20 MB sind, wird der push von dem Git-Service zurückgewiesen. Die Gesamtgröße eines Git-Repositorys ist auf 500 MB festgelegt.

**On-Premise-Git-Repository**

Auch ein (neues oder vorhandenes) Git-Repository, das Sie in Ihrer bestehenden IT-Infrastruktur betreiben, können Sie in der SAP Cloud Platform für die Versionskontrolle und die Entwicklung in Teams einbinden. Dazu definieren Sie über den *Git-Link-Service* eine *Destination* (siehe Kapitel 6, »Administration und Konfiguration der SAP Cloud Platform«) zu Ihrem

On-Premise-Git-Repository. Für den Verbindungsaufbau aus der SAP Cloud Platform zu einem externen Git-Repository ist es erforderlich, den *SAP Cloud Platform Cloud Connector* (siehe Kapitel 7, »Integration und Zugriff auf Daten und Prozesse«) in Ihrer On-Premise-Infrastruktur zu installieren. Die Kommunikation zwischen der SAP Cloud Platform und dem Git-Repository erfolgt über HTTPS, so dass Sie das Zertifikat Ihres On-Premise-Git-Servers dem Cloud Connector bekannt geben müssen.

## 10.2   Multi-Target Applications und Solutions

Insbesondere für den Transport Ihrer Anwendungen zwischen unterschiedlichen Subaccounts spielt das Konzept der *Multi-Target Application* (MTA) eine zentrale Rolle. Wie in Abbildung 10.3 dargestellt, bündelt ein MTA-Archiv unterschiedliche Artefakte einer Anwendung, wie beispielsweise Quellcode (von mehreren Microservices), Konfigurationen oder Ressourcen.

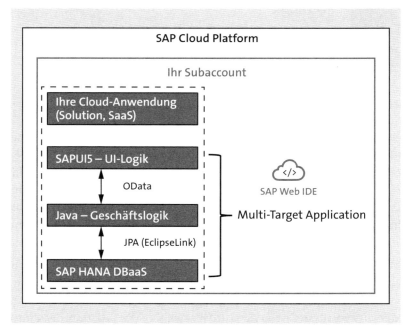

**Abbildung 10.3** Eine Multi-Target Application bzw. Solution besteht aus unterschiedlichen Modulen.

**Module**   Unterschiedliche Artefakte werden auch als *Module* bezeichnet. So kann das MTA-Archiv beispielsweise ein HTML5-Module (UI-Logik), ein Java-Module (Geschäftslogik) und ein SAP-HANA-Database-Module (Datenhaltung und

Analyse) enthalten. So bündeln Sie über ein MTA-Archiv verschiedene Module, die Sie mit unterschiedlicher Technologie erstellt haben und die auf der SAP Cloud Platform auch in unterschiedlichen Laufzeitumgebungen bereitgestellt und ausgeführt werden. Die einzelnen MTA-Module entwickeln Sie in der *SAP Web IDE* (siehe Kapitel 9, »Native Cloud-Anwendungen und -Erweiterungen programmieren«). Das MTA-Archiv einer Anwendung erstellen Sie mit dem *MTA Builder Tool* oder in der *SAP Web IDE*.

**SAP Cloud Platform Solution**

Anwendungen, die Sie über ein MTA-Archiv bereitstellen, werden als *SAP Cloud Platform Solution* bezeichnet.

Das MTA-Archiv (die Solution) können Sie auf unterschiedliche Arten in der SAP Cloud Platform bereitstellen bzw. in Ihre Subaccounts ausliefern. Die Methoden unterscheiden sich stark im möglichen Automatisierungsgrad und sind je nach Ihrer vorhandenen Infrastruktur und Zielsetzung zu wählen. Tabelle 10.2 fasst die unterschiedlichen Deployment-Methoden eines MTA-Archivs zusammen.

| Deployment-Methode | Szenario |
| --- | --- |
| manuell (Export/Import) | • eigenes Script zur Synchronisation des Git-Repositorys, zum Build von z. B. Java-Anwendungen mit Maven und Deployment mittels Script über den Console-Client auf der SAP Cloud Platform |
| CTS+ | • hybride Anwendungsarchitektur bestehend aus ABAP- und Non-ABAP-Komponenten<br>• Integration mit Change-Management-Lösungen wie Solution Manager oder ChaRM gewünscht |
| Transport-Management-Service | • reine cloud-basierte Anwendungen (Microservices), die entkoppelt via Standard-APIs auf On-Premise-Systeme zugreifen<br>• Transport von Application Content (z. B. für den Integration-Service) |
| Continuous Integration und Continuous Delivery | • bereits vorhandene und etablierte CI/CD-Infrastruktur<br>• Entwicklung von cloud-basierten Microservices und Anwendungen<br>• Hohe Flexibilität und Möglichkeit der Automatisierung |

**Tabelle 10.2** Unterschiedliche Ansätze zur Auslieferung Ihrer Anwendung in unterschiedliche Subaccounts

Ein manueller Export der Anwendung aus dem Subaccount für den Test und ein entsprechender Import in den produktiven Subaccount funktioniert immer und ist sicherlich für erste Prototypen ausreichend. Bei der Auslieferung Ihrer Anwendung helfen Transportmöglichkeiten Ihrer Anwendungsartefakte zwischen Subaccounts mit dem *Enhanced Change and Transport System* (CTS+) oder dem Service *SAP Cloud Platform Transport* (siehe Abschnitt 10.3, »Transport von Anwendungen zwischen Subaccounts«). Für eine hohe Automatisierung und eine kontinuierliche Auslieferung neuer Builds unter Berücksichtigung der Softwarequalität unterstützt die SAP Cloud Platform *Continuous-Integration-* (CI) und *Continuous-Delivery-*(CD-) Pipelines (siehe Abschnitt 10.4, »Continuous Integration und Continuous Delivery«). Die Transportmöglichkeiten von Anwendungen zwischen Subaccounts können Sie z. B. in einer Continuous-Delivery-(CD-)Pipeline einbauen und so beispielsweise eine getestete Anwendung aus dem Test-Subaccount kontrolliert in die produktive Umgebung bringen.

## 10.3   Transport von Anwendungen zwischen Subaccounts

Um Anwendungen von einem Subaccount in einen anderen Subaccount zu transportieren, nutzen Sie auf der SAP Cloud Platform entweder den *Transport-Management-Service* oder binden die SAP Cloud Platform in eine bereits vorhandene Installation des *Enhanced Change and Transport System* (CTS+) ein.

### 10.3.1   Enhanced Change and Transport System (CTS+)

Gerade bei hybriden Anwendungen, wo Sie beispielsweise die SAP-Fiori-Nutzeroberfläche in der SAP Cloud Platform implementieren und ein Teil der Anwendungslogik über ABAP in Ihren On-Premise-Systemen implementiert ist, wollen Sie einen gesamtheitlichen Transport der Cloud- und On-Premise-Anwendungsartefakte sicherstellen. Um eine Cloud-Anwendung mit CTS+ zwischen Subaccounts zu transportieren, ist es erforderlich, die Anwendung als Multi-Target Application (MTA) zu paketieren (siehe Abschnitt 10.2, »Multi-Target Applications und Solutions«). Innerhalb eines Transportauftrags können Sie auch mehr als ein MTA-Archiv in Subaccounts deployen.

Change-Management-Lösungen

Ab *Solution Manager 7.2* ist es ebenfalls möglich, Ihren SAP Cloud Platform Account in Change-Management-Lösungen wie z. B. *Change Request Management* (ChaRM) oder *Quality Gate Management* (QGM) zu integrieren.

**「«]**

**SAP Solution Manager**

Der SAP Solution Manager bietet unterschiedliche Werkzeuge zur Administration, für den Betrieb und das Monitoring von SAP-Unternehmensanwendungen. Darüber hinaus wird der SAP Solution Manager vom SAP-Support als Gateway in Ihre Unternehmensinfrastruktur verwendet.

Abbildung 10.4 zeigt den Zusammenhang zwischen einer dreistufigen SAP-Cloud-Platform-Landschaft und CTS+. CTS+, das Sie beispielsweise in Ihrer On-Premise-Landschaft betreiben, kommuniziert über *HTTP Connections* mit der SAP Cloud Platform und Ihren unterschiedlichen Subaccounts. Die HTTP Connections definieren Sie in Ihrem CTS+-System (Transaktion SM59). Die Verbindung zu dem SAP-Cloud-Platform-Subaccount erfolgt über einen Member (Nutzer) des Subaccounts mit der Rolle *Developer*.

**10**

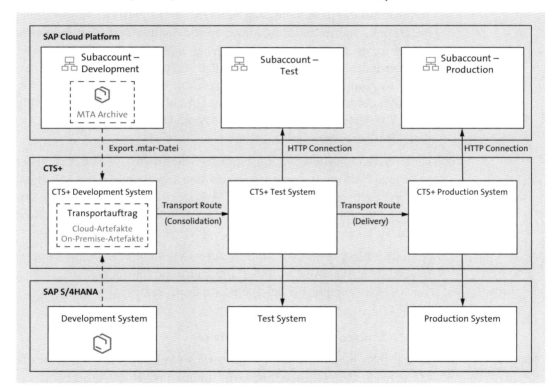

**Abbildung 10.4**  Aufbau einer dreistufigen Systemlandschaft für die Bereitstellung hybrider Anwendungen

Wenn Sie in der SAP Cloud Platform eine dreistufige Landschaft – bestehend aus Entwicklung, Test und Produktion – betreiben, müssen Sie zu den Sub-

CTS+-Systeme definieren und verbinden

accounts entsprechende CTS+-Systeme definieren. Über *Transport Routes* verbinden Sie die unterschiedlichen CTS+-Systeme, die Ihre entsprechenden Subaccounts repräsentieren. Dabei wird zwischen zwei unterschiedlichen Arten von Transport Routes unterschieden: eine *Consolidation Route* und eine *Delivery Route*. Die Consolidation Route verwenden Sie, wenn Anwendungsartefakte aus einem Entwicklungssystem exportiert und in einem Testsystem konsolidiert werden. Mit der Delivery Route verbinden Sie das Testsystem mit dem Produktivsystem.

Aus dem SAP-Cloud-Platform-Subaccount, den Sie zur Entwicklung nutzen, exportieren Sie das MTA-Archiv Ihrer Cloud-Anwendung auf das Dateisystem. Im entsprechenden CTS+-Entwicklungssystem erstellen Sie mit dem *Transport Organizer*, einer ABAP-Web-Dynpro-Anwendung, entweder einen neuen Transportauftrag oder nutzen einen bereits vorhandenen Auftrag, dem Sie das exportierte MTA-Archiv hinzufügen. Auch Anwendungsartefakte aus Ihren On-Premise-Systemen (z. B. SAP S/4HANA) fügen Sie bei Bedarf dem Transportauftrag hinzu. Sobald Sie den Transport freigeben, wird er in die *Import Queue* des nächsten CTS+-Systems gestellt, was in unserem Beispiel das CTS+-System für den Test ist. Über eine HTTP Destination kommuniziert das CTS+-Testsystem mit dem entsprechenden SAP-Cloud-Platform-Subaccount, um das MTA-Archiv zu deployen. Gleichzeitig findet ein Deployment von On-Premise-Artefakten im dazugehörigen SAP-S/4HANA-Testsystem statt.

Für die verschlüsselte Kommunikation zwischen dem CTS+-System und der SAP Cloud Platform importieren Sie das *Root Certificate*, das das SAP Cloud Platform Certificate signiert, in Ihr CTS+-System. Damit kann das CTS+-System die Identität des SAP-Cloud-Platform-Accounts verifizieren. Das Root Certificate können Sie beispielsweise aus Ihrem Browser exportieren.

Sollten Sie nicht bereits das ABAP-basierte CTS+ in Ihrer IT-Landschaft einsetzen, bietet die SAP Cloud Platform mit dem Transport-Management-Service einen entsprechenden Dienst aus der Cloud.

### 10.3.2   Transport-Management-Service

So wie CTS+ bietet das SAP Cloud Platform Transport Management die Möglichkeit, Cloud-Anwendungen in unterschiedlichen Subaccounts bereitzustellen und auszuführen. Im Kontext der SAP Cloud Platform ist die Funktionalität des Transport-Management-Service vergleichbar mit CTS+. Auch können Sie Cloud-Anwendungen zwischen Subaccounts transportieren, die zu unterschiedlichen Global Accounts gehören und in unterschiedlichen Rechenzentren bereitgestellt werden. Zusätzlich zum Transport von Anwendungsartefakten nutzen Sie den Transport-Service auch, um anwendungsspezifische Inhalte (*Content*) zwischen Subaccounts zu transportieren.

So wie bei CTS+ definieren Sie im Transport-Management-Service sogenannte *Nodes*, die entsprechende Neo-Subaccounts bzw. Cloud Foundry Spaces repräsentieren. Abbildung 10.5 zeigt, wie Sie eine klassische dreistufige Landschaft im Transport-Management-Service abbilden. Die Nodes des Transport-Service verbinden Sie über *Destinations* (siehe Kapitel 6, »Administration und Konfiguration der SAP Cloud Platform«) der SAP Cloud Platform Connectivity mit dem dazugehörigen Subaccount. Den eigentlichen Transport der Artefakte von einem Quellknoten (z. B. dem Subaccount für Entwicklung) zu einem Zielknoten (z. B. dem Subaccount für Tests) beschreiben Sie wiederum mit *Transport Routes*. Beim Anlegen der Transport Routes unterstützt Sie der Transport Landscape Wizard, über den Sie beispielsweise eine Zwei-Knoten- oder Drei-Knoten-Landscape im Transport-Management-Service anlegen.

**Nodes und Routes**

10

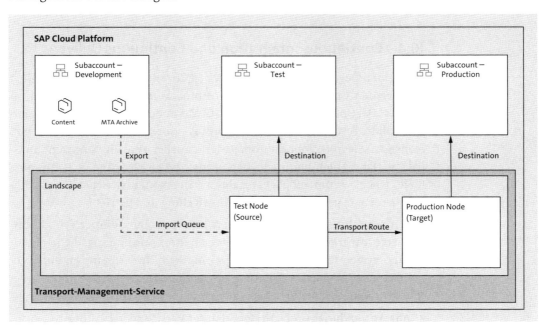

**Abbildung 10.5**  Cloud-Anwendungen mit dem Transport-Management-Service zwischen Subaccounts transportieren

Transportieren können Sie beispielsweise Cloud-Anwendungen in Form eines Multi-Target-Application-Archivs oder Integration-Flows (Content)

der SAP Cloud Platform Integration (siehe Kapitel 7, »Integration und Zugriff auf Daten und Prozesse«). Gerade der Transport von service- oder anwendungsspezifischen Inhalten ist eine Funktion, mit der der Transport Service die Möglichkeiten von CTS+ ergänzt.

**Multi-Target Application**  Um eine Cloud-Anwendung zu transportieren, erstellen Sie zunächst ein MTA-Archiv von der Anwendung und weisen das Archiv einer Import Queue im Transport-Management-Service zu. Mit der Ausführung der Import Queue wird das MTA-Archiv, d. h. die entsprechende Cloud-Anwendung, im Subaccount bereitgestellt.

**Content**  Neben dem Transport von Cloud-Anwendungen nutzen Sie den Transport-Management-Service, um Inhalte wie z. B. Integration Packages des SAP Cloud Platform Integration Service zu transportieren. Den Integration-Service (siehe Kapitel 7, »Integration und Zugriff auf Daten und Prozesse«) nutzen Sie für die Entwicklung und den Test eigener Integrationsszenarien (*Integration-Flow*) in einer zweistufigen Landschaft bestehend aus einem Subaccount (Tenant) für die Entwicklung der Integration-Flows und einem weiteren Subaccount für den Test.

## 10.4   Continuous Integration und Continuous Delivery

Die beiden Begriffe *Continuous Delivery* (CI) und *Continuous Integration* (CD) werden im Bereich der Softwareentwicklung häufig zusammen im Kontext *DevOps* verwendet. Während CI Methoden für einen automatisierten Build-, Test- und Paketierungsprozess Ihrer Anwendung beschreibt, realisieren Sie mit CD eine automatisierte Auslieferung Ihrer Anwendungspakete. Dabei spielt natürlich auch immer die Entwicklung in Teams eine Rolle, wobei es um möglichst nahtlose Übergänge zwischen Zuständigkeitsbereichen geht (z. B. zwischen Entwicklung und Betrieb).

**Continuous Integration**  Continuous Integration konzentriert sich auf eine definierte und kontrollierte Integration von Änderungen an Ihrer Anwendung, die in einem kollaborativen Entwicklungsprozess innerhalb Ihres Teams an einer gemeinsamen Codebasis vorgenommen werden. Dabei werden unter anderem die folgenden Aspekte berücksichtigt:

- Alle Anwendungsartefakte stehen unter Versionsverwaltung.

- Der Build-Prozess der Anwendung ist automatisiert.

- Unit-Tests zur funktionalen Qualitätssicherung sind Bestandteil des Build-Prozesses.

- Änderungen am Quellcode werden frühestmöglich und regelmäßig in das gemeinsame Repository comittet.

- Für jede Änderung wird die Anwendung gebaut, d. h. der Build-Prozess angestoßen.
- Fehler im Build-Prozess werden unmittelbar behoben.

Abbildung 10.6 zeigt den typischen Verlauf einer Continuous Integration auf Basis einer *Main Line* bzw. einer *Feature Branch* des Quellcodes.

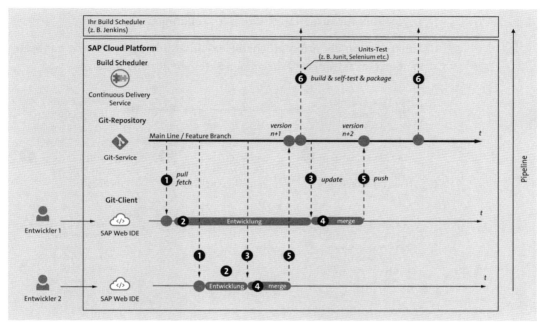

**Abbildung 10.6** Grundlegender Ablauf bei der Arbeit in Teams an einer gemeinsamen Codebasis

Der Continuous-Delivery-Prozess stellt sicher, dass jede Änderung an Ihrer Anwendung, die die Qualitätssicherung im Build-Prozess besteht, auch direkt in einem produktionsnahen Testsystem bereitgestellt wird. Nach weiteren Tests entscheidet das Team bzw. der *Delivery Manager*, ob der Build für die Kunden freigegeben und in der produktiven Laufzeitumgebung (z. B. einem SAP-Cloud-Platform-Subaccount) bereitgestellt wird. Wird auch dieser letzte Schritt der Bereitstellung automatisiert, spricht man von einem *Continuous Deployment*. Oftmals erfolgt die Produktivsetzung einer neuen Anwendungsversion nach einer Qualitätskontrolle durch das Team manuell.

**Continuous Delivery**

Für die Implementierung einer Continuous Integration und Continuous Delivery (CI/CD) unterstützt die SAP Cloud Platform drei grundlegende Ansätze, die in Abbildung 10.7 dargestellt sind:

**Implementierungsansätze**

1. Nutzen Sie Ihre vorhandene CI/CD-Infrastruktur und definieren Sie Ihre Pipelines für die Bereitstellung der SAP Cloud Platform Anwendungen.

2. Nutzen Sie Ihre vorhandene CI/CD-Infrastruktur und Jenkins-Installation, und verwenden Sie vordefinierte Jenkins-Pipelines für ausgewählte Cloud-Anwendungsszenarien.

3. Nutzen Sie Services der SAP Cloud Platform sowie die vordefinierten Pipelines für ausgewählte Cloud-Anwendungsszenarien.

Abhängig von der erforderlichen Flexibilität und Agilität sowie der bestehenden CI/CD-Infrastruktur nutzen Sie einen der drei Ansätze.

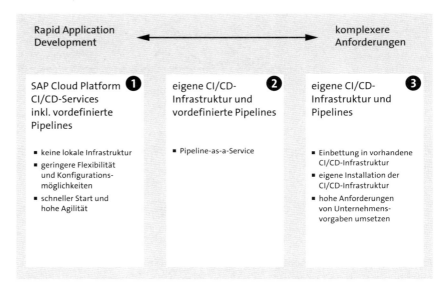

**Abbildung 10.7** Unterstützung bei der Implementierung von CI/CD

Auf der einen Seite haben Sie komplexere Anwendungsszenarien, für die Sie eine Automatisierung und Synchronisation vieler Entwicklungsschritte unter Berücksichtigung von Unternehmensvorgaben und Richtlinien benötigen. Die Anwendungen können unterschiedlichste Technologien, wie z. B. SAP HANA, Java, SAP Fiori, Mobile und SAP SuccessFactors, nutzen. Wie lässt sich der Software-Entwicklungszyklus der unterschiedlichen Anwendungsbestandteile synchronisieren? Auch soll eine bereits vorhandene Infrastruktur in Ihrer IT-Landschaft verwendet werden. Hierbei wird eine hohe Flexibilität des CI/CD-Ansatzes erwartet, so dass eine bestmögliche Einbettung in die vorhandene Infrastruktur und die vorhandenen Prozesse möglich ist. Die potentiell hohe Komplexität, insbesondere unter

Berücksichtigung von Sicherheits- und Compliance-Vorgaben Ihres Unternehmens, kann in einer reduzierten Agilität resultieren.

Auf der anderen Seite verfolgen Sie einen Rapid-Application-Development-Ansatz, und es ist nicht notwendig, den CI/CD-Prozess von Cloud-Anwendungen in eine vorhandene Infrastruktur einzubeziehen. Stattdessen liegt der Fokus auf einer bestmöglichen Produktivität Ihrer Entwickler, und Sie möchten auf Services in der Cloud zurückgreifen, um CI/CD-Pipelines für einen agilen Entwicklungsprozess zu realisieren. An diesem Ende des Spektrums haben Sie ein erstes Entwicklungsprojekt für ein MVP mit der SAP Web IDE gestartet, das nun erfreulicherweise weiter wächst, und Sie suchen eine höhere Automatisierung durch CI/CD.

**Rapid-Application-Development-Ansatz**

Wenn Sie bei der Implementierung Ihrer CI/CD-Pipelines volle Flexibilität benötigen und auf eine bereits bestehende Infrastruktur aufsetzen wollen, bietet die SAP Cloud Platform die dafür nötige Offenheit und Standardisierung. Der SAP Cloud Platform CI Best Practices Guide (*http://s-prs.de/632010*) beschreibt unterschiedliche Ansätze, die SAP Cloud Platform in Ihren bestehenden Entwicklungsprozess zu integrieren ❶. Wenn Sie bereits Jenkins einsetzen oder planen, es einzusetzen, können Sie vordefinierte Jenkins-Pipelines nutzen, mit denen bestimmte Entwicklungsszenarien umgesetzt werden ❷ (siehe Abschnitt 10.4.2, »Vordefinierte Jenkins-Pipelines«). Für einen möglichst einfachen und schnellen Einstieg bietet die *SAP Cloud Platform Continuous Delivery* grundlegende CI/CD-Funktionen aus der Cloud ❸ (siehe Abschnitt 10.4.1, »Continuous-Delivery-Service«).

**Volle Flexibilität**

**10**

### 10.4.1   Continuous-Delivery-Service

Mit dem *Continuous-Delivery-Service* der SAP Cloud Platform erstellen Sie CI/CD-Pipelines für unterschiedliche Anwendungsszenarien wie z. B. SAPUI5- oder SAP-Fiori-Anwendungen. Der Service bietet dazu vordefinierte Pipelines zum Build, Test und Deployment Ihrer Änderungen und ist in die SAP Web IDE integriert, in der Sie beispielsweise den Pipeline-Status und die Logs einsehen. So nutzen Sie den Continuous-Delivery-Service z. B., um Aktualisierungen und Änderungen Ihrer Cloud-Anwendung von Ihrem Entwicklungs- über den Test- zum produktiven Subaccount zu transportieren. Abbildung 10.8 zeigt die grundlegende Architektur des Continuous-Delivery-Service, der auf einer skalierbaren Build-Engine (vergleichbar mit z. B. Jenkins) aufsetzt und über eine API von der SAP Web IDE und dem Git-Repository-Service der SAP Cloud Platform eingebunden wird.

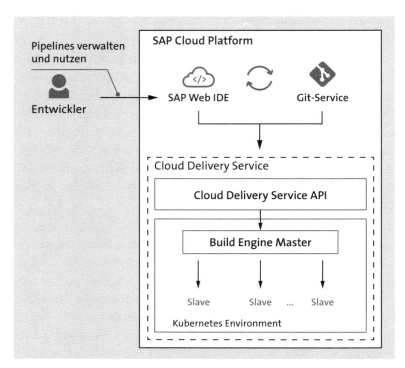

**Abbildung 10.8** Architektur des Continuous-Delivery-Service

### 10.4.2   Vordefinierte Jenkins-Pipelines

**Pipeline-as-Code** Um CI/CD in Ihrer vorhandenen Installation von Jenkins 2.60.3 oder höher zu unterstützen, stehen über GitHub verschiedene SAP-Standard-Pipelines für Jenkins für spezifische SAP-Cloud-Platform-Anwendungsfälle zur Verfügung. So greifen Sie über GitHub beispielsweise auf vordefinierte Pipelines für SAPUI5- und SAP-Fiori-Anwendungen zu (siehe *http://s-prs.de/ v632011*). Die Idee hinter den vordefinierten Pipelines wird auch als *Pipeline-as-Code* bezeichnet. Damit werden CI/CD-Pipelines so wie jedes andere Anwendungsartefakt behandelt und beispielsweise auch entsprechend versioniert.

Um die SAP-Jenkins-Pipelines zu nutzen, ist es erforderlich, dass Sie eine *Shared Library* (siehe *http://s-prs.de/v632012*) installieren, die grundlegende Tools zur Ausführung der SAP-Standard-Pipelines mitbringt.

### 10.4.3   Integration in vorhandene CI/CD-Infrastruktur

Durch die offenen Schnittstellen der SAP Cloud Platform nutzen Sie auch Ihre vorhandene CI/CD-Infrastruktur für den Build, Test und die Auslieferung Ihrer Cloud-Anwendungen. Die Komponenten Ihrer Infrastruktur können sich dabei in Ihrem On-Premise-Netzwerk oder auch in der Cloud befinden. Hier können Sie beispielsweise auch die Transportmöglichkeiten von Anwendungen zwischen Subaccounts nutzen (siehe Abschnitt 10.3, »Transport von Anwendungen zwischen Subaccounts«).

Wie Sie CI/CD auf Basis der zahlreichen Open-Source-Lösungen oder im Kontext Ihrer bestehenden Infrastruktur mit der SAP Cloud Platform umsetzen, beschreibt ebenfalls der Continuous Integration (CI) Best Practices Guide (*http://s-prs.de/v632013*).

**Best Practices Guide**

10

# Kapitel 11
# Sicherheit auf der SAP Cloud Platform

*Insbesondere in der Cloud ist Sicherheit für Unternehmensanwendungen von großer Bedeutung. Dieses Kapitel stellt Konzepte zur Absicherung Ihrer Anwendungen auf der SAP Cloud Platform vor.*

Sicherheit ist in vielen Bereichen der Informationstechnologie relevant. Während Abschnitt 3.1 die »Sicherheitsaspekte der SAP Cloud Platform« allgemein betrachtet, konzentriert sich dieses Kapitel auf die *Authentifizierung* und *Autorisierung* von Nutzern Ihrer Cloud-Anwendungen. Abbildung 11.1 zeigt eine Übersicht der unterschiedlichen Konzepte, die bei der Absicherung Ihrer Cloud-Anwendungen eine Rolle spielen.

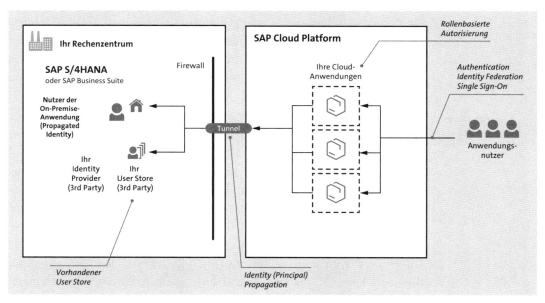

**Abbildung 11.1** Konzepte zur Implementierung sicherer Cloud-Anwendungen

Durch eine Authentifizierung prüfen Sie die digitale Identität eines Nutzers auf Echtheit. Hierbei spielen Standardprotokolle wie die *Security Assertion Markup Language* (SAML) und *OAuth* eine wichtige Rolle. Die Autorisierung regelt die Nutzungsrechte der Anwender innerhalb Ihrer Anwendungen. Beispielsweise unterscheiden Sie über rollenbasierte Autorisierungskonzepte die Nutzungsrechte eines Administrators von denen eines Standardnutzers, und Sie verhindern dass nichtautorisierte Änderungen an Daten oder das nichtautorisierte Lesen von Informationen.

[»]

### Security Assertion Markup Language 2.0

Die *Security Assertion Markup Language* (SAML) ist ein offener, auf XML basierender Standard zum Austausch von Authentifizierungs- und Autorisierungsdaten. Die Daten werden zwischen einem Identity Provider (IdP) und einem Service Provider (SP) ausgetauscht und beziehen sich auf einen Principal (Nutzer). Der Datenaustausch erfolgt nachrichtenbasiert, wobei die Nachrichten auch als *Bearer Assertion* bezeichnet werden. Die Integrität der Assertion wird durch XML-Verschlüsselung und eine XML-Signatur geschützt. SAML implementiert die Anforderung von Single Sign-On über das Internet mittels Web-Browser.

Gerade bei hybriden Cloud-Anwendungen, die auf Daten und Prozesse von On-Premise-Systemen, wie z. B. SAP S/4HANA, zugreifen, ist eine *Identity Propagation* und ein damit verbundener *Single Sign-On* (SSO) an der On-Premise-Anwendung hilfreich. Anwendungsnutzer müssen somit beim Zugriff auf eingebundene Systeme nicht nochmals ihren Nutzernamen und ihr Passwort eingeben.

User Stores   Um zu vermeiden, dass Nutzer für jede Anwendung, auf die sie zugreifen, eine neue digitale Identität mit eindeutiger Nutzerkennung und Passwort benötigen, spielt bei der Authentifizierung an Unternehmensanwendungen die Wiederverwendung vorhandener *User Stores* ein Rolle. User Stores speichern digitale Identitäten und können über Standardprotokolle wie z. B. *System of Cross-domain Identity Management* (SCIM) abgefragt werden. Beispiele für User Stores sind das *Lightweight Directory Access Protocol* (LDAP), der SAP NetWeaver Application Server oder das Microsoft Active Directory. Organisatorisch gilt es dabei, alle notwendigen Attribute einer digitalen Identität für den Zugriff auf unterschiedliche Anwendungen gesamtheitlich zusammenzubringen. Hier unterstützt Sie ein *Federated Identity Management* (FIM) über mehrere Identity Provider als eine Erweiterung des SSO-Konzepts.

Im nächsten Abschnitt betrachten wir Möglichkeiten zur Authentifizierung Ihrer Anwendungsnutzer.

## 11.1   Authentifizierung

Für fast alle Anwendungen, die Sie auf der SAP Cloud Platform entwickeln und bereitstellen, möchten Sie sicherstellen, dass nur verifizierte Nutzer Zugang haben. Mit der Authentifizierung von Nutzern stellen Sie fest, ob ein Nutzer Ihrer Cloud-Anwendung auch tatsächlich derjenige ist, der er behauptet zu sein. Daher ist es für eine Authentifizierung erforderlich, dass sich die Nutzer zuvor mit einer eindeutigen Nutzerkennung (z. B. einer E-Mail-Adresse) und einem sicheren Passwort registrieren. Für die Wahl des Passworts möchten Sie oftmals bestimmte Rahmenbedingungen wie z. B. die Anzahl der Zeichen oder das Vorhandensein bestimmter alphanumerischer Werte vorgeben. Die Anmeldeinformationen werden sicher in einer Nutzerdatenbank, dem User Store, gespeichert.

Für die Speicherung von digitalen Identitäten (Nutzerkennung, Passwort, Attribute), die Festlegung der Passwortvorgaben, Möglichkeiten der Nutzerregistrierung oder das Zurücksetzen von Passwörtern bis hin zur Authentifizierung selbst gibt es auf der SAP Cloud Platform verschiedene Möglichkeiten, deren Wahl sich im Wesentlichen an Ihrer bestehenden Infrastruktur und Ihren funktionalen Anforderungen orientiert. Digitale Identitäten, z. B. der Anwendungsnutzer, werden dabei von einem *Identity Provider* (IdP) gespeichert und verwaltet, den Sie im SAP Cloud Platform Cockpit über den beidseitigen Austausch von Zertifikaten konfigurieren. Diese gegenseitige Vertrauensbeziehung zwischen dem IdP und der SAP Cloud Platform wird auch als *Trust* bezeichnet. Oftmals bieten die IdPs eine Reihe von zusätzlichen Funktionen, die bei der Umsetzung Ihrer Anwendung hilfreich sind. Dazu zählen konfigurierbare Funktionskomponenten zur Nutzerregistrierung und Self-Services zur Verwaltung des eigenen Profils.

Pro Subaccount können Sie einen eigenen IdP konfigurieren, um beispielsweise Subaccounts für Test und Entwicklung einen internen IdP mit Mitarbeitern Ihres Unternehmens zuzuweisen, und für den produktiven Subaccount einen separaten IdP für die Verwaltung der Kunden zu verwenden.

Standardmäßig wird der *SAP-ID-Service* als IdP für die Speicherung, Verwaltung und Authentifizierung von Nutzern verwendet. Für die Nutzung des SAP-ID-Service ist daher keine besondere Einstellung erforderlich, der Trust zwischen der SAP Cloud Platform und dem SAP-ID-Service ist bereits konfiguriert. Nutzer, die auf Ihre Cloud-Anwendung zugreifen wollen, benötigen einen entsprechenden SAP-ID-Nutzer, der auch als *S-User* oder *P-User* bezeichnet wird. Registrieren Sie sich beispielsweise für einen kostenfreien Trial Account der SAP Cloud Platform, wird automatisch ein P-User für Sie im SAP-ID-Service angelegt.

**Identity Provider**

**SAP-ID-Service**

[»]

### SAP-ID-Service

Der Standard-IdP für die Subaccounts der SAP Cloud Platform ist der *SAP-ID-Service*. Alle Plattformnutzer und Anwendungsnutzer werden über den SAP-ID-Service registriert, gespeichert und verwaltet. Über Self-Service-Funktionen verwalten S-User und P-User ihr Profil und setzen ihr Passwort zurück.

Der SAP-ID-Service verwendet einen eigenen User Store, eigene Einstellungen beispielsweise für Passwortregeln sowie ein SAP-Look-&-Feel für die Self-Service-Nutzeroberflächen (z. B. zur Profileinstellung), den Registrierungsprozess und die Bestätigungs-E-Mail. Wenn Sie Ihren eigenen User Store und eigene Einstellungen für die Authentifizierung nutzen möchten (z. B. Zwei-Faktor-Authentifizierung oder einen vorhandenen User Store im Unternehmen), verwenden Sie einen eigenen IdP.

**Eigener Identity Provider**
Neben der Verwendung des SAP-ID-Service haben Sie die Möglichkeit, auch einen anderen Identity Provider zu verwenden, vorausgesetzt, der IdP unterstützt das SAML-2.0-Protokoll. Im SAP Cloud Platform Cockpit definieren Sie dazu für den entsprechenden Subaccount die gegenseitige Vertrauensbeziehung (Trust) zwischen dem IdP und der SAP Cloud Platform.

**Identity Federation**
Durch die Nutzung eines bereits vorhandenen IdPs und die Einbindung eines vorhandenen User Stores besteht auf der SAP Cloud Platform die Möglichkeit einer *Identity Federation* (siehe Abschnitt 11.1.3 und Abschnitt 11.1.2). Mit der Identity Federation verwenden Sie die vorhandene digitale Identität, die von einem anderen IdP verwaltet wird.

**Platform IdP und Application IdP**
Beim Zugriff auf die SAP Cloud Platform wird zwischen Plattformnutzern und Anwendungsnutzern unterschieden (siehe Kapitel 6, »Administration und Konfiguration der SAP Cloud Platform«). Plattformnutzer sind Entwickler oder Administratoren, die die Services der SAP Cloud Platform zur Implementierung und Bereitstellung von Cloud-Anwendungen nutzen. Anwendungsnutzer verwenden die bereitgestellten Cloud-Anwendungen und sind oftmals den Fachabteilungen zuzuordnen (Business User). Für die Authentifizierung beider Nutzergruppen können Sie unterschiedliche IdPs verwenden. Der *Platform Identity Provider* verwaltet die Benutzerbasis für den Zugriff auf die SAP-Cloud-Platform-Accounts und -Tools, wie z. B. das SAP Cloud Platform Cockpit, die SAP Web IDE oder die Konsole. Der *Application Identity Provider* ist für die Verwaltung und Authentifizierung der Anwendungsnutzer verantwortlich.

Tabelle 11.1 fasst die unterschiedlichen Nutzerkategorien und entsprechenden Möglichkeiten zur Authentifizierung zusammen.

| Nutzerkategorie | Beispiele | Authentifizierung |
|---|---|---|
| Operator (SAP) | ■ SAP-Support-Mitarbeiter | ■ SAP-interner User Store<br>■ VPN |
| Plattformnutzer | ■ Administrator<br>■ Entwickler<br>■ Betrieb, Support | ■ SAP-ID-Service (Standard)<br>■ SAP Cloud Platform Identity Authentication (IdP) |
| Anwendungsnutzer | ■ Nutzer aus Fachbereichen<br>■ Kunden<br>■ Partner | jeder SAML-2.0-fähige Identity Provider, z. B.:<br><br>■ SAP-ID-Service (Standard)<br>■ SAP Cloud Platform Identity Authentication |

**Tabelle 11.1** Beispiele unterschiedlicher Nutzerkategorien und deren Authentifizierung

Standardmäßig ist der SAP-ID-Service sowohl als Platform-IdP als auch als Application-IdP konfiguriert. Um die Authentifizierung gemäß Ihrer unternehmensspezifischen Anforderungen mit einem eigenen IdP zu konfigurieren, verwenden Sie entweder den Service *SAP Cloud Platform Identity Authentication*, oder Sie binden einen bereits vorhandenen IdP aus Ihrer IT-Landschaft ein. Abbildung 11.2 veranschaulicht die Möglichkeiten zur Umsetzung eines Application-IdPs und eines Platform-IdPs.

Bei der Implementierung Ihrer Cloud-Anwendung können Sie auf unterschiedliche technische Möglichkeiten zur Authentifizierung von Nutzern zurückgreifen. Die SAP Cloud Platform unterstützt dabei die folgenden *Authentication Modules* zur Überprüfung der Nutzerkennung und des dazugehörigen Passworts:

**Möglichkeiten zur Authentifizierung**

- **Form-based/SAML-2.0-Authentifizierung**: Der Nutzer identifiziert sich durch Eingabe von Nutzernamen und Passwort auf einer Login-Seite. Über das SAML-2.0-Protokoll wird die Prüfung der Anmeldedaten an einen IdP delegiert.

- **HTTP Basic Authentication**: Ähnlich wie bei der Form-based Authentication erfolgt die Authentifizierung der Anwendungsnutzer anhand eines Benutzernamens und des zugehörigen Passworts, das auf einer einfach gehalten Webseite im Browser eingegeben wird. Die Authentifizierung der Nutzer wird z. B. an den SAP-ID-Service delegiert, der auch die Nutzerinformationen speichert.

- **Certificate**: Bei dieser Methode erfolgt die Authentifizierung anhand eines Zertifikats.

11

- **OAuth 2.0**: Gemäß dem OAuth-2.0-Protokoll erfolgt eine Authentifizierung auf Basis von OAuth-2.0-Access-Tokens.

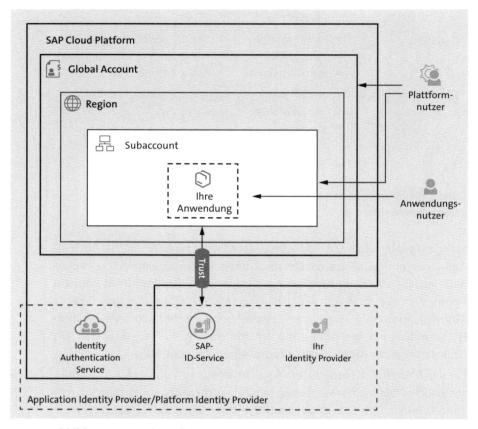

**Abbildung 11.2** Authentifizierung von Anwendungsnutzern und Platform-Nutzern mit SAP-ID-Service (Standard) oder Identity Provider

In den folgenden Abschnitten konzentrieren wir uns auf eine formularbasierte SAML-2.0-Authentifizierung von Anwendungsnutzern.

### 11.1.1  SAP Cloud Platform Identity Authentication

Identity-Authentication-Service

Um Ihre eigenen Anforderungen zur Authentifizierung von Nutzern zu realisieren, verwenden Sie die *SAP Cloud Platform Identity Authentication*. Der Service ist eine Cloud-Lösung, mit der Sie den gesamten Lebenszyklus digitaler Identitäten verwalten. Neben der Authentifizierung bietet der Service Möglichkeiten zur Implementierung von Single Sign-On (SSO), Social Sign-On beispielsweise mit einem Google-Account, zur Integration von On-Premise-Komponenten (z. B. Ihrem User Store) sowie Funktionen zur

Registrierung neuer Nutzer und deren Speicherung in einem eigenen User Store. Auch Self-Services für das Zurücksetzen von Passwörtern oder die Änderung des Nutzerprofils sind Bestandteil des Service. Alle Webseiten oder automatisch generierten E-Mails, z. B. die Bestätigung einer Registrierung, gestalten Sie nach Ihren Vorgaben mit dem Logo Ihres Unternehmens und unter Berücksichtigung Ihres Branding Guides. Aktivieren Sie den Identity-Authentication-Service der SAP Cloud Platform, wird für Sie ein dedizierter *Tenant* provisioniert, in dem Sie alle Konfigurationen für Ihr Unternehmen vornehmen.

Mit der Möglichkeit der Registrierung neuer Anwendungsnutzer pflegt der Identity-Authentication-Service einen eigenen User Store, in den Sie auch vorhandene Identitäten importieren können. Speziell für diese Aufgabe nutzen Sie das *SAP Cloud Platform Identity Provisioning*. Sie können den Identity-Authentication-Service aber auch so konfigurieren, dass ein bereits vorhandener Cloud- oder On-Premise-User-Store innerhalb Ihrer Unternehmens-IT verwendet wird (siehe Abschnitt 11.1.3, »Vorhandenen User Store verwenden«). | User Store

In Kombination mit dem Identity-Authentication-Service fungiert die SAP Cloud Platform als *Service Provider* (SP) und der Identity-Authentication-Service als zentraler Identity Provider (IdP), so dass Sie die Konfiguration für eine Authentifizierung der Anwendungsnutzer nur einmal für alle Cloud-Anwendungen durchführen.

Für die Nutzung des Identity-Authentication-Service ist es erforderlich, dass sich die SAP Cloud Platform und der Service gegenseitig vertrauen. Abbildung 11.3 zeigt den Konfigurationsdialog im SAP Cloud Platform Cockpit, in dem Sie unter anderem den Trust für einen Application Identity Provider und einen Platform Identity Provider definieren. Standardmäßig wird der SAP-ID-Service verwendet. | Trust

Das Trust Setting konfigurieren Sie im SAP Cloud Platform Cockpit durch den gegenseitigen Austausch von Zertifikaten. Auf Grundlage des Trust Settings delegieren Ihre SAP-Cloud-Platform-Anwendungen oder Services beim Zugriff auf geschützte Inhalte oder Funktionen die Authentifizierung über SAML 2.0 an den Identity-Authentication-Service. Der Identity-Authentication-Service präsentiert z. B. eine formularbasierte Anmeldeseite, die Sie an Ihre eigenen Anforderungen anpassen (Branding). Es ist zu beachten, dass durch die Konfiguration des Service als Application-IdP nicht die Authentifizierungsmethode der Plattformnutzer geändert wird, sondern ausschließlich die Anwendungsnutzer über den Identity-Authentication-Service verifiziert werden. Die Plattformnutzer, wie beispielsweise Administratoren oder Entwickler, die sich am SAP Cloud Platform

Cockpit anmelden, werden weiterhin über den SAP-ID-Service authentifiziert. Möchten Sie auch für die Authentifizierung der Plattformnutzer einen anderen IdP nutzen, ändern Sie die Konfiguration des Platform Identity Providers im SAP Cloud Platform Cockpit.

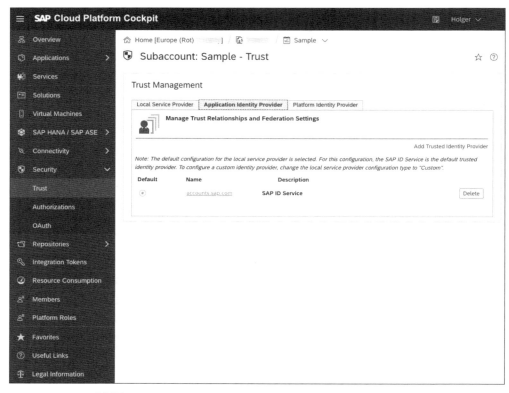

**Abbildung 11.3** Trust Management

SAML- 2.0-<br>Authentifizierung

Damit Cloud-Anwendungen, die Sie auf der SAP Cloud Platform bereitstellen, den Identity-Authentication-Service nutzen, konfigurieren Sie die Anwendung im SAP Cloud Platform Cockpit für eine formularbasierte SAML-2.0-Authentifizierung. Abbildung 11.4 zeigt das Zusammenspiel zwischen der SAP Cloud Platform als Service Provider, Ihrer Cloud-Anwendung und dem Identity-Authentication-Service als Identity Provider. Möchte ein Nutzer auf Ihre Cloud-Anwendung über einen Browser zugreifen ❶, wird die Anfrage als SAML-Request via HTTP Redirect an den Identity-Authentication-Service umgeleitet ❷, der wiederum eine von Ihnen konfigurierte Anmeldeseite zur Eingabe von Nutzername und Passwort anzeigt ❸. Nachdem der Nutzer seine Credentials eingegeben hat ❹, prüft der Authentication-Service die digitale Identität ❺. Bei erfolgreicher Verifizierung erhält der Nutzer eine SAML Assertion, mit der der Zugriff auf Ihre Cloud-Anwendung möglich ist ❻. Die SAML Assertion kann neben der User-ID auch weitere Nutzerattribute enthalten, so wie sie im User Store gepflegt sind (z. B. Vorname, Nachname, E-Mail, Abteilung, Gruppen).

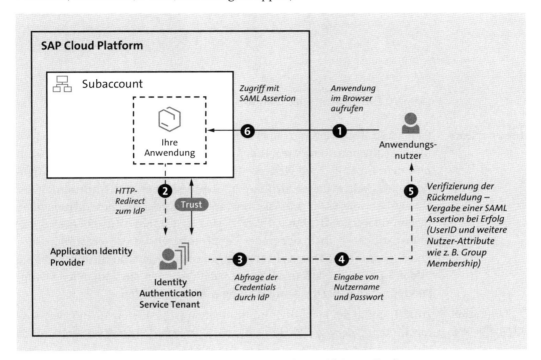

**Abbildung 11.4** Mit dem Identity-Authentication-Service verifizieren Sie die digitale Identität von Anwendungsnutzern.

Listing 11.1 zeigt beispielhaft eine SAML 2.0 Assertion, aus der ersichtlich ist, dass die SAML Assertion von einem Issuer mit der ID http://myidp.com erstellt wurde, und verifiziert, dass der Nutzer (subject) mit der eindeutigen Kennung leonardo@sap.com am 13. August 2018 um 12.23 Uhr erfolgreich authentifiziert wurde. Außerdem bestätigt die SAML Assertion, dass der Nutzer (subject) im Research Department arbeitet.

```
<Assertion ... ID="59313c96..."
   IssueInstant="2016-09-30T11:33:02.474Z" Version="2.0">
 <Issuer>http://myidp.com</Issuer>
 <Subject>
   <NameID ...>leonardo@sap.com</NameID>
 </Subject>
 <AuthnStatement AuthnInstant=
     "2018-08-13T12:23:06.474Z">  ...
 </AuthnStatement>
```

```
...
<AttributeStatement>
  <Attribute Name="Department"...
    <AttributeValue ...>Research
    </AttributeValue>
  </Attribute>
</AttributeStatement>
</Assertion>
```

**Listing 11.1** Beispiel für eine SAML Assertion

**Nutzerattribute**  Durch den Registrierungs- und Anmeldeprozess neuer Nutzer erfassen Sie diverse Nutzerattribute wie z. B. den Namen, die E-Mail-Adresse und Telefonnummer. Im SAP Cloud Platform Identity Authentication Service konfigurieren Sie, welche dieser Attribute im Rahmen einer Authentifizierung der Nutzer über die SAML 2.0 Assertion an die Anwendung gesendet werden. Insbesondere das Attribut `corporate_groups` ist interessant, da es Gruppeninformationen enthält, denen der Benutzer bereits im Unternehmenskontext zugeordnet ist. Durch ein Mapping dieses Attributs auf Gruppen, die Sie in der SAP Cloud Platform definiert haben, können Sie vorhandene Gruppendefinitionen bei der Autorisierung wiederverwenden.

**Zwei-Faktor-Authentifizierung**  Zur Erhöhung der Sicherheit im Anmeldeprozess nutzen Sie die *Zwei-Faktor-Authentifizierung* (2FA), über die ein Nutzer die Echtheit seiner Identität über zwei unterschiedliche und insbesondere unabhängige Komponenten (Faktoren) nachweist. Die 2FA ist ein Spezialfall der allgemeineren Multi-Faktor-Authentifizierung und ist nur dann erfolgreich, wenn die zwei benötigten Faktoren korrekt sind. Faktoren können z. B. Tokens sein, die von einer speziellen App oder einem Device generiert werden, eine Transaktionsnummer (TAN), der Fingerabdruck oder die Stimme des Nutzers.

Die 2FA des Identity-Authentication-Service funktioniert mit einem Token bzw. einem *One-Time Password* (OTP), das der Nutzer zusätzlich zu seiner Nutzerkennung und seinem Passwort (Credentials) eingibt. Das OTP wird von einer *Authenticator Application* generiert und ist nur für einen bestimmten Zeitraum gültig. Die Authenticator Application ist eine mobile Anwendung, die die Anwendungsnutzer für die Generierung des OTP auf ihren Geräten installieren. Der Identity Authentication Service unterstützt auch andere Authenticator Applications, wie z. B. Google Authenticator oder Microsoft Authenticator.

**SMS-Code**  Speziell zur Absicherung der Registrierung neuer Nutzer über den Self-Service erlaubt der Identity Authentication Service eine zusätzliche Verifikation des neuen Nutzers über einen *SMS-Code*, der an das Mobilgerät des neuen Nutzers gesendet wird. Der SMS-Code ist nur zeitlich begrenzt gültig und muss von dem neuen Nutzer zur Verifikation eingegeben werden. Das Verfahren verhindert das Anlegen zahlreicher Dummy-Accounts.

Alternativ oder ergänzend zur SMS-Validierung nutzen Sie den *Captcha-Dienst* Google reCAPTCHA zur Absicherung des Self-Registration-Prozesses neuer Nutzer. Dabei handelt es sich um einen von Google über APIs öffentlich zur Verfügung gestellten Turing-Test, der sicherstellt, dass der neue Nutzer ein Mensch und kein Bot ist. Google reCAPTCHA wird über ein Widget auf Ihrer angepassten Anmeldeseite integriert.

**Captcha-Dienst**

Für die Authentifizierung von Nutzern können Sie im Identity Authentication Service auch diverse *Social Provider* als Identity Provider konfigurieren, so dass sich die Nutzer Ihrer Anwendung mit vorhandenen Social Media Credentials anmelden können. Unterstützt werden Twitter, Facebook, LinkedIn und Google. Der Identity Authentication Service nutzt dabei das OAuth-Protokoll für den Social Sign-On.

**Social Sign-On**

Um den Komfort bei der sicheren Nutzung Ihrer Cloud-Anwendung zu erhöhen, unterstützt der Identity Authentication Service eine »*Remember me*«-*Option*. Haben Sie diese Option aktiviert, können Nutzer auf Ihre Cloud-Anwendung zugreifen, ohne dass sie jedes Mal ihre Nutzerdaten eingeben müssen. Dazu speichert Ihre Anwendung über den Identity Authentication Service ein Cookie im Browser des Nutzers, über das der Nutzer beim nächsten Aufruf der Anwendung automatisch Zugriff hat. Die »Remember me«-Funktion ist standardmäßig für 3 Monate aktiviert, sofern der Nutzer sich nicht selbst von der Anwendung abmeldet (Logout). Nutzt Ihre Anwendung eine 2FA, ist es trotz »Remember me«-Option erforderlich, dass die Nutzer das generierte OTP eingeben.

**Remember me**

> **Weitere Integrationsszenarien**
>
> Neben der Integration mit der SAP Cloud Platform als Service Provider kombinieren Sie die SAP Cloud Platform Identity Authentication (als Identity Provider) mit den folgen SAP-Lösungen und 3rd-Party-Systemen:
>
> - **SAP Web IDE**: Die Integration der SAP Web IDE und des Identity Authentication Service als Identity Provider ermöglicht Ihren Entwicklern direkten Zugang zur SAP Web IDE mit ihren bestehenden Credentials. So nutzen Sie die SAP Web IDE als SaaS-Entwicklungsumgebung, losgelöst von anderen SAP Cloud Platform Services.
>
> - **SAP Document Center**: Auch das SAP Document Center kann den Identity Authentication Service für einen sicheren und geräteunabhängigen Zugriff auf Ihre Geschäftsdokumente nutzen.

- **SAP Identity Management**: Mit SAP Identity Management automatisieren Sie den Lebenszyklus von Nutzern im User Store des Identity Authentication Service und können Ihre digitalen Identitäten gesamtheitlich innerhalb Ihrer IT-Landschaft verwalten.

- **Microsoft Azure AD**: Die SAP Cloud Platform Identity Authentication ist auch über die Application Gallery des Microsoft Azure Active Directory (Azure AD) nutzbar. Die Integration erlaubt ein Single Sign-On zwischen Anwendungen (Service Provider), die Azure AD als Identity Provider (IdP), und Anwendungen (Service Provider), die den Identity Authentication Service zum Identity Management (IdM) nutzen. In diesem Szenario delegiert der Identity Authentication Service Anfragen an Azure AD und agiert als Proxy (Federation).

**Passwörter**  Der Identity Authentication Service speichert Passwörter als Hash-Werte, die zusätzlich mit zufälligen Werten (*Salt*) angereichert werden. Für jedes Passwort wird ein eigener, zufälliger Salt mit mindestens 512 Bits generiert. Durch eine *Cryptographic Hash Function* wird von Salt und Passwort ein Hash berechnet, der gemeinsam mit dem Salt im User Store gespeichert wird. Delegieren Sie die Authentifizierung von Nutzern an einen anderen IdP, speichert der Identity Authentication Service keine Passwörter für diese Nutzer. In diesem Fall werden Nutzerkennung und eingegebenes Passwort via Transport Layer Security (TLS) z. B. an einen anderen IdP oder User Store weitergegeben.

**Passwort-Policy**  Speichern Sie die Passwörter im User Store des Identity Authentication Service, konfigurieren Sie Regeln, die bei der Wahl von Passwörtern eingehalten werden müssen. Standardmäßig nutzt der Service eine vordefinierte *Passwort-Policy*, die Sie anpassen oder durch Ihre eigene Policy ersetzen. Neben der Länge (Anzahl von Zeichen) und Art der Zeichen (z. B. Zahlen, Großbuchstaben, Kleinbuchstaben, Sonderzeichen) definiert eine Passwort-Policy auch, wie viele fehlgeschlagene Login-Versuche erlaubt sind, bevor der Nutzer für einen definierten Zeitraum deaktiviert wird. Auch werden z. B. der Session-Time-Out (Standard sind 12 Stunden), die »Remember me«-Option, wie oft ein Nutzer sein Passwort innerhalb einer definierten Zeitspanne zurücksetzen darf und ob alte Passwörter erneut genutzt werden dürfen, konfiguriert.

Der Service bietet demnach zahlreiche Funktionen zur Verwaltung von Nutzern sowie deren Authentifizierung an Ihren Anwendungen. Haben Sie bereits einen Identity Provider im Einsatz, können Sie auch den bestehenden IdP für die Authentifizierung von Anwendungsnutzern verwenden.

## 11.1.2   Vorhandenen Identity Provider verwenden

Für die Authentifizierung und Verwaltung von Anwendungsnutzern können Sie auch einen bestehenden IdP innerhalb Ihrer IT-Infrastruktur nutzen. Auch eine Kombination mit einem IdP eines anderen Herstellers, der beispielsweise auch über die Cloud bereitgestellt wird (z. B. Microsoft Azure Active Directory), ist möglich. Voraussetzung ist, dass der IdP über das Internet angesprochen werden kann und das SAML-2.0-Protokoll unterstützt. Ist dies der Fall, konfigurieren Sie wie auch beim SAP Cloud Platform Identity Provider einen Trust zwischen der SAP Cloud Platform und dem vorhandenen Identity Provider.

Abbildung 11.5 zeigt den Konfigurationsdialog für einen Application Identity Provider. Durch den Austausch einer Metadaten-Datei wird die Konfiguration vereinfacht.

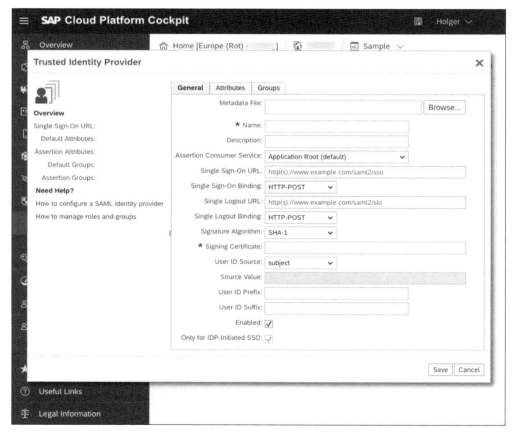

**Abbildung 11.5** Vorhandenen IdP zur Authentifizierung von Anwendungsnutzern konfigurieren

Der Anmeldeprozess ist, wie in Abbildung 11.6 dargestellt, identisch mit dem Ablauf beim SAP Cloud Platform Identity Provider.

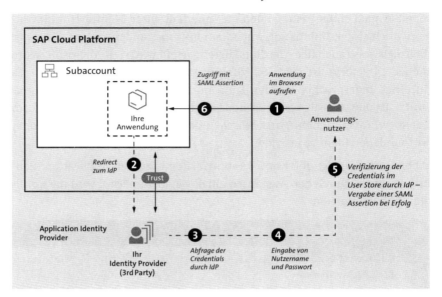

**Abbildung 11.6** Nutzen Sie einen bestehenden IdP zur Verifizierung der Anwendungsnutzer.

### 11.1.3   Vorhandenen User Store verwenden

Möchten Sie die Nutzer, die in einem vorhandenen User Store (z. B. LDAP, Microsoft Active Directory oder SAP NetWeaver), der beispielsweise innerhalb Ihres Unternehmensnetzwerks implementiert ist, wiederverwenden und mit den Möglichkeiten des SAP Cloud Platform Identity Providers zur Authentifizierung kombinieren, konfigurieren Sie innerhalb des Identity Authentication Service den vorhanden User Store zusätzlich zu dem User Store, den der Identity Authentication Service in der Cloud verwaltet. Durch dieses Setup können sich Nutzer mit ihrer vorhandenen Unternehmensidentität an Cloud-Anwendungen anmelden und müssen keinen neuen Nutzernamen mit Passwort anlegen. Die Verbindung zwischen der SAP Cloud Platform und Ihrem User Store im Unternehmensnetzwerk realisieren Sie über den Cloud Connector (siehe Kapitel 7, »Integration und Zugriff auf Daten und Prozesse«). Der Zugriff auf den vorhandenen User Store erfolgt dann über das standardisierte Protokoll *System for Cross-domain Identity Management* (SCIM). Abbildung 11.7 zeigt den Ablauf einer Authentifizierung unter Einbeziehung eines bestehenden User Stores.

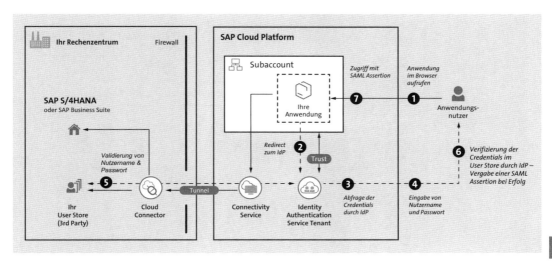

**Abbildung 11.7** Bestehenden User Store am Service SAP Cloud Platform
Identity Authentication anbinden

Bei der erstmaligen erfolgreichen Anmeldung eines Nutzers wird ein
Rumpfdatensatz aus dem angebundenen User Store in den User Store des
Authentication-Service kopiert. Die Verifizierung der Identität erfolgt allerdings ausschließlich auf Basis des angebundenen User Stores. Löschen Sie
einen Nutzer im angebundenen User Store, kann sich der Nutzer auch nicht
mehr an den Cloud-Anwendungen authentifizieren.

Für die Autorisierung (siehe folgender Abschnitt 11.2) von Nutzern verwen-     **Groups**
den Sie die im vorhandenen User Store definierten Gruppendefinitionen.
Die Unternehmensbenutzergruppen werden in der SAML 2.0 Assertion an
Ihre Cloud-Anwendung über ein eigenes Attribut (`corporate_groups`) übergeben. Das Attribut enthält die Namen der Gruppen, denen der Benutzer
im Unternehmensbenutzerspeicher zugeordnet ist.

## 11.2   Autorisierung über Rollen und Gruppen

Die SAP Cloud Platform arbeitet mit einem rollenbasierten Autorisie-
rungskonzept, d. h. über *Rollen* (Roles) und deren Bündelung in *Gruppen*
(Groups), definieren Sie die Berechtigungen der Nutzer innerhalb Ihrer
Cloud-Anwendung. Die Nutzer selbst werden über einem Identity Provi-
der verwaltet (z. B. die SAP Cloud Platform Authentication). Die SAP Cloud
Platform pflegt keinen eigenen User Store. Abbildung 11.8 veranschaulicht
den Zusammenhang zwischen Rollen und Gruppen auf der SAP Cloud
Platform.

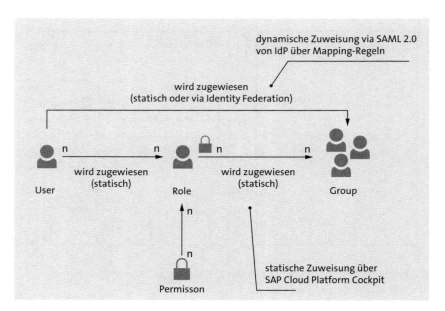

**Abbildung 11.8**  Zusammenhang zwischen Nutzern, Rollen und Gruppen

Role   Über Rollen steuern Sie den Zugriff auf Ressourcen oder Funktionen Ihrer Anwendung sowie der SAP Cloud Platform selbst. Für Plattformnutzer sind die wichtigsten Rollen bereits vordefiniert und können z. B. Administratoren, Entwicklern und dem Support zugewiesen werden (Plattform-Rollen). Für Anwendungsnutzer definieren Sie bei Bedarf Ihre eigenen Rollen und fragen innerhalb Ihrer Anwendungslogik die Rolle (bzw. Gruppenzugehörigkeit) des Nutzers im aktuellen Kontext ab. Basierend auf den zugewiesenen Rollen entscheiden Sie bei der Programmierung, welche Funktionen Ihrer Anwendung ausgeführt werden. Die Rollen definieren Sie in anwendungsspezifischen Sicherheitsartefakten (*Application Descriptor*), wie z. B. der **web.xml**-Datei einer Java-Anwendung (Java EE Roles). Bei der Bereitstellung (dem Deployment) Ihrer Anwendung in der SAP Cloud Platform werden die entsprechenden Rollen als Artefakte innerhalb der SAP Cloud Platform generiert. Über das SAP Cloud Platform Cockpit weisen Sie den Anwendungsnutzern statische Rollen bzw. Gruppen zu. Alternativ mappen Sie vorhandene Nutzerattribute aus Ihrem User Store dynamisch auf die Groups der SAP Cloud Platform (siehe Abbildung 11.8).

[»]   **Application Identity Provider und Platform Identity Provider**
Der SAP-ID-Service wird standardmäßig als Application Identity Provider und Platform Identity Provider verwendet. Nutzen Sie einen anderen IdP, z. B. den SAP Cloud Platform Identity Authentication Service zur Authenti-

fizierung, ändern Sie auch den User Store, und es ist vor der Änderung erforderlich, bestehende Member Ihres Accounts in den User Store des neuen IdPs aufzunehmen. Insbesondere für Plattformnutzer ist dabei auch die Definition einer entsprechenden Rollenzugehörigkeit (Plattformrolle) erforderlich (z. B. Administrator, Developer, Support User).

Funktional wird über einen *Role Provider* auf Rollendefinitionen zugegriffen. Standardmäßig ist die SAP Cloud Platform der Role Provider. Für die Entwicklung von Erweiterungen für SAP Cloud Anwendungen, wie z. B. SAP SuccessFactors, ändern Sie den Role Provider beispielsweise in den SAP SuccessFactors Role Provider. Den Role Provider definieren Sie bei Bedarf individuell für jede Anwendung bzw. Subscription einer Anwendung.

Über Gruppen, beispielsweise für externe Mitarbeiter, Manager oder dem Vertrieb, kombinieren Sie mehrere Rollen, um so eine Zugriffsteuerung im Kontext unterschiedlicher Anwendungsnutzergruppen zu definieren und einzelnen Nutzern gebündelt zuzuweisen. Um vorhandene Gruppendefinitionen, z. B. in einem bestehenden User Store, für die Autorisierung wiederzuverwenden, definieren Sie Mapping-Regeln der vorhandenen Gruppen zu den Gruppen, die Sie in der SAP Cloud Platform angelegt haben. Vorhandene Gruppeninformationen sind Teil des SAML-2.0-Protokolls und werden daher auch als *Assertion-based Groups* bezeichnet. Während die Nutzer über einen Identity Provider verwaltet werden, arbeiten Sie im SAP Cloud Platform Cockpit mit Gruppen und Rollen.

**Gruppe**

Abbildung 11.9 zeigt das Zusammenspiel eines SAML-2.0-IdPs am Beispiel des SAP-Cloud-Platform-Identity-Authentication-Service und das Mapping von Nutzerrollen bzw. Gruppen des IdPs zu SAP Cloud Platform Rollen der Cloud-Anwendung.

## 11.3   Identity Federation und Single Sign-On

In den frühen Tagen des Internets waren dessen Infrastruktur sowie die Anwendungen nicht so ausgelegt, dass digitale Identitäten anwendungsübergreifend zur Authentifizierung genutzt werden konnten. Aus Gründen der Sicherheit sollte man vermeiden, eine identische Identität für den Zugriff auf unterschiedliche Anwendungen zu benutzen. Ihr Nutzername und Passwort für das Onlinebanking werden sich sicherlich von den Zugangsdaten Ihres E-Mail-Kontos unterscheiden. Während das im privaten Umfeld akzeptabel ist, beeinträchtigt im Unternehmensumfeld das immer wieder erneute Anmelden an unterschiedlichen Anwendungen, die Sie für die tägliche Arbeit brauchen, Ihre Produktivität. Um dieses Problem zu lösen, wird in Unternehmensnetzwerken Single Sign-On (SSO) verwendet, um auf unterschiedliche Anwendungen ohne die erneute Eingabe von Nutzernamen und Passwort zuzugreifen.

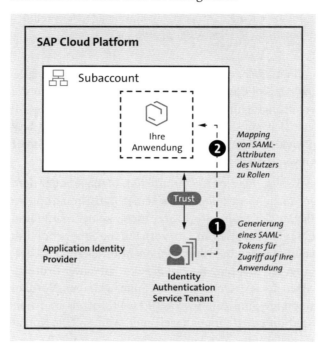

**Abbildung 11.9** Nutzerbezogene Attribute des SAML-2.0-Tokens werden bei der rollenbasierten Autorisierung einbezogen.

SSO   SSO ist die einfache, aber wichtige Funktion, die den gleichzeitigen Zugriff auf mehrere Cloud-Anwendungen ermöglicht. So können Sie beispielsweise Kundendaten in einer Anwendung einsehen und gleichzeitig Ihre Ticketing-SaaS-Anwendung öffnen, um vom Kunden gemeldete Störungen zu durchsuchen, ohne dass Sie sich an der Ticketing-Anwendung erneut anmelden müssen. Die Einführung von SSO bringt einigen Komfort, lässt aber auch einige Sicherheitsaspekte offen. Auch muss sich der Anwendungsnutzer immer noch an die verschiedenen Kennwörter für jede von ihm verwendete Cloud-Anwendung erinnern oder aber einen Passwortmanager verwenden. SSO schafft auch einige zusätzliche Aufgaben in der Governance und im Lifecycle-Management von Identitäten. Jeder Benutzer mit Anmeldeinformationen für eine bestimmte Cloud-Anwendung oder einen Service hat beispielsweise weiterhin Zugriff auf alle Anwendungen, bis der Account manuell deaktiviert bzw. angepasst wird. Dies schafft Situationen, in denen Mitarbeiter lange nach dem Verlassen des Unternehmens weiterhin Zugang zu Anwendungen haben oder Unternehmen weiterhin Lizenzen für ehemalige Mitarbeiter zahlen. Diese Faktoren können SSO sowohl teuer als auch potentiell unsicher machen.

Antworten auf diese Herausforderungen gibt das *Federated Identity Management* (FIM). FIM ist eine Reihe von Vereinbarungen und Standards, die die Portabilität von Identitäten über mehrere Unternehmen und zahlreiche Anwendungen zur Unterstützung einer großen Anzahl von Benutzern ermöglichen. FIM ermöglicht es Nutzern, die gleiche digitale Identität zu verwenden, um Zugang zu Anwendungen oder Services einer definierten Gruppe zu erhalten. Dies ist der wichtige Unterschied zwischen SSO und Federated Identity. Während SSO einem einzelnen Authentifizierungsnachweis den Zugriff auf verschiedene Anwendungen oder Systeme innerhalb einer Organisation ermöglicht, bietet ein Federated-Identity-Management-System Einzelzugriff auf mehrere Systeme in verschiedenen Unternehmen. In einem Federated-Identity-Szenario authentifizieren sich Nutzer nicht direkt an einer Cloud-Anwendung, sondern nur am FIM-System. Mit einem FIM können Sie unterschiedliche Identitätsmanagementsysteme miteinander verbinden. Dabei werden die Anmeldeinformationen (digitale Identität) eines Benutzers immer in genau einem IdP gespeichert. Wenn sich der Nutzer bei Ihrer Cloud-Anwendung anmeldet (Service Provider), delegiert der Service Provider die Authentifizierung an einen vertrauenswürdigen IdP, der die Anmeldeinformationen für den Service Provider überprüft. Um dies zu erreichen, verbinden Sie die SAP Cloud Platform als Service Provider Ihrer Cloud-Anwendungen mit Ihrem FIM (Identity Provider). SSO ist daher bei einem FIM enthalten. Umgekehrt bietet SSO aber nicht auch automatisch ein FIM. Die SAP Cloud Platform Identity Authentication (siehe Abschnitt 11.1.1, »SAP Cloud Platform Identity Authentication«) kann dabei die Rolle eines FIM übernehmen und ermöglicht die Entkoppelung von Authentifizierungs- und Autorisierungsfunktionen.

In vernetzten Welten, wie sie durch microservice-basierte Architekturen und Cloud-Anwendungen entstehen, ist der Vorteil des »föderierten« Ansatzes für ein Identitätsmanagement, dass die eigentlichen Informationen zu einer digitalen Identität immer dort verbleiben, wo sie auch entstehen. Statt einer zentralen Verwaltung digitaler Identitäten in einem einzigen User Store, mit all ihren Attributen und Eigenschaften für den Zugriff auf unterschiedliche Anwendungen und Services, werden die Eigenschaften einer digitalen Identität über Standards und Protokolle föderiert zusammengebracht, um ein gesamtheitliches Bild einer digitalen Identität zu schaffen.

**Federated Identity Management**

11

Protokolle SAML 2.0 und OAuth 2.0 sind die beiden wichtigsten Protokolle zur Umsetzung der Identity Federation. Das OAuth-2.0-Berechtigungsframework ist ein Protokoll zum Delegieren von Autorisierungen zwischen Services und Anwendungen und ist im Gegensatz zu SAML 2.0 nicht zur Authentifizierung geeignet.

### 11.3.1 Hybride Architekturen – Authentifizierung mit SSO an Destinations

Bei der Implementierung Ihrer Cloud-Anwendungen spielt SSO insbesondere bei der Umsetzung hybrider Architekturen eine Rolle. Mit den verfügbaren Services und Konzepten der SAP Cloud Platform implementieren Sie eine rollenbasierte Autorisierung sowie eine flexible Authentifizierung von Nutzern Ihrer Cloud-Anwendung. Doch wie implementieren Sie bei einer hybriden Architektur die Authentifizierung an dem On-Premise-System oder an einer anderen Cloud-Anwendung (Microservice), auf dessen Daten oder Prozesse Ihre Cloud-Anwendung zurückgreift? Hier unterstützen unterschiedliche Konfigurationsmöglichkeiten der Destination, mit der Sie einen Single-Sign-On-Zugriff auf On-Premise-Systeme oder Cloud-Services in der SAP Cloud Platform definieren. So müssen Ihre Anwendungsnutzer beim Zugriff auf z. B. On-Premise-Daten oder -Prozesse nicht jedes Mal ihren Nutzernamen und ihr Passwort eingeben.

Authentifizierungs-methoden Tabelle 11.2 zeigt die unterschiedlichen Authentifizierungsmethoden an einer Destination, die Sie mit der SAP Cloud Platform Authentication umsetzen.

| Authentifizierungs-methode | Beschreibung | Kommentar |
| --- | --- | --- |
| Application-to-Application SSO (App2AppSSO) | ▪ Ermöglicht Microservices oder Cloud-Anwendungen, eine digitale Identität zwecks Authentifizierung an andere Microservices oder Cloud-Anwendungen zu übertragen. | ▪ Die komplette Identität wird übertragen. |

**Tabelle 11.2** Authentifizierungsmethoden

| Authentifizierungs-methode | Beschreibung | Kommentar |
|---|---|---|
| SAPAssertionSSO | • Der Service-Endpunkt, den Sie aus Ihrer Anwendung anspre-chen, akzeptiert Asser-tion Tickets, die mit einem X.509 Schlüssel-paar signiert wurden.<br>• Standardmäßig unter-stützen alle SAP-Sys-teme SAP Assertion Tickets für eine Über-tragung der Identität. | • Wenn der Service-Endpunkt ein SAP-NetWeaver-AS-System ist, das entweder On- Premise oder in der Cloud betrieben wird.<br>• Es wird ausschließlich die User-ID übertragen. |
| Principal Propagation | • Der SAP Cloud Connec-tor leitet die komplette Identität eines Nutzers an einen konfigurier-ten Service-Endpunkt. | • Wenn der Service-Endpunkt Zertifikate (Client Certificate) zur Authentifizierung akzeptiert.<br>• Principal Propagation wird von HTTPS und vom RFC-Protokoll unterstützt. Der Cloud Connector ist erfor-derlich.<br>• Dabei wird die kom-plette digitale Identität übertragen. |
| OAuth2SAML bearerassertion | • Ermöglicht Micro-services und Cloud-Anwendungen die Verwendung von SAML Assertions, um mit OAuth geschützte Ressourcen zu nutzen. | • Wenn der Service-Endpunkt über On-Premise- oder Cloud-Ressourcen verfügt, die mit OAuth gesichert sind. Es wird ein OAuth-Authoriza-tion-Server benötigt.<br>• Die komplette digitale Identität wird über-tragen. |

**Tabelle 11.2** Authentifizierungsmethoden (Forts.)

11

### Principal Propagation

Eine Möglichkeit der SAP Cloud Platform zur Verifizierung von Nutzer-informationen, die für den Zugriff auf Daten oder Prozesse von On-Pre-mise-Anwendungen benötigt werden, ist die *Principal Propagation* auf Basis von X.509-Zertifikaten. Sobald die digitale Identität eines Nutzers Ihrer Cloud-Anwendung an einem Identity Provider verifiziert wurde, wird ein SAML-2.0-Assertion-Token an den SAP Cloud Platform Cloud Connector (siehe Kapitel 7, »Integration und Zugriff auf Daten und Prozesse«) weiter-geleitet, auf dessen Basis der Cloud Connector ein X.509-Zertifikat gene-riert, das nur für eine bestimmte Zeit gültig ist. Das Zertifikat wird über den Cloud Connector an das On-Premise-System weitergereicht, auf dessen Daten oder Prozesse Ihre Cloud-Anwendung zugreifen möchte. Dabei sollte die digitale Identität des Nutzers der Cloud-Anwendung identisch mit einem vorhandenen Nutzer des On-Premise-Systems sein (SSO).

Trust

Damit die Principal Propagation funktioniert, müssen Sie ein gegenseitiges Vertrauen zwischen der SAP Cloud Platform und dem Cloud Connector in Ihrer On-Premise-Landschaft sowie zwischen dem Cloud Connector und Ihrem On-Premise-System konfigurieren. Standardmäßig vertraut der Cloud Connector keinem anderen System, so dass Sie als Administrator des Cloud Connectors zunächst Ihren SAP-Cloud-Platform-Account als vertrauenswür-diges System konfigurieren. Dadurch akzeptiert der Cloud Connector einge-hende Anfragen von Ihrem SAP-Cloud-Platform-Account. Genauso ist es erforderlich, dass Sie diese Konfiguration zwischen dem Cloud Connector und Ihren On-Premise-Systemen, auf die Sie zugreifen wollen, durchführen.

Cloud Connector

Auf dem Cloud Connector konfigurieren Sie die *CA-Certificate-* und *Princi-pal-Propagation*-Einstellungen. Der Cloud Connector agiert als ein *Identity Issuer* für den Nutzer, der aus der Cloud-Anwendung auf ein On-Premise-System zugreifen möchte. Er generiert ein entsprechendes Zertifikat, das entweder selbstsigniert ist oder vom Cloud Connector als Certificate Autho-rity (CA) zertifiziert wird. Über die Principal-Propagation-Einstellungen de-finieren Sie, welche Attribute des SAML-2.0-Assertion-Tokens der Cloud Connector für die Generierung des Zertifikats nutzt. Das On-Premise-Sys-tem muss für eine zertifikatbasierte Authentication konfiguriert sein und den Cloud Connector als »CA Certificate« akzeptieren. Auch ist es erforder-lich, die vom Cloud Connector generierten Zertifikate entsprechenden Nut-zern des On-Premise-Systems zuzuweisen.

Abbildung 11.10 zeigt, wie Sie aus einer Cloud-Anwendung über SSO auf Basis der Principal Propagation und der X.509-Zertifikate auf On-Premise-Systeme zugreifen.

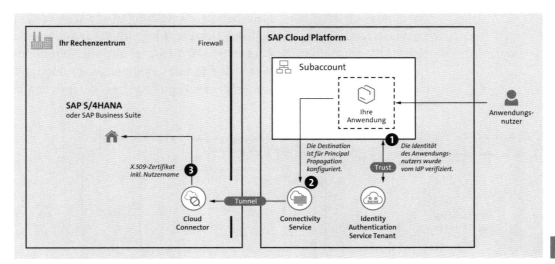

**Abbildung 11.10** Über Principal Propagation greift Ihre Cloud-Anwendung mit dem Anwendungsnutzer auf On-Premise-Systeme zu.

Nachdem die Identität des Nutzers Ihrer Cloud-Anwendung erfolgreich durch einen IdP verifiziert wurde ❶, generiert der Cloud Connector beim Zugriff über eine für Principal Propagation konfigurierte Destination ❷ ein kurzlebiges X.509-Zertifikat ❸ und leitet das Zertifikat an das On-Premise-System weiter, auf dessen Daten oder Prozesse die Cloud-Anwendung zugreift. Beim Zugriff auf das On-Premise-System wird das X.509-Zertifikat als Header (SSL_CLIENT_CERT) eingefügt. Das On-Premise-System liest die Nutzerinformation aus dem Header und greift im Kontext des ausgelesenen Nutzers auf Daten oder Prozesse zu.

**Ablauf der Authentifizierung**

### SAP Assertion Single Sign-On

Eine weitere Möglichkeit, im Kontext des verifizierten Nutzers Ihrer Cloud-Anwendung auf Daten oder Prozesse eines On-Premise-Systems zuzugreifen, ist Single Sign-On auf Basis von Assertions. Sobald der Anwendungsnutzer durch einen IdP verifiziert wurde, generiert die Destination, mit der Sie auf das On-Premise-System zugreifen, ein SAP Assertion Ticket, das über den Cloud Connector an das On-Premise-System übergeben wird. Auch hierbei muss die digitale Identität des Nutzers der Cloud-Anwendung und des On-Premise-Systems identisch sein. Standardmäßig akzeptieren alle SAP-Lösungen Assertion Tickets für Single Sign-On. SAP Assertions können auch für den Zugriff auf andere Cloud-Anwendung verwendet werden. In einem solchen Szenario ist der Cloud Connector nicht notwendig.

Abbildung 11.11 zeigt den Ablauf bei der Anmeldung über SAP Assertion Tickets. Nachdem die Identität des Nutzers Ihrer Cloud-Anwendung an einem IdP verifiziert wurde ❶, generiert die für SAP Assertion SSO konfigurierte Destination ein Assertion Ticket ❷. Der Cloud Connector überträgt das Assertion Ticket zwecks autorisierten Zugriffs auf das entsprechende On-Premise-System ❸.

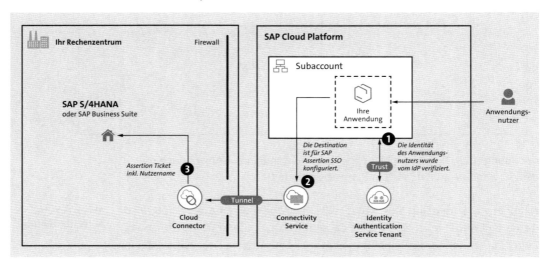

**Abbildung 11.11** Mit einem Assertion Ticket wird über eine Destination und Cloud Connector per SSO auf ein On-Premise-System zugegriffen.

# Kapitel 12
# Ausblick

*In den letzten Jahren wurde viel über Digitalisierung und Industrie 4.0 diskutiert. Im nächsten Schritt geht es um eine zunehmende Automatisierung und die Einführung von Assistenzsystemen im Unternehmen. Die SAP Cloud Platform spielt dabei eine Schlüsselrolle.*

Die Fähigkeiten der Cloud Plattform bestimmen, wie schnell, wie gut und wie belastbar Unternehmen neue Anwendungen in der Cloud bauen und betreiben können. Seit der Einführung der SAP Cloud Platform im Jahr 2012 ist eine Weiterentwicklung von einem reinen Platform-as-a-Service-Angebot zu einer *Business-Platform-as-a-Service* zu erkennen. Der rote Faden in der mittlerweile über 100 Seiten umfassenden *Platform-Roadmap* (*http://s-prs.de/v632014*) liegt dabei auf einem Angebot von Cloud-Services und Inhalten, die einen Bezug zur Umsetzung fachabteilungs- und unternehmensbezogener Anforderungen haben. Neben der Bereitstellung von anpassbaren SaaS-Angeboten konzentrieren sich die Services der Plattform auf z. B. On-Premise-zu-Cloud- oder Cloud-zu-Cloud-Integrationspaketen, domänenspezifische Business-Services sowie die Umsetzung von *Ende-zu-Ende-Lösungen* in den Bereichen Entwicklung, Softwarelebenszyklus, Sicherheit und Monitoring nativer und hybrider Cloud-Anwendungen. Die Roadmap verzeichnet in all diesen Bereichen auch Ergänzungen der bestehenden Möglichkeiten und Erweiterungen durch neue Services und Technologien.

Im Kern konzentriert sich die SAP Cloud Platform auf die Implementierung und Bereitstellung nativer Cloud-Anwendungen – entweder als Erweiterung für SAP-Standardanwendungen, mit denen unternehmensspezifische Anforderungen oder interne Betriebsabläufe für die Mitarbeiterinnen und Mitarbeiter umgesetzt werden, oder als eigenständige Applikationen, mit denen sich Unternehmen am Markt weiter differenzieren. Dabei spielen *Standards* und *Open Source* genauso eine zentrale Rolle wie die strategischen *Technologiepartnerschaften* mit anderen IT-Unternehmen wie beispielsweise Google, Amazon-Web-Services, Microsoft und Apple.

Wenn man Entwicklung und Bereitstellung nativer Cloud-Anwendungen betrachtet, ist die Geschwindigkeit, mit der sich grundlegende Technologien und Konzepte weiterentwickeln, sowohl für Nutzer als auch Anbieter

Cloud Native

eine Herausforderung, wie z. B. die unterschiedlichen Technologien für native Cloud-Anwendungen von *Cloud Foundry* über Container und *Kubernetes* bis zu *serverless* zeigen. Diese Weiterentwicklung spiegelt sich beispielsweise in den unterschiedlichen Environments der SAP Cloud Platform wider. SAP legt den Schwerpunkt auf Unternehmensanwendungen und verfolgt mit der SAP Cloud Platform das Ziel, diese Weiterentwicklungen und neuen Konzepte in einer nichtdisruptiven Art aufzugreifen, um die für Unternehmen erforderliche Kontinuität und Investitionssicherheit zu bieten.

**Abstraktion**  Auch aus diesem Grund abstrahiert die SAP Cloud Platform spezifische Eigenschaften von z. B. Infrastruktur-Providern oder Technologien, wie Kubernetes oder Blockchain, um die Wiederverwendbarkeit zu erhöhen und die Komplexität bei der Anwendungsentwicklung zu reduzieren. Auch wenn der Vergleich technisch nicht ganz korrekt ist, so ist zumindest das grundlegende Muster der SAP Cloud Platform identisch mit dem eines Betriebssystems. Ziel ist auch, dass sich Entwickler mit der SAP Cloud Platform auf die Lösung der Herausforderungen ihres Unternehmens konzentrieren und weniger Zeit mit der Konfiguration für ein Zusammenspiel unterschiedlicher Technologien und Services verbringen.

**Kyma**  So wird beispielsweise das von Google initiierte Open-Source-Projekt *Knative* betrachtet, da es versucht, die technische Komplexität von Platformas-a-Service (PaaS) und Function-as-a-Service (FaaS) auf Basis von Kubernetes zu reduzieren. Das SAP-Projekt *Kyma* (*github.com/kyma-project*) greift Ideen von Knative auf und übersetzt sie in Anforderungen aus dem Bereich der Erweiterung von SAP-Anwendungen, wie z. B. für SAP C/4HANA. So hat das Projekt Kyma das Ziel, ein leichtgewichtiges Framework bereitzustellen, mit dem Sie benutzerdefinierte Erweiterungen des SAP-Commerce-Portfolios basierend auf nativen Cloud-Technologien erstellen können. Das Projekt unterstreicht beispielhaft die Bedeutung der SAP Cloud Platform als durchgängige und integrierte Erweiterungsplattform für SAP-Standardlösungen. Dabei werden auch die Bereitstellung weiterer Services und Technologien, wie z. B. serverless (Function-as-a-Service), sowie die Verwaltung von Stammdaten und lösungsübergreifenden Kundendaten in der SAP Cloud Platform eine Rolle spielen. Damit festigt sich die Rolle der SAP Cloud Platform als Integrations- und Erweiterungsplattform im SAP-Ökosystem.

Ziel ist es sicherlich, die Plattform auch außerhalb des klassischen SAP-Ökosystems für die Umsetzung neuer Geschäftsideen oder Anwendungen zu festigen, was allein schon das breite Fundament aus Open-Source- und Standardtechnologien sowie die Partnerschaften mit anderen Unternehmen zeigen. Mit einem Fokus auf Unternehmensanwendungen und die

Bedeutung von SAP-Standardlösungen bei der Umsetzung unternehmensrelevanter Prozesse in unterschiedlichen Industrien bietet die SAP Cloud Platform auch für Nicht-ABAP-Entwickler und Partner einen Zugang in einen Markt, der viele Spielräume für unternehmensspezifische Optimierungen und Erweiterungen auf Basis von z. B. maschinellem Lernen oder Blockchain schafft.

Auch die Art, wie Nutzer mit Unternehmensanwendungen interagieren, ändert sich mit einer zunehmenden Verbreitung und Akzeptanz von Chatbots und sprachgestützten Assistenzsystemen. Mobile Anwendungen und gute Websites sind allein nicht mehr ausreichend – die Art, wie wir im privaten Umfeld Software und Dienstleistungen nutzen, prägt unsere Erwartungen an Unternehmensanwendungen. Mit *Conversational AI* als Teil der *SAP Cloud Platform Machine Learning Foundation* bietet SAP Möglichkeiten für die Erstellung, das Training und die Bereitstellung von Bots, die Nutzer bei ihrer täglichen Arbeit unterstützen. Auch diese Idee findet sich bereits mit *SAP CoPilot* als Bestandteil von SAP-Standard-Lösungen wie z. B. SAP S/4HANA.

**Chatbots**

Die Bedeutung der SAP Cloud Platform für SAP wird klar, wen man sich die *SAP Technology Strategy* anschaut (*http://s-prs.de/v632015*). Die sechs Säulen, auf denen die Strategie aufsetzt, sind:

**SAP Technology Strategy**

- *integration out-of-the-box*
- *next generation data management*
- *cloud native architectures*
- *consumer grade experience*
- *applied intelligence*
- *security by default*

Zu jeder dieser Säulen leistet die SAP Cloud Platform einen technischen Beitrag bzw. schafft Rahmenbedingungen für andere SAP-Lösungen.

Die Business-Platform-as-a-Service bietet daher für Anforderungen, die einen Bezug zu SAP haben, eine Reihe von Optimierungen und Vorteile. Sicherlich können einige der Vorteile und Services technisch auch mit anderen PaaS- und IaaS-Angeboten erreicht werden. Auch ein Betriebssystem, eine Software zur Textverarbeitung oder eine ERP-Lösung können selbst gebaut werden. Die Frage, die sich Ihnen stellt: Wo liegen Ihre Investitionsschwerpunkte, und auf welcher Abstraktionsebene möchten Sie einsteigen?

**Fazit**

# Anhang A
# Glossar

**Agilität** Fähigkeit einer Organisation, äußerst flexibel und anpassungsfähig auf Veränderungen zu reagieren. Bei der Softwareentwicklung ein Ansatz, in kleinen, iterativen Schritten möglichst schnell Software auszuliefern und kontinuierlich zu verbessern, um so die Risiken im Entwicklungsprozess zu minimieren.

**API Management** Dient der Veröffentlichung und Kommerzialisierung von Programmierschnittstellen sowie der Kontrolle und Überwachung des Zugriffs auf die Schnittstelle.

**Application Programming Interface (API)** Schnittstelle zur Anwendungsprogrammierung, die von einer Anwendung zur Nutzung und Anbindung von anderen Anwendungen zur Verfügung gestellt wird.

**Blockchain** Eine dezentrale Technologie zur Speicherung transaktionsorientierter Daten. Dabei bauen spätere Transaktionen auf früheren Transaktionen auf, und bestätigen deren Richtigkeit. Dadurch wird eine Kette von ineinander verzahnten Transaktionen fortgeschrieben und es wird unmöglich, die Existenz oder den Inhalt früherer Transaktionen zu ändern oder zu löschen, ohne die gesamte Blockchain zu zerstören.

**Big Data** Bezeichnet die Speicherung großer Mengen unterschiedlich strukturierter Daten, die mit hoher Frequenz erstellt werden. Herkömmliche Methoden zur Datenverarbeitung, wie etwa relationale Datenbanken, eignen sich nicht für eine Speicherung und Analyse von Big Data. Daher wurden neue Konzepte zur Speicherung und zur Verarbeitung implementiert. Beispiele dafür sind Hadoop und Spark.

**BOSH** Ein offenes Framework zur Verwaltung des kompletten Entwicklungs- und Lebenszyklus verteilter Softwareanwendungen. BOSH ist eine Teilkomponente von Cloud Foundry.

**Business-Services** Domänenspezifische Microservices und APIs der SAP Cloud Platform, die unternehmensrelevante Anforderungen umsetzen.

**Chief Digital Officer (CDO)** Ist für die Planung und Durchführung der digitalen Transformation eines Unternehmens oder einer Organisation verantwortlich.

**Citizen Developer** Löst Probleme in Ihrer Fachabteilung durch eigene Anwendungen, ist aber kein hauptberuflicher Entwickler.

**Cloud-Computing** Nutzung von IT-Infrastruktur und IT-Lösungen, die nicht auf lokalen Systemen, sondern als Dienstleistung gemietet und über das Internet genutzt werden.

**Cloud Credits** Künstliche Währung zur verbrauchsabhängigen Nutzung von SAP-Cloud-Platform-Services.

**Cloud Foundry** Ein quelloffenes Platform-as-a-Service-Angebot für die Entwicklung und den Betrieb nativer Cloud-Anwendungen. Cloud Foundry wird von der Cloud Foundry Foundation verwaltet. Ähnlich wie bei Linux existieren unterschiedliche PaaS-Angebote, die auf Cloud Foundry basieren.

**Cloud Provider Interface (CPI)** Eine API zur Interaktion mit IaaS zur Erstellung und Verwaltung von CPU-, Netzwerk- und Speicherressourcen. Ein CPI abstrahiert Unterschiede bei IaaS-Providern, wie z. B. AWS, GCP und Azure. CPI wird von BOSH genutzt.

**Container**  Kapselt eine Anwendung sowie alle zur Laufzeit benötigten Komponenten wie z. B. Frameworks, Bibliotheken. Wird auch als Anwendungsvirtualisierung bezeichnet. Jede Cloud-Anwendung muss auf einer bestimmten Infrastruktur, bestehend aus Speicher, CPUs und Netzwerk, ausgeführt werden. Ursprünglich wurden Cloud-Anwendungen auf »virtuellen Maschinen« betrieben. Jede virtuelle Maschine muss jedoch ihr eigenes Betriebssystem ausführen. Dies kann teuer und schwierig zu verwalten sein, insbesondere wenn Sie viele Cloud-Anwendungen betreiben möchten. Container erlauben es, Cloud-Anwendungen in jeweils eigenen Containern auf demselben Betriebssystem auszuführen. Dies führt zu geringeren Kosten, da Sie nicht für die Rechenleistung und/oder die Lizenzen für jedes Betriebssystems aufkommen müssen, von denen viele einfach Duplikate voneinander sind. Ein weiterer Vorteil von Containern ist, dass Sie Ihre Cloud-Anwendungen problemlos zwischen verschiedenen Cloud-Dienstanbietern (z. B. AWS, Azure, Google Cloud Platform) verschieben können. Und schließlich spielen Container bei DevOps eine Rolle. Sie ermöglichen es Anwendungsentwicklern, ihren Code für neue Funktionen an den IT-Betrieb in einem einzigen Container zu übergeben, damit der IT-Betrieb sie einfach in Produktion bringen oder wieder entfernen kann, wenn ein Problem auftritt. Container ermöglichen daher eine schnellere Bereitstellung neuer Funktionen und Anwendungen mit geringerem Risiko, da Reproduzierbarkeit, Transparenz und Ressourcenisolierung bereits im Entwicklungsprozess berücksichtigt werden.

**Continuous Delivery (CD)**  Beschreibt Werkzeuge (z. B. Jenkins) und Verfahren (z. B. Continuous Integration) für einen kontinuierlichen und automatisieren Auslieferungsprozess von Anwendungen.

**Continuous Integration (CI)**  Prozess in der Softwareentwicklung zur fortlaufenden Zusammenführung einzelner Anwendungskomponenten zu einer Anwendung zur Steigerung der Softwarequalität.

**Database-as-a-Service (DBaaS)**  Cloud-basierter Dienst zur Speicherung und Verwaltung von üblicherweise strukturierten Daten, mit dem Ziel die Vorteile eines Datenbank-Management-Systems (DBMS) als vollständigen Service aus der Cloud zu nutzen. Die Flexibilität der Nutzung bietet Vorteile, bei Bedarf kann z. B. einfach eine Vergrößerung des Speichers erfolgen. Auch viele administrative Tätigkeiten, wie z. B. die Konfiguration und die Erstellung von Backups sowie eine Hochverfügbarkeit, sind Teil des Service.

**Dematerialisierung**  Beschreibt einen Prozess der Umwandlung analoger Informationen und physischer Produkte in digitale Angebote. Damit einhergehend nimmt die gesellschaftliche Bedeutung des Besitzes eines Produkts ab.

**DevOps**  Kunstwort aus den Begriffen »Development« und »(IT) Operations«. Beschreibt einen Ansatz für die Verbesserung der kontinuierlichen Bereitstellung von Software durch eine effizientere Zusammenarbeit zwischen Anwendungsentwicklern und dem IT-Betrieb.

**Digital Immigrant**  Person, die die Nutzung digitaler Technologien als Erwachsener erlernt hat.

**Digital Native**  Person, die mit digitalen Technologien aufgewachsen und mit deren Benutzung vertraut ist.

**Digitale Transformation/Digitalisierung/ Digitaler Wandel**  Bezeichnet einen Veränderungsprozess unserer Gesellschaft sowie Wirtschaft auf Basis der zunehmenden Verbreitung und Nutzung digitaler Technologien.

**Digitaler Zwilling (Digital Twin)**  Das digitale Abbild eines physischen (materiell oder immateriell) realen Objekts.

**Disruption**  Eine neue Technologie oder ein neues (Software-)Angebot, das ein bestehendes Produkt oder eine bestehende Dienstleistung komplett vom Markt verdrängt und eventuell auch ein komplett neues Marktsegment definiert.

**Distributed Ledger**  Technik für eine dezentrale Verwaltung von Daten und die Durchführung von Transaktionen auf vernetzten Rechnern unter Berücksichtigung eines gegenseitigen Konsensus zwischen den Rechnerknoten. Blockchain ist eine der bekanntesten Distributed-Ledger-Technologien.

**Droplet**  Ein Droplet ist ein Archiv für Cloud Foundry Environment, das eine Cloud-Anwendung enthält.

**Environment**  Laufzeitumgebung der SAP Cloud Platform zur Bereitstellung von Cloud-Anwendungen.

**Hadoop**  Ein in Java geschriebenes Framework für eine skalierbare Verarbeitung großer Datenmengen auf verteilten Rechnerknoten.

**Hybride Architektur**  Die hybride Architektur einer Anwendung umfasst Komponenten, die in einer On-Premise-Infrastruktur, und Komponenten, die in der Cloud umgesetzt sind.

**Infrastructure-as-a-Service (IaaS)**  Teilbereich des Cloud-Computing, der die Bereitstellung von Hardware-Ressourcen wie Speicher, Netzwerk und Rechenleistung umfasst. Im Cloud-Computing Stack nimmt IaaS die unterste Ebene ein, und liefert notwendige Services für Platform-as-a-Service- und Software-as-a-Service-Angebote.

**Identity Provider (IdP)**  Zentrales System zur Authentifizierung digitaler Identitäten zur Anmeldung an z. B. Cloud-Anwendungen.

**In-App Extensibility**  Erweiterungskonzept von Standard-SAP-SaaS-Lösungen, bei dem die kundeneigene Erweiterung durch Konfigurationen und kleinere funktionale Ergänzungen direkt in der Standardanwendung erfolgt. Die Anpassungen erfolgen üblicherweise in einem Web-Editor und haben keinen Einfluss auf die Aktualisierung der Standardanwendung.

**Internet of Things (IoT)**  Sammelbegriff zur Beschreibung von Technologien die es ermöglichen physische Gegenstände (z. B. Sensoren) in die digitale Welt zu integrieren, um so eine Vernetzung der Gegenstände und eine Kombination mit weiteren Daten und IT Systemen zu ermöglichen. Im Kontext von Industrie 4.0 hat IoT eine Schlüsselrolle, um z. B. die Produktion von Waren weiter zu automatisieren und die operative Effizienz zu steigern. Auch basieren eine Reihe neuer Geschäftsmodelle auf IoT, wie z. B. im Bereich Gesundheit und Fitness oder der Automatisierung des eigenen Haus.

**Konsensalgorithmus (Konsensprotokoll)**  Algorithmus, der in Distributed Ledgers, wie z. B. Blockchains, für die Einhaltung von Regeln zur Übereinkunft und eine gegenseitige Überwachung der Rechnerknoten (Registrare) sorgt.

**Künstliche Intelligenz**  Ein Teilgebiet der Informatik, das sich mit der Umsetzung menschenähnlicher Entscheidungsfindung in einem nichteindeutigen Umfeld beschäftigt.

**Low-Code-Plattform**  Entwicklungsplattform zur Erstellung von Anwendungen auf Basis visueller Tools und Editoren, für die keine Programmierung von Quellcode in einer Programmiersprache erforderlich ist.

**Machine Learning**  Beschreibt den Prozess für die Generierung von Wissen durch die Erkennung von Mustern und Gesetzmäßigkeiten in Beispieldaten. Es existieren unterschiedliche Ansätze zum maschinellen Lernen (z. B. überwachtes Lernen oder unüberwachtes Lernen).

**Microservice**  Architekturmuster in der Softwareentwicklung, mit dem Sie komplexe Anforderungen in voneinander unabhängigen und entkoppelten Prozessen implementieren, die untereinander über sprachunabhängige Programmierschnittstellen (APIs) kommunizieren.

**Minimum Viable Product**  Die erste, minimal funktionsfähige Iteration eines Produkts (Software), mit der Sie mit minimalem Aufwand Marktnischen testen und Kundenbedürfnisse ermitteln.

**Monolithische Anwendung**  Architektur-muster in der Softwareentwicklung, bei der Anforderungen in einer einzigen, untrennbaren (homogenen) Anwendung implementiert werden.

**Multi-Cloud**  Eigenschaft der SAP Cloud Platform, mit der die SAP-Cloud-Platform-PaaS auf unterschiedlichen Infrastruktur-(IaaS-)Betreibern, wie z. B. AWS, GCP und Azure, genutzt werden kann.

**Multi-Target Application (MTA)**  Art einer SAP-Cloud-Platform-Anwendung, die aus unterschiedlichen Modulen besteht. Die Module können mit unterschiedlicher Technologie erstellt und über unter-schiedliche Laufzeitumgebungen und Systeme bereitgestellt werden. Dennoch haben alle Module einen gemeinsamen Lebenszyklus. MTAs unterstützen bei der Umsetzung hybrider Architekturen.

**Native Cloud-Anwendung**  Cloud-Anwen-dung bzw. SaaS-Angebot, dessen Architek-tur für einen Betrieb in der Cloud ausge-legt ist. Eine native Cloud-Anwendung setzt sich aus lose gekoppelten Cloud-Services (Microservices) zusammen und kann auf mehreren Servern an unter-schiedlichen Standorten ausgeführt werden.

**Open-Data-Protokoll (OData)**  HTTP-basiertes Protokoll für den Datenzugriff (Lesen, Schreiben, Aktualisieren, Löschen).

**Open Source**  Open Source beschreibt einen Wandel bei der Entwicklung von Software von einer geschlossenen Kultur zu einem offenen Austausch, Zusammen-arbeit und Lernen. Die Open-Source-Initi-ative definiert den Begriff als »Software, auf die jedermann frei zugreifen, verwen-den, ändern und (in modifizierter oder unveränderter Form) teilen kann.« Da Open-Source-Code von der Gemeinschaft validiert wird, können Sie bereits be-kannte Fehler vermeiden. Darüber hinaus können Sie Ideen aus der Community auf-greifen, um neue Funktionen schneller zu erstellen und zu testen. Durch Open-Source-Community können Unterneh-men ihre Time-to-Market- und Entwick-lungskosten für den Aufbau neuer Soft-ware reduzieren. Es ist selbstredend, dass sich Unternehmen oftmals bei der Entwicklung und Gestaltung von Open-Source Projekten aktiv beteiligen. Ein reiner Konsum der Ideen wird dem Gedanken einer Gemeinschaft nicht gerecht.

**Platform-as-a-Service (PaaS)**  Teilbereich des Cloud Computing, der die Bereit-stellung von Services für die Entwicklung und den Betrieb von Cloud-Anwendun-gen (SaaS) umfasst. PaaS-Angebote bieten einen einfachen Zugang zu unterschied-lichen Technologien und sollen die Pro-duktivität von Entwicklern steigern. Im Kontext von Digitalisierungsprojekten nehmen PaaS-Angebote aufgrund ihrer hohen Agilität eine wichtige Rolle ein. Auch spielen PaaS-Angebote bei der Anpassung und Erweiterung von SaaS-Lösungen eine zentrale Rolle.

**Plattform-Ökonomie**  Auf digitalen Platt-formen basierendes Geschäftsmodell, das verschiedene Leistungen und Services (auch unterschiedlicher Unternehmen) anbietet.

**Product Market Fit**  Der Entwicklungs-stand bzw. Reifegrad von Produkten oder Services, die Marktanforderungen bzw. Kundenwünsche erfüllen.

**Rapid Application Development**  Konzept zur agilen Softwareentwicklung auf Basis von Prototypen.

**Representational State Transfer (REST)**  Programmierparadigma zur Maschine-zu-Maschine-Kommunikation über das Internet durch eine eindeutige Angabe eines Webdienstes bzw. einer Ressource durch einen URI.

**Software-as-a-Service (SaaS)**  Teilbereich des Cloud-Computings, der die Nutzung von Anwendungen und die dafür notwen-dige Infrastruktur als Dienstleistung aus der Cloud umfasst. Der Zugriff auf die Software erfolgt in der Regel über einen Web-Browser, und für die Nutzung ist ein Internetzugriff erforderlich. SaaS-Lösun-gen werden meist über ein monatliches

Subskriptionsmodell lizenziert. Vorteile sind die einfache Nutzung sowie die stetige Aktualität und Weiterentwicklung der Software, ohne dass dafür eigene administrative oder betriebliche Aufwände erforderlich sind.

**SAP Leonardo**   Bezeichnet ein SAP-Angebot, das sowohl cloud-basierte Technologien auf Basis der SAP Cloud Platform als auch Methodenkompetenz sowie Industriewissen in Form von Best Practises und Templates umfasst. Ziel von SAP Leonardo ist es, Kunden ganzheitlich bei der Umsetzung von Digitalisierungsprojekten zu unterstützen – von der Ideenfindung über die Erstellung von Geschäftsmodellen bis zur Produktivsetzung.

**SAP HANA Enterprise Cloud**   Ein IaaS-Angebot zum Betrieb von SAP-HANA-basierten SAP-Lösungen, wie z. B. SAP S/4HANA. Die Lösungen werden darüber hinaus durch sogenannte Application-Management-Services gemäß unternehmensspezifischer Anforderungen betrieben.

**SAP Cloud Trust Center**   Zentrale Website (*http://s-prs.de/v632016*) zur Dokumentation der SAP-Cloud-Sicherheitsstandards sowie des Betriebsstatus der SAP-Cloud-Lösungen.

**Schatten-IT**   Beschreibt inoffizielle, d. h. ohne Wissen der zentralen IT Organisation bereitgestellte IT-Infrastruktur einer Fachabteilung zur Umsetzung fachabteilungsspezifischer Anforderungen.

**Side-by-Side Extensibility**   Erweiterungskonzept von Standard-SAP-SaaS-Lösungen, bei dem die funktionale Erweiterung und Anpassung an unternehmensspezifische Anforderungen in der SAP Cloud Platform vorgenommen werden. Die Standardanwendung bleibt dabei frei von Modifikationen und kann im Vergleich zur klassischen Erweiterungsstrategie von SAP-Lösungen einfacher aktualisiert werden.

**Smart Contract**   Protokoll zur Abbildung und Überprüfung von Verträgen in Verbindung mit z. B. Blockchains.

**Software Development Kit (SDK)**   Sammlung von Bibliotheken und Werkzeugen zur Entwicklung von Anwendungen.

**Spark**   Framework für die Analyse großer, unstrukturierter Datenmengen mit verschiedenen Modulen wie z. B. Streaming, SQL, Graphen-Verarbeitung und maschinellem Lernen.

**Stable Core**   Bezeichnet die Standardfunktionalität von SAP-Lösungen, die weitestgehend modifikationsfrei ist.

**Time To Market (TTM)**   Die Dauer der Produktentwicklung bis zur Platzierung des Produkts (der Anwendung) am Markt (Produkteinführungszeit).

**Twelve-Factor App**   Methode, die zwölf Grundsätze zur Implementierung von Cloud-Anwendungen (SaaS) beschreibt (*12factor.net*).

# Anhang B
## Der Autor

**Holger Seubert** arbeitet seit 2013 bei SAP als Platform Architect im Bereich Digital Platform mit Schwerpunkten auf der SAP Cloud Platform sowie der SAP HANA Platform. In seiner Rolle unterstützt er Kunden bei der Architektur von hybriden Cloud-Anwendungen und der Erarbeitung von Lösungen mit SAP-Technologie. Ebenfalls arbeitete Holger Seubert als Mitglied des SAP-Cloud-Platform-Product-Management-Teams. Vor seiner Tätigkeit bei SAP war er zunächst als Softwareentwickler und später als Technical Sales Specialist bei IBM beschäftigt. Außerdem arbeitete er bei einem Start-up-Unternehmen als Solution Architect. Seit 2006 hält Holger Seubert Vorlesungen über Datenbankgrundlagen an der Dualen Hochschule Baden-Württemberg.

# Index